主办：江苏师范大学当代中国马克思主义哲学研究范式创新研究中心
中共中央编译局江苏师范大学发展理论研究中心

当代中国马克思主义哲学研究

Marxist Philosophical Researches in
Contemporary China

2012

【总第1辑】

主　编　任　平
副主编　曹典顺　李惠斌

中央编译出版社
Central Compilation & Translation Press

《当代中国马克思主义哲学研究》

学术委员会主任：衣俊卿

学术委员会：

（按姓氏笔画排列） 丰子义　王南湜　孙正聿　刘森林　刘陆鹏
　　　　　　　　　张一兵　杨　耕　陈　忠　杨金海　汪信砚
　　　　　　　　　吴晓明　李景源　欧阳康　俞吾金　郝立新

主　　编：任　平

副 主 编：曹典顺　李惠斌

编 委 会：任　平　曹典顺　李惠斌　吴忠海　冯建华　孔明安　于桂凤

本期执行编辑：冯建华　于桂凤

主办单位：江苏师范大学当代中国马克思主义哲学研究范式创新研究中心
　　　　　　中共中央编译局江苏师范大学发展理论研究中心

中共中央编译局
江苏师范大学发展理论研究中心

中共中央编译局江苏师范大学发展理论研究中心成立于2011年10月,是中共中央编译局在地方设立的第一个研究基地学术机构。中心研究人员立足于发展哲学、文化哲学、全球化问题等领域的研究,在学术界有较大学术影响。中心现设有两个研究所:资本与现代性研究所和当代发展理论研究所,今后将围绕这两个主题展开相关问题的研究。

中心目前拥有一支由学术造诣深厚的中青年学者组成的研究团队,现有理论建设工程专家2人,国家有突出贡献专家2人,享受国务院特殊津贴专家3人,博士生导师8人,江苏省"333工程"高层次培养人才2人。中心名誉主任为衣俊卿教授,主任为任平教授。

江苏师范大学和中共中央编译局将依托研究中心联合培养相关专业的硕士研究生、博士研究生。

江苏师范大学当代中国马克思主义哲学研究范式创新研究中心

江苏师范大学当代中国马克思主义哲学研究范式创新研究中心（简称范式中心）成立于2011年，现有校内外研究人员20余人，中心名誉主任为任平教授，主任为曹典顺教授。

范式中心是由我国著名马克思主义哲学研究专家、江苏师范大学校长任平教授指导创建的。依托任平教授主持的国家社科基金重点项目"当代中国马克思主义哲学研究范式创新研究"，研究中心以当代中国马克思主义哲学研究范式的深入研究与创新为研究课题和研究方向，展开资料收集和学术研究工作。目前，研究中心已经收集了全国27个马克思主义哲学博士点相关导师的著作3000余册，论文近万篇，已经初步建立了中国马克思主义哲学研究范式资料库。在此基础上，研究中心围绕马克思主义哲学研究范式创新问题，对各类型马克思主义哲学研究范式展开了深入研究，在《中国社会科学》、《哲学研究》、《马克思主义研究》、《马克思主义与现实》、《江海学刊》等刊物上发表了一系列高水平的学术成果，在哲学界产生了一定影响，为推进当代中国马克思主义哲学研究的发展与繁荣发挥着自己的作用。

范式中心，一方面立足于已有基础，继续发挥既有特色优势，争取建立当代中国马克思主义哲学研究的"评价中心"；另一方面，进一步拓宽研究思路与视野，更新研究方法与观念，加强与国际哲学界的交流，争取成长为国内外有一定影响力的、特色鲜明的马克思主义哲学"国际交流中心"。

发刊词

努力深描创新时代的中国马克思主义哲学前沿

任 平

在衣俊卿教授的关心支持下,由江苏师范大学当代中国马克思主义哲学研究范式创新研究中心和中共中央编译局江苏师范大学发展理论研究中心双方共同编撰的《当代中国马克思主义哲学研究》(2012)终于问世,我希望她真正能够成为同步、同态、同构地记录、反映和表达当代中国马克思主义哲学创新前沿之声,真正成为中心与全国 20 多个马克思主义哲学博士点分享理论创新发展经验的交流互动平台,真正成为共同创造和完善研究范式、积极评价全国马克思主义哲学创新见解的学术基地。作为主编,在本论集出版之际,我应当深切地感谢中央编译局各位同仁的鼎立相助,感谢全国马克思主义哲学博士点的学者的通力合作,感谢广大海内外专家学者的关心和支持。

深描当代中国马克思主义哲学创新学术史前沿是一件意义深远而又难度颇大的工作。改革开放以来,当代中国的马克思主义哲学研究在思想解放和创新发展中在不断推出重大观念创新的同时,就在日益形成和完善着某些理论创新的思维工具——研究范式、主要教科书改革与原理创新、马哲史研究、文本文献学解读、与中西哲学对话、"反思的问题学"分析、各分支领域(部门)哲学探索、马克思主义中国化研究、当代形态理解和出场学等八种形式。当代中国马克思主义哲学创新的学术史需要对人物、著作、事件、关系等作历史描述,但是更需要作内在的本真性结构的阐释。哲学范式总是时代思维方式的集中体现,是哲学见解、观点和理论创新的根基和灵魂。马克思曾说:"各种经济时代的区别,不在于生产什么,而在于怎样生产,用什么劳动资料生产。劳动资料不仅是人类劳动力发展的测量器,而且是劳动借以进行的社会关系的指示器。"(《马克思恩格斯全集》中文第1版第23卷,第204页)范式就是理论创新的思维劳动工具,因而也可以是理论创新中形成的、专属于某种创新路径的主要标识,更是理论创新程度和创新时代的标识。对这一标识进行系统研究,需要有专门的学术阵地。本论集就是这样的阵地。20多个马克思主义哲学博士点作为中国马克思主义哲学理论创新的学术重镇,虽然也在探索研究范式中不断实现"方法论自觉",但是就全国而言,缺乏一个从总体上反思和研究各种创新研究范式、进而深描当代中国马克思主义创新学术史的学术机构和学术刊物。这一缺失使各个博士点创新探索增添了盲目性,缺少自觉反思机制和在各个博士点之间经验分享机制,更没有对各个范式之间的互动关系进行有效分析和协同推进的整合机制。有鉴于此,江苏师范大学当代中国马克思主义哲学研究范式创新研究中心的建立,其宗旨就在于填补这一空白,期望在广泛收集各个博士点创新成果、建立相关数据库的基础上,保持与各个博士点的密切互动关系,能够再现其理论创新的过程,反思其成功经验和受挫的教训,仔细辨识各个范式的学术特点和创新功能,也同时将范式关系做一个扩展的学术史坐标和总体图谱的把握。每一个时代的范式的地位是不同的。由轴心范式而形成理论创新的坐标,坐标扩展而成为理论创新的学术史图景。图景之间的转换,就构成了范式图谱。由于各种范式视域差异,因而推动理论创新的功能各不相同。多元创新范式之间既竞争又互补,共同构成范式图谱,因而总体展现理论创新的学术图景构变。科学辨识各研究范式的基本特征、创新功能、历史成因、存在问题和学术地位,以及与国内各个马克思主义哲学博士点的学科风格甚至学派的关联,是深描当代中国马克思主义哲学研究范式多元创新的整体学术史的主要基础,也是认真总结其各自的理论创新经验,进一步推动理论创新、扩大创新的国际影响力的关键。

　　本论集与全国各博士点合作,由江苏师范大学当代中国马克思主义哲学研究范式创新研究中心和中共中央编译局江苏师范大学发展理论研究中心共同编辑，每年推出一辑，其中有相关博士点研究前沿的综述，有各个研究范式的专题研究报告，有对前沿学术动态的评论，更有相关专访专论。虽然论集如破土苗芽略显稚嫩，但是我相信，有大家的共同关心、呵护和支持，有编辑的精心策划和编校，论集必将"知识培养转深沉"，逐渐成长为一棵参天大树。

是为序。

任　平

2012 年 9 月 19 日于

徐州山麓东院

目录 Contents

论当代中国马克思主义哲学研究范式的创新与转换　任　平 ………… 1

一　范式专题

当代中国马克思主义哲学教科书范式研究　曹典顺 …………… 3
中国马克思主义哲学史研究范式的历史与现状　冯建华　庄友刚 …… 17
马克思主义哲学文本文献学范式研究　杨思基　丁振中 ………… 35
当代中国马克思主义哲学对话范式研究　车玉玲　袁　蓓 ……… 51
"反思的问题学"研究范式研究综述　温　波 …………………… 65
马克思主义哲学中国化范式研究的进展与趋势　吴昕炜 ………… 93
马克思主义"出场学范式"研究综述　张天勇 …………………… 113
作为马克思主义哲学研究范式的部门哲学　于桂凤 ……………… 141

二　专家评论

唯物史观与思想方法　李景源 ……………………………………… 161
"中国价值观"及其当代意义　欧阳康 …………………………… 177

三　学术争鸣

当代中国马克思主义哲学的经验与问题　杨思基 …………… 191
理论自觉与范式转换
　——当代中国马克思主义哲学的自我建构　白　刚 …………… 224
论我国马克思主义哲学研究的基本样式　刘德中 …………… 244
马克思主义实践哲学研究述评　谢永康 …………… 252

四　国外视点

新现实主义与中国　［美］小约翰·柯布 …………… 264
后现代科学、后现代马克思主义和后现代文明：怎样避免
　西方的现代性错误　［美］菲利普·克莱顿 …………… 280

五　发展理论

对文化民族性与时代性关系的新思考
　——重新反思20世纪30年代的文化论争　杨学功　张　胜 ……… 291
科学发展必须把握的矛盾运动规律　郭祥才 …………… 304
中国新现代化论　陆树成 …………… 321

论当代中国马克思主义哲学研究范式的创新与转换[*]

任 平

伟大的时代总是催生思想的创新，使真正的哲学成为自己时代精神的精华。改革开放以来，由"实践是检验真理的唯一标准"大讨论所带动的思想解放运动冲破了"左"的教条思想樊笼，不仅极大地推动了马克思主义哲学观点、内容和形态的创新，同时也唤醒了学界的"方法论自觉"，推动了马克思主义哲学研究路径、范式的创新与转换，从过去的单一视域、单一路径、单一模式转向多元视域、多种方法、多样范式，先后呈现出教科书改革与原理创新、马克思主义哲学史研究、文本文献学解读、与中西方思想对话、反思问题学分析、各分支领域（部门）哲学探索、马克思主义中国化研究、马克思主义哲学当代形态理解、出场学等多种形式，初步呈现百花齐放、百家争鸣和大繁荣、大发展的良好学术态势。本文所指的"范式"，就是推动马克思主义哲学创新探索所自觉使用的方式、路径和方法论。科学辨识各研究范式的基本特征、创新功能、历史成因、存在问题和学术地位，深描当代中国马克思主义哲学研究的整体学术图景，认真总结其各自的理论创新经验，对于与时俱进地推动理论创新、指导创新实践，扩大理论创新的国际影响力，都具有极其重要的意义。

---

[*] 本文为国家社会科学基金重点研究项目"当代中国马克思主义哲学研究范式创新研究"（批准号：10AZX001）的中期成果。

一、教科书改革与原理研究范式：普及与创新

教科书一直是马克思主义哲学中国化思想在场的主要方式。建国以来，"教科书热"大致出现在三个时段：一是上个世纪 60 年代，为体现毛泽东思想，在教育部精心组织下，全国先后编出六种教科书草案，最后由艾思奇主编出版了《辩证唯物主义与历史唯物主义》，成为建国后开启"教科书中国化"时代的第一经典。第二是教科书改革的时代。改革开放之初，为了努力表达改革的精神，以肖前、李秀林、汪永祥主编的《辩证唯物主义》、《历史唯物主义》，以及高清海主编《马克思主义哲学基础》为标志，开创教科书改革路径的先河。据不完全统计，30 多年来全国出版了各类马克思主义哲学教科书大约 712 种，发行量累计突破 1.2 亿册，其中包括陶德麟、赵光武、辛敬良等著名学者主编的教材。第三是教科书改革进入创新时代。从 2004 年开始，作为中央实施"马克思主义理论研究与建设工程"重要内容，由首席专家袁贵仁、杨春贵、李景源为主编，集体编撰出版了《马克思主义哲学》（2010）。新时期，教科书改革范式始终成为我国创新马克思主义哲学研究的主要方式之一，成为培养和造就几乎所有新生代马克思主义哲学学者的摇篮。深度描画教科书改革的历史图景，我们的追问旨在以下几点：第一，这一范式出场的深层原因；第二，这一范式的基本特点和创新成就；第三，这一范式的内在问题和基本出路。

教科书改革范式之所以出场，旨在打破苏联和中国几十年一贯制、用日益僵化和教条化方式理解马克思主义哲学的教科书对人们思想的禁锢，要求用解放思想、改革精神重写教科书。马克思主义哲学阐释方式的教科书化是一个历史过程。作为工人阶级解放的"头脑"，马克思恩格斯原初阐释思想的文本，虽然包括了《雇佣劳动与资本》、《共产主义原理》等直接面向工人大众的普及性读本，但并没有采取"教科书"方式。作为论战性著作，恩格斯在《反杜林论》中借"积极批判"杜林的机会，对"共产主义世界观"作"系统而比较连贯的阐述"。其中"哲学篇"初具原理的雏形。此后，狄慈根、拉布里奥拉、考茨基、梅林等

第二国际理论家为了进一步完整准确地宣传马克思主义哲学，特别是历史唯物主义，分别撰写了类似"教科书"的著作。如考茨基的《唯物主义历史观》、拉布里奥拉的《论历史唯物主义》等。真正将之变成教科书的是苏联。普列汉诺夫《论一元论历史观之发展》（1895）、《唯物主义历史观》（1901），列宁的《卡尔·马克思》、《马克思主义的三个来源和三个组成部分》等，都为全面阐释马克思主义哲学原理奠定了最重要的思想基础。列宁甚至称赞普列汉诺夫的著作"培养了一整代俄国马克思主义者"。1921年，布哈林的《共产主义ABC》、《历史唯物主义理论——马克思主义社会学通俗教材》也曾经在过渡时期成为武装全党、教育干部的普及读物。在斯大林时期，为了巩固执政党指导思想的主导地位，统一国家意识形态，武装全党、教育人民，有必要以教科书"标准"话语、完整体系方式阐释、宣传和普及马克思主义"哲学原理"。以批判德波林为契机，斯大林撰写《联共（布）党史》四章二节，奠定了"辩证唯物主义和历史唯物主义"框架，苏联学者出版了最早版本的权威性马克思主义哲学教科书：米丁、拉祖莫夫斯基主编的《历史唯物主义》（1932），《辩证唯物主义》（1934）。1933年底，全苏共产主义学院哲学研究所出版了《辩证唯物主义和历史唯物主义》高校哲学教科书，标志着教科书话语体系范式的形成。由于苏联在国际共运中的领导地位，这一教科书对中国马克思主义哲学产生巨大的影响。李达的《社会学大纲》、延安时期的授课大纲，都是我国马克思主义教科书的早期雏形。解放初期，由于政治战略"一边倒"的需要，我国在中国人民大学大规模培养马列师资，请苏联一批专家讲学，因此苏联教科书思想就从此通过中国知识界途径向整个社会普及。学界也陆续翻译出版了一批苏联教科书，如《联共（布）党史》（包括其论述哲学的四章二节），康斯坦丁诺夫主编的《马克思主义哲学教程》（上下编），米丁主编的《辩证唯物主义》、《历史唯物主义》，罗森塔尔的《马克思主义辩证法》等。在人民大众中普及"苏联教科书"的同时，就将苏联教条解释深深嵌入中国读者心灵，成为长期禁锢思想的框架。对此，毛泽东同志也有所警惕，反对无条件作思想地理平移，要求"教科书中国化"，体现中国化的理论创新。艾思奇主编的《辩证唯物主义与历史唯物主义》就拉开了教科书中国化的序幕。这体现了那一时代中国化研究水平。教科书化对提炼马克思主义哲学思维成果，推进马克思主义哲学的中国化、大众化，武装全党、教育人民，巩固全国人民的共同思想基础无疑产生了巨大的历史作用。一个基本结论是：只要我们还希望教科书承担不断普及马克思主义哲学知识、主导意识形态、武装全党、教育人民的功能，那么，"去教科书化"就是不可行的。但是，在"左"的思想影响下，教科书不可避免地带有历史时代的烙印。

教科书改革的动力来自三个因素。第一，重写新的时代精神。以往教科书都是革命年代及其延伸的思维产物，反映"以阶级斗争为纲"主题，成为"革命的逻辑"，与改革开放以来建设、改革、发展的时代主题相脱节，因此需要解放思想、促使教科书理论旨趣的大转换。以"改革的哲学"、"哲学的改革"、"现代化的哲学"、"哲学的现代化"等振聋发聩口号为指引，以"时代精神与哲学改革"为主线，编写出反映改革、发展的时代精神内容的哲学教科书，就成为学界的主要目标。肖前、李秀林、汪永祥的文本就是这一时代的主要标志。第二，重新理解马克思主义哲学本性和体系。以"物质本体论"为基础而阐述"辩证唯物主义和历史唯物主义"，一直是几十年一贯制的教科书标准体系。教科书改革，则成为创新体系的主要载体。以高清海主编的《马克思主义哲学基础》，以"主体—客体"关系为主线，重新阐释马克思主义哲学，成为拉开教科书体系变革序幕的标志。此后，在1988年开端、20世纪90年代渐入高潮的"实践的唯物主义"理解方式推动下，陆续推出了肖前主编的《实践唯物主义研究》、辛敬良的《走向实践的唯物主义》等新文本。第三，重建学科体系。从知识社会学角度来看，新时期大学恢复招收研究生，学科建设成为高校知识生产的龙头，能否建立一种与研究生培养结合的知识生产体系、教学体系，就成为衡量学科水平高低的标志。因此，重写教科书，就成为知识生产的重要手段。改革开放以来，全国出版的大约712余种教科书中，涉及概念变革和个别原理创新的有30余种，体系变革的有17种，其他都是大同小异。这些都成为全国各大中院校、研究单位马克思主义哲学的主要教材，而根据教科书而实施教育的哲学课程成为普及的主阵地。

教科书话语体系的教条化和僵化，其问题主要症结在于把历史的思想非历史化、相对的结论绝对化、创新理论教条化，从而疏离时代、脱离实践、脱域国情。所谓"历史思想非历史性"，就是教科书显现的"原理"是理论空间结构，与思想的历史性（"每个原理都有它出现的世纪"）之间存在矛盾，思想不断出场的历史图景、变化和发展性被原理严重遮蔽，把原初属于不断出场、基于"历史的科学"变成了相对凝固、脱域和永恒在场的"历史哲学"，从而重新走向马克思哲学革命始终反对的"在场形而上学"即僵化和形而上学。所谓绝对化，即排除差异性理解的同一性构型。教科书要求标准地表述"基本原理"，入编的只能是理论界得到普遍共认的一般观点，即"定见"和"成熟"观点，遵守同一律、排除歧见，按照同一性准确表述原理，是教科书编写的主要职责之一。这是教科书与研究性专著最大的差别之一。正因为如此，它面临的问题始终是：在众多差异性理解中，哪种理解能构成"基本原理"？这一理解一旦形成，由于国家意识形态的一元论需要，倾向于理解的"固化"，很容易窒息任何创新冲动，最后必然走向僵化。所谓教条化，指每一个时期、每一个学者编写的教科书，都有一种企图：就是利用教科书而造就一个时代占统治地位的绝对真理体系。表述逻辑框架的完整化、一贯性的体系哲学更凸显了这一教条化倾向。

因此，教科书范式在创新马克思主义哲学过程中存在着先天缺陷。主要是教科书阐释的原理性与历史性的矛盾，相对与绝对的矛盾，个体理解和普遍认同的矛盾。马克思主义哲学"追求相对中的绝对"使教科书永远需要不断出场——不断随着时代变化和空间差异而修订改变，对"基本原理"的追问永远没有最终的答案。一切所谓原理都有出现的世纪，一切思想都是时代的思想。对经典作家文本的引证也是如此。为了证明某个原理的正确性，教科书不得不经常地将马克思、恩格斯等人在不同时代、不同语境、不同文本中表述的话语都平行地、非历史性地加以引证，而往往创始人的思想前后是发生很大变化的。这一"非法引证"显示出教科书范式原理性阐述所特有的尴尬。教科书的"体系哲学"特性直接导致思想僵化。突破这一教条，就是要从历史、从马克思文本的原初语境中重新解读马克思主义哲学的发生、发展、变化,重新思考思想的出场过程,恢复马克思摈弃一切在场形而上学的本性。

二、马克思主义哲学史考察:历史维度与创新话语

教科书范式非历史地引经据典,将不断出场、与时俱进的"历史的科学"变成一种绝对在场、永恒在场的形态,从而导致教条化和僵化,引起了理论界的批判反思。一是为恢复"历史性"的追求,二是与西方"马克思学"中重新解读马克思思想的本真意义,是引发马克思主义哲学史(以下简称马哲史)学科范式兴起的两大动因。

中国马哲史范式生成与转换,经历了两度转变、三个阶段。① 初创阶段发轫于上个世纪 70 年代初,为教学需要,北京大学和中山大学一批学者编写了教学大纲。1978 年,中山大学刘嵘、高齐云、叶汝贤等人为主编、中国人民大学马列所庄福龄等人为副主编,承接了教育部第一个马哲史教材编写计划。② 在 1979 年成立全国马哲史学会基础上,20 余所高校集体编撰的中国第一部《马克思主义哲学史稿》于 1981 年由人民出版社出版,这是初创阶段结束、转向发展阶段的标志性成果。发展阶段的特点之一是学科建设取得长足进展。以中国人民大学陈先达、靳辉明合著的《马克思早期思想研究》(1983)、庄福龄主编的《马克思主义思想史纲要》(1983)、徐琳的《恩格斯哲学思想研究》(1985)、黄楠森主编的一卷本、三卷本《马克思主义哲学史》、孙伯鍨的《走进马克思》、余源培教授的《马克思主义哲学史》等等的问世,学者对马哲史学科研究对象、研究意义、方法都做了深入细致的界定,标志着这一学科的形成。第二个特点是通史与专题研究结合,出版了一批回应西方"马克思学"、深入探索马克思、恩格斯、列宁、毛泽东哲学思想的著作。第三个特点是研究旨趣发生转换,从早期仅为原理教学提供思想

---

① 张亮:《中国马克思主义哲学史研究的范式生成与转换》,《中国社会科学》2008 年第 4 期。

② 徐俊忠:《面对先师仅有感恩是不够的——在刘嵘、高齐云、叶汝贤教授学术贡献研讨会上的发言》,《现代哲学》2011 年第 1 期。

史佐证转变为独立探索、创新理解经典作家哲学本真意义的路径。世纪之交开始的第三阶段,为方法论自觉阶段。这一阶段的最大特点不仅是人才辈出(中年学者代表如张一兵、俞吾金、吴晓明、杨耕、丰子义、王东、王金福等,更为年轻一代如唐正东、聂锦芳、胡大平、张亮等人也崭露头角)、成果卓著,而更重要的是学界深度借鉴西方学者的研究风格、研究方法和研究路径,将重读马哲史成为一种深度耕耘、创新理解的方法论,学术影响甚至超过原理创新。之所以如此,主要原因一是研究语境大为改观。MEGA2 的传入,中文第二版《马克思恩格斯全集》、《马克思恩格斯选集》、《马克思恩格斯文集》陆续出版,为在中国语境中研究马哲史提供了前所未有的文本资源;同时中国学者对外交流更加深入,与境外研究机构建立和稳定的学术联系,不仅有更深入的学术成果交流,更有研究方法的相互影响和借鉴。着眼于与当代西方"马克思学"对话,深化对一系列重大理论和实践主题的专题研究,形成了新的研究格局。①

以黄楠森主编的八卷本《马克思主义哲学史》和张一兵的《回到马克思》为标志,作为一种范式的马哲史研究具有以下三个特点。第一,阐释的历史性。马哲史脱胎于"原著选读",但马哲史范式转换的内在革命性在于:原著选读目的在于"证明"教科书原理出场有据,作为原理教科书的从属物,它们注重原理在文本中呈现的高度同一性;而后者从一开始就具有鲜明的历史视域,在历史场域中阐释,将马克思主义哲学看做是一个历史发展着的思想体系。第二,创新理解。马哲史不仅是对"史"的深描,更是对"论"的阐释,是通过"史"的眼光重新发现一个不同于苏联僵化教条地理解的马克思主义哲学本性,进而对实践做新的理论穿透。第三,实践与知识、知识与知识之间的历史相关性和整合性。马克思的新世界观出场不再是一个单纯封闭的哲学自我革命的产物,而是被还原到"改变世界"与"理解世界"相互激发。一个在古典经济学、政治社会学说、历史学说相互影响条件下的整体碰撞的结果。

---

① 庄福龄:《新世纪的马克思主义哲学史学科建设》,《光明日报》2000 年 2 月 29 日。

当然，按照时间逻辑还是问题逻辑或思想逻辑来展现马哲史，一直是问题之一。列宁曾经借助于黑格尔《哲学史讲演录》解读而反对将哲学史变成"人名和书名的历史"而不是思想内在逻辑的演进史。问题之二是马哲史始终存在着解释学循环：方法论视域与对象本性的循环，微观文本解读与整体通史阐释的循环。然而，更根本的问题在于：仅仅是思想出场史的深度描述是不够的。无论我们如何看待马哲史，有一点可以肯定：思想史的出场背后是真实历史的存在。思想终止的地方，才是真正历史的开始。而思想史不过是真实历史出场的思想表达，前者对真实历史语境有很深的依赖性。因此，穿越思想史而到达其背后的历史语境，用历史语境来规约思想史的逻辑，这就必然超越马克思主义哲学史范式而走向出场学。

三、文本文献学考察："回到马克思"原初语境的解读方式

历史的视域需要有文本文献学考订研究论据的支持才是可信和有效的。以1999年张一兵的著作《回到马克思》作为文本文献学解读范式的主要标志，其出场原因，主要有以下三个背景。

第一，打破教科书和原理研究长期非历史地援引经典作家话语而教条化僵化理解方式，恢复马克思哲学的历史性质，就是要回到马克思的原初理论语境。正如张一兵所说：这一解读模式就是要还历史的马克思本真面貌和原初语境。"摆脱对教条体制合法性的预设，消除现成性的强制，通过解读文本，实现中国人过去所说的'返本开新'"。[①] 与马哲史相比，启封文本解读范式，将更加注重文本深度耕耘和意义探索，更加关注文本结构、作者心灵、思路的意义，更加注重从客观解释学"向前进"到"思想构境"的挖掘。

第二，文本文献学深化了对马克思、恩格斯、列宁等人的文本文献

---

① 张一兵：《"回到马克思"的原初理论语境》，见任平、陈忠主编：《当代视野中的马克思主义哲学》，北京：人民出版社，2010年版，第369页。

的版本学、目录学、编撰学、意义结构的考订、研究、解读。典籍是马克思主义思想在场和出场的文本载体。正如中央编译局局长衣俊卿所说：典籍所蕴含的思想是理论研究和创新的前提和基础。随着理论创新的深化，人们必然会越来越重视典籍考订和文本研究。典籍研究是马克思主义中国化的基本前提，也是与西方抢夺马克思主义著作话语权的主要阵地，牵涉到我国意识形态安全。由于文化和语言的差异，马克思主义理论的中国化要跨越的"第一道门槛"就是经典文本的中国化，没有"中国化"的文本文献，就永远受制于人，就不可能将马克思主义变成武装全党、教育人民的精神武器。因此，中国共产党从成立之时起，就高度重视马克思主义经典著作的编译事业。针对王明等人所犯的以"洋教条"误导工农干部和革命大众的教条主义错误，1938年在延安成立了马列学院，设立专门的翻译部组织翻译马恩经典著作；1949年，中央决定成立中共中央俄文翻译局，主要翻译俄文的经典文献；1953年，中共中央编译局正式成立，开始系统地翻译马克思主义经典作家的全部著作；改革开放新时代，又对马克思主义经典文本编译和研究提出了更高的要求。经过数代中国革命知识分子先驱者的努力，特别是中共中央编译局成立以来的半个多世纪的努力，我国的马克思主义经典文本编译事业取得了举世瞩目的成就，翻译出版了《马克思恩格斯全集》中文第一版50卷；《列宁全集》中文第一版39卷、中文第二版60卷；《斯大林全集》13卷；《马列主义文库》中文版21种；《马克思恩格斯文集》10卷；《列宁专题文集》5卷；《马克思恩格斯选集》第一、二版各4卷；《列宁选集》第一、二、三版各4卷；等等。我国已经成为世界上翻译出版马克思主义经典著作最多、最全的国家。全面、系统的翻译和研究马克思主义经典著作，为马克思主义中国化提供了坚实的文本基础，为理论创新提供了源源不断的思想资源、理论基础、源头活水。

改革开放以来，在掌握马克思主义经典著作解释的话语权方面，我们还面临很多挑战。虽然从总体上看，我国虽然现在是翻译马克思主义经典著作最多最全的国家，但与其他有关国家相比，我国的马克思主义经典文献典藏还比较落后。马克思、恩格斯的手稿原件，三分之二收藏在荷兰，三分之一收藏在俄罗斯（原苏联）。缺乏文献典藏支撑，掌握经典解释权和话语权就失去了基本前提。相关国家专门设立了收藏马克思主义文献、研究马克思主义理论的专门机构。例如，德国的国际马克思恩格斯基金会、俄罗斯的国家社会政治史档案馆（原马克思列宁主义研究院）、荷兰的阿姆斯特丹国际社会史研究所、比利时的布鲁塞尔马克思研究所、英国伦敦马克思纪念图书馆，等等。甚至日本，其收藏的马克思主义文献也远远多于我国。它们提供专门的途径，积极培养马克思主义文献编译与研究人才，影响力不断增强。国外的各种马克思主义研究，如西方马克思主义、新马克思主义、后马克思主义都对马克思主义经典文本作了深入详细的研究。特别是西方马克思学目前发展很快，这些学者站在西方的立场，以批评的视角重新阅读马克思，对马克思主义进行独立的、深入的、细致的研究。虽然其研究对消除某些针对马克思主义的误解等方面有许多启发的意义，但是，他们更多地对马克思主义提出了质疑和挑战，并且对我国的马克思主义研究也有很大影响。我国由于缺乏专门的对马克思主义经典文本进行深入研究的人才队伍，在国际上对马克思主义文本和理论的解释权和话语权比较弱，国家的意识形态安全也受到越来越大挑战。

第三，与以往马克思主义哲学原著解读模式不同，文本文献学解读模式一开始就是历史地分析看待文本思想，着眼于出场的变化和差异，着眼于与我们今天的当代马克思主义理解可能很不一样的当年马克思原初语境。所以，文本文献学解读是一个创新地理解马克思恩格斯思想的范式，而不是"返本"为了"原教旨主义"，不是为了"顽强的崇古意识"，用一个"原版"的马克思主义来取代苏东教条主义的马克思主义。

在老一辈学者影响下，以衣俊卿为代表的中央编译局团队、张一兵为领军的南京大学团队、复旦大学俞吾金、北京大学王东、聂锦芳，清华大学韩立新等构成了全国文本文献学研究学者的主要群体。围绕经典文本的编译、解读和研究，取得了相当可观的成果。

文本文献学是以文本文献为对象的多重学术视域的聚焦点。其中至少包括了文本文献考订、认识论、文本解释学三个层面的研究。第一层次相当于传统的国学中的"小学"，但是根据文本结构也可以决定文本意义结构的观点来看,"什么是恰当的文本文献结构"恰好就在这一意义上决定了"什么是本真的马克思主义原意"。认识论研究也在根本上探索马克思文本的原意。在有没有马克思的原意、什么是马克思的原意问题上,学界展开激烈的争论。客观主义文本理解论主张文本有不依赖于读者、甚至不依赖于作者的原意,而读者的理解有相对性,但是文本原意并不因为读者甚至读者的主观意图而改变。在此,这一主张区分两种意义的含义:一是文本的原意,二是文本对读者的意义。文本的原意是相对不变的,而对读者的意义却是不断变化的。读者以自己的时代的前理解构成的主体图式来解读对象文本,就造成了差异化解读,这一过程,对读者来说,就不是一个在手过程,而是一个上手过程。即对读者说来的生成。张一兵强调"回到马克思"的原初语境绝不是对一个现成在手的文本的打开,而是一个重新解读过程也是重构过程就是如此之意义。解释学表明:解读文本的结构依赖解读者的时代视域,也就是说,有多少解读者,就有多少种马克思文本的结构及其文本的意义。张一兵近来还强调从客观语境走向主观解读语境说,因而更加走向当代解释学。

然而,文本文献学解读范式先天地存在着内在的矛盾和困惑。首先,文本样式有很大的不同,究竟何种文本更能够代表马克思恩格斯列宁的原意?学界经常争论的话题是:究竟公开出版的杀青之作还是手稿、笔记甚至札记更能代表他们的思想心迹?这难以停留在文本层次上加以判定清楚,只有穿越文本背后去看历史语境的决定性,才能最终达到理解的真实。其次,文本解读如果旨在寻找一个原版的马克思或者列宁,如何与崇古意识作出区分并与当代视野中的马克思能够相互一致而不至于拿原版马克思去批判当代马克思?从当年马克思到当代马克思主义的历史间距如何弥合?

正是对"原教旨主义"或"顽强的崇古意识"的担心,以复旦大学俞吾金为代表的学者,坚持主张"应当让马克思走向当代"、"马克思是我们的同时代人",开创了首先与西方哲学、进而与中西对话的方式激活马克思的思想资源、保持马克思的当代生命活力并不断创新的范式。

四、与中西哲学对话：在当代语境中启封马克思主义哲学的时代意义

然而，解读者不是孤独的单一主体。面对马克思、恩格斯、列宁的文本文献的，有众多不同视域的读者。差异甚至异质的读者之间关于马克思、恩格斯、列宁的文本思想，以及文本思想所涉及的时代实践问题需要展开对话。与各种在场的思想展开批判性对话曾经是当年马克思新世界观出场的基本方式之一；今天，也应当合理地成为马克思主义哲学当代出场的路径。对以文本文献解读为主要路径而力图"回到马克思"所可能包括的放弃对当代重大思想和实践问题的反思而回到故纸堆的"顽强崇古意识"的担忧，使复旦大学俞吾金教授认为必须指认"马克思是我们同时代人"，应当致力于消灭历史间距而"让马克思走向当代"并在当代实践和思想语境中创新发展，因此与西方当代思想家展开对话对话，在对话中使马克思的思想"当代在场"，就成为另一种马克思主义哲学创新研究范式。

对话范式的基本逻辑主要包括以下几个环节。第一，理解的核心环节是把马克思哲学理解为一种真理，而不仅仅是一种考古、崇古旨趣。不能像西方"马克思学"那样，以所谓"价值中立"的超然态度对原初文本意义作纯粹考古，而是对一种仍然活的真理思想的理解和阐释。因此，马克思的思想必须超越历史的间距走向当代，应当将马克思哲学思想当做一种当代在场、活的思想资源、创新发展的理论。因此，重要的不是去面对历史的过去，而是面向当下和未来，看马克思主义究竟在今天受到那些挑战，她的思想资源是否还具有"切中时代现实"的穿透力和影响力。第二，需要重新审视当代西方思潮的时代性价值。这一时代性或者当代在场性表现在两个方面：一是当代有重大影响的西方哲学家大多深刻地表征了时代问题；二是当代西方哲学又是对这一时代问题的解答。因此，展开与西方重大思想家对话，进而扩展为与当代一切中西哲学思想的对话，就成为当代中国马克思主义哲学创新研究的一种范式。第三，马克思主义"改变世界"的实践旨趣强调：只有在解答时代的系列

重大问题中，只有在与各种当代在场的思想对话中，才能打磨出犀利的思想光芒，才能成为时代的思想。正像当年马克思思想出场是在批判地汲取德国、法国和英国的古典思想，以及与当时一切形形色色思潮批判地展开对话过程中才能创造性地出场一样，今日马克思主义，即当代形态的马克思主义，也需要在与当代一切主要思潮对话过程中，激活自己的批判思想资源，磨砺锋芒，汲取一切思想合理因素，进而重新打造当代形态。

对话行动在改革开放之初拉开序幕。在打破几十年相对封闭的思想禁锢之后，西方思潮纷至沓来，各种译著包括编译论著纷纷问世，让长期封闭、自说自话的中国学界受到外来干涉思想的大挑战，虽然在"人道主义与异化"问题、"弗洛伊德精神分析与马克思主义"、"存在主义与马克思主义"、"现象学与马克思主义"、"实用主义与马克思主义""结构主义与马克思主义"等一系列话题上展开了多重视域的对话，但由于当时的学界对陌生的西方思潮大多缺乏深入理解，被动应战，因而对话大多采取简单化方式，拒斥多于分析，批判甚于论辩。这一遭遇性的对话，象征意义大于学术意义，不过也留下了许多值得注意的问题和宝贵经验教训。

20世纪90年代末，学界"思想退场"、"学术登场"，随着一大批海外留学人员的纷纷回国，学界通过译丛大量、系统翻译出版了西方哲学名人名著，许多学者大量赴海外参加各种学术交流活动，使学界更加深入地了解国外各种思潮，包括西方马克思主义和西方"马克思学"的若干前沿动向。其中，学界关注的焦点，也逐步地前移到对后现代思潮的关心和关注。北京大学、复旦大学、南京大学、黑龙江大学成立了国外马克思主义研究中心，与后现代为主体的西方马克思主义思潮和非马克思主义思潮展开了多向度、多层面的对话，编写了《国外马克思主义研究》和《马克思主义与后现代主义》等。复旦大学俞吾金、吴晓明、陈学明等人率领的国外马克思主义研究团队发挥"海派"学术优势，治学兼有贯通西方学术与马克思主义两者的特点，率先全国成为开展马克思主义与当代西方哲学、特别是与海德格尔生存论哲学、杜威的实用主义深层对话基地，将马克思的哲学革命与上述哲学家的哲学革命之间的异同关系作深度对比分析，得出了一系列令学界高度重视的结论。然而，对话行动的深入展开难免受到起始点——西方马克思主义将马克思主义嫁接在某种西方思潮基础之上而形成的各种流派如将弗洛伊德与马克思主义嫁接而成的弗—马主义，"以海解马"及"存在主义的马克思主义"，"人道的马克思主义"，"结构主义的马克思主义"，"后现代的马克思主义"及"后马克思主义"的困惑和影响。的确，当代西方思潮中具有时代问题和时代解答两个合理方面。拒绝汲取是不对的。它们虽然不是时代精神的精华，但是时代精神的表征，时代问题的表现。与它们的对话，可以激活马克思主义的时代精神本质。但是，马克思主义对话于西方哲学和西方思潮主要是为了创建当代在场的马克思主义，决不能仅仅靠将西方的或者东方的思想简单嫁接到（拼贴）到马克思主义身上就认为万事大吉。恰好相反，马克思主义的对话需要榨取合理思想内容，而炸毁形式。对话是围绕时代问题而展开的，是作为时代精神的精华与时代精神的表征之间关于时代底板的问题之间的对话。而检验这一对话的标准不在于对话双方，在于对话必然围绕的时代实践和历史底板本身。以罗蒂为代表的后现代哲学强调打破单一话语的独白，强调多元思想、多元话语之间的对话，但是却反对有真理性的标准——时代实践的客观底板。因此，取得共识只是多元主体间的相互协调与合约，但是决不等于符合底板的真理。因此，如果仅仅是马克思主义与非马克思主义的中国哲学或西方哲学对话，借此创新马克思主义哲学，则需要对时代实践这一问题的底板有深切的理解和准确的把握。一切哲学都应当是问答逻辑。因此，从对话创新范式走向反思的问题学范式则势在必行。

五、反思的问题学：以问题为中心的创新反思

对破除教条主义的新路径探索直接导致了"反思的问题学"范式的出场，其思想首先源于马克思的哲学革命传统。马克思在《关于费尔巴哈的提纲》中以"感性人的感性活动"即实践为新唯物主义的原初基础，在彻底颠覆了抽象思辨的唯心主义和诉诸感性直观的旧唯物主义的形态哲学和体系哲学之时，就更深刻地反思和批判了旧哲学的提问方式和问题本身。在这一方面，马克思既颠覆了"问题的形而上学"，又消

解了"资本拜物教"意识带来的"问题的实证主义",进而在"改变世界"的实践观基础上形成了"反思的问题学"视域。

"反思的问题学"范式有三个基本特点。

第一,以问题为中心展开的哲学研究。从"问题中的哲学"到"哲学中的问题"。任何理论都是问答逻辑。强烈的"问题意识"一直是马克思主义哲学的生命力所在。为了无产阶级和人类解放,马克思恩格斯始终作为革命家关注关心一切时代的、阶级的、各国的革命运动中的重大实践问题,而主张"问题在于改变世界"、"一个时代所提出的问题,和任何在内容上是正当的因而也是合理的问题,有着共同的命运:主要的困难不是答案,而是问题。因此,真正的批判要分析的不是答案,而是问题"。"问题就是公开的、无畏的、左右一切个人的时代声音。问题就是时代的口号,是它表现自己精神状态的最实际的呼声。"① 当代马克思主义必须解答新全球化问题。深刻反思以知识经济为主导的新全球化时代对全球生产方式的深刻变革、知识资本化成为全球主宰、重写现代性、全球格局变化、多元文化冲突等对马克思主义哲学在场性的当代挑战,应当成为当代马克思主义哲学出场的主要场域。成为时代"反思的问题学",这是马克思主义哲学当代在场的主要方式。

第二,反对"问题的实证主义",根本改变提问视域和提问方式,根本转换问题和问题域。强调对问题做深刻的反思批判,或将问题解构到本质批判的高度。因为"问题的实证主义"的提问视域就是一种旧唯物主义的"感性直观",它不加分析和批判地从现实生活的表象中截取矛盾的片断,将深刻的本质矛盾变成颠倒的片面环节,并使之成为哲学问题。因此,"问题的实证主义"本质上是一种资本拜物教,因而是在资本化的物质世界中充当遮蔽生活本质的"物化意识"。现象与本质之间往往采取颠倒的方式存在着,这一颠倒不仅是异化,而且就是资本问题的存在方式。因此,马克思深刻地强调:如果现象与本质完全一致,那么任何科学都会变得多余。对社会经济分析,既不能用化学试剂也不能用显微镜,而是要用"抽象力",即科学反思。因此,批判地反思来

---

① 《马克思恩格斯全集》第40卷,北京:人民出版社,1982年版,第289—290页。

自现实表象的问题,对现存的一切进行无情的批判,构成了"反思的问题学"。这恰好是马克思的问题视域和提问方式。

第三,反思的问题学是理论创新的范式。"理论是灰色的,生活之树常青"。生活不断提出问题,引导哲学打破教条,重新反思问题、解答问题,因而就可以不断引导理论创新。问题学视域是破除教条主义的利器。一切教条之所以成为禁锢思想、僵化思维的教条,就是在于专注于理论、文本本身而脱离问题,因而脱离实际、脱离时代。问题视域打破以往的范式壁垒,成为引导理论走向世界、走向时代、走向实际的主要路径。通过鲜活的问题研究而创新理论,不断把现实问题转换为理论问题。

然而,反思的问题学方式针对的问题可能产生两个最为重要的偏向。第一,问题反思在超越一切学科壁垒的同时也可能造就马克思主义哲学研究的学术脱域化和零碎化。反思的问题学范式在破除教条主义、僵化思维过程中如何重新推动马克思主义哲学理论的创新而不仅仅是问题的解答,问题与问题本身在相当大的程度上不能完全展现一个完整意义的世界观和方法论。第二,反思的问题学在解答问题过程中包括哲学但决不限于哲学视域,因而其多学科知识特点使问题解答在转化为"学"的过程中可能大多没有上升到哲学反思的高度。"问题"在思考的头脑中发生中途"短路",没有上升为"哲学中的问题"而就在具体科学层次上回到实践。因此,"反思的问题学"研究范式呼唤领域哲学或部门哲学的研究。触及各重大实践领域,如果要摆脱感性直观而做深度的理论反思,则至少需要上升到部门哲学或领域哲学的层次,将实践反思、问题反思从问题中的哲学上升为哲学中的问题。

六、领域创新:把握时代脉博的实践哲学探索

通过领域创新路径来推进马克思主义哲学研究,成为反思问题学的必然逻辑。对马克思主义中国化具体实践路径的开拓研究,引发马克思主义哲学与其他相关学科知识的对话,就形成了各种领域哲学和部门哲学的研究范式。发展哲学、经济哲学、政治哲学、文化哲学、社会哲学、生活哲学、管理哲学、军事哲学等哲学新领域、新部门的开辟,标

志着"反思的问题学"进入多样化的学科系统。一个领域就是马克思主义哲学在某一类部门实践的系统总结和整体反思，因而带有理论与实践之间中介的特征。它是"反思的问题学"的升华，更鲜明地表征着马克思主义实践哲学的特点。各种部门哲学的"小体系"理论的逻辑指向是一致的：马克思主义哲学必须要重新摆脱"理论哲学"的形态，而转向实践世界。实践哲学走向，经过反思的问题学范式，进而必然走向部门哲学或领域创新之路。

领域创新研究最早由中国人民大学李秀林教授生前所倡导、推动，旨在破除当年苏联僵化教条的教科书原理体系的理论哲学的路向，服务、服从于中国现代化发展的大局，出现了部门哲学的路径探索。"改革的哲学、哲学的改革"、"现代化的哲学、哲学的现代化"的精神构成了全部哲学变革的主要宗旨。聚焦中国现代化发展的重大领域中的时代问题，以研究中国现代化发展问题为主旨的发展哲学，以研究现代化管理问题为中心的管理哲学，以"经济建设为中心"而展开的经济哲学，以政治改革和政治发展为中心的政治哲学，以社会变革和社会建设为中心的社会哲学等等，应运而生，成为马克思主义哲学关注现实、走向实践、研究时代的主要方式。

领域创新作为一种研究路径和范式，主要有以下几个特征。第一，研究对象的专门化和部门化。与原理研究的广泛性和普遍世界观不同，领域研究专属某一部门和领域，专门研究某一领域的特殊本质和特殊规律，但是又将哲学的普遍原理贯穿其中并加以具体应用，既深度探索领域内的特殊问题，又同时检验一般原理的真理性。发现问题，既可能在领域的特殊限度内加以考察，更不断及时地反思一般原理问题。而这一专门化和深化，就较为充分地发现了对象领域中独特的社会关系和本真存在，将一般原理很难涉及或过于简略的话语充分地展开，形成关于这一独特对象的系统阐述理论。政治哲学、发展哲学、经济哲学尤其深入。不仅形成了关于对象领域特殊本质和特殊规律的理论描述，而且深入地考察了政治发展、发展方式、财富本质等重大实践话题。将实践反思更为具体化、系统化和学科化。第二，更深入地在哲学与具体科学的边界上把握学科的研究性质。领域哲学或者部门哲学始终是介于哲学通向具体科学最前沿、最贴近的交叉点上，在一种带有双重领域沟通信息的思想边界上行走，这一边界既不断汲取来自鲜活实践的具体前沿科学的全部问题而叩问哲学，又不断汲取哲学反思的穿透之力而给予具体科学问题以哲学之悟。边界的相互沟通成为领域哲学创新思维，可以挟实践经验以资哲学，而以哲学之思指导实践。

以领域哲学或部门哲学为路径的研究范式的形成和发展经历了三个阶段。第一个阶段，从上个世纪80年代中叶到90年代中期，在"应用哲学"名义下，管理哲学、政治哲学、经济哲学、发展哲学、文化哲学、社会哲学等应运而生，呈现一种初创抢滩的态势；普遍的特点是领域新颖、深度不足、创新不多。第二阶段，上个世纪90年代中期到本世纪初，全面借鉴西方相关领域的思想、通过第二代学者的崛起而转换问题，成为深化理论的契机。深入的专题研究代替了以往大而化之的体系构建。如上海财经大学的张雄教授团队所开展的经济哲学研究，从货币哲学入手，进展到资本批判，进而再行进展到财富哲学研究，步步深入，形成了国内经济哲学研究的演化逻辑。南开大学陈晏清、王南湜团队领衔的政治哲学，从社会领域的分化到政治权力的公共性，再到正义论主题的开拓，形成了国内马克思主义政治哲学研究的新思路。衣俊卿教授主持的黑龙江大学的文化哲学研究，从国外马克思主义文化批判到国内文化现代性问题的深入，再到文化历史观的升华，形成了一系列沿着文化主题研究重新构划历史观的创新路径。第三阶段是2005—2010年，随着《中国社会科学》每年主办的马克思哲学论坛主题的步步深入，"政治哲学"、"经济哲学"、"发展哲学"等主题日益与"中国问题"和"中国道路"相结合，大大深化了研究主题，拓展了视域，形成了自己的话语体系。此外，"空间生产"、"价值哲学"、"军事哲学"研究等都取得了新的突破。

七、马克思主义中国化：开掘本土思想研究的创新范式

作为一种研究路径和研究范式的"马克思主义中国化"（以下简称"中国化"），毫无疑问是在马克思主义中国化的理论创新过程中方法论

自觉和反思的产物。毛泽东同志在《反对本本主义》、《实践论》、《矛盾论》等一系列著作中既全面开启"中国化"的第一个理论形态——毛泽东思想的同时,就开拓了"中国化"的研究范式。在前无古人的改革开放新的伟大实践中,"中国化"不仅形成了理论的最新成果——中国特色社会主义理论体系,而且也深化了"中国化"的研究范式。在某种程度上,提出一种研究范式,比提出一种马克思主义中国化的理论形态更深刻、难度更大。它不仅要求面向中国问题、基于中国经验、坚守中国立场,而且要求深度探索马克思主义哲学中国化的实践路径和文化路径。

改革开放以来,承接着马克思主义传入中国90多年来一直倍受争论的传统问题,即何谓"马克思主义中国化"始终是学界关注和讨论的焦点。就"实践路径"而言,就存在着秉持"中国话语"、"中国问题"、"中国立场"和"中国视域"等各种意义的"中国化"。"中国化"曾经就等于"中国话",而"大众化"就等于"大众话"。也就是说,早年中国的觉悟知识分子一方面行普罗米修斯之径盗火于人间,将原初西方语境中的操持西方语言的马克思主义话语翻译、介绍到中国,用中国话、大众话(《大众哲学》)来介绍马克思主义,就是中国化。进而,"中国化"等于针对"中国问题"的"有的放矢"。将中国话的马克思主义用来分析、观察、研究中国的问题,作出解答,这就是援引西方话语的马克思主义原理之"矢"射中国问题之"的"。中国问题具有本土特色,已经不再是西方实践的简单平移,因此马克思主义原初出场的理论结论存在着差异。问题语境的转换使理论与实践之间存在差异甚至矛盾。这一矛盾成为促使马克思主义中国化的发生点。然而,基于西方立场和视域的知识分子,依然将文本理论结论当做是一成不变的、放之四海而皆准的范式,希望将中国问题剪裁进西方原初马克思主义理论的固有框架结论中。理论与实践的关系在起初阶段是完全违背本性地颠倒的。理论成为"普遍真理"之光,而实践却成为被普遍真理之光照耀并有待理论穿透的对象,处于被剪裁、被审视、从属的客体。然而,理论文本与实践的日益冲突和矛盾促使关系翻转:实践重新被看做是理论的来源和基础。毛泽东《实践论》解决了两者的关系问题,宣布实践是认识(包括理论)的唯一源泉。进而,从中国立场、中国视域来审视中国问题而产生的中国化的理论,本质上就是指认"中国化"不是源于西方的马克思主义话语在中国的跨界平移,而是在中国语境当中重新出场的马克思主义。因此,新时期"中国化"就围绕马克思主义在新的历史语境中如何出场的路径研究而展开的。陶德麟先生领衔、何萍、汪信砚教授为骨干的武汉大学团队,秉承李达先生思想传统,围绕"中国化""实践路径"的深刻含义做了深入探索。①

从革命、建设转向改革和发展的主题,成为邓小平理论、"三个代表"重要思想和科学发展观的主题。当代中国的马克思主义在本质上就是"发展哲学"。以改变世界为己任的马克思主义哲学是实践哲学,实践主题就是马克思主义的主题。因此,关于"发展哲学"、"科学发展观"研究,在这一方面,中央党校杨春贵、韩庆祥等教授所阐发的中国化意义独树一帜。

他们重新反思"时代化",指出当代重提"马克思主义中国化"就是要求重新瞄准当代中国"正在做的事情"为中心的实践,创造能够指导改革发展这一创新实践的本土创新理论。马克思主义中国化的当代形态,就不是"在中国的马克思主义",也不是过去时的中国化,而就是马克思主义对当代中国发展实践做深度理论穿透的马克思主义。

当然,在衣俊卿教授看来,中国化并不意味着问题视域仅限于中国。因为中国格局始终是全球化的世界分工造就的。因此,中国化既要有中国问题,更要有世界眼光。国内外马克思主义的比较研究始终是中国化研究范式的内在要素。只有深入理解国外马克思主义,才能更完整准确地理解中国化特点。

从"文化路径"来看,中国化与中国传统文化的关系始终是理论界颇为纠结的话题。新儒学的许多学者,将马克思主义中国化,特别是将毛泽东思想的某些言论纳入新儒学范畴,中国化就等于"儒学化"。相类似的观点还有"新道学化"、"新佛学化"等。反对这一观点的学者如

---

① 陶德麟、何萍主编:《马克思主义哲学中国化:历史与反思》,北京:北京师范大学出版社,2007年版。

陈先达教授指出：马克思主义中国化就是彻底批判中国传统文化的产物。《共产党宣言》中"两个决裂"的观点依然是有效的。在两种对立的观点之间，另一种意义的中国化则认为：马克思主义中国化也是大量汲取中国传统优秀文化因素的产物。许全新教授认为：马克思主义中国化的形态也是中国传统优秀文化真正的继承者和当代形态。另一些学者则指出：除去西方三大理论来源之外，马克思主义中国化也有自己的本土文化来源。从本土文化思想资源到马克思主义中国化，也经历了从空想到科学的转变。我们既不能把科学仍然当做空想的当代形态，也不能割裂两者之思的内在关联。

重提马克思主义中国化作为一种研究路径和范式，当然具有深刻的时代背景。中国实践主题的重大转换，从革命到建设，再到改革和发展，特别是科学发展观，需要用创新的思想指导创新的实践；中华民族伟大复兴进程成功走出了"中国道路"，显然，马克思主义中国化作为一种研究范式，主旨在于创造一种与"中国道路"相匹配的"中国思想"和"中国价值"。

然而，中国化一直是与"特殊化"本土语境对应的。"中国特色"的前提是世界的普遍化真理在中国特殊国情中的特殊应用。问题在于是否存在"普世真理"和"普世价值"，如果存在，那么由谁掌握话语权。在"世界走向中国"的时代，毛泽东等那一辈人撰写《矛盾论》是为了阐释一个具有国情特点的中国特殊矛盾结构；而"中国走向世界"的时代"中国思想"和"中国价值"将注重中国经验的普适性甚至普世性。"后中国特色"时代的"中国化"将来临。在这一意义上，"中国化"将有不同的含义：马克思主义中国化就意味着为世界创造一个以中国道路为蓝本、可资世界借鉴的马克思主义。正是在这一意义上，马克思主义中国化的研究范式依然存在着更大的拓展空间。

八、出场学：马克思主义哲学与时俱进的研究逻辑

追问思想出场与历史语境之间的依赖关系，将思想出场的逻辑看做是历史语境重大变化的必然产物，这就需要召唤"出场学"。我们需要

在教科书改革或原理研究中提出"马克思主义哲学的当代形态",但是这一当代形态赖以建构的历史语境未能了然、形态对于历史的关系未能了然,我们的任何形态话语都失去了时代的合法性。恩格斯指出:"每一个时代的理论思维,从而我们时代的理论思维,都是一种历史的产物,它在不同的时代具有完全不同的形式,同时具有完全不同的内容。"① 对形态赖以出场的历史语境和前提基础加以深刻批判和考察,使我们面对出场学。当马克思主义哲学史范式仅仅描述思想史逻辑,那么追问思想背后、思想赖以建构的历史基础的或缺就成为出场学反思的对象。当"回到马克思"的解读视域仅仅回归到当年马克思的文本文献学层面时,出场学就有充分的理由要求穿越文本文献背后而深度解释产生文本的历史本身。当以马克思的名义与西方哲学展开对话而推进理论创新时,出场学依然可以召唤历史实践底板以作为评判对话的真理标准。"反思的问题学"、马克思主义中国化、领域创新在关注重大现实的哲学解答时,出场学要求将思想出场的逻辑与历史变迁的逻辑关联,将"词与物"、思想与历史、哲学与时代构成一个具有关联场域的解释系统,从中我们可以清晰地看到马克思主义与时俱进的创新机制。从"出场"角度研究马克思主义在时代和空间的语境中在场的可能性,"出场学"就是阐释马克思主义与时俱进机制的哲学范式。它对"出场的历史语境(出场语境)"、"出场路径"与"出场形态"三者作辩证关联分析,核心要素就是两个对应概念:"出场"与"差异"。研究两者之间的相互关系,我们可以发现:存在着两个相互对应的阐释循环:第一,"出场"与"在场"的循环;第二,"同一"与"差异"的循环。两个循环是出场学辩证法的集中表现。在这一意义上,阐明两个循环,就阐明了出场学的本质,进而阐明了马克思主义与时俱进的创新机制。

"出场"一词源于舞台表演艺术。在哲学阐释的语义分析中,"出"是摆脱被遮蔽状态而"进入"某一特定场域中的行动。"场"也不是一个通常剧院的台场,而是人类历史的宏大舞台。"出场"也因此而成为人类亲临历史舞台的现身行动。"出场"是一种"未在场者"向"在场

---

① 《马克思恩格斯选集》第 4 卷,北京:人民出版社,1995 年版,第 284 页。

者"身份转变的谋划,是一种"不在场"状态向"在场"状态的转变,是在特定历史场域中的"亲临"和"现身"。人类既是历史的"剧作者"又是"剧中人",由何种主体("出场者")与思想扮演主角在特定历史场域中出场,一直成为"创造历史"的关键。

"场域"是出场行动(实践)所造就的一定的历史构境。承载"构境"的首先不是思想,而是历史。思想构境不过是历史构境的解释学表现。我们需要研究:造就当年马克思的哲学世界观出场的历史场域即在社会中占据主导地位的资本全球化的大工业生产方式本身,如何使新的历史"出场者"——大工业无产阶级产出自己的头脑:"一个幽灵,共产主义的幽灵,在欧洲徘徊"。同时,"出场"总是依赖于一定的"出场路径"——160年前,德国的"正义者同盟"转变为"共产主义同盟",借助于这一工人阶级政党的纲领性文件问世的路径,《共产党宣言》宣告共产主义、马克思主义"幽灵"的原初出场,引起"神圣同盟"的无比恐慌与竭力驱逐。随着历史语境的变迁,总是采取不同的"出场形态"——十月革命一声炮响,宣告马克思主义、社会主义作为制度性现实形态的出场。因此,"出场"是在一定的"场域"中、选择一定的"出场路径"而形成一定"出场形态"的行动过程。与"出场"相对应,"缺场"既可能源于"从未出场",也可能源于"退场"。苏东剧变与社会主义制度遭受挫折,导致教条的马克思主义的"当代退场"。福山在《历史的终结》狂热的话语中大声宣告:"马克思已经死了,共产主义已经灭亡,确确实实已经灭亡了,所以它的希望、它的话语、它的理论以及它的实践,也随之一同灰飞烟灭。"① 神圣同盟希望就此宣告马克思主义、共产主义的永远"退场","自由思想已无可匹敌",历史已经终结。谁还在场?谁是在场者?福山宣告作为自由民主的"最初的人"定格为永久占据历史舞台的"最后的人"。那么,"马克思主义向何处去?"在著名的《马克思的幽灵》一书中,德里达追问:面对一个时代的挑战,"马克思的幽灵"还要不要出场、怎样出场?回答是肯定的。

---

① 德里达:《马克思的幽灵》,何一译,北京:中国人民大学出版社,1999年版,第52页。

在席卷全球的金融危机中，马克思对资本批判的思想幽灵又重新"出场"，并以成功抗击危机的"中国道路"形态在场。

马克思主义哲学的当代"出场"是对时代场域、历史语境的重新识别和认同。随着资本全球化形态的创新，新全球化时代对旧全球化时代的替代，历史图景发生了重大变化，需要有对当代资本全球化做深刻批判的马克思主义哲学。随着革命、建设、改革和发展等中国重大实践主题的转换，当代中国马克思主义特别是马克思主义哲学需要创造一种新的出场形态——发展哲学。以"改变世界"为理论旨趣的马克思主义，应当聚焦当代世界和中国一切重大的时代问题，以形态创新填补当代理论"空场"。"空场"就是马克思主义的局部"缺场"，需要马克思主义坚定地出场。锁定领域，将某些重大时代领域排除在马克思主义言说与行动的空间之外，本身就是一种僵化。除了"偏见"或"误解"之外，"空场"的产生或是因为时代变迁导致马克思主义与时代问题的"某种脱节"，或者是因为时代主题的转换使当年马克思仅具有的原则意见（如生态观点）需要拓展为一个当代的完整理论，或是因为原有理论需要转化为一种出场的实际行动。"空场"感是一个时代的信号，表明当代问题对于马克思主义当代出场的神圣召唤。"空场"先天地创造了马克思主义出场的必要性，而出场行动则是将必要性转变为在场的可能性。

"出场"超越"在场"，不是原有在场状态的重复和复制，而是整个场域结构的重新设计与意义重构。因此，每一次出场都具有独特的个性，因而是差异。创新始终是一种创造差异的出场行动。马克思主义在当代的出场，就是走向创新的差异之途。

九、多元创新范式的总体图谱：路径丛林与相互作用

深描多元创新范式的总体图谱，旨在以范式创新同步推动理论创新。为此，需要关注以下三点。第一，范式创新与理论创新之间的关系。范式创新始终成为理论创新的路径，因此两者表现为相互缠绕的双轨线，而不是两相脱节的在场。第二，范式多元性与马克思主义哲学整

体性之间的关系。每一种范式都有其独特深刻的研究视域，然而是"片面的深刻"或"深刻的片面"。而要整体表达马克思主义哲学的创新图景，就需要多种研究范式之间的互补。"无影灯之所以无影，是因为它的光束来自各异的角度"。第三，范式视域需要相对稳定，但决不能僵化，需要随着理论创新而不断发展。目前，中国的马克思主义哲学研究范式尚属初步形成，虽稚嫩却充满活力，学术包容力和发展潜力很大。"范式"如果持续地要成为拉卡托斯所说的"进步的科学研究纲领"，那么，它就必须具有持续的内在"自反性"，不断改玄更张而自我更新。为此，倡言研究范式就有百利无害。第四，学术发展的"中国图谱"与"世界图谱"的关系。虽然"中国图谱"的出场意味着最终要与"世界图谱"在对话、对接中融为一体，然而理论创新的"中国道路"将日益成为引领"世界图谱"发展中一个最重要的因素。

（作者系江苏师范大学校长、教授、博士生导师）

一

范式专题

当代中国马克思主义哲学教科书范式研究

曹典顺

如果说，一个民族"一刻也不能没有理论思维"①。那么，中国马克思主义哲学教科书就是要以教科书的形式，使得马克思主义哲学中国化、时代化、大众化，从而满足中华民族对理论思维的需求。不过，理论思维都具有历史性，哲学也是一样，正如马克思所指出的那样，"任何真正的哲学都是自己时代的精神上的精华。"② 这就是说，哲学教科书既要以哲学独有的学科思维（逻辑前提和意义逻辑）为依据，也应以时代语境为前提。换言之，传统中国马克思主义哲学教科书只有改革，才能够用理论思维的语言把握改革开放所展现出的新的时代精神。

一、时代精神与理论困难：传统中国马克思主义哲学教科书范式改革的开启

思想理论的传播和教育，古今中外广泛存在。在中国，存在较久和影响较大的有《论语》；在西方，影响深远的有《圣经》。然而，无论是中国的《论语》，还是西方的《圣经》，在当今中国的影响都是有限的，取而代之的是马克思主义哲学教科书。但不容回避的是，自改革开放以来，传统中国马克思主义哲学教科书没能及时变革，以适应改革开放彰显出的新的时代精神。究其原因，是因为传统中国马克思主义哲学教科

---

① 《马克思恩格斯选集》第3卷，北京：人民出版社，1960年版，第467页。
② 《马克思恩格斯全集》第1卷，北京：人民出版社，1995年版，第220页。

书遇到了自身存在的理论困难。

从终极原因看,广泛传播马克思主义哲学的需要导致传统中国马克思主义哲学教科书诞生。中国近代史表明,没有中国共产党就没有一个欣欣向荣的中华人民共和国,而之所以有一个欣欣向荣的新中国,是源于中国共产党掌握了群众。毛泽东早在延安时期就向当时的抗日军政大学和延安哲学研究会推荐李达的《社会学大纲》就是为了掌握群众,因为批判的武器"不能代替武器的批判,物质力量只能用物质力量来摧毁;但是理论一经掌握群众,也会变成物质力量。理论只要说服人,就能掌握群众;而理论只要彻底,就能说服人"①。中国马克思主义哲学教科书诞生的标志,有三种可能的观点:第一,1935 年作为北平大学法商学院教材印行、1937 年由上海笔耕堂出版的李达教授的《社会学大纲》,标志着中国马克思主义哲学教科书的诞生;第二,1957 年由人民出版社出版的艾思奇教授编写的《辩证唯物主义讲课提纲》,标志着中国马克思主义哲学教科书的诞生;第三,1961 年由人民出版社出版的艾思奇署名的《辩证唯物主义历史唯物主义》,标志着中国马克思主义哲学教科书的诞生。第一种观点的依据是,中国共产党第一代领导核心毛泽东的置评,在毛泽东看来,李达的《社会学大纲》是"中国人自己写的第一本马克思主义哲学教科书"②。第二种观点的依据是,《辩证唯物主义讲课提纲》本身就是中共中央党校的教科书。第三种观点的依据是,艾思奇署名主编的《辩证唯物主义历史唯物主义》是一本由中共中央书记处决定编写的全国高校和党校等都使用的哲学教科书。从广义的视角看,一切思想性书籍都具有教化功用,皆可成为教科书;从狭义的视角看,只有作为国民教育系列的教材方能称之为教科书。人们通常意义上所指称的教科书显然是狭义的教科书,也即是说,只有艾思奇署名主编的《辩证唯物主义历史唯物主义》,才能更准确地表征为第一本中国马克思主义哲学教科书,在它之后,此类型意蕴上构建的中国马克思主义哲学教科书通称为传统中国马克思主义哲学教科书。此类意蕴包含

---

① 《马克思恩格斯全集》第 3 卷,北京:人民出版社,2002 年版,第 207 页。
② 陶德麟:《李达传略·中国哲学年鉴》,北京:中国大百科全书出版社,1984 年版,第 493 页。

四项要义：一是把唯物主义的基本概念之一的"物质"作为逻辑起点，构筑马克思主义哲学的唯物论；二是以对立统一规律为核心，构建作为马克思主义哲学认识原则的唯物辩证法；三是以追求真理的态度，确立作为马克思主义哲学的"真、善、美"认识论和价值观；四是以社会存在决定社会意识的逻辑，解释人民群众是历史的创造者的历史唯物论。

表征传统中国马克思主义哲学教科书方法、原则的视角很多，得出的结论也不尽相同，但有一个基本的理论前提是稳定的，那就是教科书内容与同时代马克思主义哲学研究的"普遍性水平"相一致，正是这一"普遍性水平"，使得传统中国马克思主义哲学教科书与当代马克思主义哲学研究水平渐行渐远。那么，究竟是哪些元素导致传统中国马克思主义哲学教科书面临这种困境呢，这至少可以从三个方面诠释：第一，教科书语言的通俗化与马克思主义哲学研究语言的学术化之间的矛盾。所谓教科书语言的通俗化，就是指用大众熟知的语言形式阐明马克思主义哲学的原理。比如，艾思奇主编的《辩证唯物主义历史唯物主义》的教科书，对世界观是如何形成的就是采用的形象化描述，他说："人们生活在世界上，每时每刻都要跟周围世界的各种事物打交道，也就是要认识这些事物并且力求按照自己的需要来改变这些事物。在这样的过程中，人们对于这些事物就得到一定的了解，形成一定的看法"[1]。如果从学术研究的视角表达世界观的形成，则是抽象性语言，比如孙正聿先生在专著《哲学通论》中采用的表述："一种哲学观具有怎样的深层的合理性与广泛的解释力，就在于它在何种程度上把握到人的存在方式，以及在何种程度上把握到人与世界之间的关系。"[2] 第二，教科书使用的肯定性叙事方式与马克思主义哲学研究需要的论证性逻辑方式之间的矛盾。艾思奇主编的《辩证唯物主义历史唯物主义》的教科书中的叙事方式即为肯定性思维，比如艾思奇对历史唯物主义的介绍，他说："马克思主义的历史唯物主义为社会科学提供了唯一正确的理论和方法，使得社会历史的研究第一次有可能克服人们过去对于历史和政治所持的混乱

---

[1] 艾思奇：《艾思奇全书》，北京：人民出版社，2006年版，第538页。
[2] 孙正聿：《哲学通论》，上海：复旦大学出版社，2011年版，第36页。

和武断的见解，而成为真正的科学。"① 同样的内容和结论，如果用马克思主义哲学研究需要的论证性逻辑方式表述，就有所不同，比如吴晓明先生在《形而上学的没落》中的表达："马克思'历史科学'的基本立足点就是实践纲领，而这一纲领在存在论基础上的变革就是决定性地解决那个产生了关于'实体'和'自我意识'的'一切高深莫测的创造物'的问题。只要这个问题得不到真正解决，那就是一切形而上学的东西（即一切高深莫测的创造物）的死灰复燃。"② 第三，教科书既要体现当下时代的普遍性理解水平与要反映最新马克思主义哲学研究的最高水平之间的矛盾。比如，实践是马克思主义哲学的重要原则，甚至被学界誉为是具有本体论意蕴的概念，但在中国传统马克思主义哲学教科书中并没能表达出这一基本的马克思主义哲学的研究水平，只是在教科书中阐明了"实践是真理的标准"③。

传统中国马克思主义哲学教科书与当代马克思主义哲学研究水平渐行渐远，只是解释了改革传统中国马克思主义哲学教科书的必要，或者说，指明了教科书撰写的原则，至于改革的本质，还应从哲学价值的高度进行探索，也即是说，要从时代精神语境的变化来寻求传统中国马克思主义哲学教科书改革的实质。归根结底意义上理解，时代精神语境的变化就是对与时俱进逻辑的呼唤，因为"每一时代的理论思维，从而我们时代的理论思维，都是一种历史的产物，它在不同的时代具有完全不同的形式，同时具有完全不同的内容"④。具体而言，时代精神语境的变化必然引起传统中国马克思主义哲学教科书改革的理由有两个方面：首先，要解决教科书迎合人民群众对绝对真理的现实性需求与学术创新对绝对真理的否定性崇拜之间的矛盾。学术创新最本质的精神就是对否定性的崇拜，哲学学科的创新更是如此。但教科书却不完全相同，从一定意义上看，教科书要回答的是信仰问题，即教科书承担着价值导向的作用。如果教科书对问题的阐述采用学术创新的态度，人们就可能在信仰

---

① 艾思奇：《艾思奇全书》，北京：人民出版社，2006年版，第734页。
② 吴晓明：《形而上学的没落》，北京：人民出版社，2006年版，第561页。
③ 艾思奇：《艾思奇全书》，北京：人民出版社，2006年版，第726页。
④ 《马克思恩格斯选集》第4卷，北京：人民出版社，1995年版，第284页。

问题上产生困惑和迷茫,比如在改革开放初期有人提出的"马克思主义过时论"的理论依据就是:马克思主义理论是19世纪的时代精神的精华,与150年后的"中国特色"相比已经过时。为此,俞吾金先生用学术研究的话语,在2000年的《当代国外马克思主义评论》中发表《马克思仍然是我们的同时代人》的文章,阐述教科书必须承担的迎合人民群众对绝对真理的现实性需求功用。不可否认,传统教科书在这方面发挥了许多重要作用,比如用唯物主义的世界观否定了封建迷信、用人民群众是历史的创造者激发了人民群众建设社会主义新中国的热情,等等。其次,要解决教科书因相对稳定而导致理论发展滞后与现实生活世界的时代精神变化较快之间的矛盾。从1921年中国共产党创立,短短90年时间,中国经历了许多重要时期,具有标志性的就有新民主主义革命时期、社会主义革命时期、社会主义建设时期、改革开放时期。历史和实践都表明,一个伟大的时代总是要产生深刻的思想,仅就马克思主义哲学的研究而言就出现了巨大的繁荣和发展,不仅有哲学观点和形态的创新,也有多种形式的研究范式的创新。问题是,到目前来看,教科书的创新既与时代精神的变化有所距离,也与马克思主义哲学的研究领域有所差距。可以理解的是,人们害怕教科书变化可能带来社会混乱甚或动荡,但更为急迫的是,不进行教科书改革,教科书的生命力就无法保障,进而伤害到马克思主义哲学的研究和作为意识形态的马克思主义理论的公信力。

二、逻辑与差异:当代中国马克思主义哲学教科书范式的多样化

传统中国马克思主义哲学教科书改革,又可以称之为当代中国马克思主义哲学教科书建设。值得注意的是,到目前为止,教科书的改革依然举步维艰,用陈先达先生的观点看,这是因为编写教科书有四大难点,即达到准确性很难、达到共识很难、有篇幅限制、语言功夫要求高[①]。正因为

[①] 王锦刚等:《时代精神的呼唤——"纪念李秀林等主编哲学教科书出版25周年暨马克思主义哲学教材创新研讨会"综述》,《中国人民大学学报》2008年第2期。

此，更有必要对当代中国马克思主义哲学教科书建设的 40 年进行总结，以便在深度探索中发现教科书对马克思主义哲学本性、原则、功能、精神等所做出的基本理解，以发现进一步创新教科书的可行性路径。从教科书构筑的逻辑前提的差异看，当代的中国马克思主义哲学教科书范式有四种类型。

从"物质本体论"出发的"辩证唯物主义与历史唯物主义"范式。学界通常认为，传统中国马克思主义哲学教科书是指以物质为逻辑基点、以物质本体论为论域的编撰范式。那么，我们为什么还认为，从物质本体论出发的"辩证唯物主义与历史唯物主义"范式，是当代中国马克思主义哲学教科书的主要范式呢？这主要是从量变的视角而言，从中国人民大学哲学系哲学教研室所编的教材《辩证唯物主义原理》（哲学专业试用教材），到肖前等主编的《辩证唯物主义原理》（第 1 版、第 2 版）、《历史唯物主义原理》（第 1 版、第 2 版），赵光武等主编的《历史唯物主义原理》，以及李秀林等主编的《辩证唯物主义和历史唯物主义原理》（第 1 版、第 2 版、第 3 版），从本质上看，都没能突破艾思奇主编的《辩证唯物主义 历史唯物主义》的传统中国马克思主义哲学教科书范式。肖前在《辩证唯物主义原理》（第 2 版，编者的话）中对此作了概括，"为了适应教学之急需，在这些问题的表述上，只好采取我们认为比较稳妥的、多数人可以接受的观点。"值得注意的是，从李秀林等主编的《辩证唯物主义和历史唯物主义原理》（第 4 版）起，该范式的教科书有两大变化：第一，突出实践的观点是马克思主义哲学的首要的和基本的观点，是马克思主义哲学理论体系的基础、核心；第二，试图打破辩证唯物主义和历史唯物主义两大板块的马克思主义哲学解释体系，力争阐明马克思主义哲学就是以实践为本质特征的辩证的历史的唯物主义。但从逻辑前提的视角看，李秀林等主编的《辩证唯物主义和历史唯物主义原理》（第 4 版）依然是从物质本体论出发的"辩证唯物主义与历史唯物主义"范式，比如，它第一章还是从"物质与世界"展开论证，最后的结论继续是从属于历史唯物主义理论的"社会进步与人的发展"。与此类状况相一致，由陈先达主编、作为全国普通高等院校推荐教材的《马克思主义哲学原理》（第 1 版、第 2 版），由陶德麟等主编的《马克思主义哲学原理》（2010年版），袁贵仁等主编的《马克思主义哲学》（2009年版）等等，都秉承从物质本体论出发的"辩证唯物主义与历史唯物主义"范式。

从核心范畴"实践"出发的"实践唯物主义"范式。当代马克思主义哲学界的学者在反思传统中国马克思主义哲学教科书时，有一种声音强调文本的意义，即主张到经典作家马克思和恩格斯的著作中，寻找构建教科书体系的灵魂。或许是源于马克思在《关于费尔巴哈的提纲》中的表述——"全部社会生活在本质上是实践的。凡是把理论引向神秘主义的神秘东西，都能在人的实践中以及对这个实践的理解中得到合理的解决"，有学者强调把"实践"范畴提高到"本体论"的高度来认识，在这些学者看来，传统中国马克思主义哲学教科书范式，采用传统哲学中的物质精神（即心物）两极对立的叙事方式，没能体现马克思主义哲学在哲学史上的革命性意义，只有把"实践"范畴提高到本体论高度的实践唯物主义叙事方式，才能体现马克思哲学对传统哲学的超越。① 比如，杨耕在《北京社会科学》（1998年第1期）发表的《"实践唯物主义"的由来及其与"辩证唯物主义"的关系》中提出，"实践唯物主义不仅是一种实践观，更重要的是一种世界观"。需要说明的是，即使是坚定支持马克思主义哲学就是"实践唯物主义"的学者，对实践唯物主义的建构逻辑的理解也不尽相同，比如，陆建杰在《学术研究》（2010年第12期）发表的《为"实践唯物主义"再辩护》中提出，"什么'实践本体论'、什么'实践人道主义'、什么'实践生存论'，均被删除'实践唯物主义'的'唯物主义'后缀，离开了马克思哲学的基本立场，不能看做是对马克思主义哲学的正确概括"。这就是说，陆建杰虽然是坚定的实践唯物主义范式的维护者，但不同意把实践置于本体的高度。基于以上的这些原因，我们认为，仅辛敬良的《马克思主义哲学导论——实践的唯物主义》教科书最为接近"实践唯物主义"范式，因为辛敬良教科书的四编内容均以实践作为逻辑前提，它的第一编是"马克

---

① 辛敬良：《马克思主义哲学导论——实践的唯物主义》，上海：复旦大学出版社，1991年版，第47页。

思主义的实践观",第二编是"以实践为中介的自然过程",第三编是"以实践为本质的社会历史过程",第四编是"以实践为基础的意识和认识过程"。

从"主客统一"的认识论出发的"实践观点的思维方式"范式。人类把握世界的方式有多种,从某种意义上理解,这种把握方式又可称之为思维方式,其中就包含哲学思维方式。在高清海先生看来,哲学理论最重大、最根本的变化,不是"世界观"的变革,而是哲学思维方式的变革,因为"不同的世界观表现的主要是人们对待世界的态度、看待世界的方式、理解世界的观点的不同,这在实质上就是对待世界和事物的哲学思维方式"①。马克思主义哲学能够作为中国社会的意识形态,从哲学史的视角理解,必定是马克思主义哲学超越了在它之前存在的哲学思维方式,这种超越高清海先生称之为马克思实现了思维方式从传统向现代的哲学转变,即当今中国马哲界称之为的马克思的哲学革命。之所以是转变和革命,是因为"马克思和恩格斯确立了实践观点,为人类认识提供了一个全新的思维方式,并由此实现了哲学理论的革命性的转变……这就是自觉地运用科学的思维方式去观察和处理各种问题的时代"②。如何反映马克思主义哲学的实质——实践观点的思维方式,如何把马克思主义哲学的这一实质中国化、大众化,高清海先生极力主张进行马克思主义哲学教科书体系的改革,走哲学创新之路,改革的前提就是否定传统中国马克思主义哲学教科书的模式,因为传统中国马克思主义哲学教科书用以批判旧哲学的那个思维方式,恰恰就是传统哲学用以建立他们世界观理论的哲学模式,高清海先生称之为从两极对立出发追求单一绝对本性的思维方式即"本体论化"模式。③ 高清海先生主编的《马克思主义哲学基础》以"实践观点的思维方式"为背景,以破解"本体论化"模式反映的"主客体二分法"的思维方式,从主客体统一的认识论逻辑出发,构筑了全新意义上的中国马克思主义哲学教科书体系。之所以说高清海主编的教科书体系是全新的,在于该教科书的逻辑

---

① 高清海:《高清海文存1:哲学的创新》,长春:吉林人民出版社,1997年版,第82页。
② 高清海:《高清海文存1:哲学的创新》,长春:吉林人民出版社,1997年版,第126页。
③ 高清海:《高清海文存1:哲学的创新》,长春:吉林人民出版社,1997年版,第318页。

结构已摆脱了传统中国马克思主义哲学教科书体系的左右,从第一篇的"意识与存在的关系——认识的基本矛盾"、第二篇的"客体——世界的统一性和多样性"、第三篇的"主体——人作为主体的规定性及其主体能力的根据和发展"到第四篇"主体与客体的统一"里,基本找不到传统中国马克思主义哲学教科书的影子。目前为止,"实践观点的思维方式"的教科书范式,迄今只有高清海先生的《马克思主义哲学基础》。

从"思想主题"的内涵出发的"历史唯物主义"范式。许多以《历史唯物主义教程》(如辛敬良 1985 年版)、《历史唯物主义原理》(如赵光武 1982 年版)等命名的马克思主义哲学教科书,虽然以"历史唯物主义"命名,但并不是我们这里所指代的"历史唯物主义"范式,因为这些教材的体系并没有改变"物质本体论"的逻辑,从根本上看,依然是从物质本体论出发的"辩证唯物主义与历史唯物主义"范式。本文所指代的"历史唯物主义"范式,就是指把历史唯物主义作为一种哲学,而且就是马克思主义哲学的代名词,比如孙正聿先生、邹诗鹏先生等都认为如此。在邹诗鹏先生看来,"从马克思哲学的存在论性质看,应当把马克思主义哲学标示为唯物史观或历史唯物主义。马克思在存在论问题上最根本的突破及其贡献,就是把传统的哲学基本问题即思维与存在的关系问题,转换或提升为社会存在与意识的关系问题,并把社会存在决定意识确定为对哲学基本问题第一个方面的解答——这正是历史唯物主义的第一条原理。"[①] 但也有许多学者反对历史唯物主义就是马克思主义哲学的代名词,比如沈湘平先生、陆建杰先生等。在沈湘平先生看来,"在马克思和恩格斯的原初语境中,唯物史观不是一种哲学,而是一种历史观、一门实证科学;马克思学说有自己的哲学'但它既不是历史唯物主义,也不是辩证唯物主义';'唯一的'历史科学使得唯物史观成为可能,但它不是通常意义上的哲学。"[②] 尽管把马克思主义哲学理解为历史唯物主义的声音很强烈,但作为"历史唯物主义"范式的当代中国马克思主义哲学教科书,严格意义上并没有出现,勉强有所接近的

---

① 邹诗鹏:《何以要回到历史唯物主义研究范式?》,《哲学研究》2010 年第 1 期。
② 沈湘平:《关于历史唯物主义的重新理解》,《哲学研究》2010 年第 6 期。

也就算赵家祥1999年版的《历史唯物主义》，因为该版的逻辑起点是"人"（第一编是"人·自然·社会"），结论还是"人"（第六编是"人的本质和人类解放"），实现了以"人的观念"逻辑对"物质本体论"逻辑的取代。

有学者认为，当代中国马克思主义哲学教科书的范式还有"实践人本主义"范式、"实践人道主义"范式等，但我们并不认可，因为论述或论证马克思主义哲学就是实践人本主义、实践人道主义的论文、著作的确存在，但以实践人本主义、实践人道主义作为解释原则的马克思主义哲学教科书并没有形成。

三、评价与批判：当代中国马克思主义哲学教科书范式演变的方向

哲学家论证逻辑的不同，导致马克思主义哲学教科书体系百花齐放。从逻辑与历史的意义看，这一百花齐放具有的思想史意蕴和现实意义是巨大的；从教科书广泛传播马克思主义哲学的需要看，则有着不利于人们对教科书进行选择的困难。而后者，即马克思主义哲学中国化、时代化、大众化又是教科书存在的意义，因此，应该试图对马克思主义哲学教科书进行评价与批判，以便能更好地发现当代中国马克思主义哲学教科书可能存在的问题，从而有效地引导当代中国马克思主义哲学教科书的演变。

对马克思主义哲学教科书进行评价的前提和最大的理论困难在于评价标准的确立，在我们看来，影响当代中国马克思主义哲学教科书演变方向的评价标准，至少有四个方面。第一，是否与改革开放的时代进程相适应。按照唯物史观的观点，任何社会状态都处于发展之中，因此，作为思想中的时代的哲学也要处于不断的变革之中。从中国的社会主义现代化建设来看，虽然中国社会长期都处在变革之中，但当今时代与其他时期相比，差异十分巨大，许多领域之中的新情况、新问题，马克思、恩格斯、列宁等的文献中都没有论及，而这些新情况、新问题，人们又必须回答，比如人们熟知的"社会主义"与"市场经济"的关系问

题等。对中国马克思主义哲学教科书而言，回答"社会主义"与"市场经济"的关系是它的基本责任，因为人们要用教科书的理论武装自己的头脑。第二，是否体现改革开放以来马克思主义哲学研究的学术成果。改革开放以来，在学术研究领域出现的不仅仅是"百花齐放"，还有"百家争鸣"，而且争鸣不仅仅反映在其它学科，也体现在作为中国主流意识形态的马克思主义哲学思想之中。前文提及的对教科书体系的理解，有许多学者以"实践唯物主义"、"历史唯物主义"、"实践观点的思维方式"、"实践人本主义"来替代"辩证唯物主义和历史唯物主义"。虽然这些成果的理论价值和历史贡献，还有待检验，但毋庸置疑，马克思主义哲学研究取得了许多重要的学术成果。作为体现"时代精神"的马克思主义哲学教科书，理应反映这些以"时代精神"的名义面世的研究成果。第三，是否反映当今中国整个哲学界的学术成果。马克思主义哲学虽然是中国社会的主流意识形态，但它既不是凌驾于其它思想形态之上的思想霸主，也不是封闭的自我发展体系，相反，它是一个开放的体系。众所周知，中国整个哲学界的学术成果，尤其是研究中国传统哲学的学术成果，根植于深深地烙印在了中国人民思想深处的思维方式和思想形态，对教科书的意义不容忽视。换言之，中国马克思主义哲学的教科书，一定要体现中国思想界的学术成果，教科书只有体现了反映在中国哲学界学术成果中的这些思想，才能更好地展现中国人民熟知的思维方式。第四，是否接轨世界哲学的研究成果。亨廷顿认为世界有八种文明，即中华文明、西方文明、印度教文明、伊斯兰教文明、日本文明和东正教文明等六种现代文明，以及拉丁美洲文明和非洲文明两种可能的候选文明。从历史唯物主义的地理环境论观点看，这种按地域产生的文明永远都有存在的意义，但我们不能忽视的是，"全球化"伴随着科学技术的高速发展，已经越来越不是意识，而是现实。也即是说，一定会产生一种具有全球共识的"包容性文明"，在我们看来，当今世界交往的许多共识就从属于"包容性文明"。马克思主义哲学教科书能否体现这种"包容性文明"，是马克思主义哲学是否实现时代化的体现。

基于以上对当代中国马克思主义哲学教科书评价标准的四个判断，

当代中国马克思主义哲学教科书存在的主要问题也分为四个方面。第一，误把"现象"作为"现实"：教科书不能真实展现时代精神。"凡是合乎理性的东西都是现实的，凡是现实的东西都是合乎理性的"，"现象"是理性的（或现实的）东西显现出来的无限丰富的形式、形态，存在有"时间性的瞬即消失的假象"①。在改革开放的中国社会，许多现象有待于人们利用哲学的思维方式展开理性的论证，比如，如何界定"资本运作"与"传销"的界限及不同，如何区分"宗教信仰自由"与"取缔法轮功"的本质所在。比起广播、电视、报纸等的反应，目前的教科书对这些争论性的敏感性问题要么回避，要么缺乏有说服力的论证。第二，讲坛哲学与论坛哲学分离：教科书远离现实生活世界。随着科学技术在中国社会主义现代化建设事业中重要性的日益增加，文化阶层成为了中国社会主义现代化建设的中坚力量，但不论文化阶层的人们是否信奉马克思主义，文化阶层的成员都或多或少受过一定程度的马克思主义哲学教科书影响。从目前的学校教学（即讲坛哲学）看，马克思主义哲学教科书的讲授，几乎是围绕教科书的课件进行，而从教科书的规划、设计、写作、修改、出版，再到学校的课堂，要经过相当长的时间，讲坛哲学的许多思想已经不能涉及变化较快的中国社会——现实生活世界。因此，讲坛哲学应当体现论坛哲学的论证思维，即密切联系实际，展开充分的逻辑论证。第三，神话中国传统哲学：教科书独立于中国思想界之外。人类虽然进入了21世纪，中国社会的狭隘的民族主义依然有一定的市场，而马克思主义的理论从它创立之初，就是反对狭隘的民族主义的。从文化的意蕴看，中国目前的狭隘民族主义表现为对传统中国文化的神化。值得反思的是，现在有许多人甚至一些大学把已经被历史否定的"儒家文化"视为"国学"。从目前来看，中国社会的国学只能是马克思主义理论。也即是说，教科书不反映中国传统哲学是不正确的，但现在的一些教科书盲目（无原则）增添中国哲学的内容也是不可取的。第四，膜拜西方哲学：教科书不能体现世界哲学前沿。如果说改革开放初期，哲学界要赶快补课——翻译大量的外国哲学著作，人

---

① ［德］黑格尔：《法哲学原理》，北京：商务印书馆，1961年版，第11页。

们必须读黑格尔、海德格尔、胡塞尔的作品,但改革开放 30 年后的今天,中国社会(包括中国哲学界)的许多人依然把黑格尔、海德格尔、胡塞尔等作为西方哲学的代表甚至全部,这是对西方文化简单膜拜的后果。最大的危害就是,混淆"时代精神",即这些资本主义制度维护者的思想家的思想,体现的只是"金融资本时代"的时代精神。当然,马克思是不同的,他可以视为我们的同时代人,因为马克思和我们一样,反对资本主义制度。

发现了当代中国马克思主义哲学教科书存在的问题,当代中国马克思主义哲学教科书改进的方向就显得十分清晰。首先,要以实现马克思主义哲学中国化、时代化、大众化作为教科书导向。从现实功用的角度看,没有任何一种形式的马克思主义哲学的教育,比教科书对马克思主义哲学的普及更加可能。换言之,只有保持马克思主义哲学中国化、时代化、大众化的导向,才能保持马克思主义哲学教科书的旺盛生命力。其次,要以马克思主义经典作家的真实哲学意蕴作为教科书原则。无论是在马克思主义哲学教科书的书写,还是在马克思主义哲学的学术研究中,一个十分突出的问题就是"非法引用"马克思主义经典作家著作的问题。所谓"非法引用",就是指断章取义地理解马克思的语言。比如,马克思在《德意志意识形态》中的一段关于"共产主义社会"的描述——"在共产主义社会里······上午打猎,下午捕鱼,傍晚从事畜牧,晚饭后从事批判"①,许多人经常引用,并以此说明共产主义的荒谬。在我们看来,这就是"非法引用",因为马克思的上述语言只是佐证"在共产主义社会里,任何人都没有特定的活动范围,每个人都可以在任何部门内发展"②。所以,教科书只有能够体现出马克思主义经典作家的真实哲学意蕴,才能更好地实现马克思主义哲学中国化、时代化、大众化。第四,要以"宏大叙事"的理论气魄作为教科书的精神支柱。伽达默尔说:"20 世纪最隐蔽而又最有力的基础是它对任何独断论,包括科学独断论所持的怀疑主义。"③ 许多学者因此判断,传统形而上学就是独

---

① 《马克思恩格斯全集》第 3 卷,北京:人民出版社,1960 年版,第 37 页。
② 《马克思恩格斯全集》第 3 卷,北京:人民出版社,1960 年版,第 37 页。
③ [德]伽达默尔:《伽达默尔集》,上海:上海远东出版社,2003 年版,第 311 页。

断论，就是"宏大叙事"。我们认为，不能简单地把宏大叙事与传统形而上学等同在一起，传统形而上学只是夸大了"绝对真理"的意蕴，否定传统形而上学并不能因此否定绝对真理，即宏大叙事的理论追求。尤其是马克思主义哲学教科书，如果不承认绝对真理的意义，就失去了大众化的必要，即丧失了作为教科书的价值。

（作者系江苏师范大学当代中国马克思主义哲学研究范式创新研究中心主任、教授）

中国马克思主义哲学史研究范式的
历史与现状

冯建华　庄友刚

哲学范式根本上是一种思维方式，通过研究的视角、路径、方法、规范规则等方面展现出来，哲学范式这一术语虽然来自库恩，但是在库恩那里，除了指上述含义之外，还包括哲学信念、规范体系、核心理论观点的含义，范式革命和范式转换意味着理论内容和形态的完全断裂、范式之间的关系是不可通约的。我们这里所用范式一词是对库恩术语的借用，具体内容与库恩有很大差异，其含义主要指前面的方面，我们所说哲学范式的转换吸收了库恩的整体创新和突破的含义，但主要指思维方式的转换，表现为研究视角、研究路径、研究规范规则、研究方法等方面的转换与创新，不同范式之间不是完全断裂和不可通约，而是存在着相互影响、渗透、交叉。我们这里所说的马克思主义哲学研究范式有两个含义：一是指研究的视域、路径、方法、规则，不包括核心理论观点和理论形态，这是指严格意义上的范式含义，是在独立学科和学科交叉意义上使用，这是本文所用的主要含义。马克思主义哲学研究中的多种范式就是指多种多元视域、多种方法、多样路径，马克思主义哲学史研究范式是其中一种主要研究视域、路径和方法。中国马克思主义哲学研究在其历史发展中形成了八种主要研究范式：教科书范式、哲学史范式、文本文献范式、对话范式、中国化范式、部门哲学范式、反思问题学范式、出场学范式等。二是在马克思主义哲学史研究范式内部的二级范式，它由核心理论观点和研究方法综合构成，是一种较宽泛的范式涵义，指同一学科内部的不同理论派别，包括了理论核心观点、理论形态的内容，马哲史研究范式内部又存在着多种二级范式，如人学范式、文化哲学范式、实践诠释学范式、生存论范式、文本历史与逻辑分析范式，等等。如不做特别说明，本文所用范式一词主要指其第一种含义。

在中国马克思主义哲学研究的发展进程中，各种范式是逐渐产生和独立出来的，而且还有可能产生新的研究范式，每一种研究范式既有其独特优势，也带有自身的欠缺与不足，不同研究范式之间既相互区别，又相互交叉、相互补充，共同推动了中国马克思主义哲学研究的繁荣和发展。每一种研究范式在其发展中会不断改进并完善自身，形成各自独特的历史发展道路。马克思主义哲学史研究是中国马克思主义哲学研究中一个基本研究范式，在其 30 年的发展中，形成了别具风格的历史发展之路，在与其它马克思主义哲学研究范式的比较中显示出自己的独特之处。在 2011 年底前的三年中，马哲史研究范式又取得了并孕育着进一步的突破，显示出一个新阶段的开始。

一、中国马克思主义哲学史研究范式的诞生和研究特点

中国马克思主义哲学史研究范式的形成和发展肇始于上世纪 80 年代初。学界的共识是，1981 年人民出版社出版的由中山大学哲学系编写的《马克思主义哲学史稿》被看做是我国第一部马克思主义哲学史著作，它标志着作为一个新学科和新研究范式的诞生。从理论上深入分析，还必须揭示出马哲史范式和其他马克思主义哲学研究范式产生的共同基础，必须回答过去开设的马克思主义原著课程和原著选读教材为什么不能算作马克思主义哲学史范式研究？上世纪 80 年代之前，马克思主义哲学教科书原理研究是否直接就是一个独立的教科书范式研究？马哲史研究范式和其他马克思主义哲学研究范式的区别是什么？

首先，在理解一个独立的马克思主义哲学研究范式的产生标准、形成条件时，不能简单把研究范式等同于学科，更不能把自发存在的相关课程建设作为研究范式本身。我们认为所有马克思主义哲学研究范式产生的根据在于：自觉地批判和反思一个共同对象，朝向一个共同目标，即批判并力图突破传统苏联式哲学教科书这个唯一体系和形态，根据时

代和历史的变化建构出马克思主义哲学的时代和民族形态、以体现马克思主义哲学的本真精神。从教科书研究角度说，它的根本目标在于总体呈现马克思主义哲学理论的概貌，以便给我们提供一个学习和把握的明确对象，然而在不具有上述特征和内容时，尽管存在马克思主义哲学原理学科，存在着许多马克思主义哲学原理教材，存在着种种马克思主义哲学原理研究，但不能称之为马克思主义哲学教科书范式研究，因为之前所作的一切研究都隶属于辩证唯物主义和历史唯物主义这个教科书体系，不能逾越这个界限，都是在采取各种形式来论证这一体系。当然必须承认传统苏联化的哲学教科书体系在学习、宣传和传播马克思主义哲学方面起到了不可磨灭的历史作用，但是它的最大缺陷在于：忽视了马克思主义哲学的时代性、发展性、民族性，把符合革命和战争特定阶段和计划经济特定时代的哲学理论、体现苏联特定民族文化传统的哲学形态固定为普遍适用于一切时代、一切历史阶段、一切民族文化的唯一正确形态，从而背离了历史唯物主义的根本原则、马克思主义哲学的本真精神。上世纪八九十年代，伴随着改革开放时代的到来，现代西方哲学思潮、西方马克思主义思潮的涌入，为了突破与时代不相适应的苏联教科书僵化体系，马哲界开始重新编写马克思主义教科书、重新建构马克思主义哲学原理体系和形态，进入"教科书改革时代"，它产生了许多积极成果：传播了马克思主义哲学的许多新观点、新理解、新理论，建构了实践唯物主义哲学、实践哲学、实践本体论哲学、广义历史唯物主义哲学、交往实践的历史唯物主义哲学等各种哲学形态，打破了单一教条化的苏联教科书体系，马克思主义哲学教科书范式研究真正确立起来，全国出版了几百种马克思主义哲学原理教科书，出现了一大批研究成果，推动了马克思主义哲学研究的蓬勃发展。

对于马克思主义哲学史研究来说，在上世纪80年代之前，它不像原理教科书那样作为独立的学科，它没有系统的教材、课程，只是以经典作家原著选读课程等形式涉及马克思主义哲学史研究内容，谈不上是独立的马哲史范式研究，只是自发地以萌芽形式存在。这种萌芽之所以没有发展成为自觉的研究范式，究其根源，在于深受苏联马克思主义哲学史研究模式的影响，教条主义盛行，存在着一系列深层缺陷，主要体现在其性质和作用的附属性、方法的悖谬性、视野的封闭性、思维的僵化性、理论形态的封闭性和神圣性。性质和作用的附属性：马哲史研究的性质是证明苏联教科书原理体系正确性的手段，其地位和作用是附属于教科书体系的研究，只具有论证手段的价值，不具有独立研究的价值，因而也就不可能成为独立的研究范式；方法的悖谬性：采用现成的教科书原理反过来注解马克思主义哲学史，而不是遵循马克思主义哲学形成、发展的内在逻辑，历史地呈现马克思主义哲学的真实面貌、本真精神，得出相应的理论结论，因而是一种倒果为因的悖谬性研究方法；视野的封闭性：指缺乏自觉的解释学意识，不能合理地看待经典作家的思想关系，马克思、恩格斯、列宁、斯大林、毛泽东被视为同一个人，理解了列宁也就理解了马克思，理解了毛泽东也就理解了列宁，这就无法真正以"史"的眼光来审理马克思、恩格斯、列宁、斯大林、毛泽东的思想关系；思维的僵化性：马克思、恩格斯之后，政治领袖的理解是唯一正确的理解，凡是与列宁观念不同的思想一律被扫入非马克思主义、反马克思主义或者修正主义的行列，把西方马克思主义哲学列为非马克思主义、反马克思主义的行列，排除了政治领袖之外的各种理解，同时又遮蔽了政治领袖思想之间的历史间距，难以历史地研究马克思主义哲学的形成、发展；理论形态的封闭性和神圣性：斯大林创立的辩证唯物主义和历史唯物主义哲学形态是唯一正确的马克思主义哲学，它是神圣的，是普遍真理，是跨时空、跨地域的，已经形成就不可能再发展。这种被神圣化、封闭的马克思主义哲学就不可能随着时代而发展、创新、创造新形态，后人也不可能研究马克思主义哲学不同发展形态的规律，马哲史的研究范式必然被排除在人们的视野之外。

其次，马克思主义哲学史范式研究不同于教科书范式研究，具有自身独特的特点和不可替代的作用。

教科书范式研究可以直接建构起具有一定原著基础、体现出时代特征和满足政治需要的原理体系，可以使人们比较方便、全面地了解哲学理论的基本内容和结论，但是它存在一个深层问题和缺陷：难以真正体现马克思主义哲学理论的历史生成性，脱离马克思主义哲学本身形成、发展、创新、拓展的历史过程，静态地建构和阐述其基本理论，使建构出来的不同理论体系带有一定现成性，难以历史地展现马克思主义哲学的发生、发展过程，具体表现在：第一，教科书范式难以有效区分马克思的马克思主义思想和非马克思主义思想。尽管口头上也能强调区分马克思思想发展的成熟时期和不成熟时期，但是在实际的研究和叙述中经常又无视这种差别，"可以不加任何历史性特设说明就从《马克思恩格斯全集》的第1卷同质性地引述到第50卷"。① 第二，忽视了马克思主义哲学具体理论观念的历史发展性，不仅忽视了马克思、恩格斯在不同历史时期对理论的深化、表述的修正，而且忽视了经典作家之间思想的历史间距，对他们的思想进行完全同质化的理解、同质化的裁减和同质化的表述，由此造成许多问题和逻辑矛盾。第三，不能对马克思主义哲学发展、演变的内在逻辑进行深入研究，难以对马克思主义哲学经典形态与各种马克思主义哲学新形态的关系、马克思主义哲学各新形态之间关系的历史逻辑研究。或者简单拒斥马克思主义哲学新形态，视之为非马克思主义；或者简单照搬，视之为真正的马克思主义哲学形态，使马克思主义哲学蒙上了突兀的、先验的和独断的色彩。随着教科书研究范式问题和欠缺的日益暴露，理论界越来越意识到不仅要呈现马克思主义哲学理论大厦本身，还必须研究和了解理论大厦的建构进程；不仅要了解这座大厦是什么样的，还要了解这座大厦为什么是这样的，只有这样才能更好地维护这座大厦，完善这座大厦。马克思主义哲学史研究范式的产生和发展因此具有不可替代的独特价值。

二、中国马克思主义哲学史范式的研究方式和研究领域

在创立和发展的进程中，中国马克思主义哲学史研究首先形成了以北京大学（以施德福、黄楠森、许全兴等为代表）、中国人民大学（以陈先达、庄福龄、靳辉明等为代表）、中国社会科学院（以马泽民、徐崇温、林利等为代表）、南京大学（以孙伯鍨等为代表）、中山大学（以刘嵘、高齐云、叶汝贤等为代表）、复旦大学（以余源培、金顺尧等为

---

① 张一兵：《回到马克思》，南京：江苏人民出版社，1999年版，第1页。

代表）等高校和科研单位为主要研究中心的研究格局。此外，在上世纪80年代，黑龙江大学的张奎良，安徽大学的金德隆、任吉悌，武汉大学的王荫庭、徐瑞康、雍涛，厦门大学的商英伟，吉林大学的张念丰，中央编译局的杜章智等，都为该学科的发展作出过重要贡献。① 随着马克思主义哲学史研究的进一步发展，该学科的研究队伍不断壮大，研究人员的地域分布也日益普遍化，各大高校哲学系普遍开设了马克思主义哲学史课程。但是从总体上看，上述研究机构仍然是当前中国马克思主义哲学史研究具有代表性的主要中心重镇。

就马克思主义哲学史范式的具体研究方式而言，尽管学者们努力的方向各有侧重，但都围绕马克思主义哲学创立和发展的历史逻辑这一根本目标展开。概括而言，中国马克思主义哲学史研究形成了通史研究、断代史研究和分类史或专题史研究等几种主要的研究方式和研究领域。

通史研究是对马克思主义哲学创立和发展的历史进程的总体把握。尽管各种通史类著作在叙述马克思主义哲学发展史的分期时间和标志不尽相同，但都力图阐明马克思主义哲学发展的整体历史线索而不是局限于马克思主义哲学发展的特定历史阶段。我国最先出版的几部马克思主义哲学史著作都是通史类著作。通史类研究也贯穿了中国马克思主义哲学研究范式目前为止的全部发展历史。各个时期代表性的作品主要有：80年代的如中山大学哲学系编写的《马克思主义哲学史稿》、中国人民大学马列主义发展史研究所主编的《马克思恩格斯思想史》、孙伯鍨主编的《马克思主义哲学史》、七所大学联合编写的《马克思主义哲学史》、叶汝贤、何梓焜的《马克思主义哲学发展史》等；90年代的如李恒瑞等撰写的《马克思主义哲学史新编》、黄楠森等主编的《马克思主义哲学史》（8卷本）、庄福龄等主编的《马克思主义史》等；新世纪以来的如余源培的《马克思主义哲学的理论与历史》、安启念主编的《新编马克思主义哲学发展史》、侯惠勤主编的《马克思主义哲学的历史与现状》、何萍的《马克思主义哲学史教程》、吴元梁的《马克思主义哲学

---

① 参见张亮：《我国马克思主义哲学史学科的历史之路》，《学术月刊》2009年第1期。

形态的演变》等，其中 1996 年出版齐全，由黄楠森、庄福龄、林利主编的 8 卷本《马克思主义哲学史》是我国老一代马克思主义哲学史家创立的一座丰碑，也是迄今为止世界上篇幅最长、最为齐全的马克思主义哲学史著作。

断代史研究以马克思主义哲学发展史上某个特定时期为研究界限，从而在研究方式上带有专题研究的某种特点。从现有的著作状况来看，断代史研究的直接目的有二：一是整体呈现某一经典作家的哲学思想状况或者经典作家思想发展的特定阶段的哲学思想状况，前者比如徐琳的《恩格斯哲学思想研究》、陈先达的《走向历史深处——马克思历史观研究》、李砚田、杨庭芳、涂赞墟合著的《列宁哲学思想概论》，后者如陈先达和靳辉明合著的《马克思早期思想研究》、孙伯鍨的《探索者道路的探索——青年马克思恩格斯哲学思想研究》。二是针对以往马克思主义哲学史研究中被忽视、遮蔽、误解、扭曲甚至背离的部分给予断代性的重新整理，或者是针对由于时代发展的原因在以往的马哲史著作中没有含盖的历史时代进行断代性的建构和呈现。前者比如姚顺良主编的《马克思主义哲学史：从创立到第二国际》，后者比如刘怀玉、张传平主编的《当代马克思主义哲学史》。两种研究目标都是在尽可能全面占有思想材料的基础上形成并贯彻著者本人的特定理解，坚持"史"、"论"结合，比较而言，前者更侧重于著者本人的独特观念和理解，后者则更侧重于已有研究观念和材料的汇集，侧重于事实材料的整理和呈现。

分类史或专题史研究是以马克思主义哲学特定理论部分、理论方面为研究对象，全面呈现这一理论部分、理论方面总体面貌和历史发展进程。分类是认识的条件，分类史或专题史研究是马克思主义哲学史研究的专门化和细致化。关于分类史或专题史研究，我们需要注意几个方面：第一，专题史研究是大多数研究者所致力研究的基本方向，已出版的马克思主义哲学史研究范式著作大多属于分类史或专题史的著作。第二，与其它两种研究方式相比较，专题史研究方式出现稍晚。1981 年中山大学哲学系编写的《马克思主义哲学史稿》是我国第一部马克思主义哲学史著作，1983 年陈先达和靳辉明合著的《马克思早期思想研究》

不仅是我国学者研究青年马克思的开山之作,也是我国马克思主义哲学史研究中的第一部断代史著作,1984年黄楠森的《〈哲学笔记〉与辩证法》和1985年叶汝贤的《唯物史观发展史》则是比较早的马克思主义哲学史研究中的专题史著作。在整个80年代,专题史研究在马克思主义哲学史研究中并不占主流地位,只有《唯物史观发展史》、《〈哲学笔记〉与辩证法》以及王东的《辩证法科学体系的"列宁构想"》等少数几部代表性的著作。90年代以后,专题史研究占据了马克思主义哲学史著作的主要部分,不仅第一代马克思主义哲学史家留下了一大批专题史类的力作,新生代马克思主义哲学史研究者更是把主要精力投向了专题史的研究。第三,专题史研究更强调立足于当代问题对马克思主义哲学发展史上的有关理论和问题进行新的解读。这在新一代马克思主义哲学史研究学者中更为明确地表现出来。典型的作品诸如叶险明的《马克思的世界历史理论与现时代》、丰子义等的《马克思"世界历史"理论与全球化》、刘森林的《马克思发展理论的当代价值》、任平的《当代视野中的马克思》、吴晓明的《形而上学的没落——马克思与费尔巴哈关系的当代解读》、俞吾金的《问题域的转换——对马克思和黑格尔关系的当代解读》,等等。第四,专题史的研究具有明显的综合性、交叉性特征。这里的"交叉性"不仅指专题史研究方式与通史、断代史研究方式的交叉——比如马泽民的《马克思主义哲学前史》、赵仲英的《马克思早期思想探源》、高齐云的《马克思主义哲学的原生形态探微》等著作即可以视为专题史研究著作也可以看做是断代史研究的著作,更要注意的是与马克思主义哲学其他研究范式的交叉性——比如黄楠森的《〈哲学笔记〉与辩证法》就同时可以看做是文本文献研究范式类的著作,韩庆祥的《马克思人学思想研究》既可以当做专题史类著作看待又可以视为创新领域范式的代表性作品。这种"交叉性"一方面表明马克思主义哲学史范式中这几种主要的研究方式并不是截然分开,而是相互联系、相互补充,不能对它们进行绝对化理解;另一方面也暗示了当代马克思主义哲学研究的一个基本走势:当代马克思主义哲学研究中每一种研究范式都具有各自的优势和欠缺,只有互相取长补短才能更加合理地深入推进马克思主义哲学研究的当代发展。

三、中国马克思主义哲学史研究范式的发展阶段

30年来,中国的马克思主义哲学史研究范式发展经历了从无到有、从学习模仿苏联模式到自主创新、从封闭教条到开放发展的历史进程。大致上说,每个十年构成了一个具有明显特点的发展阶段,80年代的兴起与繁荣、90年代的困境与探索、新世纪的复兴与创新,成为中国马克思主义哲学史学科发展的基本写照。

第一阶段,20世纪80年代中国马克思主义哲学史研究范式的兴起与蓬勃发展。由于特定历史时代的影响,新中国建立以后相当长一段时期内,渊源于苏联的教科书研究成为研究、理解和宣传马克思主义哲学的唯一方式,其他研究方式都附属于教科书原理体系研究,只充当教科书原理的论证工具,没有独立存在的地位。随着对苏联教科书体系问题和矛盾的深入反思,马克思主义哲学史研究范式应运而生。80年代,涌现了一大批马克思主义哲学史研究的理论家,他们诠释了马克思主义哲学史研究的基本问题域,阐明了马克思主义哲学史研究的基本理路,构建了马克思主义哲学史范式的基本理论体系、基本的观点体系和分期体系。从哲学史的视角审理和反思马克思主义哲学研究成为一种潮流。许多高校先是在研究生中接着在哲学专业和政治教育专业的本科生中开设了马克思主义哲学史课程,马克思主义哲学史学科呈现一派蓬勃发展的欣欣向荣景象。就研究方式而言,80年代以通史和断代史研究为主,着眼于马克思主义哲学发展的整体历史进程,力图呈现马克思主义哲学发展的整体历史概貌,在此基础上以断代史的形式深化特定阶段的研究,比如青年马克思恩格斯思想的研究。

尽管中国马哲史研究范式是在批判教科书原理基础上产生,虽然它力图突破教科书体系、苏联马哲史研究模式的影响,摆脱过度政治化、政策化的特点,在一些具体观点上也得出了许多确实不同于苏联马哲史研究的结论,马哲史研究作为一种独立的研究范式,也不再是附属于教科书范式的工具,但是在深层的研究模式和基本的方法论、在马克思主义哲学史观、在对待西方马克思主义哲学思潮的评价等方面,80年代中

国马克思主义哲学史理论体系的建构仍然处于苏联研究模式的影响之中，并没有实现根本突破。具体表现在：第一，领袖中心的理论立场。马克思、恩格斯之后，政治领袖人物的马克思主义哲学观念成为马克思主义哲学的唯一合理形态，与之不同的其他各种马克思主义哲学理论总体上被排除在马克思主义哲学史视野之外。马克思主义哲学发展史仅仅成了经典作家思想演变、发展和继承的历史。第二，形成了单一发展或单线进化的理论观念。虽然也强调马克思主义哲学随时代而发展，却忽视和否定了马克思主义哲学发展的多元性，不承认西方马克思主义、北美生态学马克思主义属于马克思主义哲学的形态，在通史研究中也不把它们纳入马克思主义哲学发展史的范围中，马克思主义哲学史变成了一元、线性的发展史。第三，经典著作解读的研究模式影响过重，由于没有纳入西方马克思主义等多种哲学思潮，因而缺乏马克思主义哲学发展内在逻辑和叙述主线的挖掘。第四，重政治历史因素而轻哲学内在逻辑的理论倾向。在坚持以历史与逻辑统一、理论与实践统一的原则来研究和叙述马克思主义哲学发展史的时候，国际共产主义运动的线索被过分突出，过多地强调政治社会现实对马克思主义哲学的影响，冲淡和忽略了对马克思主义哲学发展的内在逻辑的清理和呈现。

第二阶段，上世纪90年代马克思主义哲学史研究的困境与探索。80年代中国马克思主义哲学史研究的特点是由当时马克思主义哲学的研究水平和认识水平决定的。一方面，马克思、恩格斯的许多著作并没有整理出版，马克思主义哲学史研究缺乏充分的文献基础，而苏联理论界在这方面则有着巨大的优势；另一方面，从历史上看苏联东欧的马克思主义研究对于我们一直保持着领先的优势，我们总是在学习、追踪苏联东欧社会主义阵营的研究成果。苏联的研究仍然是我们一时无法摆脱的理论依赖。在苏东解体之后，这种片面的追随与依赖给我们造成了巨大了理论困境。比如，在一元线性进化的马哲史观和领袖中心论的影响下，我们缺乏与西方学界真实有效的互动与交流，通常是片面否定一切西方哲学，对西方马克思主义也是一概批判，过度政治化、政策化、意识形态化又使它缺乏真正的学术独立性、学术规范性，因此，在其进一步发展中潜藏着的危机，一旦外部环境发生重大变化，就可能直接导致危机成为现实。上世纪 90 年代前后外部环境的确出现了大变动,从国际上讲,苏东剧变这一重大历史事件对整个马克思主义哲学研究造成重大冲击,使传统苏联马哲史研究模式失去了合法性基础;从国内上讲,上世纪 90 年代处建立了社会主义市场经济社会,也使传统研究模式和观点体系的现实根基发生了动摇,一时间,马克思主义指导地位下降,马哲史研究中,许多研究人员流失,队伍严重萎缩,研究成果减少,质量降低。另一方面,西方哲学、西方马克思主义甚至西方马克思学成为马哲界的主流话语,从苏联教科书体系作为马克思主义哲学的唯一形态,转变到把西方马克思主义奉为真正的马克思主义哲学形态,从对西方马克思主义的一味批判,转向盲从,这让我们进退失据,不知所措,丧失了客观、正确的立场。对苏联马哲史研究模式的追随与失落,对西方马克思主义由批判到盲从,巨大反差造成了一段时期内中国马克思主义哲学史研究的困惑、迷茫、彷徨与挣扎,然而又正是这样的困境促使新、老马克思主义哲学史家们不断反思以往研究模式的弊端,努力探寻一种新的哲学史研究和叙事类型。实际上,这些问题在 80 年代已经引起了第一代马克思主义哲学史家的关注和思考,因此在 90 年代伊始他们就完成出版了突破 80 年代研究特点的开创性著作,代表作品是 1990 年陈先达等的《被肢解的马克思》和孙伯鍨等的《西方"马克思学"》。张一兵在 90 年代末出版的《回到马克思》一书,自觉地对从方法论角度对流传于我国马哲史研究中的苏联研究模式进行了系统反思,着重批判了其目的论预设、线性进化论、领袖中心论的方法论,强调马哲史研究的学术规范性,并且运用新的理论资源、采用新的研究方法,开拓出新的研究领域,一方面它是文本文献学这一新的研究范式创立的标志,另一方面也是马哲史研究范式走出困境,迎来新阶段的标志。纵观整个 90 年代,新、老两代马克思主义哲学史家在困境中的探索可以从三个方面给予描述,这也构成了 90 年代马克思主义哲学史研究的基本特点:第一,深刻反思了苏联研究模式的弊端。苏东剧变颠覆了苏联马克思主义哲学史研究模式的合法性基础,也打破了意识形态的禁锢,传统研究模式的弊端得到了逐步的洗涤和清理。第二,学术与政治关系的重思,优化学术生态。学者们普遍意识到马克思主义哲学史研究不能陷于为现实政策寻求哲学史根据的狭隘政治实用主义窠臼,学术研究和现实政治行动的边界需要得到有效澄清,需要辩证看待学科研究的现实感与学科自身独立的学术定位的关系。第三,学科视野逐步打开,学术包容性不断增强。特别是随着对西方马克思主义以及现代西方哲学研究的深入,使得该学科研究获得了新的推动力。也正是在这样的发展进程中,新一代马克思主义哲学史学者逐步成长起来。在新、老两代马克思主义哲学史家的努力下,中国马克思主义哲学史研究逐步走出了困境。

第三阶段,新世纪以来的复兴与创新。在经历了90年代的彷徨与挣扎之后,进入新的世纪,我国马克思主义哲学史研究借鉴当代西方各种社会思潮,吸收马克思主义哲学研究最新成果,以研究方法论的突破为引擎,形成新世纪我国马克思主义哲学史研究新的模式、机制、格局。① 首先,进一步突破苏联一元化的马哲史研究模式,在马哲史研究范式内部,建构多种马哲史的研究范式,如人学范式、危机与重建范式、实践诠释学范式、生存论存在论范式、文化哲学范式、逻辑分析范式、文本逻辑与历史分析范式等,呈现为多元研究范式并存的局面②(此处的范式指马哲史范式内部的二级范式,它的含义主要指哲学核心理论观点、哲学形态,兼有研究方法和路径的含义——笔者注)。其次,传统模式的弊端被进一步清理,以原理反注文本的局限逐步被克服,传统研究方法论上的目的预设论痕迹被清除,真实地再现了马克思主义哲学的发生史。再次,以一种更加开放的视野来审理马克思主义哲学发生和发展的历史,对西方学界的观念不仅不再是简单否定或进退失措,研究方式上也不再局限于翻译、介绍和评述,而是以更加合理的姿态来借鉴、消化、利用并在创新中超越西方学界的马克思主义哲学观念,把马克思主义哲学史研究推向了一个新的阶段。第四,马克思主义哲学史研究中的本土性和时代性特征被进一步突出。尽管存在着"回到马克思"和"让马克思走入当代"之间的争论,但实际上殊途同归,都意在强调

---

① 参见刘怀玉、马振江:《苏联化、西马化与中国化——我国马克思主义哲学史研究30年的简要回顾与反思》,《教学与研究》2010年第11期。
② 参见张亮:《中国马克思主义哲学史研究的范式生成与转换》,《中国社会科学》2006年第4期。

在新的时代条件下重新理解和建构马克思主义哲学发生和发展历程。最后，值得一提的是文本文献学研究范式的出现及其对马克思主义哲学史研究的意义。文本文献范式突破了简单地依靠翻译的二手文献和公开出版的马克思的基本著作来进行马克思主义哲学研究的框架，越来越多地关注马克思生前没有发表的手稿、笔记中的哲学思想，这不仅开阔了马克思主义哲学史研究的视野和思路，也进一步地夯实了马克思主义哲学史研究的学术基础。这里还需强调一点，90年代的马克思主义哲学史学者成为马克思主义哲学史研究的主力军，而更加年轻一代的马克思主义哲学史学者也逐步成长起来，以张云飞的《跨越"峡谷"——马克思晚年思想与当代社会发展理论》、唐正东的《斯密到马克思》、刘森林的《马克思发展理论的当代价值》、聂锦芳的《清理与超越——重读马克思文本的意旨、基础与方法》、吴家华的《理解恩格斯——恩格斯晚年历史观研究》、仰海峰的《形而上学批判——马克思哲学的理论前提及其当代效应》等著作为代表反映了青年一代马克思主义哲学史学者的努力和勃勃生机。

四、中国马克思主义哲学史范式的研究现状及其特点

截止到2011年底的最近三年间，马哲史范式的研究取得了重要进展，已经初步实现并孕育着进一步的突破，呈现出又一个新阶段的雏形，笔者认为当前的马哲史研究现状呈现出以下特点。

首先，当前的马哲史范式研究以通史领域的突破、某些被遗忘和扭曲的断代史填补为标志。在上世纪80年代到90年代中期，中国马哲史研究范式的标志性成果主要体现在通史、断代史领域中，而到90年代后期至新世纪前十年其标志性成果主要体现在专题史领域，通史研究相对沉寂，主要是延续以往的研究模式和内容，没有重要突破。而近三年通史研究取得了重要突破，以何萍的《马克思主义哲学史教程》（2009年），吴元梁主编的《马克思主义哲学形态的演变》（2010年），张一兵主编的《马克思哲学的历史原像》（2009年）为代表，尤其是前者，在研究方法、叙述体例、叙述原则、研究范围等方面全面突破了以往马哲

史通史著作的模式，较彻底地消除了苏联马哲史研究模式的影响和痕迹。在传统马哲史观、传统研究模式的影响下，第二国际等阶段基本被遗忘、遮蔽甚至被严重歪曲，姚顺良主编的《马克思主义哲学史：从创立到第二国际》（2010年），刘怀玉、张传平主编的《当代马克思主义哲学史》（2010年）两本著作填补了这一薄弱的领域，使断代史领域的研究也取得了重要进展。

其次，通史研究的突破以重新评价"西方马克思主义"为突破口。对西方马克思主义哲学的性质和理论定位，我国马哲史研究者的态度经历了一个很大变化：80年代认为西方马克思主义不是马克思主义或者是反马克思主义，即"西马非马、西马反马"，因此马哲史通史著作把西方马克思主义拒绝在外；随着大量西方马克思主义译介著作的传入、出版，90年代中期开始，"国外马克思主义哲学"概念被提出来，使得通史著作的叙述内容纳入了西方马克思主义哲学，但又回避了西方马克思主义的性质定位。新世纪以后，通史著作不仅纳入了西方马克思主义的内容，而且承认它是马克思主义哲学在西方社会的发展。当前的研究对于西方马克思主义有以下突破：首先，关于西方马克思主义的性质方面，认为西方马克思主义是西方发达资本主义国家的马克思主义哲学形态。因此，西方马克思主义不再作为批判对象，也不再作为某一国家某个马克思主义哲学派别，而是马克思主义哲学有机组成部分，是马克思主义哲学多元发展中的一种形态，是马克思主义哲学内部不同于东方马克思主义哲学传统的另一种哲学传统。其次，反思了"国外马克思主义"概念，90年代提出的国外马克思主义概念是基于一元、线性发展的马克思主义哲学史观，它模糊了西方马克思主义的性质，含有否定的意义，因此主张用"西方马克思主义哲学"概念取代它，以表明它作为马克思主义哲学的独立形态，表明一种多元、开放、世界性发展的马克思主义哲学史观。再次，在它的带动下，马哲史通史著作的内容极大丰富，先后纳入了第二国际的一些杰出马克思主义哲学家的思想（如拉法格、拉普里奥拉、普列汉诺夫）、毛泽东思想和邓小平理论、马克思主义中国化早期思想家的思想（如李大钊、陈独秀、李达、瞿秋白），并且以国别史的方式纳入了20世纪80年代以后各主要国家的马克思主义哲学。最后,关于西方马克思主义研究的作用方面,认为它能够为中国化马克思主义哲学的建构提供理论资源、理论问题、理论视野、理论观点。

再次,当前马哲史范式研究以新一轮方法论反思和突破为核心。① 如前所述,中国马哲史范式研究的第三阶段始于《回到马克思》一书,它自觉反思了传统马哲史研究的方法论错误,全面清理了其目的论预设、一元线性进化论、领袖中心论三大缺陷,从而开启了新世纪马哲史研究的新阶段,促使马哲史范式研究走出低谷,走向复兴,现在克服这些方法论缺陷已成为马哲史研究的共识。在近十余年的研究中,西方马克思主义等内容已进入马哲史的叙述中,成为马克思主义哲学史的有机内容,但是它如何进入马哲史叙述中?应该以什么样的原则、结构、体例来叙述它?在容纳了西方马克思主义等内容、建立了实践和辩证法的理论基础后,马哲史叙述的主线、内在逻辑应怎样确定?怎样才能彻底、清晰地呈现出这一内在逻辑?应该说前一阶段的方法论反思并没有解决这些问题,导致马哲史通史研究中仍然存在很多问题:叙述主线不清晰,辩证唯物主义和实践与辩证法两条线索并存;叙述体例、结构不协调,从马克思、恩格斯、列宁、斯大林到毛泽东、邓小平哲学思想的书写结构和国外马克思主义哲学的书写结构并存,前者主要以人物思想为主线,后者却以国别或派别为主线;在具体人物和派别思想的叙述上不一致,时而是人物思想叙述,时而是重点著作介绍。以《马克思主义哲学史教程》为代表的通史著作在方法论上实现了以下突破:其一,遵循历史与逻辑相一致方法论,强调历史优先原则。必须突破过去用辩证唯物主义的逻辑优先的方法论原则,从而把马克思主义哲学史看成辩证唯物主义和历史唯物主义线性进化论的形成史、传播史,把西方马克思主义思潮等内容排斥在马克思主义逻辑主线之外。必须首先强调历史优先原则,立足于 20 世纪马克思主义哲学发展的现实历史,把西方马克

---

① 重要论文有:何萍的《从文化哲学看马克思主义哲学史》(《人民论坛》2011 年第 6 期)、《马克思主义哲学的内史和外史的书写》(《马克思主义与现实》2010 年第 3 期)、《新世纪中国马克思主义哲学观念史研究》(《学习与探索》2011 年第 5 期),赵家祥的《马克思主义哲学史的学科性质、特点和研究方法》(《马克思主义与现实》2011 年第 1 期),李佃来的《逻辑优先还是历史优先:马克思主义哲学史方法论检讨》(《马克思主义与现实》2010 年第 4 期)、《马克思主义哲学史与国外马克思主义研究的分离与会通》(《学术月刊》2009 年第 10 期)。

思主义等思潮作为马克思主义哲学形态,纳入马克思主义哲学叙述之中,只有对上面已有的马克思主义哲学家思想进行逻辑抽象,才能进一步揭示马克思主义哲学发展的内在逻辑和叙述主线。其二,区分研究方法和叙述方法,在确立历史优先原则基础上,着重探讨和建构马克思主义哲学史的叙述方法。传统马哲史研究中经典著作解读模式只能归入研究方法,只是属于经验的材料,历史的东西,而非逻辑的东西、思想的联系。如果没有建立起叙述的逻辑和方法,经验材料不同,叙述出来的各个内容必然不协调。虽然马哲史的叙述方法只有在研究工作结束之后才能确立,但是这一方法的确立本身是一个艰苦的抽象工作,必须找到叙述的逻辑起点、建立驾驭和叙述材料的基本原则。其三,以文化哲学为具体研究范式(指范式的第二层含义,即核心理论内容和方法论的统一),确立马哲史的基本研究方法。马克思主义哲学的本性是作为历史理性的文化哲学,它体现为实践和辩证法的批判精神,在马哲史研究方法上,就是以这一本质精神来研究它体现在不同马克思主义哲学家个体的理论创造活动,在不同历史阶段、不同民族和国家的不同表现形态和传统。其四,确立马哲史的内在逻辑和叙述主线以及相应的叙述原则,解决了马克思主义哲学史构造的内在机制问题,使西方马克思主义等内容合乎逻辑地进入马克思主义哲学史的叙述。马克思主义哲学发展史的内在逻辑是实践和辩证法的批判精神与多元化的哲学传统和理论形态之间的相互作用,这也是马哲史的叙述主线,同时作为马哲史叙述原则,这种叙述原则表现为三方面:一是准确描述各个哲学家的创造活动。实践和辩证法的批判精神不是现成的、封闭的,而是通过个体哲学家创造出来,研究哲学家个体的个性化思想创造,这是马哲史叙述的基础;二是以问题为中心,研究不同时代马克思主义哲学发展的特点和哲学形态,说明马克思主义哲学发展的质变,这是马哲史叙述的时间向度原则;三是以民族文化为背景,研究不同国家、民族的马克思主义哲学传统的形成、演变,叙述马克思主义哲学发展的世界化和多元化,这是马哲史叙述的空间向度原则。这样不仅西方马克思主义,而且第二国际马克思主义哲学家、英美分析的马克思主义哲学、生态学马克思主义哲学都合乎逻辑地进入了马哲史的叙述主线中,成为不同的马克思主义哲学形态、哲学传统。其五，按照马克思主义哲学史的内在逻辑和叙述主线确立新的叙述体例、叙述结构。突破了过去按照国际共产主义运动史的发展进程来编排章节结构的叙述体例、改变了以原著写作的先后顺序划分章节的做法。其六，区分马克思主义哲学的内史与外史。马克思主义哲学的内史就是上述马克思主义哲学发展的主线和内在逻辑展开过程中创造的历史，即马克思实践和辩证法的批判精神与多元化的哲学传统和理论形态之间的相互作用及其所创造的历史；马克思主义哲学的外史是由其内史所决定的，它具体包含两方面内容：第一，马克思主义哲学是建立在大机器生产为标志的工业和对资本主义社会形态的分析基础之上，因此应当用实践和辩证法的批判精神看待工业状况和资本主义生产方式的变化对马克思主义哲学产生、发展的作用，说明二者之间的内在关联。第二，马克思主义哲学具有世界性，它是在融合各民族文化传统、改造各民族的思维方式而实现其世界性发展的，因此必须研究马克思主义哲学与各民族文化传统之间的关系。

最后，当前马哲史范式研究的宗旨和落脚点是构建中国化的马克思主义哲学形态。作为一种独立的研究范式，马克思主义哲学中国化研究出现较晚，始于上世纪 90 年代，它既具有重大的现实性、政治性，又具有较深的学理性，还具有一定的历史传承性。许多马克思主义哲学范式研究都与它有密切关系，当前的马哲史研究范式就自觉地以它作为宗旨和落脚点。与其它马克思主义哲学研究范式相比、与马哲史范式研究的前几个阶段相比，以通史领域突破为标志的当前马哲史研究更为自觉、深刻地体现出这一宗旨，并为这一宗旨的实现奠定了更为坚实的理论和历史基础，具体表现在三个方面：其一，为中国化马克思主义哲学建构奠定坚实的理论基础，由于把马克思主义哲学的本性理解为实践和辩证法，把马克思主义哲学史的发展主线、内在逻辑理解为实践和辩证法的批判精神与多元化的哲学传统和理论形态之间的相互作用，马克思主义哲学史就是融合各民族、国家的文化传统，改变和塑造民族思维方式的过程，因此，马克思主义中国化是马克思主义多元化哲学形态、哲学传统中的一元，建构当代中国马克思主义哲学形态是马哲史研究的必然要求。其二，为中国化马克思主义哲学建构奠定现实的历史基础，马哲史范式研究作为一种历史研究，必然把马克思主义哲学中国化的历史过程、历史经验、历史形态包含其中，这也是它独特的研究优势，从而能够提供建构当代中国化马克思主义哲学形态的历史基础。其三，为中国化马克思主义哲学的建构提供重要的理论资源。由于同属于马克思主义的哲学形态、哲学传统，又由于处于某种程度相似的历史发展阶段，因而在马哲史研究中，西方马克思主义哲学提供了中国化马克思主义哲学建构的参考，使我们可以吸收其多元发展的哲学史观，超越传统教科书的理论视野；借鉴其提供的现代性、知识分子、文化批判等理论问题，充实中国化马克思主义哲学的内容。其四，提出了中国化马克思主义哲学建设的具体内容、具体目标，即建设具有中国特色、中国气派、中国风格的马克思主义哲学。具体体现在：在研究原则上，既重视研究马克思主义哲学对中国文化传统的继承，创造具有中国传统思维方式、语言表述风格的马克思主义哲学；同时研究马克思主义哲学对中国传统文化的改造，促使其现代性转型的意义。在理论内容上，重视研究"中国问题"和"中国经验"的理论提升、中国马克思主义哲学的普遍性、世界性意义，摆脱单纯经验化、个别化的片面性。

上述研究现状和特点显示出马哲史范式研究的一个新阶段正在形成，这一新阶段是以通史领域的突破为标志，以新的方法论（历史与逻辑的统一性、重视叙述方法、内在逻辑的严整一贯性）创造为核心，以建构当代中国的马克思主义哲学形态为目标而引发的。尽管还存在一些争议和不同意见，如在马哲史通史研究中是否只能用文化哲学的核心范式？文化哲学的核心范式是否存在缺陷？是否还有可能使用其它核心范式来构造马克思主义哲学史？但这都是在上述新的方法论层面上的问题，在这一新方法论层面上，马哲史范式将会展开深入研究，这预示着不久的将来，能够诞生出以其它核心范式来书写的马克思主义哲学通史和更加细致的断代史著作。

（作者冯建华系江苏师范大学当代中国马克思主义哲学研究范式创新研究中心副教授、哲学博士；庄友刚系苏州大学中国特色城镇化研究中心、哲学系教授）

马克思主义哲学文本文献学范式研究

杨思基　丁振中

自 20 世纪 80 年代以来，我国马克思主义哲学研究领域逐渐形成发展起一个以南京大学哲学系、北京大学哲学系、中国社会科学院、中共中央编译局等单位的学者为主体的马克思主义哲学文本研究学派，开启了我国马克思主义哲学文本文献研究的研究范式。该范式研究迄今为止已经有 30 多年历史，在这 30 年中取得了许多丰硕的学术研究成果，在我国马克思主义哲学研究领域具有最重大的学术影响。本文旨在对这一研究范式 30 年来所取得的成果和其研究方法进行一个总结，但作为年度报告本文重点将 2011 年的研究及成果单独列出而予以较详尽叙述，而这之前的研究成果则本着从简的原则予以概要回顾。

一、前 30 年马克思主义哲学文本文献学研究回顾

从马克思主义传入中国，中国的马克思主义哲学传播和研究业已经历了一个多世纪的光辉历程。在这漫长的历史过程，马克思主义哲学的文本文献学研究经历了翻译介绍，结合中国革命建设的实际需要和中国文化传统阐述马克思主义哲学的基本原理，在革命和建设实践中对马克思主义经典作家的文本文献进行重新解读，理论联系实际地予以新的阐释，逐渐形成了专业的马克思主义哲学教学理论研究队伍，并从以前苏共马列著作翻译和教科书为蓝本的研究逐渐到德文版、英文版、法文版马克思主义创始人公开出版著作，及至各种手稿和公开出版著作的比较研究，形成了中国风格的马克思主义创始人思想演变和发展研究新局

面。改革开放后,在反思前苏联哲学教科书及适应研究解决当代现实问题转变马克思主义哲学研究方式的呼声中,我国出现了以下几大马克思主义哲学文本文献研究的重镇,它们是:以南京大学哲学系孙伯鍨、张一兵教授为学科带头人的马克思主义哲学南大历史文本研究学派,他们在回到马克思哲学原始语境条件下对马克思创立的马克思主义哲学进行全新的理解和阐述;以中共中央编译局为核心的马克思恩格斯列宁手稿研究、版本研究及西方学者有关马克思主义的研究介绍;以中国社会科学院、复旦大学、南京大学、黑龙江大学的哲学系、所为代表的国外马克思主义著作文本研究;还有北京大学聂锦芳、王东、丰子义、杨学功教授的马克思主义哲学文献学研究等。

比较自觉地使用马克思主义哲学文本文献学研究范式和方法并对这一范式和方法进行初步界定的,是南京大学的马克思主义哲学家张异宾(即张一兵)教授。张一兵教授在不同的场合多次阐述和界定这一研究范式和方法,大体指出了它的基本含义。根据他的说法,我们认为马克思主义哲学文本文献学研究范式又可称之为对马克思主义经典作家各种不同文本进行去伪存真、由表及里的合乎历史实际地研究所形成的一种各具特色的特殊解读方式,也是以马克思主义哲学文献的作者、读者的历史联系和他们在新的历史条件下实现的新的统一(往往以马克思主义哲学家新的面目出现)为基础、为主体和线索,以新的历史语境和多学科视野的哲学话语对马克思主义哲学进行重新理解和建构的一种哲学探索,是在"回到马克思"原本精神的基础上"返本开新",进一步丰富完善和发展马克思主义哲学的研究范式和方法。这种马克思主义哲学的研究范式和方法,是以历史唯物主义的态度和方法对马克思主义经典作家的原始手稿、正式出版文献结合其写作与出版的历史背景、有关历史人物、历史事件、批判对象、话语对象、有关思想资源和材料,以及作者观点立论的论据、论证方式、思维方式与方法,编译者的思想倾向和认识局限等多重因素进行系统综合的研究(如症候阅读式研究,考据学、解释学研究,拟文本、不完全文本和完全文本的互文式比较研究等),以把握他们的哲学立场、哲学思维方式和思想方法、研究方法及他们思想演变、文本文献逻辑结构体系的变化之相互关系;准确地把握马克思主义经典作家每一思想观点和理论学说在人类思想学术史上的历史地位和价值；最终实现客观如实地把握马克思主义经典作家思想演变发展的历史实际，从中发现他们马克思主义哲学世界观形成、逐步完善发展的思想轨迹，鉴别和确认他们在这一动态的思想演变过程最终确立的马克思主义基本立场、基本思想路线、基本思想观点和基本方法及其完整系统的科学理论，从而掌握马克思主义最为本质的思想精髓和精神；在上述基础上结合我们当代历史实际和现实根本问题与矛盾以及我们改造世界的实践的需要，对马克思主义哲学做出切合我们实际的新的理解和理论建构，对现实根本问题和矛盾做出马克思主义哲学新的解答，切合实际地指出这些矛盾的解决办法和人类社会历史发展路径，为工人阶级解放全人类、建设共产主义社会的革命实践服务。由于这一研究范式突出了马克思主义哲学历史唯物主义的历史条件分析和不同文本文献的多重语境、多重逻辑分析相结合的方法，突出了理论与实践具体地历史地相结合的历史方法，所以它又往往被简称为历史与逻辑相结合的"马克思主义哲学历史的文本学研究范式和方法"。后来，张一兵在他所发表的文章中又把他理解的文本学研究方法分为传统文本学解读方法和新文本学或"后文本学"方法，认为传统文本的解读分为符号文本层解释、互动性的意义场理解、生产性的思想构境这三个不同的阶段；而生产性思想构境论——即阅读不是为了还原，而是创造性的生产，而这才是"后文本学"方法论的真正本质，是一种文本生产中的革命；文本学的真正基础是"关系本体论"，生产性的思想构境包括了对象文本理路、我性诠释理路和互文性文本参照理路的共在这些不同的构境层。①

目前学术界对于该概念的核心词"文本"和"文献"尽管也存在着不一致的界定和理解，但对于该研究范式的开端则大多一致公认为是张异宾教授于1999年出版的《回到马克思》一书（张一兵：《回到马克思——经济学语境中的哲学话语》，江苏人民出版社，1999年出版），这本书与张异宾教授先前出版的《历史辩证法的主体向度》一书（张一兵：《马克思历史辩证法的主体向度》，河南人民出版社，1995年出版，

---

① 张一兵：《思想构境论：一种新文本学方法的哲学思考》，《学术月刊》2007年第5期。

南京大学出版社，2002年再版）相比较，自觉地利用了马克思主义哲学研究的文本文献学研究范式和方法，从多种文本、多学科、多重历史和逻辑的视角勾画了马克思哲学的大概全貌，尤其是对马克思经济学语境的历史唯物主义进行了详实的历史考察和全景勾画。但张异宾教授则认为这一研究范式是孙伯鍨教授率先在其著作《探索者道路的探索》（安徽人民出版社，1985年出版，南京大学出版社，2002年再版）中开创的。孙伯鍨教授的《探索者道路的探索》是其结合马克思恩格斯"历史语境"和思想资源进行马克思主义经典作家文本思想研究的开山之作，是马克思主义哲学史、思想史研究的成功典范，只不过他没有以此言说他的研究范式和方法而已。他在该书中指认马克思思想的"两次转变"说和1845年之前的马克思有"两个逻辑"的理论颠覆了苏联"马克思一次思想转变、一个逻辑贯彻始终"的理论，他指出人的现实的历史性社会存在及其物质生产是马克思哲学的出发点，马克思主义哲学的建构重在方法论建构而非体系哲学建构等观点，开创了从马克思主义经典作家的文本出发来研究马克思主义哲学史并进行马克思哲学研究的新局面，其理论贡献至今年仍为学界所称赞。孙伯鍨、侯惠勤主编的《马克思主义哲学的历史和现状》（南京大学出版社，1988年出版），也属于从马克思主义经典作家的文本出发来研究马克思主义哲学史的早期代表作。

北京大学哲学系赵家祥、丰子义合著的《马克思的东方社会理论及其当代意义》（高等教育出版社，2002年出版），紧紧依据马克思有关文本和逻辑，对马克思理论视野中的东方社会问题，特别是对近年引起学界较大争议的"亚细亚生产方式"、"跨越'卡夫丁峡谷'"等问题做出符合原意的梳理和甄别，并阐明了这些思想所具有的当代意义。杨学功教授的《马克思主义与全球化——〈德意志意识形态〉的当代阐释》（北京大学出版社，2003年出版），对《德意志意识形态》中马克思恩格斯从社会分工和商品贸易角度探讨的资本主义生产方式的全球化扩张进行了结合当代全球化发展历史趋势的解读。

苏州大学哲学系王金福教授的《马克思主义理解史》一书（苏州大学出版社，2003年出版），对马克思主义哲学史从马克思主义哲学理解史的视角进行了分析研究和评论,认为马克思主义哲学不可能只有单一的理解模式,必然会有多种理解的差别,但要"返本归真",才能谈得上在现实历史条件下对马克思主义哲学的坚持和发展,这就要求我们必须回到马克思本人的"文本"即他的手稿和公开发表著作来认识理解马克思主义哲学的理论本质和精神实质,而且要从解释学的视角对马克思的哲学著述进行客观全面的多视角、多逻辑线索的梳理和认识,"重读马克思"、"回到马克思"或"走进马克思"的"文本",进行解释学的文本式研究是我们"接近"并真正掌握马克思哲学真理必不可少的一个基础性前提。

北京大学聂锦芳教授的《清理与超越——重读马克思文本的意旨、基础与方法》(北京大学出版社,2005年出版),利用丰富的文献资料对马克思手稿、笔记、藏书的保存、流传情况进行了梳理,从"书志学"方面对马克思一生撰写的著述和书信进行了统计,从中选取了53部最能表征马克思思想特质、内涵以及发展历程的重要著述,对其写作与出版情况进行了考证。同时,作者对"通行本"研究中的遗漏、经典研究中的空白、马克思文本研究中的几种类型,以及近年西方马克思研究界有关"马克思主义之后的马克思"的提法所表征的新的研究动向和目前中国马克思文本研究的现状和趋势做了分析预判,对马克思文本研究的学术基础进行了清理和方法论省思。在此基础上,围绕"马克思研究到底是一种什么性质的研究"这一焦点问题,对马克思哲学文本研究所关涉到的历史性与现实性、学术性与思想性、本真性与主体性、公度性与个性化以及"文本研究"与"比较研究"、"现实研究"的关系,比较的前提、比较的态度与比较的逻辑等进行反省、思考和分析,进而形成了作者所理解的马克思文本研究的"当代方式"。该著作可以说是作者在十分清醒的文本文献研究自觉意识下而完成的一部力作。

北京大学王东教授的《马克思学新奠基——马克思哲学新解读的方法论导言》(北京大学出版社,2005年出版),介绍并比较了马克思学的"三大解读模式",认为我们现在需要在总结吸收历史上"以恩格斯和苏联的'正统马克思主义'解马"、"以西方马克思主义、西方马克思学或现代西方哲学解马"、"以马克思本人的文本解马"这三种解读模式的经验教训，在新型解释学——新型目录学——新型版本学——新型文本学基础上实现对马克思哲学文本的创新研究。

张一兵、胡大平、张亮在《中国社会科学》2004年第6期发表《中国西方马克思主义哲学研究的逻辑转换》，不仅以文本学研究方法研究马克思主义创始人的著作，而且将这一研究方法逐步推广至"西方马克思主义"及当代国外马克思主义，由此把握马克思主义哲学研究的逻辑转换和理论变迁。另外，2005年北京大学出版社出版了张立波博士的《阅读、书写和历史意识对马克思的多重表述》，对后人有关马克思思想的多重文本的理解和表述进行了总结和反思。

2005年南京大学出版社翻译出版了日本马克思主义哲学家广松涉的《文献学语境中的〈德意志意识形态〉》中译本，进一步推动了我国马克思主义哲学文本文献学的研究，使该研究进入马克思主义哲学经典文本文献的具体研究层面，不少学者陆续发表了许多相关论文和论著，而且就此展开了新一轮学术争鸣。

中国社会科学院魏小萍教授著：《追寻马克思——时代境遇下马克思人类解放理论逻辑的分析和探讨》（人民出版社，2005年出版），《探求马克思——〈德意志意识形态〉原文文本的解读与分析》（人民出版社，2010年出版）。这两部著作中前者对马克思人类解放理论依据文本进行了逻辑的梳理和分析，后者则以《德意志意识形态》原文文本、文献为基础，通过原文本手稿与各种翻译文本的对比与研究，介绍了《德意志意识形态》原文文献和结构，叙述了马克思、恩格斯的创作过程和合作方式，说明了马克思、恩格斯的研究思路和他们在创作《德意志意识形态》过程中的相互补充和修改情况。另外，还有中共中央编译局鲁克俭教授的《国外马克思学研究的热点问题》（中央编译出版社，2006年出版）、清华大学韩立新教授主编的《新版〈德意志意识形态〉研究》（中国人民大学出版社，2007年出版）。

2007年4月10日《光明日报》刊登了聂锦芳、鲁克俭、韩立新三位教授的笔谈：建立中国马克思主义研究的文本学派，分别从马克思文本研究的一般图景、方法论自觉与学派建构以及新版《资本论》编辑中的"马克思恩格斯问题"视角说明了马克思哲学文本文献学研究的重要意义和迫切性。由南京大学哲学系张一兵教授发起并影响全国的马克思哲学文本文献学研究取得一系列重要成果,《走进马克思》(由孙伯鍨、张一兵主编,江苏人民出版社,2001年出版,2008年修改再版)、《重读马克思》(王荣栓撰著,人民出版社,2007年出版)、《走近马克思》(由陈学明等著,东方出版社,2002年出版)以及《问题视域的转换:对马克思和黑格尔关系的当代解读》(俞吾金著,人民出版社,2007年出版)等重要研究著作先后出版,集中体现了进入21世纪中国马克思主义哲学文本文献学研究的新进展。南京大学哲学系作为马克思主义文本文献学研究发起单位,在张一兵教授带领下,也陆续发表出版了一系列论著。如张一兵著:《回到列宁——关于"哲学笔记"的一种后文本学解读》(江苏人民出版社,2008年出版);唐正东著:《从斯密到马克思》(江苏人民出版社,2009年出版);仰海峰著:《走向后马克思:从生产之境到符号之境》(中央编译出版社,2004年出版);刘怀玉著:《现代性的平庸与神奇:列斐伏尔日常生活批判哲学的文本学解读》(中央编译出版社,2006年出版);胡大平著:《回到恩格斯:文本、理论与解读政治学》(江苏人民出版社,2010年出版);杨思基著:《拨开"物象化"的迷雾——广松涉的马克思主义观研究》(人民出版社,2008年出版);张亮著:《"崩溃的逻辑"的历史建构:阿多诺早中期哲学思想的文本学解读》(中央编译出版社,2003年出版);这些著作都自觉从马克思主义经典作家和有关思想家的原著文本出发而进行马克思主义哲学的解读和探讨,对马克思主义哲学世界观理论的研究视角、研究方法和理论本质特征进行了多角度探讨,具有许多新颖的学术创新和见解。

随着国际上《马克思恩格斯全集》历史考证版(MEGA2)的编辑出版,特别是国内对这一新版本的引进以及《马克思恩格斯全集》中文第二版的编辑出版,关于马克思主义哲学文献的研究日益引人注目。2000年以来,中国社会科学院马克思主义研究院、哲学研究所、北京大学哲学系和南京大学都成立了相应的研究机构或课题组,一些研究著作也开始自觉地利用这一版本所提供的文献资料。但是,由于历史考证版还有大量文献没有出版(目前只出版了50余卷,全部出齐是114卷),

新版中文全集也只出版了 20 余卷，所以研究中对文献的利用还远不能说是充分的。目前引起学者们普遍关注的，主要是马克思主义哲学文献研究的方法论问题。

北京大学杨学功教授在《论马克思主义哲学经典的解释——解释学方法及其在马克思主义哲学文献研究中的运用》（载《马克思主义研究》，2003 年第 1 期）一文中从解释学的视角探讨了马克思主义哲学经典著作理解中的"问题意识"的可能性、现实性、选择性、主体性、客观性以及"视阈融合"和"解释循环"问题，说明了我们在理解马克思主义哲学经典著作中的"前见"与理解、主体的价值取向和文本的客观意义以及整体和部分、"源"和"流"、"一"与"多"、"返本"和"开新"等对立统一的关系和方法论意义。聂锦芳主张对马克思文本的研究应当回到学术，公平评价文本的价值，并且要注意文本本身的制约因素和界域。[①] 文本研究的意旨和归宿是思想研究，而且不能只是复述原著的思想而没有思想建树，同时应当正视现实问题，从而体现马克思主义的当代性。[②] 彭启福认为研读马克思的文本的目的是让马克思的文本在当代生成新的意义。主张运用对文本诠释中的"文本语义关联性原则"、"作者语境关联性原则"和"读者语境关联性原则"的分析文本，从而"回到"马克思，让马克思走向当代的现时代生活。[③] 安启念指出，马克思主义哲学研究具有系统性，在这一系统中，文本研究居于基础的地位。文本研究是马克思主义哲学研究的关键环节，是它的基础。中国的社会主义实践已经发生重大变化，立足文本研究重新理解马克思恩格斯的哲学思想，成为一项迫切的任务。[④] 王东、林锋则从文本研究与理论创新的关系的视角来探讨，认为只有将文本研究和现实问题研究有机结合起来，才能真正做到"回归马克思"与"发展马克思"的统一，开

---

① 聂锦芳：《清理与超越——重读马克思文本的意旨、基础与方法》，北京：北京大学出版社，2005 年出版，第 1—12 页。
② 聂锦芳：《文本研究与对马克思思想的理解》，《中国社会科学》2007 年第 5 期。
③ 彭启福：《文本诠释中的限度与超越——兼论马克思文本诠释的方法论问题》，《哲学研究》2007 年第 2 期。
④ 安启念：《加强文本研究是中国马克思主义哲学的当务之急》，《理论视野》2009 年第 4 期。

源与创新的统一。当前要把创建马克思主义哲学现代新形态的工作推向深入并取得实质性成果,需要重点回答新问题,进行新对话,开掘新源头,创造新方法,丰富新内容,建构新体系,倡导新价值。① 张志丹、候惠勤探索了马克思文本研究的基本方法论,认为方法论是推进马克思文本研究,把握马克思本真精神的前提。当前马克思文本研究存在三大方法:考据学方法、解释学方法和历史唯物主义方法。② 我们认为,马克思主义哲学的文本学研究方法是服从服务于理论联系实际、理论与实践相结合这一根本方法的,而且马克思主义哲学方法论是一个有机联系完整系统开放的方法论体系,将其中任何一种方法推向极端孤立地加以使用,都会在理解马克思主义哲学时产生偏离马克思主义哲学本质特征的片面性,是违背历史唯物主义唯物辩证法和理论联系实际这一马克思主义哲学根本方法的。

有的学者清理了马克思重要文本的刊布情况以及由此引发的重要事件,认为马克思文本研究史是由其文本、文献材料的保存、收集、整理、翻译、出版、阐释和宣传构成的。而这一历史的突出特点在于:马克思的文本中只有很少一部分是在其生前公开出版的,大部分是在他去世后才陆续面世的,因此,在这断断续续的刊布中差不多每一部重要文献的发表,都会引起极大的轰动和持久的争论。研究者各自不同的情形,千差万别的研究动机,错综复杂的社会氛围,对马克思文本的关注程度、探究重点、解释思路、观点阐发等方面表现出程度不同的差异,从而形成了多种派别或研究类型,任何一种理解范式和类型都很难成为人们公认的权威范式和类型,很难垄断并最终定论马克思主义哲学的解释权。我们认为这一方面体现了马克思主义哲学立足全人类社会历史实践全方位看问题的多视角、多层面、多向度而呈现的理论视野的宽广和内在张力,另一方面也体现了马克思主义哲学研究宣传者的主体多元、立场多元、价值诉求多元的多元性。出现这种状况和局面既有其把握真理确定性、客观性的局限性也有其主体差异存在的合理性,是合乎马克

---

① 王东、林锋:《从回到马克思到发展马克思——文本研究与理论创新关系新探》,《社会科学辑刊》2007 年第 3 期。

② 张志丹、候惠勤:《马克思文本研究的基本方法论探要》,《学海》2007 年第 4 期。

思主义哲学人们的社会存在决定人们的社会意识、人们的生产生活方式决定他们的知识结构和思维方式而且它们又相互影响之基本理论的。但马克思主义哲学文本文献学的研究要避免"拣了芝麻丢了西瓜""舍本逐末"的问题，必须紧紧抓住马克思主义创始人思想演变发展的主线和基本的逻辑框架，勿以非基本理论、非基本观点和方法、非正式文本的研究取代马克思主义哲学基本理论观点和方法及正式文本主体思想的研究，勿把马克思后来放弃或已经予以更新改造的思想文本当做体现马克思主题思想或基本思想的文本。

进入21世纪以来，中国学者不仅加强了对《马克思恩格斯全集》历史考证版的研究，尤其加强了对马克思恩格斯重要著作的文本研究，有些篇章还有各种不同文本文献的对比和考证研究，同时加强了对马克思主义哲学与德国古典哲学关系的研究。比如对马克思恩格斯合著的《德意志意识形态》，就有系列的深入研究。张一兵主持翻译了"广松涉版"的《文献学语境中的〈德意志意识形态〉》，并撰写了题为"文献学语境中的广义历史唯物主义原初理论平台"的长篇译序①及《文献学与马克思主义基本理论研究的科学立场——答鲁克俭和日本学者大村泉等人》(《学术月刊》2007年第1期)等论文；魏小萍发表了《〈德意志意识形态〉的文献学问题讨论》(《哲学动态》2006年第2期)、《〈德意志意识形态〉研究的两个方向》(《光明日报》2006年12月11日)、《〈德意志意识形态〉未定稿部分的内容及其相互关联》(《马克思主义研究》2007年第5期)、《词汇选择与哲学思考：财富的来源、性质与功能——〈德意志意识形态〉中马克思、恩格斯与施蒂纳分歧的原文本解读》(《哲学研究》2008年第2期)等论文；鲁克俭发表了《关于〈德意志意识形态〉"费尔巴哈"章的排序问题》(《哲学动态》2006年第2期)、《"马克思文本解读"研究不能无视版本研究的新成果》(《马克思主义与现实》2006年第1期)、《〈德意志意识形态〉研究的几个问题》(韩立新主编：《新版〈德意志意识形态〉研究》，中国人民大学出

---

① 张一兵："文献学语境中的广义历史唯物主义原初理论平台"，见《文献学语境中的〈德意志意识形态〉》，南京：南京大学出版社，2005年版。

版社，2007）等论文；韩立新发表了《〈德意志意识形态〉的文献学研究与日本学界对广松版的评价》（《中国社会科学》2006 年第 2 期）、《〈德意志意识形态〉的市民社会概念》（《马克思主义与现实》2006 年第 4 期）、《〈德意志意识形态〉研究的四个问题》（《学术月刊》2007 年第 3 期）、《〈德意志意识形态〉的编辑问题》（《光明日报》2007 年 10 月 12 日）、《〈德意志意识形态〉编辑问题的新进展》（《马克思主义与现实》2007 年第 6 期）等论文；聂锦芳发表了《思想的传承、决裂与重构——〈德意志意识形态〉创作前史研究》（《河北学刊》2006 年第 4、5 期）、《未完成的文本如何表述思想？——对〈德意志意识形态〉写作过程的考察》（《现代哲学》2006 年第 6 期）、《〈德意志意识形态〉研究中的"赫斯问题"》（《学习与探索》2006 年第 5 期）、《〈德意志意识形态〉：在文本学研究的视野内》（《光明日报》2006 年 8 月 14 日）、《"离开思辨的基地来解决思辨的矛盾"——〈德意志意识形态〉中的"圣布鲁诺"章解读》（《学术月刊》2007 年第 2 期）、《〈德意志意识形态〉对"真正的社会主义"思潮的批判》（《马克思主义研究》2007 年第 3 期）、《文本的命运——〈德意志意识形态〉手稿保存、刊布与版本源流考》（《河北学刊》2007 年第 4、5 期）等系列论文；姚顺良发表了《论马克思在〈德意志意识形态〉写作中的主导作用——析广松涉"恩格斯主导论"的文献学依据》（《马克思主义研究》2007 年第 5 期）；杨思基发表『「ドイツ・イデオロギ——」ガ実現した哲学の変革と「物」に対する新たな見方』（《〈德意志意识形态〉实现的哲学变革与对"物"的重新审视》，日本《情况》2007 年 5 月号别册）；夏凡发表了《〈德意志意识形态〉第一卷第一篇的文本结构问题》（《学术月刊》2007 年第 1 期）等论文。俞吾金发表《论马克思对德国古典哲学遗产的解读》（《中国社会科学》2006 年第 2 期），对马克思哲学及《德意志意识形态》与德国古典哲学遗产的批判继承关系进行了解读。

通过上述研究，学者们对《德意志意识形态》这一文本的产生背景、写作过程、版本源流、哲学革命等进行了详实的梳理和考证，特别是对其中"费尔巴哈"章的"梁赞诺夫版"（1926）、"阿多拉茨基版"（1932）、"巴加图利亚版"（1966）、"新德文版"（1966）、历史考证版

"试编本"(1972)、"广松涉版"(1974)、"英文版"(1976)以及历史考证版新的编排设想和顺序有了更深入的了解,使这种研究奠基于国际学术前沿的基础之上有了一些新的突破。

此外,鲁克俭通过《马克思晚年为什么要写作〈历史学笔记〉》(《理论前沿》2006年第2期)、《再论"马克思文本解读"研究不能无视版本研究的新成果——从〈巴黎手稿〉的文献学研究谈起》(《马克思主义与现实》2007年第3期),韩立新通过《〈巴黎手稿〉的文献学研究及其意义》(《马克思主义与现实》2007年第1期)、《〈资本论〉编辑中的"马克思恩格斯问题"》(《光明日报》2007年4月10日)、《〈穆勒评注〉中的交往异化:马克思的转折点》(《现代哲学》2007年第5期),聂锦芳通过《神性背景下的人生向往与历史观照——马克思中学文献解读》(《求是学刊》2004年第2期)、《经典的地位是如何确立的?——〈共产党宣言〉创作史、传播史新探》(《学术研究》2004年第12期)、《如何解读〈关于费尔巴哈的提纲〉》(《光明日报》2005年10月18日)、《理论史对于理论而言意味着什么?——从〈剩余价值学说史〉的写作看马克思如何处理史论关系?》(《学术月刊》2006年第1期)、《一段思想因缘的解构——〈神圣家族〉的文本学解读》(《学术研究》2007年第2期)等对"巴黎笔记和手稿"、《共产党宣言》、马克思晚年笔记的研究较之以前有了新的分析角度和新的理解。唐正东编著的《马克思恩格斯哲学原著选读》(北京师范大学出版社,2010年出版),从马克思恩格斯的手稿和批判对象入手研究论证马克思恩格斯历史唯物主义思想的形成和发展,读来也让人耳目一新。

丰子义对马克思的"现代性"思想,魏小萍对"资产阶级权利"与"市民权利"的关系、"所有制"与"财产"关系概念与实体概念的差异,唐正东对马克思经济学视角的现代性批判和"物质生产"概念的哲学内涵,杨学功对"世界观"概念和马克思的"现实生活"世界观、恩格斯对"马克思哲学"的解释和贡献,胡大平就从文本到理论的马克思、恩格斯文本研究若干基础问题,赵家祥对"古代生产方式"与"奴隶社会"的关系,鲁克俭对"古典古代"是否等同于"奴隶社会",韩立新对马克思的"自然的支配"、从"市民社会"到"自由人的联合"

的演变都做了详尽的梳理和独到的阐发；杨思基对马克思哲学的现实性问题、历史唯物主义的"物"及马克思一系列哲学变革进行了探讨，并指导研究生探讨了马克思一系列思想转变，这些研究都在一些具体理论问题或在马克思主义哲学总体性的理解上深化了我们对马克思主义哲学的认识。①

尤其魏小萍近年来发表的一系列论文，对历史考证版（MEGA2）研究和阅读中的词汇理解问题，外化、异化与私有财产概念的翻译、理解问题，资产阶级权利与市民权利、异化劳动与私有财产、分工与私有制是否同质等问题进行了不同文本的对照和词义辨析研究，廓清了马克思主义跨语种研究中的很多问题。

特别需要指出的是，中央编译局2004年牵头承担的马克思主义经典著作基本观点研究课题，是中央实施的马克思主义理论研究和建设

---

① 丰子义：《马克思现代性思想的当代解读》，《中国社会科学》2005年第4期；魏小萍：《MEGA2研究和阅读中的词汇理解问题》，《哲学动态》2003年第11期；《外化、异化与私有财产：并非产生于翻译的概念理解问题》，《哲学动态》2005年第8期；《资产阶级权利与市民权利：同质与否?》，《马克思主义研究》2005年第5期；《异化劳动与私有财产、分工与私有制：非同质的问题》，《南京社会科学》2006年第2期；《外化、疏外与私有财产是同一的关系にはない》，《情况》（日本）2007年5月增刊；唐正东：《实践与物质生产——析马克思主义新世界观的本质》，《学术月刊》2006年第7期；《基于经济学视角的现代性批判及其哲学意义——以马克思的"伦敦笔记"为例》，《哲学研究》2006年第12期；《马克思"物质生产"概念的哲学内涵论析》，《学术研究》2005年第5期；《〈资本论〉：马克思新唯物主义哲学发展的第四个阶段》，《江苏行政学院学报》2005年第4期；胡大平：《从文本到理论——马克思、恩格斯文本研究的若干基础问题》，《学术月刊》2009年第2期；杨学功：《世界观的概念和马克思的现实生活世界观》，《河北学刊》2004年第2期，《论恩格斯对"马克思哲学"的解释和贡献——以文献为基础的分析》，《南京大学学报》哲学·人文科学·社会科学版2005年第1期；赵家祥：《马克思的东方社会理论及其当代意义》，高等教育出版社，2002年出版；鲁克俭：《"古典古代"等于"奴隶社会"吗？——重新解读马克思的"古代生产方式"》，《哲学动态》2007年第4期；韩立新：《从市民社会到自由人的联合》，《光明日报》2006年12月11日；杨思基：《马克思恩格斯的现实性思想及其意义》，《马克思主义研究》2005年第6期；《实践关联关系的"场"与历史唯物主义的"物"》，《哲学研究》2005年第3期；《马克思哲学思想方法、研究方法的革命变革》，《山东社会科学》2004年第1期；《论"物"、物的关系和关系存在物》，《山东社会科学》2005年第10期；《论马克思唯物史观与存在论之根本区别》，《南京大学学报》哲学·人文科学·社会科学版2006年第5期；《论马克思的社会历史研究方法》，《山东社会科学》2010年第10期；孟亚明：《抽象与具体的辩证法是马克思主义哲学活的灵魂》，《山东社会科学》2010年第10期；刘长庚：《抽象上升到具体在〈资本论〉叙述方法中的应用》，《山东社会科学》2010年第10期；苏州大学研究生毕业论文库：张军、刘长庚、王慧、李修安、张军太、李显棠、黄佳、冯雷、袁宝刚、尹堂艳等博士、硕士论文。

工程的重要组成部分，吸收了全国 200 多名专家学者参与研究。北京地区致力于马克思文本解读研究的中青年学者于 2007 年上半年共同发起成立"马克思学论坛"，旨在倡导"建立在扎实文献学基础上的马克思文本解读研究"新理念，推动中国马克思学研究者之间的学术交流与对话。2007 年 1 月 12 日在清华大学由魏小萍作了"国外马克思研究新进展"的报告，3 月 31 日在北京大学由王东作了"中国马克思学"的报告，5 月 25 日在北京大学由韩立新作了"《巴黎手稿》的文献学与卡尔·马克思问题"的报告，9 月 30 日在中央编译局我作了"《德意志意识形态》对《唯一者及其所有物》的解读——'圣麦克斯'章研究"的报告，11 月 30 日在中国人民大学由杨学功作了"《黑格尔法哲学批判》的文本解读及其当代效应"的报告。学者们每次围绕一个文本或问题进行认真的讨论，议题专业而讨论深入，取得了很好的效果。

改革开放以来，马克思主义经典著作的编译出版工作一直受到党中央高度重视。经过中共中央编译局精心组织和具体实施，马克思主义经典著作编译出版工作取得重大进展。

第一，完成《马克思恩格斯全集》中文第 1 版的编译出版，积极开展中文第 2 版的编译工作。从 1977 年到 1983 年，中央编译局完成《马克思恩格斯全集》中文第 1 版 11 卷补卷的翻译工作，并于 1985 年出齐。这标志着《马克思恩格斯全集》中文第 1 版编译工作顺利完成。为了进一步提高编译质量以适应新时期的实践需要，1986 年 7 月，中央决定编译出版《马克思恩格斯全集》中文第 2 版。这套全集的编译出版是一项跨世纪的宏伟工程，从 1995 年起陆续问世，迄今已出版 21 卷，[①] 拟于 2020 年完成共 60—70 卷的出版计划。

第二，顺利完成《列宁全集》中文第 2 版的编译出版工作。《列宁全集》中文第 1 版系中央编译局根据《列宁全集》俄文第 4 版译出，由人民出版社 1955—1963 年出版。为了适应新形势发展，中共中央于

[①] 《马克思恩格斯全集》已经出版的卷次如下：1、2、3、10、11、12、13、16、19、21、25、30、31、32、33、34、44、45、46、47、48。

1982年5月作出我国自行编辑新版《列宁全集》的决定。新版《列宁全集》共60卷，全书分著作、书信、笔记三大部分，收录列宁文献9000多件，共约3000万字，已经在1984—1991年出齐。① 这是目前世界上收载列宁文献最多的版本。

第三，编译出版中文新版《马克思恩格斯选集》、《列宁选集》以及中文版《斯大林选集》。改革开放以前，《马克思恩格斯选集》、《列宁选集》分别出了中文1版、2版。为了适应新时期马克思主义理论工作的需要，中央编译局着手编译《马克思恩格斯选集》中文第2版、《列宁选集》中文第3版，并于1995年交由人民出版社出版。斯大林著作的选本情况稍有不同。改革开放以前，中央编译局编译了《斯大林文选（1934—1952）》一书，出版后在内部发行。1979年，中央编译局编译并由人民出版社出版《斯大林选集》，收录1901—1952年斯大林的重要著作56篇。

第四，编辑出版《马克思列宁主义文库》。为了满足读者对马列著作的不同需要，中央编译局从1995年着手编辑《马克思列宁主义文库》。该文库有计划地收编马克思主义经典作家的若干重要著作，以单行本形式陆续出版。这些著作凡可独立成书者，则一文一书，有些重要文章和书信则按专题编成文集。译文和资料均以新版全集、选集为准，有些著作尚无新版者，则按新版要求重新校订。迄今已出版的"文库"著作有22本。②

上述马克思主义经典作家著作在中国的出版，为我国马克思主义哲学文本文献学研究奠定了更好的物质条件和基础。学者们结合马克思主

---

① 中共中央编译局在《列宁全集》中文第2版出齐以后，将新发现的少量列宁著作编成《列宁全集补遗》，其第1卷已由人民出版社于2001年出版。

② 根据中共中央编译局提供的资料，现已收入并出版的《马克思列宁主义文库》著作有：《1844年经济学哲学手稿》、《德意志意识形态》（节选本）、《共产党宣言》、《资本论》（节选本）、《路易·巴拿巴的雾月十八日》、《哥达纲领批判》、《古代社会史笔记》、《马克思恩格斯论中国》、《恩格斯论宗教》、《路德维希·费尔巴哈和德国古典哲学的终结》、《家庭、私有制和国家的起源》、《反杜林论》、《社会主义从空想到科学的发展》、《唯物主义和经验批判主义》、《哲学笔记》、《帝国主义是资本主义的最高阶段》、《国家与革命》、《社会主义和宗教》、《列宁论马克思主义》、《列宁论新经济政策》、《列宁短篇哲学著作》、《列宁最后的书信和文章》。

义哲学的当代价值和时代需要对马克思主义经典作家的许多经典文献如马克思的《1844年经济学哲学手稿》、《资本论》及其手稿、晚年历史笔记以及他和恩格斯的《德意志意识形态》、《共产党宣言》、列宁关于"过渡时期""新经济政策"和社会主义国家建设的有关著作,进行了新的解读和诠释,就资本全球化和现代性等问题发表了一系列论文。

(作者杨思基系苏州大学政治与公共管理学院教授、
博士生导师;丁振中系苏州大学政治与
公共管理学院副教授、博士)

当代中国马克思主义哲学对话范式研究

车玉玲 袁 蓓

"研究范式"作为一个专门的学术问题进入马克思主义哲学研究视野有着并不太长的时间。很长一段时期以来，国内马克思主义研究往往聚焦于文本文献的解读、思想内容的理解以及哲学原理体系的建构，而对研究方法本身缺少足够的自觉和反思。今天，面对世界政治经济全球化、特别是资本全球化以及中国社会现代化转型这一全新的时代主题和现实语境，马克思主义哲学研究也要"与时俱进"以回应时代要求。这里，我们应该以何种方法"走近"与"走进"马克思，而马克思又如何从"当年"到"当代"就成为一个首要的问题。应该说，不断变化的现实语境总是对马克思的出场路径与研究范式提出新的要求。换言之，不同时代人们对于马克思的解读方式总是存在着这样或那样的差别。在当代马克思的解读中，对话范式的开启和深化就是近年来国内马克思主义哲学研究的一个重要事件。因为这一研究范式的普及不仅使马克思主义哲学的时代意义和价值在今天变化了的物质语境中充分绽出，更推动着马克思主义哲学的"中国化"有效进行。本文主要是对近年来，特别是2011年国内马克思主义哲学对话研究范式开展情况给予科学分析和理论梳理，通过厘清当代中国马克思主义哲学研究中的"对话"逻辑，彰显马克思主义哲学在当代文明谱系中的意义。

一、对话范式彰显的成因

在马克思主义哲学研究与解读的历史上，长久以来都存在着差异甚至是相互对立与冲突的立场和观点,尽管如此,促使马克思主义从"当年"走向"当代"、走向中国特殊的实践语境,仍然是国内马克思主义哲学研究者共同的理论夙愿和使命。应当说,不断变化的时代主题与现实情境是对话范式在当下马克思主义哲学研究"出场"的真正动力。

从当代历史来看,人类生活无论是在深度还是广度上都发生了深刻的变化:全球化带来的经济发展与文化冲突并存、资本扩张与资源浩劫的矛盾无法调和、金融危机的威胁、后现代思潮形形色色的文化解构与重构等,我们正经历着一个多元且断裂的时代,甚至可以说,我们正在面临一种可能的新文明。面对这些日益凸显的时代问题,马克思主义哲学如何彰显出自身的力量,它的生命力如何体现都是当下马克思主义哲学研究所需要着重思考的。这里,对话显然成为缩小马克思主义同当今时代历史间距以释放理论活力的有效途径,而马克思主义"当代化"的现实需要则是研究方式发生对话转向的重要背景和动力。

从当代中国现实来看,中国特色模式的社会实践本身也从根本上推动了对话范式的当代生成。特别是改革开放以来,在思想方面我们打破了马克思主义哲学长久以来封闭、单一和教条化的研究环境,为学术对话的自由开展提供了良好的条件。今天,对话无疑是推动马克思主义哲学"观照"现实,解答中国问题的重要途径,它成为马克思主义哲学"当代在场"与"中国化"的重要环节和逻辑必然。只有持久而有效地开展对话,才能不断促进马克思主义哲学在当代的创新发展,建构中国马克思主义哲学独特的学术图景,从而为本土社会发展提供精神动力和理论支持。随着社会实践的不断发展,马克思主义如何"中国化"、如何才能与时俱进而不至于成为书斋里的理论,就将成为当下理论研究需要解决的重要任务。

当然,一切对话总要在多元对象的参与下才能展开。其中,"西学东渐"就是当下学术对话开展的一个不可忽视的背景。正是在与多元思想文化的激荡和交锋中,众多国内学者有效地推进与丰富了当代马克思主义哲学的研究。在开展马克思主义哲学对话方面,与西方马克思主义学者的"对话"无疑是重要的部分。首先,在研究方法上,西方马克思主义给予了我们诸多有益的启示。西方马克思主义学者们在自己时代的问题域中解读、发展与丰富了马克思，他们打破了以往教条化的、对马克思"圣经般"的解读模式，从而使马克思主义研究真正以开放的姿态面对时代问题。同时，西方马克思主义理论家普遍重视马克思主义哲学与西方哲学的对话，寻求二者的融会贯通以构建马克思主义哲学新的理论生长点。例如，面对资本逻辑主导下的各种社会危机和现实问题，如现代化进程所引发的生态危机、消费社会所带来的物化异化、人们心理结构畸形、精神虚无以及信仰危机等，西方马克思主义学者在吸收西方哲学思想（如存在主义哲学）的基础上，以马克思主义哲学为理论基石给出了自己的回应和解释。他们的马克思主义哲学理论运作不仅给予了现实以理论回应，更促使着马克思思想走进当代。此外，由于我国的现代化进程与西方相差约半个世纪，西方马克思主义的社会批判理论，如科学技术批判、异化劳动批判、消费主义批判、大众文化批判、心理机制批判等所指向的现象有很多正在中国现代化过程中上演，从这一意义上说，西方马克思主义的理论探索不仅为我们提供了研究方法，同时也为我们提供了重要的学术资源和理论参照。可见，广泛而深入地同西方马克思主义的对话是非常必要的。

不仅仅是西方思想资源，中国本土优秀的文化遗产与"兼容并包"的学术氛围也为马克思主义哲学对话视野的拓宽与境界的提升奠定了基础。不可否认，中国哲学与马克思主义哲学从生成背景、治学理路、精神指向到哲学形态，都存在着本质性的差异。但是马克思主义哲学本身作为 20 世纪传入中国的众多思想思潮之一，它的"中国化"绝不单纯是概念上的"在中国"，相反，它深入参与了中国哲学的建构。因为一种理论或思潮在一个国家生根，必然具有其本土文化的特征，任何一种哲学在传播、建构的过程中大都离不开本土思想文化对它的塑造。当代马克思主义哲学的学术图景，无论是研究路径、结构体系还是概念表述无一不是在中国文化氛围中所生成的，因此与中国文化的融合与对话也必然是马克思主义中国化的路径之一。同时，马克思主义哲学与中国哲学在哲学旨趣上的相似，即二者都关注当下人们的现实生活本身，而不诉诸于"形而上"概念体系的建构，使得二者之间的对话进行得更为顺利。可以说，对话是当代马克思主义哲学构建的主要出场路径。

二、对话范式的主要特征

显然,对话范式是马克思主义"当代化"与"中国化"的有效途径,对话范式的理论旨趣并不是把马克思主义哲学作为理论考古对象或是用于解答现实问题的资料库,也不是立足于价值中立原则进行纯粹的马克思文本文献的考据。对话的目标之一是将马克思"带入"当下,而不是一种教条主义的"返回"。因此,对话范式所关注的并不仅仅是马克思说了什么,而且更关注马克思主义在当代的生命力,变化了的时代语境是否构成了对其理论生命力的挑战等问题。其次,对话范式并不是用多元话语简单地"座架"马克思主义哲学,相反,对话范式以实践为基准,在批判、反思、吸收的过程中丰富与发展了马克思思想。应该看到,任何对话都不是单一的问答或个体独白,差异对象的介入使对话在达到共识的同时也往往带来争论,但是,平息争议的标准不是对话的某一方,而是对话所面对的实践本身。因此,当下国内马克思主义哲学在各种差异思想中展开的对话,只有围绕时代问题与中国社会实践才会更有意义。同时,面对内容良莠不齐、立场迥异的对话对象,必须确保马克思主义的引领地位,忽视这一点,马克思主义哲学研究将会偏离方向。

不难发现,在当代中国马克思主义哲学研究中,我们的对话范围和视野正逐渐拓展。这体现在参与对话的对象不仅有马克思主义、西方马克思主义、后马克思主义等,现当代西方哲学、中国传统文化也参与其中。除此之外,经济学、法学、历史、文学和政治学等众多学科和部门哲学也加入了对话行列。当代学者们按照问题、人物和著作等形式进行专题分析与比较研究。具体而言,在对西方马克思主义的对话与解读中,学者们不仅对古典西方马克思主义的人物、各种思潮流派进行了思想线索和历史演变的梳理(如以卢卡奇等为代表的早期人物、法兰克福学派等),同时,结合当代中国社会发展的实际情况,对于国际学术界的最新发展动向,学界同样给予热烈的讨论和紧密追踪,这包括对于哈贝马斯、詹姆逊和布迪厄的现代性与后代性问题的争论;对于 20 世纪

70年代流行于英美的分析主义的马克思主义、生态学的马克思主义、女权主义马克思主义以及齐泽克、布洛威等思想人物的介绍和研究；此外对于列斐伏尔、大卫·哈维、索贾等人空间理论我们也给予了一定程度的关注。

其次，对话的程度和水平日益深化并提升。这表现在我们的对话已经不仅仅停留于对国外学术热点、理论前沿和学术著述进行简单的综述、翻译与介绍，而是更关注内在的逻辑线索、历史演变、合理性程度、理论史地位和意义等问题的研究和思考，在批判吸收与综合创新的基础上进行具有中国特色的原创性哲学的建构，这一点在与西方马克思主义哲学的对话研究中尤为明显。20世纪80年代，对于西方马克思主义，学界主要是在总体批判基调下进行一些有选择性的原著翻译和综述。自90年代开始，国内学界研究在合理批判和科学吸收的基础上转向了理论逻辑的把握。2000年前后，西方马克思主义研究已经不仅仅局限于"西方马克思主义"本身，而是开始了其与"后马克思主义"以及"晚期马克思主义"的比较性研究。同时，在思想内容与理论逻辑的把握上，国内学界也做得更为系统和详细，出现了专门的著作和教材。尤其值得一提，这个时期的西方马克思主义研究开始走出理论"象牙塔"，具有了强烈的现实关怀色彩。学界对于贴近时代主题和中国现实的思想理论给予了特别关注。最后还应指出，这一时期开展的对话并不局限于各种思想理论本身，也包括在理论与现实之间对话、在不同研究范式（教科书范式、马克思主义哲学史范式、文本文献学范式以及出场学范式等等）之间展开有效对话。唯有深层次、多角度的对话，才能将对话推向深处，从而真正达到我们在马克思主义哲学研究中进行范式创新的意图和效果。

三、2011年国内马克思主义哲学对话范式状况

2011年，对话范式作为国内马克思主义哲学研究的一个方法，继续多样化、深层次地展开，具体而言如下。

1. 多元对话视野的开拓

在对话对象和范围的选择上,许多研究者都力求做到多元而广泛。无论是西方哲学、中国哲学,还是政治哲学等都成为马克思主义哲学的对话对象。但是从总体来看,西方哲学往往成为首选的、热点性对话对象。这不仅由于马克思主义哲学与西方哲学有着天然的"亲缘性",更因为西方哲学独特的问题兴趣和操作路径对马克思主义哲学发展的巨大影响。

在开展马克思主义哲学与西方哲学对话的过程中,以复旦大学为代表的从生存论的角度对马克思主义哲学的解读与讨论独具特色,以西方哲学特别是以海德格尔哲学理解马克思主义哲学的路径受到广泛关注。从生存论角度阐发马克思主义哲学的当代意义是一些学者长期以来坚持的学术焦点。在他们看来,"马克思在哲学上所实现的革命性变革首先是——存在论(ontology,或译本体论)性质的。"[1] "就马克思而言,超感性世界神话的破产以及由此产生的'历史科学'都是从其深刻的存在论革命发源的。"[2] 这种理解试图揭示马克思主义哲学变革的存在论根源和意义。

在这种对于马克思的生存论解读中,德国古典哲学、海德格尔哲学以及现当代哲学构成了对于该种解读马克思思想的显性支援。可以说,德国古典哲学与当代西方哲学一直以来都是复旦大学马克思主义哲学研究的重要理论基础,其中,康德、黑格尔以及费尔巴哈都是焦点性的对话人物。对此,学者们相继撰写多篇论著讨论马克思与康德、黑格尔的关系,旨在澄清对于马克思主义哲学本质问题认识上的一系列误解。有学者尖锐地指出,国内学界在叙述马克思主义哲学思想来源和本质时存在着一个"权威性"理解,即将马克思主义哲学看做是黑格尔辩证法的"合理内核"加上费尔巴哈唯物主义的"基本内核",但是,这种"权

---

[1] 吴晓明:《马克思的存在论革命与超感性世界神话学的破产》,《江苏社会科学》2009年第6期。

[2] 吴晓明:《马克思的存在论革命与超感性世界神话学的破产》,《江苏社会科学》2009年第6期。

威"理解是不符合历史现实的。在根本上看,马克思方法论确实主要来自黑格尔辩证法,但辩证法的载体并不是费尔巴哈而是康德。不仅"马克思从康德实践理性中剥离出实践概念,赋予它以新的含义,并在这一概念的基础上创立了实践唯物主义",① 同时马克思的自由概念与物质生产概念也都来自康德,"总之康德是通向马克思的桥梁"。② 在2011年,俞吾金教授撰写了《马克思对黑格尔的方法论的改造与启示》等论文继续了这一主题的对话讨论。在德国古典哲学的视域中解读马克思思想,并不只是为了回到马克思或是康德,对于现实问题的关注并没有淡出学者们的视野。事实上,对于社会现实问题的高度关注恰恰是沟通马克思与黑格尔对话的桥梁,也是我们当代学术研究的目的之一。"马克思与黑格尔哲学的关系,无论是肯定性的联系还是否定性的联系,都是从这一根本之点起源的,都是围绕社会现实的真正发现而开显出来的。正是通过对主观思想的全面批判,黑格尔把深入社会现实的要求当做一项根本的哲学任务揭示出来了。就此而言,马克思乃是黑格尔这一哲学遗产的真正继承人;也正是因为如此,在社会现实这个主题上,恢复并重建黑格尔与马克思思想之间的内在联系,就成为一项紧要的哲学任务。"③可见,社会现实一直是马克思主义哲学关注的主题,那么这一主题在当代如何彰显呢,显然持久而开放的对话是马克思主义哲学走进当代的途径之一,正是从这一意义来看,马克思与海德格尔的对话也很必要,因为"在这种对话中形成的永远不是结论,而是某种揭示的'作为',它使在形而上学视界中被全然遮蔽的东西得以显现出来"④围绕马克思主义哲学的生存论解读模式,不仅仅德国古典哲学和海德格尔哲学,当代哲学思想也进入了这些学者们的对话视野。对此,吴晓明说:"广泛而批判性的对话应该深入于存在论的根基处,以便使一种寻根究底的阐释

---

① 俞吾金:《康德是通向马克思的桥梁》,《复旦学报(社会科学版)》2009年第4期。
② 俞吾金:《康德是通向马克思的桥梁》,《复旦学报(社会科学版)》2009年第4期。
③ 吴晓明:《立足社会现实,阐扬马克思哲学的当代意义——访吴晓明教授》,《哲学动态》2011年第1期。
④ 吴晓明:《立足社会现实,阐扬马克思哲学的当代意义——访吴晓明教授》,《哲学动态》2011年第1期。

能够通达马克思哲学之当代意义的敞开状态。"① "真正当代性质的思想只有在不断的重新开启中才能保持其本己的意义;而此种不断的重新开启恰恰居留于与当代思想之切近的对话中。马克思哲学具有且能够具有进入此种对话的开放性特征,并藉此彰显其当代意义。"②

可见,马克思哲学的当代视域和当代意义不是现成地被给予,而是在不断的"对话"和"追问"中生成。从生存论的角度对马克思主义哲学解读过程中,学者们紧紧抓住马克思主义哲学同近现代西方生存论哲学、特别是海德尔格哲学在理论旨趣上的相同点,即二者都是对传统形而上学的反叛和颠覆,使客体论的哲学走向了主体论的哲学,架构了二者对话的桥梁,从而使生存论解读模式以其强烈的人文关怀"直击"当代人类生存境遇。当然,我们也不应该忽视,尽管马克思主义哲学和西方生存论哲学都可以看成是"属人"的哲学,但二者还是存在着本质差别。在沟通二者对话过程中,要在"存异"的基础上"求同",任何忽视差异性的对话,最终都将丧失理论的持久性和鲜活力。

除了开展马克思主义与西方哲学对话,近年来马克思主义哲学与经济哲学、社会哲学等部门对话氛围的营造亦是马哲界研究的焦点之一。一些学者指出,实现马克思主义哲学与经济学、社会学等学科的对话对于当下中国社会发展有着重要的意义和价值。"在当代中国,只有实现哲学与经济学的结合,才能既避免经济研究中的片面化,也有利于破解'中国问题'。"③ 推动马克思主义哲学与经济学的积极对话、互动是马克思理论的本性使然,因为"在马克思那里,哲学与经济学不是'非此即彼',而是'你中有我,我中有你'。马克思给我们开辟出一条哲学与经济学彼此理解和互动的道路,这就是:哲学的'问题'本性内在要求从经济问题中寻求实现,而经济问题只有提升到哲学高度才能揭示其本

---

① 吴晓明:《立足社会现实,阐扬马克思哲学的当代意义——访吴晓明教授》,《哲学动态》2011年第1期。
② 吴晓明:《立足社会现实,阐扬马克思哲学的当代意义——访吴晓明教授》,《哲学动态》2011年第1期。
③ 韩庆祥:《经济学中的哲学与哲学中的经济学——追寻马克思开辟的经济哲学道路》,《社会科学战线》2011年第7期。

质并找到根本性的解决路径"①。在开展与经济学、社会学的对话上，以上海财经大学、南京大学为代表的学者们对此作出了有益探索。他们以马克思主义哲学为学科依托和方法论指导，批判地继承了当代中国及近现代西方社会理论流派的理论成果，在研究中国现代化进程中重大现实问题的同时，努力建构具有中国特色的马克思主义经济哲学、社会哲学的理论体系，并在近年取得了丰硕的学术成果。其中较具代表性的有唐正东教授的《斯密到马克思——经济哲学方法的历史性诠释》，近年来由张雄教授与鲁品越教授主编的《中国经济哲学评论》系列专辑的出版，对于当代马克思主义经济哲学研究的推进无疑具有举足轻重的作用与地位。

2. 理论与现实的"对话"

事实上，无论是对话对象与范围的拓宽，还是对话模式与路径的多样化，都从本质上有利于多元对话的生成。但是，对话唯有植根于实践、紧密联系现实才不会流于"空谈"，才可能真正做到多元化与深度化。正是充分注意到这一点，近年来国内学界掀起了强烈的马克思主义政治哲学研究热潮。应该看到，政治哲学在马克思主义哲学研究中的兴起是当下中国社会现实问题积极"作用"的结果。众所周知，改革开放以来，我们在大力推行经济体制改革的同时也在大力进行政治体制改革。社会的发展不仅仅在于人民物质生活水平的提高，而是也在于社会民主、法治、公平和正义的建构，公民各项权利能够得到有力保障。正是这些现实政治问题迫切需要理论的回应和指导，所以政治哲学迅速成为马克思主义哲学新的对话焦点。当前国内学界在开展二者对话时，大体上围绕以下问题而展开：马克思主义有无政治哲学？如果马克思主义能够生发政治哲学，那么当代形态的马克思主义政治哲学应该怎样建构？它与历史唯物主义的关系是什么？马克思主义政治哲学是一种纯粹的学术议题还是也指向现实本身？当然，由于政治哲学的学术兴趣本身

---

① 韩庆祥：《经济学中的哲学与哲学中的经济学——追寻马克思开辟的经济哲学道路》，《社会科学战线》2011 年第 7 期。

缘起于西方学界,所以西方政治哲学思想,特别是近现代如罗尔斯、哈贝马斯以及列奥·斯特劳斯等学者的政治思想也成为重要的对话对象。而面对中国现实语境,对话的现实维度往往落脚于社会伦理、普世价值、社会正义与公平、自由、公共理性与权利等当下焦点性的社会政治问题。2011年,国内学界在开展马克思主义政治哲学对话上如火如荼地展开,学者们发表了很多具有影响力的文章,其中王晓升发表了《权力关系视域中的社会图景——历史唯物主义微观解释模型初探》、《强意识形态、弱意识形态与理性共识——从哈贝马斯公共领域理论看意识形态斗争策略》、蒋志红、张廷国学者专门就马克思的正义观给予了探讨。[①] 此外,陈学明教授撰写了《马克思的公平观与社会主义经济市场》、《从马克思的公平观看两极分化之根源》等一系列论文进行了相关问题研究。李佃来教授也相继发表了《马克思与"正义":一个在思考》、《论哈贝马斯的世界市民社会理论》、《政治哲学与美国马克思主义的理论进展——美国马克思主义前言追踪》(《海外人文社会科学发展年度报告2011》)、《美国马克思主义政治哲学的两种理论向度》等论文进行了相关政治哲学的讨论。除此之外,还有系列文章对马克思主义政治哲学进行了探讨,这些探讨虽然从理论出发,但是其最终旨趣都是指向现实生活,这也是理论研究的意义之所在。

在当下国内学界正在广泛进行的对话中,我们能够强烈地感觉到"问题意识"和"时代精神",学者们的理论研究不再是"象牙塔"内的纯粹"为学问而学问",而是希望理论能够回应并解答由现实所提出的问题。事实上,"关注现实"长久以来都是国内马克思主义哲学研究的宗旨,许多学者的理论研究都是对当下所发生的重大现实问题的回应和解答。以衣俊卿教授为代表的文化哲学和日常生活批判直接回应了当下中国正广泛经历的现代化进程的文化转型与冲突问题。他指出,现代性在中国社会的生成正遭遇顽强的文化阻力,这种阻力主要来自于中国传统农业文明孕育的一种自然性、经验性和人情化的文化模式以及异常

---

① 详见蒋志红、张廷国:《论马克思正义观的基本主张》,《哲学动态》2011年第8期。

发达的传统日常生活世界。① 这种封闭、单一的文化图式和发达的日常生活世界严重阻碍了以理性为特征的现代性在中国社会扎根。因此衣俊卿教授认为，必须建立新的文化精神和文化模式以适应现代化进程，这包括科学理性、自主创新和契约性文化模式的建立。2011 年前后，衣俊卿教授的《马克思主义研究必须直面人类重大问题》、《中国文化建设的国际视野——兼论文化自觉》、《历史唯物主义与当代社会历史现实》等文章的发表继续着对中国现实问题的理论关注。

此外，针对当前全球化日益凸显的环境问题，国内以陈学明教授、王雨辰教授等为代表的学者们开始的生态学马克思主义研究就是对这一现实的回应。生态学马克思主义对当下我国建设生态文明有着重要的借鉴意义和启示。不同于其他环境理论，生态学马克思主义并不局限于人与自然的层面来看待当下日益严重的环境危机，而是更多地立足人与人关系来理解人与自然的危机。他们指出，生态问题很大程度上是由人与人的危机关系所引发的，甚至社会制度的偏差。当代人往往以"占有"和"掠夺"的姿态去面对自然，所以才导致了日益紧张的人与自然关系。要改变人与自然的危机首先应该改变这种"占有"的生存方式，建立一种"存在"的生活方式，即以主动性、创造性和爱而不是对他物的占有来表现。除了环境问题，在 2011 年，学者们关注的现实问题还包括社会公平公正问题。在《马克思主义哲学对处于改革开放新起点上的中国的现实意义》的论文中，陈学明教授指出，当今中国两极分化的日益严重、对生态环境的破坏日益扩大以及人类日益沦为"单向度"的消费机器矛盾严重阻碍了中国改革开放事业的继续前进。面对这些严峻的社会矛盾，尽管各种文化思潮都提供了认识与解决问题的思想资源，但是"马克思主义哲学仍然是当今中国人民认识认识和解决这些矛盾的主要思想武器。马克思主义哲学对处于改革开放新起点上的中国有着不可估量的、其他任何思潮都不能替代的现实意义"②。针对以上这些社会矛盾，马克思的公平理论、生态世界观以及人的全面自由发展理论都蕴含

---

① 详见衣俊卿：《论中国现代化的文化阻力》，《学术月刊》2006 年第 38 卷 1 月号。
② 陈学明：《马克思主义哲学对处于改革开放新起点上的中国的现实意义》，《复旦学报》（社会科学版）2011 年第 6 期。

着巨大的理论解释力和实践规划力。值得一提的是，苏州大学在开展与现实对话上也颇具特色，他们对当前中国社会的城市化、资本统治、空间生产等现实问题进行了批判性研究，形成了以城市与空间哲学为主要内容与马克思哲学的对话模式，从空间与资本的角度进行着对《资本论》的当代解读。

3. "对话"在研究范式之间的生成

我们看到，现实问题确实是促使当前国内学者纷纷转向对话范式的动力。但是，从马克思主义哲学研究发展历程来看，对话范式在当下中国学界的崛起与学者们对教科书研究范式的反思与批判密不可分。众所周知，在马克思主义研究中教科书范式长久以来占据主导性支配地位，甚至成为教条主义的代名词。对此一些学者指出，教科书在世界观和哲学基本问题等方面远没有达到马克思主义哲学所应有的高度，因此在马克思主义研究中对教科书的固守就会导致教条主义的盛行。正是由于教科书研究范式在变化了的现实语境中不断暴露问题与不足，更多新的研究范式"呼之欲出"。而围绕对传统教科书的反思，国内马克思哲学研究范式本身之间的对话才被真正拉开，这种研究范式自身之间的对话对于马克思主义哲学研究的深化发展而言无疑具有重要意义。事实上，对于教科书体系完全支持或批判都是一种非理性的治学态度，在马克思主义哲学研究中既要看到教科书体系所曾起到积极作用，也要认识到它存在的问题。但是，不管围绕教科书范式的争论究竟产生了多少对立和矛盾，这种争论本身都是马克思主义哲学研究"方法论"意识觉醒的一种标志，因而它所带来的推动意义将毋庸置疑。在2011年，以对教科书研究范式的反思为起点，国内学术界尤为关注开展研究范式本身之间的对话。其中，针对马克思主义中国化研究范式学者们展开了热烈讨论。例如，汪信砚教授撰写了《马克思主义中国化的丰富内涵》等文，赵士发教授发表了《马克思主义中国化研究范式的新视野和问题域》，李佃来教授撰写了《论马克思主义哲学中国化研究范式方法论的两个问题》、《马克思主义哲学中国化研究范式中的"中国问题意识"》等论文。这些论文的发表代表了马克思主义"中国化"理论研究范式的最新动向和成果，同时也是学术界在各种研究范式中开展对话的一个良好的开始。

综上，对话范式打破了马克思主义哲学研究中长久以来存在的僵化、教条、封闭的学术局面，开创了多元、灵活、创新的学术氛围，当然这主要归功于对话研究范式本身所具有的自由、开放与灵活的特性。但是，任何理论只有置身于现实才能焕发活力，这要求我们必须不断推进马克思主义哲学"中国化"，建构与中国现实休戚相关的马克思主义哲学研究。众所周知，中国正处于现代化建设的关键时期，社会发展在取得巨大成就的同时也遭遇诸多困难。如何在社会深刻转型过程中解决发展难题并找到解决出路，是当代马克思主义哲学研究的重要工作。而对话范式彰显出来的强烈现实性与问题意识，将会带动本土理论研究从抽象的"云端"下降到具体的"现实"，为中国现实发展提供精神动力和智力支持。

不仅如此，对话范式的生成对于打破中、西、马之间的学科壁垒具有积极作用。对此，赵敦华教授提出了"大哲学"的哲学理念。他认为当代中国学界应该从更为广泛的意义上来理解中国哲学，中国哲学应该是"指在现代中国发生的、或用现代汉语写作的一切哲学形态"①。他指出，传统意义上的中国哲学在当代已经不复存在了，当代中国哲学的建构显然已经无法排除西方文化思想以及马克思主义哲学的影响，毋宁说它就是各种思想文化交流贯通的结果。这里，对话为中、西、马三家哲学的融会贯通提供了平台，正是借助这一平台的建构，当代中国新哲学也才得以生成。建构广泛意义上的真正观照中国社会现实、使当代中国人得以"安身立命"的中国新哲学，是学者们开展当下马克思主义对话范式的终极旨归和美好愿景。当然，在全球化的背景下，仅仅关照中国现实发展还不够，我们还需要置身于全球发展语境，使普遍的"世界问题"能够听到特殊的"中国解答"之回声，针对这一问题，衣俊卿教授指出，当下马克思主义哲学研究一项重要任务就是拓宽视野，形成"中国向度"与"世界向度"紧密结合的学术视野。② 所谓"中国向度"是

---

① 赵敦华：《回到思想的本源——中西哲学与马克思哲学的对话》，北京：北京师范大学出版社，2006年版，第436页。
② 衣俊卿：《探索马克思主义中国化研究的一个新向度》，《哲学研究》2008年第12期。

指"把马克思主义基本原理同中国的实际相结合,用以指导中国实践,并获得理论上的创新成果"①。所谓"世界向度"是指"要在全球化语境和和世界视野中审视马克思主义同中国实际的结合问题,并强调中国经验的开放价值和中国形态的马克思主义理论在世界马克思主义研究中的话语权"②。"中国向度"与"世界向度"的双重开启落实到具体的对话层面,就需要我们"不仅要坚持马克思恩格斯的经典马克思主义理论同中国实际的对话,而且必须建立起中国特色社会主义理论与同时代世界上各种有影响的马克思主义的和非马克思主义的社会历史的直接的和积极的对话,这样才能确保马克思主义与时俱进的理论品格、宽广的理论视野和现时代的理论价值"③。

尽管对话范式为马克思主义哲学研究以及中国当代新哲学带来了新的气象和可能,但是我们也应该注意到,对话范式并非是唯一有效的研究路径,作为马克思主义哲学研究众多范式中的一种,只有与其他研究范式形成互动互补:如"教科书与原理"范式、"马克思主义哲学史研究"范式、"反思的问题学"范式、"马克思主义中国化"范式等,形成多元研究范式的"同生并存",才能把握马克思主义哲学的整体形象,更好地彰显马克思思想的生命力。

(作者车玉玲系苏州大学政治与公共管理学院哲学系教授、博士生导师;袁蓓系苏州大学政治与公共管理院硕士研究生)

---

① 衣俊卿:《探索马克思主义中国化研究的一个新向度》,《哲学研究》2008 年第 12 期。
② 衣俊卿:《探索马克思主义中国化研究的一个新向度》,《哲学研究》2008 年第 12 期。
③ 衣俊卿:《探索马克思主义中国化研究的一个新向度》,《哲学研究》2008 年第 12 期。

"反思的问题学"研究范式研究综述

温 波

马克思指出,任何真正的哲学都是自己时代的精神上的精华。而哲学要成为这样的精华,就必须研究和回答时代的问题。这些问题是时代的声音、体系的根据、创新的源泉。如果离开"问题意识",就背离了马克思主义哲学的本意和实质。因此,作为马克思主义哲学"反思的问题学"研究范式,就是通过反思和解答新全球化时代带来的种种问题对马克思主义哲学在场性的当代挑战,开展马克思主义哲学研究,丰富和发展马克思主义哲学。由此,对当代中国马克思主义哲学来说,应该关注和研究新全球化对当代中国带来的时代重大问题,并对这些问题予以解答,以此不断推进当代中国马克思主义哲学研究的创新。

一、"反思的问题学"视域中的中国时代重大问题

当代中国马克思主义是与中国实际相结合、解决中国问题的马克思主义,是中国共产党人运用马克思主义基本立场、观点、方法思考和解决当代中国问题而提出的我们中国自己的创新理论。[①] 因此,对当代中国马克思主义哲学来说,必须准确捕捉和解答"中国问题",这是当代中国马克思主义哲学的价值所在。

对"中国问题",当代学者对此有不同的观点和看法。冯平认为,

[①] 韩庆祥:《深化当代中国马克思主义研究的基本路径》,《理论视野》2011年第2期,第13页。

所谓中国问题,是指困扰当今中国人生活和中国社会发展的重大难题。[①] 韩庆祥等则指出,所谓中国问题主要是指长期制约中国社会发展和中国人发展的根本问题和关键因素。[②] 张曙光则认为中国问题是产生于现实而又进入并表现在思想理论上的,是现实的又是理论的问题;或者说,中国问题就是相对于特定的观念和理论设定而存在的问题。[③] 汪业周认为,"中国问题"就是立足当代中国历史方位,属于中国特有的、普遍存在的、影响中国发展命运的根本性问题。[④] 也有学者从全球化背景出发界定中国问题,把中国现代化实践的全部内容和问题归结为使中国自立于世界。[⑤] 还有学者认为从发生学和本体论的意义上来说,中国问题首先是"人"的问题,"以人为本"就是指以实现最广大人民的根本利益为本,以实现中华民族伟大复兴为本,是中国问题域的核心。[⑥]

尽管对"中国问题"有多种观点与看法,但有一点不能否认的是,"中国问题"不能脱离中国的实际,也不能脱离当代中国时代的需要。据此,我们认为,"中国问题"应该是影响当代中国社会发展与中国人生活的根本性问题。而问题的时代性是其显著的特点。马克思曾认为:"问题就是公开的、无畏的、左右一切个人的时代声音。问题是时代的格言,是表现时代自己内心状态的最实际的呼声。"[⑦] 今天我们生活在一个全球化的时代,马克思主义哲学应当在全球化的背景中并在对全球性的问题的解答中获得时代性发展。同样,当代"中国问题"也是植根于特定的时代和历史方位。这就要求当代中国马克思主义哲学应考察和分析中国的当前现实,从中提升出具有时代性和普遍性的哲学问题,并通过对这些问题的创造性回答,凝炼时代精神、把握时代走向、解答时代课题,指导中国的当

---

① 冯平:《面向中国问题的哲学》,《中国社会科学》2006 年第 6 期,第 48 页。
② 韩庆祥:《马克思主义哲学视阈中的"中国问题"》,《社会科学战线》2008 年第 11 期,第 29 页。
③ 张曙光:《中国:问题、经验与理论》,《学术研究》2009 年第 1 期,第 17 页。
④ 汪业周、韩璞庚:《马克思主义中国化研究范式的基本维度与内在逻辑》,《福建论坛·人文社会科学版》2010 年第 10 期,第 75 页。
⑤ 朱红文:《哲学研究的中国语境、中国问题》,《哲学动态》1999 年第 2 期,第 32 页。
⑥ 尹占文等:《马克思主义关联中国问题的三重维度》,《社会科学研究》2011 年第 5 期,第 62 页。
⑦ 《马克思恩格斯全集》第 1 卷,北京:人民出版社,1995 年版,第 219—220 页。

前实践，推进中国的马克思主义哲学研究与世界的发展同步。

当代中国马克思主义哲学"反思的问题学"视域中的中国时代重大问题有哪些？如何又准确去捕捉这些重大时代问题？这是这一研究范式面临的首要的基本的问题。从"反思的问题学"视域出发，当代马克思主义必须解答新的全球化问题。深刻反思以知识经济为主导的新全球化时代对全球生产方式的深刻变革、知识资本化成为全球主宰、重写现代性、全球格局变化、多元文化冲突等对马克思主义哲学在场性的当代挑战，应当成为当代马克思主义哲学出场的主要场域。[①] 面对世界经济全球化、政治多极化和文化多元化趋势，当代中国马克思主义哲学研究必须转向对人类普遍关注的重大理论与实践问题的研究。从横向上看，需要关注当代中国如何借鉴发达国家经验、实现跨越式发展、赶超发达国家的问题；从纵向上看，需要关注当代中国所处的历史方位的独特性问题以及不断提高人民生活水平与质量的民生问题。另外，还需要反思一定时期需要中国人着重加以关注和解决的根本问题。

要准确捕捉当代中国重大时代问题，需要遵循历史辩证法，经由具体到抽象的理论分析和概括提炼。具体可以从历史演变、社会现实和创新思维三个方面去把握。从近代以来中国历史演变的轨迹看，在不同历史时期都会面临许多亟待解决的重大问题，马克思主义就是在不断地解决历史提出的重大时代问题中得到进一步发展的。从当代中国社会现实来看，要坚持面向实践，深入现实，在中国实践中关注中国时代重大问题，着眼研究我们所面临的感性的实践生活与现实人的生活世界，研究当代中国实践与现实的本质联系和规律。特别关注和研究那些属于中国特有的、普遍存在的、影响中国发展命运的根本性问题。最后，在立足中国历史文化和现实社会的基础上，创新思维，提出解答中国时代重大问题的新方法，提出解决中国时代重大问题的新思路，才能不断丰富和发展当代中国马克思主义。

当代中国马克思主义哲学对中国时代重大问题的反思，应着重研究

---

① 任平：《当代中国马克思主义哲学研究范式的创新与转换》，《哲学研究》2012 年第 3 期，第 20 页。

这样几个方面的问题：一是要紧紧把握时代重大问题的历史语境。按照语境论的观点，要理解人类行为及其意义，就必须研究它的"语境"——人类行为得以展开的社会政治和历史条件。① 任何时代问题都有其产生的社会政治和历史条件，把握这些社会政治和历史条件，有利于马克思主义哲学对其的解答。二是研究当代中国马克思主义哲学是如何通过解决这些时代重大问题而在场的。任何时代重大问题对马克思主义哲学具有多方面的挑战性。面对这一挑战，当代中国马克思主义哲学必须重新发现和界划时代的问题域，重新选择时代提问方式，并对这些时代重大问题予以解答，这是当代中国马克思主义哲学在场的主要方式。因此，把握当代中国马克思主义哲学是如何通过解决时代重大问题而在场对推动马克思主义哲学发展具有重要意义。三是研究如何将"问题中的哲学"上升为"哲学中的问题"。"反思的问题学"因涉及多学科知识，其多学科知识的特点使问题解答在转化为"学"的过程中，可能大多没有上升到哲学反思的高度。"问题"在思考的头脑中发生中途"短路"，没有上升为"哲学中的问题"，而是在具体科学的层次上回到实践。② 这就需要在研究中通过鲜活的实践问题研究而创新理论，从而不断把现实问题转换为理论问题，进而上升到"哲学中的问题"。

二、2011 年学术界对中国时代重大问题的反思

2011 年学术界对中国时代问题的反思主要集中在中国道路、文化自觉、社会公正、政治现代性等方面。

（一）对"中国道路"问题的反思

对"中国道路"问题的研究起源于前几年对中国模式的讨论。改革开放三十多年中国社会发展的巨大成就，特别是创造的世罕其匹的

---

① 魏屹东：《语境论的科学研究纲领方法论》，《人文杂志》2009 年第 4 期，第 50 页。
② 任平：《当代中国马克思主义哲学研究范式的创新与转换》，《哲学研究》2012 年第 3 期，第 20 页。

经济奇迹,引起了全世界的关注和热议。国内外学者在探索和解答这一现代"中国之谜"时,对中国的经验或称之为"北京共识",或称之为"中国模式",更多的国内学者赞成叫"中国道路"。近年来,"中国道路"这一表述已静悄悄地取代了另一个看起来容易激起所谓"中国威胁论"或"中国崩溃论"式的想象的称谓——中国模式。①2011年胡锦涛总书记在"七一"讲话中,对我们党90年的奋斗历程和取得的成就概括为开辟了中国特色社会主义道路、形成了中国特色社会主义理论体系、确立了中国特色社会主义制度。这重又引起了学界对"中国道路"的深入反思,2011年对"中国道路"的研究主要从以下几个方面展开。

1. "中国道路"的内涵与特征

有学者认为"中国道路"有广义狭义之分,广义的"中国道路",既包括中国的革命道路,也包括社会主义革命和建设的道路,还包括社会主义现代化建设的道路。狭义的"中国道路",就是特指中国特色社会主义道路。②类似的看法如还有认为中国共产党领导中国革命、建设和改革的三个30年中,大致经历了农村包围城市、武装夺取政权的革命道路,依靠群众运动和生产关系变革的赶超道路,中国特色社会主义道路,三条道路的变迁兴替。③不少学者倾向狭义的"中国道路",如有学者认为"就实质来说,中国道路恰恰就是中国特色社会主义道路",④"中国道路,就是在我国改革开放新时期逐步形成并不断拓展的中国特色社会主义道路",⑤"中国道路是中国人对30年社会主义改革经

---

① 邹诗鹏:《中国道路与世界历史逻辑的重述》,《中国社会科学报》2011年8月30日。
② 逄锦聚:《中国道路的客观性》,《人民日报》2011年8月2日。李慎明在《"中国道路"的六个内涵》(《科学咨询》2011年第4期)一文中也持相同的观点。
③ 邱巍:《中国共产党与"中国道路"的三个30年》,《中共浙江省委党校学报》2011年第4期,第37页。陈家兴也持相同的观点,陈家兴:《"中国道路"凝聚价值共识》,《人民日报》2011年7月1日。
④ 徐崇温:《中国道路在坚持社会主义制度中创新和发展了科学社会主义》,《红旗文稿》2011年第24期,第8页。
⑤ 包心鉴:《中国道路:中国特色社会主义的鲜明体现》,《人民日报》2011年1月11日。

验的概括总结"①，等等。

已有学者开始界定"中国道路"的内涵。杨明等认为，"中国道路"，总体而言，这是一条超越于传统社会主义发展模式（如苏联），与西方资本主义以及其他发展模式（如东亚、拉美）有着本质差别，并能最终实现社会主义中国现代化和中华民族伟大复兴的崭新道路②。胡鞍钢等未单纯从某一学科进行论述，他们尝试把自然科学与社会科学知识结合起来，把文、史、哲、政、经、法等学科知识结合起来，从社会主义民主政治、社会主义市场经济、人民社会建设、社会主义新文化四个角度，清晰概括了中国道路的丰富内涵。③ 另外，甘阳提出的"中国道路是儒家社会主义"④，虽然不一定全面准确，但毕竟也是另一种尝试。

"中国道路"究竟具有什么样的特征？胡鞍钢认为，"中国道路"具有四个方面的特征和优势：共同富裕、绿色现代化、和平发展、我们的道路是正义的道路。⑤ 包心鉴则认为，中国特色社会主义道路，是中国特色社会主义经济、政治、文化、社会等方面的建设进程及其有机统一，其经济、政治、文化、社会等方面各自呈现出其固有的特征，它们相互协调、整体推进，使中国特色社会主义道路越走越宽广。⑥

2. "中国道路"成功的原因及价值

学者们首先将"中国道路"成功的原因归结于中国共产党。如伍杰认为，中国共产党在本来没有路的绝境中开辟出前所未有的中国道路，使中华文明在几乎穷途末路之际绝处逢生，为再造一个辉煌灿烂、继往开来的新文明开辟了道路。⑦

---

① 程伟礼：《"中国道路"向"中国模式"的演进具有历史必然性》，《党政干部学刊》2011年第2期，第6页。
② 杨明、张伟：《中国道路与社会主义核心价值体系》，《道德与文明》2011年第3期，第28页。
③ 胡鞍钢、王韶光、周建明、韩海毓著：《人间正道》，北京：中国人民大学出版社，2011年7月版。
④ 甘阳：《中国道路还是中国模式？》，《文化纵横》2011年第5期。
⑤ 胡鞍钢：《书香中国——中国道路的四个优越性》，《人民论坛》2011年第16期。
⑥ 包心鉴：《中国道路：中国特色社会主义的鲜明体现》，《人民日报》2011年1月11日。
⑦ 伍杰：《中国共产党与中国道路》，《红旗文稿》2011年第18期，第9—12页。

闫志民则指出"中国道路"是由于中国共产党选择马克思主义作为解决中国问题的理论武器；找到了用马克思主义解决中国问题的根本方法；开创出了中国特色的革命和建设道路。① 韩毓海则认为，"中国道路"的开创，就在于中国共产党超越了中国传统文明，超越了包括马克思主义在内的西方现代民主理论，超越了现代世界旷日持久的不合理、不公正的局面。②

有学者认为，中国道路的成功，除了得益于中国改革开放的一些政治主张和经济措施外，还得益于对中外文化的包容与超越。这种包容与超越注意到了资本主义和社会主义差异中的互补性和普适价值，尊重各国在多元文化背景下的自主选择发展道路。③ 李炳毅等认为，"中国道路"对中国国革命、建设和发展提供了积极的帮扶作用，这主要得益于其"三大内核"，即因地制宜、因时制宜与民富国强。④ 孙力则将"中国道路"成功归结于制度创新。⑤ 还有学者将中国发展道路取得成功的理论依据归结于马克思关于社会形态的理论。⑥

"中国道路"的价值不容忽视。张树华从政治的角度分析了"中国道路"的价值。他认为"中国道路"的政治优势就在四个坚持，这也是中国成功的"政治密码"。⑦ 他还认为，中国正确的政治发展道路超越了西方单一的"西化—民主化—私有化—自由化"的政治框架，有效地吸纳了经济转型和社会调整的张力，有效地防范了一些国家出现的民族分裂和地区分离势力，实现了香港、澳门的顺利回归，维护了国家的统一和领土完整。⑧ 这正是中国政治发展的思想价值所在。包心鉴则认为，中国道路的价值和意义在于赋予马克思主义以旺盛活力。他认为：中国

---

① 闫志民：《中国共产党与中国道路的选择》，《红旗文稿》2011年第13期。
② 韩毓海：《中国道路与中国共产党》，《文化纵横》2011年第4期。
③ 唐国琪：《"中国道路"是对中外文化的包容与超越》，《山西高等学校社会科学学报》2011年第2期，第13页。
④ 李炳毅、岳晓方、李贞源：《三大内核支撑中国道路》，《兰州大学学报》2011年第4期，第14页。
⑤ 孙力：《制度创新：中国道路的核心机制》，《江苏行政学院学报》2011年第5期。
⑥ 俞吾金：《社会形态理论与中国发展道路》，《上海师范大学学报》2011年第2期。
⑦ 张树华：《中国道路的政治优势与思想价值》，《红旗文稿》2011年第1期，第7页。
⑧ 张树华：《中国道路的政治优势与思想价值》，《红旗文稿》2011年第1期，第8页。

革命的正确道路和中国特色社会主义道路的形成,集中体现了中国共产党人实事求是的思想路线,集中展示了马克思主义与时俱进的理论品格。①

3. 中国道路与价值体系

李景源认为,中国发展道路成为发达国家和发展中国家共同关注的中心。核心价值体系是一个国家及其发展道路的根本理念,从价值体系人手研究发展道路或发展模式是理有固然。② 对此,欧阳康也认为中国道路可以从各种角度来探讨,而核心价值体系构建是中国社会发展中的核心内容,也应当是研究中国道路的重要视角。③ 欧阳康认为当前中国社会发展中价值复杂性使中国社会面临着世界上所有国家迄今为止没有遇到过的最为复杂的困难和最为严峻的挑战。中国的价值复杂性与世界的价值复杂性可以说是交相辉映,汇聚于中国当代社会。如果诸多价值元素不能够很好地融合为有机的社会价值系统,就有可能出现价值的体系性空缺,尤其是主流价值的迷失和核心价值的削弱,影响大众的价值认同和价值选择,甚至会造成社会的离散与分化。④ 他认为,如果马克思主义不能科学面对和有效解读当代世界和中国极为复杂的价值世界,就不可能真正走进当代中国和世界的生活世界,难以有效地发挥作用。⑤

对"中国道路"与核心价值体系的关系,杨明认为,社会主义核心价值体系正是在"中国道路"不断探索、发展和完善的过程中形成的,体现了中国特色社会主义道路的本质要求,在思想和实践中引领了"中国道路"的发展。⑥ 社会主义核心价值体系对于"中国道路"发展而言,其意义远远超出了文化建设领域本身,事实上它已不仅仅是社会主义文化建设的根本,同时更是"中国道路"的精神标识。只有用社会主

---

① 包心鉴:《中国道路:中国特色社会主义的鲜明体现》,《人民日报》2011年1月11日。
② 李景源:《核心价值体系与中国发展道路》,《理论视野》2011年第12期,第17页。
③ 欧阳康:《中国道路及其价值意蕴》,《马克思主义与现实》2011年第3期,第188页。
④ 欧阳康:《中国道路及其价值意蕴》,《马克思主义与现实》2011年第3期,第190页。
⑤ 欧阳康:《中国道路及其价值意蕴》,《马克思主义与现实》2011年第3期,第192页。
⑥ 杨明:《中国道路与社会主义核心价值体系》,《道德与文明》2011年第3期,第28页。

义核心价值体系引领和整合多样化的思想观念和社会思潮,才能保持全社会共同的理想信念和道德规范,形成全民族奋发向上的精神力量与团结和睦的精神纽带,筑就"中国道路"发展进步的"生命线"。[1] 李景源则认为作为当代中国的实践主题和理论主题,中国特色社会主义必然是价值体系的核心,[2] 中国特色社会主义的价值目标是统领改革开放的核心理念。[3]

综观2011年学界对"中国道路"的反思,还存在一些问题需要进一步深化。一是研究的学科涉及面相当广,讨论的问题比较分散。对"中国道路"的反思涉及文学、史学、哲学、法学、经济学、政治学等等,由于涉及学科多,讨论的问题比较分散。学科之间的壁垒与问题的分散,造成当代中国马克思主义哲学对"中国道路"问题反思的零碎化状态。二是从哲学的角度对"中国道路"的反思相对较少,这样就不利于从哲学的高度对"中国道路"概念、本质、价值等问题进行概括,无法对"中国道路"的经验及"中国道路"走向世界等重大的问题进行哲学思考。第三,在对"中国道路"相关问题研究上,如对"中国道路"未来发展及其方向等一些关键性的问题的研究,学界均未涉及,尽管已有学者开始从核心价值体系的角度对这一问题进行初步探讨,但远远不够,这需要当代中国马克思主义哲学加大这一问题的研究力度,将"中国道路"问题真正上升到哲学的层面。因为这些问题均不利于当代中国马克思主义哲学发展。

(二)对"文化自觉"的反思

"文化自觉"是我国社会学家费孝通在1997年北京大学举办的第二次社会学人类学高级研讨班上提出的一个概念。自此,学者们积极对此进行探讨和阐述,并取得了许多有价值的研究成果。随着2011年初公布的2010年中国国内生产总值已超过日本成为世界第二大经济体,特别是中国共产党十七届六中全会提出"培养高度的文化自觉和文化自

---

[1] 杨明:《中国道路与社会主义核心价值体系》,《道德与文明》2011年第3期,第30页。
[2] 李景源:《核心价值体系与中国发展道路》,《理论视野》2011年第12期,第18页。
[3] 李景源:《核心价值体系与中国发展道路》,《理论视野》2011年第12期,第19页。

信,提高全民族文明素质,增强国家文化软实力,弘扬中华文化,努力建设社会主义文化强国",新一轮"文化热"又开始在中国出现,引起了学界对"文化自觉"问题的进一步反思。2011年对"文化自觉"的研究主要体现在以下几个方面。

1. "文化自觉"的理解及实现途径

"文化自觉"的界定,当属费孝通与云杉的提法①最为典型。从2011年的研究情况来看,有的学者是直接援引费孝通与云杉的说法,有的是对此作进一步的发挥和阐释。

有几种界定提出了一定的见解,具有一定的独特性,对我们进一步理解"文化自觉"具有重要意义。如邴正认为:"文化自觉是指人们对自身依托的文化及其特点的理性认同。"②李萍认为:"'文化自觉'的内涵必须把握三个基本的维度:对文化传统的自觉,对全球化的文化影响力的自觉,对中国现代化进程之特殊矛盾的自觉。"③刘芳彬认为:"文化自觉主要是指我们在文化上的觉悟和觉醒,是民族自信心增强的一种反映,是在全球化进程中对中国文化发展趋势的一种重新定位。"④另外,王能宪认为"文化自觉"除了要解决如何对待传统文化、对待外来文化外,还应解决如何进行文化创新、提升国民素质⑤等问题。南振声提取出了"文化自觉"的特点:对文化价值认知的深刻性、对文化发展规律把握的自觉性以及对文化建设历史责任担当的主动性。⑥蔡永生认为"文化自觉"除对自己国家和民族文化有正确的认识之外,还包括对其他国家和民族的文化有正确的认识,对世界各种文化的交流交融交

---

① 费孝通:《"反思·对话·文化自觉"》,《北京大学学报》1997年第3期。云杉:《文化自觉 文化自信 文化自强——对繁荣发展中国特色社会主义文化的思考》,《红旗文稿》2010年第15期。
② 邴正:《加强文化自觉提升文化自信》,《吉林大学社会科学学报》2011年第6期,第5页。
③ 李萍、童建军:《论文化自觉的三个维度》,《道德与文明》2011年第5期。
④ 刘芳彬:《重建文化自觉、增强文化自信》,《学习时报》2011年12月15日。
⑤ 王能宪:《我们需要什么样的"文化自觉"》,《艺术百家》2011年第6期。
⑥ 南振声:《培养高度的文化自觉与文化自信》,《文汇报》2011年12月15日。

锋等有正确的认识①。

为加深对"文化自觉"的理解，学者们还进一步厘清文化"自觉、自信、自强"的关系。学者们基本上认同，文化"自觉、自信、自强"三者构成彼此内在联系、相互作用的有机统一系统，缺一不可。只有坚持文化自觉，才能真正做到文化自信，也才能健康地可持续地通向文化自强②。

对实现"文化自觉"的途径，学者们也提出了各种有价值的见解。有学者认为为了实现文化自觉、文化自信、文化自强这一历史性目标，我们必须具备文化使命意识、文化生命意识和文化承命意识这三种意识。③ 有学者从坚持马克思主义的指导地位、坚持弘扬中华优秀文化与吸纳西方先进文化的有机结合、继承发扬中华民族在文化自觉和文化自信上的优良传统等方面阐述实现"文化自觉"的路径。④ 还有学者认为，文化自觉的关键，在于文化创新和民族精神的培育，在于理性地把握文化的民族性与世界性的辩证统一，以及文化的继承性、超越性与创新性的辩证统一。⑤ 另外，有学者甚至提出了实现"文化自觉"的一系列战略性选择。⑥ 这些对我国形成"文化自觉"具有重要的价值。

2. "文化自觉"与对待民族传统文化、外来文化的态度

费孝通在讲到"文化自觉"的概念时，明确表达了正确对待民族传统文化与外来文化的态度。云杉也明确提出，要更加自觉地承担起传承民族优秀文化和外来优秀文化的责任。对此，学者们基本上表达了赞同的意见。

---

① 蔡永生：《如何理解文化自觉》，《人民日报》2011年11月7日。
② 漆玲：《从人的发展看文化自觉、自信、自强的重要意义》，《道德与文明》2011年第6期；仲呈祥：《文化自信的力量》，《决策探索》2011年第4期（下）；周东华：《增强"文化自觉"，树立"文化自信"，打造"文化强国"》，《党政论坛》2011年第12期。
③ 王南湜、侯振武：《文化自觉、文化自信、文化自强何以可能》，《毛泽东邓小平理论研究》2011年第8期，第13页。
④ 南振声：《培养高度的文化自觉与文化自信》，《文汇报》2011年12月15日。
⑤ 陈柳钦：《文化自觉与文化产业发展》，《社会科学管理与评论》2011年第4期，第75页。
⑥ 张殿元：《社会文化自觉：中国文化发展的战略选择》，《山西大学学报》2011年第6期，第54页。

但在如何对待传统文化与外来文化问题上,学者们还是由各自的看法。如有学者认为,当下对文化传统的自觉必须重点关注两大内容:一是如何使民族的文化传统理性地"融入"人类文明之宝库;二是如何承继并发展文化传统。① 也有学者提出,继承与传承中国传统文化,目前的情况下,首要的是学习和继承的问题,而不是批判。② 还有学者认为,文化自觉需要我们具有文化承命意识。而文化的承命意识便是对于民族文化命运承接、担当的意识。③ 而对外来文化,学者们意见是一致的,认为我们更应该学习包括西方在内的世界各国的优秀文化。只有通过学习才能不断丰富自己,如果固步自封,拒绝学习别人,文化就停止不前了。④

已有学者从中国文化与全球文化的关系中来探讨"文化自觉"问题。如李萍认为,为了更好地认识自我的文化,我们必须借助他者的力量,或在与他者的比较中去认识把握自我。这个维度就是对全球化时代多元文化影响力的自觉。⑤ 王南湜则认为,在合理地克服中国传统文化与西方文化之间的张力,达成一种文化内部的和谐的过程中实现文化自觉。⑥ 毛崇杰的研究则更有新意,它认为唯有走出"自我/他者"中心主义二元对立模式进入多元文化平等对话平台,文化自觉方有可能走上健康道路,这是在不同民族间际关系中"自觉、自信与自强"与"他觉、他信、他强"达成人类整体文化的"共觉、共信与共强"⑦。这是一种全新的研究视觉。

3. "文化自觉"与文化产业的发展

文化产业发展是适应社会主义文化大发展大繁荣的需要。有学者认

---

① 李萍、童建军:《论文化自觉的三个维度》,《道德与文明》2011 年第 5 期。
② 王能宪:《我们需要什么样的"文化自觉"》,《艺术百家》2011 年第 6 期,第 12 页。
③ 王南湜、侯振武:《文化自觉、文化自信、文化自强何以可能》,《毛泽东邓小平理论研究》2011 年第 8 期,第 15 页。
④ 王能宪:《我们需要什么样的"文化自觉"》,《艺术百家》2011 年第 6 期,第 13 页。
⑤ 李萍、童建军:《论文化自觉的三个维度》,《道德与文明》2011 年第 5 期,第 7 页。
⑥ 王南湜:《直面文化张力而行创新》,《浙江社会科学》2011 年第 12 期,第 9 页。
⑦ 毛崇杰:《多元文化对话中的文化自觉》,《文艺报》2011 年 9 月 30 日。

为，文化自觉对于文化产业发展具有重要的理论价值和实践意义，它能够促进文化创新力的挖掘和培育，能够实现文化发展力的突破和跨越，能够拓展文化传播力的深度和广度，能够保持文化凝聚力的持续和延伸①。因此，推动文化产业大发展大繁荣，确立"文化自觉"意识是关键②。这就要求我们在发展文化产业时充分反映文化自觉的内在要求，将文化自觉作为文化产业发展的重要支撑，实现发展文化产业与坚持文化自觉的同步性，做到既不相互替代又不顾此失彼。③ 要以"文化自觉"意识发展文化产业，这是一种更高层次的文化产业发展观，同时也是文化产业未来发展的必然选择。④

发展文化产业与坚持文化自觉是一个互动的过程。只有在这个互动的过程中，文化创新才能得以实现，文化产品和服务才能得以提升，文化产业才能不断发展壮大。同时，也只有在这个互动过程中，优秀文化才能借助文化产业得到有效传承，进而发扬光大。⑤ 因此，要将"文化自觉"意识贯穿于文化生产、文化产品和文化传播文化产业发展这三个环节中。⑥

4. 核心价值观的提炼

文化自觉的标志是核心价值观的形成。自社会主义核心价值体系提出后，学界对核心价值观的内容，争论纷纷。2011年，学界对核心价值观的研究仍然集中在如何提炼核心价值观，以及核心价值观的内容等问题上。

关于提炼核心价值观的原则。有学者认为：核心价值观的提炼必须

---

① 范周、储钰琦：《试论以"文化自觉"意识推动文化产业发展》，《福建论坛·人文社会科学》2011年第4期。
② 陈柳钦：《文化自觉与文化产业发展》，《社会科学管理与评论》2011年第4期，第74页。
③ 安世银：《发展文化产业应体现文化自觉》，《人民日报》2011年3月8日。
④ 范周、储钰琦：《试论以"文化自觉"意识推动文化产业发展》，《福建论坛·人文社会科学》2011年第4期，第43页。
⑤ 安世银：《发展文化产业应体现文化自觉》，《人民日报》2011年3月8日。
⑥ 范周、储钰琦：《试论以"文化自觉"意识推动文化产业发展》，《福建论坛·人文社会科学》2011年第4期。

坚持经典性、体现时代性、彰显历史性、服务大众化。① 也有学者认为核心价值观必须体现社会主义本质属性，必修吸收中国传统文化优秀成果，必须立足中国社会主义建设初级阶段的现实等②。还有学者认为凝练社会主义核心价值观要处理好几个关系，如内容和形式的关系、传统和现代的关系、民族和世界的关系、现实和长久的关系，③ 叶小文则提出提炼要正视六对矛盾，搞好六个结合。④

关于核心价值观的内容。学界对核心价值观内容的提炼还是五花八门：有以一个范畴概括的，如"公平正义"⑤、"以人为本"⑥、"发展"⑦、"和"⑧ 等；有以两到三个范畴概括的，如"民主和仁爱"、⑨"以人为本，民主公正"⑩、"民主、公正、和谐"⑪ 等；以四个及以上范畴概括的比较多：像"自由、民主、文明、和谐、富强"⑫、"共同发展，共同富裕，共享文明，和谐共处"⑬、"公，信，仁，和"⑭；杨明甚

---

① 熊艳、杨越、郭平：《论新时期社会主义核心价值观的科学提炼——兼论社会主义核心价值观的提炼原则》，《前沿》2011年第12期。

② 黄蓉生、白显良：《提炼社会主义核心价值观若干问题思考》，《思想理论教育（上半月综合版）》2011年第2期。王孝哲：《关于凝练形成社会主义核心价值观的几点思考》，《西华大学学报（哲学社会科学版）》2011年第6期。严秋菊：《论当代中国社会主义核心价值观之构建》，《河南师范大学学报（哲学社会科学版）》2011年第2期。

③ 中共中央党校省部班课题组：《凝练核心价值观、提高执政软实力》，《中国党政干部论坛》2011年第7期。

④ 叶小文：《社会主义核心价值观的提炼》，《决策与信息》2011年第12期。

⑤ 持这一观点有李德顺：《社会主义核心价值与当代普世价值》，《学术探索》2011年第10期；吴忠民：《社会公正是中国共产党执政的重要价值观》，《学习时报》2011年8月15日；蒋熙辉：《公正是核心价值观的基本要素》，《光明日报》2011年4月25日。

⑥ 黄志高：《以人为本：中国共产党的核心价值观》，《学术论坛》2011年第7期。

⑦ 李建华、周谨平：《发展是当代中国的核心价值观》，《南昌航空大学学报（社会科学版）》2011年第3期。

⑧ 张翔：《"和"：核心价值观之核》，《光明日报》2011年07月11日。

⑨ 戴木才：《社会主义核心价值观两个基本内容》，《光明日报》2011年4月18日。

⑩ 包心鉴：《以人为本、民主公正：社会主义核心价值的科学内涵》，《理论学刊》2011年第1期。

⑪ 韩震：《体现民族传统又具有世界普遍意义的核心价值观》，《理论视野》2011年第12期，第21页。

⑫ 程恩富：《核心价值观凝练的五个方面》，《光明日报》2011年03月28日。

⑬ 郭湛：《公共主义的核心价值观念》，《理论视野》2011年第12期。

⑭ 中共中央党校省部班课题组：《凝练核心价值观、提高执政软实力》，《中国党政干部论坛》2011年第7期。

至从国家维度与公民维度的角度,分别提出了四个范畴①。韩庆祥还提出三种可供选择的方案。② 由于篇幅所限,不一一赘述。

关于核心价值观的实现途径。有学者从政策调控、舆论引导、思想教育、法治建设、自身修养等方面论述核心价值观构建的基本路径,③也有学者从"超越实然与应然的'二律背反'、确立主体与环境的'一体在场'、通达理论与实践的'融和境界'"等方面论述了推进社会主义核心价值观建设的基本路径。④

总体看来,2011年学界对"文化自觉"的研究取得了一定的研究成果,但是在相关问题的研究上还需要进一步突破。一是总体上看,"文化自觉"概念的内涵显得含混、单薄,基本上是从认识论的角度把理性当成文化自觉的唯一特征,因而还有待于发掘。二是还未能构建起文化自觉理论体系。如不少学者对"文化自觉"这一概念的运用依然停留在将其视作为是一个"号召性词汇"上,而没有从思考其具体的理论内涵上进一步深入探究,从而使"文化自觉"论的研究一度陷入表面化、直观化和口号化。还有核心价值观的内容,学界多达几十种,没有达成一致的意见。在表述上多着眼于价值规范的层面,理解上存在着标准多元、层次不一、取舍失度的问题,从而更加陷入莫衷一是、难以决断的尴尬局面。三是尤其值得注意的是目前的"文化自觉"理论还没有被提高到哲学层次即文化认识论的高度进行研究。以"文化自觉"为核心概念,阐述马克思主义的文化认识论,在此基础上创新马克思主义的文化发展理论,为中国先进文化建设提供科学的理论支持是中国文化自觉理论研究的重要使命,这方面的研究还需要学界进一步加强。

(三) 对"公平正义"的反思

改革开放30多年之后,"公平正义"已成为广泛的社会诉求,其价

---

① 杨明:《国家与公民:核心价值观建设的主体维度》,《学习时报》2011年04月11日。
② 韩庆祥:《核心价值观该如何凝练》,《光明日报》2011年8月4日。
③ 严秋菊:《论当代中国社会主义核心价值观之构建》,《河南师范大学学报(哲学社会科学版)》2011年第2期。
④ 李建华、严峰:《社会主义核心价值观的实现路径探析》,《新疆师范大学学报》2011年第4期。

值意义和价值目标凸显,因而"公平正义"也是中国学界近年来的热点论域。同时,站在新的历史起点上看当代社会现实,"公平正义"问题愈发凸显,成为广泛关注的社会主题之一。2011 年,《人民日报》分别在 2 月 1 日《努力扭转收入差距扩大趋势》、2 月 15 日《收入鸿沟需正视》、2 月 16 日《理性看待当前的社会公正问题》及 2 月 17 日《行业收入不怕差距怕不公》等四篇文章连续讨论"公平正义"问题,引起学界在 2011 年对"公平正义"问题进行新的研究和反思。主要讨论的问题有以下几个方面。

1. 理论借鉴与实践经验的启示

马克思的正义论在当代西方政治哲学语境中颇为耀眼,这也使之成为学者在进行"公平正义"理论研究时首要的对象,因而学者们比较深入地挖掘马克思的正义思想,以期构建我国公平正义理论。有学者认为,正义在马克思的论著中只是一种价值判断,换句话说,不同的社会集团对什么是正义往往持有不同的甚至相反的看法。① 在马克思的语境中,"平等"观念只是一种历史的规定,其是否过时取决于人们所处的特定历史条件。马克思在对"平等"问题所采取的运思方式是"历史地思"。② 马克思认为,资本主义社会所奉行的公平只是"形式上的公平"。按照马克思的公平观,当今我们消除两极分化,一方面清除影响"形式上的公平"得以实现的各种因素,解决权贵"垄断机会"的问题;另一方面创造条件使"形式上的公平"向"事实上的公平"过渡。③ 不少学者从全新的角度来理解马克思的公正思想,如李佃来认为,在历史唯物主义解释架构中,马克思把正义看做附属性概念,但这不足以反映其正义思想之实质。马克思在"改变世界"的政治哲学中批判了自由主

---

① 段忠桥:《正义在马克思的论著中是价值判断而不是事实判断——答李其庆译审》,《江海学刊》2011 年第 5 期,第 37 页。
② 何中华:《"平等"问题的历史规定及其超越——重读马克思〈哥达纲领批判〉》,《山东科技大学学报(社会科学版)》2011 年第 5 期。
③ 陈学明在《马克思的公平观与社会主义市场经济》(《马克思主义研究》2011 年第 1 期)、《从马克思的公平观看两极分化的根源》(《江海学刊》2011 年第 1 期)两篇文章中表达了同一观点。

义正义范式。① 另外，从马克思恩格斯的生产力与生产关系以及二者辩证统一的视角出发对马克思公正观也进行了探索。②

已有学者跳出单纯研究马克思公正观，采取比较研究的方式来说明西方公正理论对我国公平正义理论的重要意义。如有学者将马克思与罗尔斯的公平正义观进行比较研究，指出二者的同一性在于他们都源于对资本主义不公平现象的深刻反思都极为关注社会基本结构的正义，关注实质正义；其差异在于他们关注不公正的出发点、实现途径都不一样。这些对建构我国的公平正义理论具有重要的方法论启示。③ 也有学者将罗尔斯、诺齐克、马克思三者的公正观进行比较，指出罗尔斯是以平等为取向的公平的分配正义理论，诺齐克是一个以权利为取向的自由主义者，马克思是权利与道德辨证统一论者，他的理论优越并超越于罗尔斯与诺齐克。④ 另外，邓正来对哈耶克的正义理论研究也具有一定的借鉴价值。⑤

学界除研究理论借鉴之外，还对一些实践进行总结。俞吾金分析了尊严、公正的价值观念产生，其社会条件是现代市民社会的形成和壮大，精神条件是近代西方社会以文艺复兴、宗教改革和启蒙运动为主导的一系列精神运动，主体条件是在现代市民社会中形成并发展起来的法权人格和道德实践主体。⑥ 有学者对拉美国家社会保障体系的研究，认为拉美国家社会保障不是缓解了收入差距而是加剧相对贫困，拉美国家社会保障的教训对我国的实践提供一定的参照系。⑦ 还有学者分析东亚地区的经济增长并没有导致严重社会分化的出现，经济社会发展仍保持相对公平，这与东亚国家和地区所实行的经济社会政策不可

---

① 李佃来：《马克思与"正义"：一个再思考》，《学术研究》2011年第12期。
② 郑流云、童贤成：《关于马克思恩格斯社会平等思想的解读》，《求实》2011年第1期。
③ 何建华：《马克思与罗尔斯的公平正义观：比较及启示》，《伦理学研究》2011年第5期。
④ 贾中海、张景先：《三种经典公平正义理论之比较》，《理论探讨》2011年第4期。
⑤ 邓正来：《"社会正义"的拟人化谬误及其危害——哈耶克正义理论研究》，《马克思主义与现实》2011年第4期。
⑥ 俞吾金：《论尊严、公正观念产生的历史条件》，《马克思主义与现实》2011年第2期。
⑦ 林卡：《收入差距和社会公正：拉美国家社会保障体系的发展及其经验》，《社会科学》2011年第10期。

分割。① 另外，还有对德国席勒的"社会对称"理念的研究，认为公平的社会依靠合理的经济及社会政策，而合理的政策需要合适的理念来推动等。②

2. 当代中国语境中的"公平正义"

当代中国纷繁复杂的社会现实，给学者们探索与研究中国语境中的"公平正义"提供了现实条件。

一是从价值角度展开研究。有学者认为，经典马克思主义本身是以社会"公平正义"作为基本价值追求，③ 因而"公平正义"是社会主义社会的价值目标，是建设中国特色社会主义的价值动力，是社会主义核心价值体系的价值要求，也必然是社会主义核心价值观的价值基础。④ 因此，在当代中国，实现社会公正也是构建社会主义和谐社会的现实价值诉求，⑤ 建设中国特色社会主义的终极指向，就是要实现社会主义社会的公平正义。⑥ 中国公正的价值内涵至少应在两个维度内展开，即市场公正与社会公正。⑦ 也有学者从政治文明的角度研究"公平正义"的价值，如文永林认为公平正义是我国政治生活中一个具有行为约束性的基础价值。⑧ 还有学者以发展伦理学的理论为参照，认为正义成为社会主义国家制度的"首要价值"实质上包涵多重涵义和意义：第一次明确地将"正义"认定并确立为社会主义的本质特征之一；形成了一种新的"发展观"，将其明确化为发展的根本价值目标和衡量指标；表现出对现

---

① 金英君：《"亚洲奇迹"与东亚社会公平问题及其对当代中国的启示》，《徐州师范大学学报（哲学社会科学版）》2011 年第 2 期，第 113 页。

② 杨佩昌：《推动社会公平的新路径——德国 20 世纪 60 年代中期至 70 年代初"社会对称"理念述评》，《德国研究》2011 年第 1 期。

③ 卢周来：《澄清社会公平的理论基础》，《探索与争鸣》2011 年第 1 期。

④ 张小娟：《公平正义：社会主义核心价值观的价值基础》，《中央社会主义学院学报》2011 年第 3 期。

⑤ 杨豹：《社会公正：社会主义和谐社会的三重诉求》，《北京青年政治学院学报》2011 年第 3 期。

⑥ 靳志强：《中国特色社会主义核心价值理念与实践》，《湖北社会科学》2011 年第 9 期。

⑦ 薛洪生：《对当前中国公平正义的价值探求》，《黑龙江社会科学》2011 年第 4 期，第 17 页。

⑧ 文永林：《政治文明视阈下公平正义价值探析》，《江西社会科学》2011 年第 2 期。

代"公共行政"理论所推崇的新的社会治理和"善治"理念的前瞻。其深意在于,将"正义"确立为和谐社会之最高的公共价值理性信念,这一信念必然是"公民权利"本位的,是普遍幸福主义的。①

二是"公平正义"与科学发展的关系。有学者认为社会主义从根本上说应是寻求社会公平与发展的契合。社会主义的生命力在于:在社会发展的长河中,动态地寻求社会公平与发展的汇聚。② 从形而上的思辨来说,科学发展为社会公平提供了指导思想与方法论,而社会公平为科学发展提供价值辩护与价值导向;以科学发展来实现社会公平,以社会公平来促进科学发展。从形而下的中国现实国情来说,二者统一于构建和谐社会的社会实践之中;二者的辩证关系体现于历史性、阶级性、客观性之中,也展现于区域间、代际间、群体间之中。③ 因此,科学发展观是一种公正性的发展观,科学发展观倡导的科学发展也是一种公正的发展。坚持科学发展观的过程也就是实现社会公正的过程。④ 落实科学发展观,实现和维护社会公平正义,必须坚持以人为本的核心价值理念;坚持科学发展,为公平正义奠定坚实的物质基础;坚持统筹兼顾,妥善处理好各方面利益关系;坚持全面协调可持续发展,为公平正义提供持久的发展动力。⑤

三是实现"公平正义"的途径。大多数学者从综合的角度来论述实现"公平正义"的途径。有学者认为,解决当前的社会公正问题,需要突出三个重点:认识到位,举措要得力,政府、社会、个人形成合力,⑥今后我国的社会公平正义建设应该从制度、文化、利益关系和政策等方面切入。⑦ 也有学者从政府形象、制度保障、物质基础、协调社会关系、

---

① 王银娥、袁祖社:《正义:社会主义国家制度的首要价值》,《齐鲁学刊》2011年第5期。
② 叶书宗:《追寻社会主义的真谛:公平与发展的汇聚》,《社会科学》2011年第6期,第16页。
③ 丁成际:《论科学发展与社会公平之间的辩证关系》,《学术论坛》2011年第1期。
④ 任政、冯颜利:《试论科学发展观发展的公正性》,《求实》2011年第5期。
⑤ 梁胜利、魏爱江:《论科学发展观视阈下的公平正义》,《前沿》2011年第14期。
⑥ 任理轩:《理性看待当前的社会公正问题》,《人民日报》2011年2月16日。
⑦ 范明英、郭根:《社会"公平正义"的内涵要义及其建设路径》,《深圳大学学报(人文社会科学版)》2011年第5期。

再分配等方面构建社会主义"公平正义"的路径。① 还有学者主张从利益的角度来解决社会公众问题,比如主张要更加强调利益协调,更加关注弱势群体,更加重视共同富裕,要逐步建立以权利公平、机会公平、规则公平、分配公平为主要内容的社会保障体系;② 主张从调整改革收入分配制度、改善民生、完善民主法治等方面构建社会利益新格局,为实现公平正义奠定坚实的基础。③ 另外,还有学者从政治的角度,论述如何提高政府维护社会公正秩序的能力;④ 从经济学的角度,认为从经济循环的起点来看,公共消费对消费公平、能力公平具有重大影响,因而扩大公共消费是改善社会公平的关键;⑤ 从教育的角度,论述通过整合道德、经济和政治的公平标准和方式,形成持续不断提高平等与效率相互促进水平的高水平的教育公平等。⑥

应该承认,2011 年学术界对"公平正义"的研究取得了一定的研究成果。一是注重国外"公平正义"理论与实践的借鉴。马克思公正观与当代西方公正理论得到进一步挖掘,并注重借鉴国外实现社会公正的经验。二是注重面向当代中国社会现实。学界以当代中国现实问题引导理论研究,对社会发展中出现的新情况、新问题,从学理上进行了分析、回答,为构建中国的公正理论提供依据。尽管如此,研究还存在着不足:如研究或多或少存在以西方的社会公正理论来分析我国现阶段的社会主义公正问题,未能意识到中国社会转型背景下的社会公正问题的特殊性,未能构建起中国自己的公平正义理论;再有研究的系统性和规范化还不够。无论学理层面还是应用层面,目前国内的研究都只能说处于起步阶段,还缺乏系统、规范、深入的研究。

---

① 于翠:《公平正义:社会主义和谐社会的价值向度》,《黑龙江社会科学》2011 年第 5 期。
② 郭建宁:《利益协调与社会公正》,《学习时报》2011 年 2 月 17 日。
③ 徐礼红、刘焕明:《构建公平正义的社会利益新格局》,《改革与战略》2011 年第 10 期。
④ 何建华:《论提高政府维护社会公正秩序的能力》,《中共浙江省委党校学报》2011 年第 6 期。张玉亮在《社会公正问题,怎么看、怎么办?》一文(《红旗文稿》2011 年第 5 期)也提出相似观点。
⑤ 刘尚希:《扩大公共消费是改善社会公平的关键》,《光明日报》2011 年 2 月 11 日。
⑥ 郝文武:《教育公平与社会公平相互促进的关系状态和基本意义》,《北京师范大学学报》2011 年第 4 期。

(四) 对"政治现代性"的反思

"现代性"作为一个舶来品,一直是近年来学术界讨论的热点问题。在讨论现代性的过程中,学术界以此来观照中国社会在现代性转型中存在的种种问题。对当代中国的政治来说,现代性政治哲学问题意识自然而然将中国政治现代化作为其重点研究的问题。2011年,学术界对"政治现代性"问题的研究主要集中在以下三个方面。

1. 对"公共领域"与"公共意识"的研究

由于现代政治在公共与私人关系上的张力,使"公共性"在当前成为一个凸显出来的问题,"一个公共性的时代已经到来"。有学者就认为,探讨当代公共性问题关乎哲学的社会使命。较之公共性的历史形态,当代公共性样态丰富多样,但现代社会公共性危机也更为棘手。丰富公共性的当代内涵,最重要的路径在于重构理想共同体,完善和谐的公共生活空间,探讨公共性的未来趋势,在公共性重构的视域中呈现当代哲学的意义视界。[①]

对"公共领域"的分析。首先,研究西方"公共领域"理论。如王晓升认为哈贝马斯的公共领域是价值中立的、单一的、超越生活世界的;[②] 陈伟则认为哈贝马斯的公共领域通过私人联系的市民社会而根植于生活世界这一最广泛的交往土壤中;[③] 王同新认为马克思政府公共性思想是对黑格尔市民社会与国家理论的批判性继承。[④] 这些理论的研究,对我国当前强化政府社会管理和公共服务职能、构建公共服务型政府和多元参与的公共管理模式,具有重要的理论价值和实践价值。其次,对中国"公共领域"相关问题的研究。如任剑涛对公共领域与私人领域在

---

① 臧峰宇:《当代哲学的公共视野与社会使命》,《理论与现代化》2011年第1期。
② 王晓升:《"公共领域"概念辨析》,《吉林大学社会科学学报》2011年第4期。
③ 陈伟:《公共领域的交往结构——以哈贝马斯的政治哲学为视觉》,《上海行政学院学报》2011年第4期。
④ 王同新:《马克思政府公共性思想的黑格尔主义来源于当代价值》,《福建师范大学学报(哲学社会科学版)》2011年第2期。

政治空间均衡态势的分析,① 左高山对理性在公共行政活动中的作用的研究,② 张云龙对中国传统时代的"自由匮乏"的情况下中国公共领域是否可能的研究,③ 以及熊光清对网络公共领域的研究④等,推动了当代中国公共领域的研究。

对"公共意识"的研究。陈付龙专门研究了公共意识的生成,他认为公共意识的现代生成需要经济、政治和文化的综合创新推进。国家与社会的分离是其现代生成的客观前提、宪政体制的健全是其现代生成的制度基础、公民文化的塑造是其现代生成的重要途径。⑤ 作为公共意识生长的实践基础,公共生活的不同展现方式有不同表征的公共意识。公共意识的萌发、消解和彰显是植根于组织化的公共生活、私域性的公共生活和有机化的公共生活这三种公共生活实践基础上的实然镜像。⑥ 也有学者认为现代公民意识是一种以权利与义务为统一体的意识观念结构体系,它彰显着"以人为本"的价值诉求。⑦ 郭湛从公共主义角度论述这一问题。他认为,在社会生活中,重视和强调社会存在与社会意识的公共性的思潮可以称之为公共主义。社会主义的核心价值是一种公共价值,是建立在个人价值基础上的公共价值。作为最终必然超越资本主义的社会形态,社会主义应当坚持公共主义的核心价值观念。⑧

2. 对"公民社会"的分析

"公民社会"是处于"公"与"私"之间的一个领域。公民社会是政府权力的制约力量和沟通政府和公民的桥梁,公民社会孕育民主政治

---

① 任剑涛:《论公共领域与私人领域的均衡态势》,《山东大学学报》2011年第4期。
② 左高山:《论公共领域中的行政理性及其限度》,《马克思主义与现实》2011年第6期。
③ 张云龙:《"自由匮乏"语境下公共领域是否可能》,《学海》2011年第2期。
④ 见熊光清两篇文章:《网络公共领域的兴起及影响——话语民主的视觉》(《马克思主义与现实》2011年第3期),《中国网络公共领域的兴起、特征与前景》(《教学与研究》2011年第1期)。
⑤ 陈付龙:《当代中国公共意识的生成机制探微》,《甘肃社会科学》2011年第2期。
⑥ 陈付龙、叶启绩:《民主模式、公共生活与公共意识》,《江西财经大学学报》2011年第1期。
⑦ 高萍美:《"以人为本"的政治观与中国政治体制改革》,《理论导刊》2011年第8期。
⑧ 郭湛:《公共主义的核心价值观念》,《理论视野》2011年第12期,第25页。

文化，激发了公民政治参与的热情，它对我国社会主义民主政治建设具有重大的现实意义。①

对"公民社会"的讨论离不开"市民社会"。在研究马克思市民社会理论方面，有学者认为马克思对市民社会的批判与超越，不仅是其世界观变革的立足点和价值指向，也是时至今日依然值得我们汲取的思想资源。② 也有学者认为作为现代性多种"症候"之一的市民社会，通过资本和形而上学联姻共谋对人进行抽象统治，招致马克思以"人"的感性活动为原则作出批判，而这种批判路径，已随现代性持续深入，在当下获得新的历史承载。③ 对哈贝马斯世界市民社会理论，有学者指出哈贝马斯主要凸显的是全球化语境下民族国家及其同时链接到的主权、人权等问题，是要求在"世界公民"的视野中进行"全球治理"。④ 另外，还有学者专门研究了市民社会的现代性特点，⑤ 市民社会与政治国家的关系，⑥ 德语语境中的市民社会概念等问题。⑦ 这些讨论，对构建起中国自己的"市民社会"理论具有重要意义。

相当一部分学者对中国的"公民社会"的研究提出了不少有价值的观点。如认为国家与公民的关系构成现代政治最基本也是最重要的一对关系，决定着现代国家建设的基本架构和发展趋势。⑧ 公民社会是社会主义政治现代化的必然选择，也是实现政治文明的价值指向。一个国家的政治文明建设与公民社会的发展状况是互为条件、内在统一的。⑨ 因

---

① 张玉领：《公民社会理念对建设社会主义民主政治的现实意义》，《辽宁行政学院学报》2011年第5期。
② 卞绍斌：《从"市民社会"到"人类社会"——〈关于费尔巴哈的提纲〉第10条解读》，《苏州大学学报》2011年第2期，第40页。
③ 卢德友：《马克思市民社会理论的当代意义——一种政治哲学的思考维度》，《南都学刊（人文社会科学版）》2011年第4期。
④ 李佃来：《论哈贝马斯的世界市民社会理论》，《学术月刊》2011年第11期。
⑤ 何中华：《市民社会结构的现代性特点刍议》，《苏州大学学报》2011年第2期。
⑥ 杨巧蓉：《西方市民社会理论模式论析——以政治国家与市民社会关系为主线》，《齐鲁学刊》2011年第2期。
⑦ 姜涌：《德语语系中"市民社会"的概念》，《广东社会科学》2011年第1期。
⑧ 陈毅：《公民资格：同质化构建还是差异性共存——基于自由主义和共和主义的考察》，《中南大学学报（社会科学版）》2011年第4期。
⑨ 程德慧：《公民社会：社会主义政治文明建设的价值意蕴》，《河南社会科学》2011年第5期。

此，公民社会对推动当代中国转型时期的政治发展将发挥重要作用，是中国政治发展的新动力。① 当代中国政治民主化与公民社会之耦合，既是政治民主化本源性趋势，也是建构民主"理想国"的应然逻辑。有公民社会不一定就有民主政治，但没有公民社会则必定不可能有民主政治。② 成熟而强大的自治、自主的公民社会，是阻止一切政治野心家的阴谋得逞的最强大力量，所以也是克服一切社会内乱、动荡、战乱的根本保证。③

3. 对"政治参与"问题的研究

公民政治参与是政治民主化重要的问题，是政治现代性重要的标志。学者们意识到公民政治参与的重要性，认为公民行政参与是现代民主政治的基本要求，也是对行政权力的有效控制。公民行政参与的广度和深度是衡量一个国家民主政治和宪政制度的重要尺度。④ 参与式民主的理念蕴含着社会主义民主的核心价值追求，它的民主发展思路也为中国民主转型提供了一种基本路径选择。⑤ 因此，社会转型期，扩大我国公民政治参与是建设政治文明的必然要求，是体现我国民主政治的重要标尺，是监督公共权力的关键要素，也是提升政治权威的有效途径，还是维护政治稳定的必要条件、培育公民意识的基本方式。⑥

在我国，许多因素阻碍公民政治参与，学者们对此进行了分析。如有学者认为，我国政治民主化进程中公民政治参与存在的几个问题：公民政治参与制度不完备，公民政治参与的意识和能力仍旧比较低，公民政治参与信息的不对称。⑦ 也有学者认为我国公民政治参与存在着在立

---

① 吴文勤：《以培育公民社会为动力推进政治体制改革》，《唯实》2011年第3期。
② 古小军：《中国政治民主化与公民社会之耦合趋势分析——应然与实然的视觉》，《理论月刊》2011年第2期。
③ 阙光联：《改革成功关键在于公民社会的成熟》，《社会科学报》2011年11月11日。
④ 王凌燕：《公民行政参与的困境与出路》，《学术界》2011年第5期。
⑤ 万斌、董石桃：《参与式民主和中国社会主义民主政治的发展》，《浙江社会科学》2011年第11期。
⑥ 伍俊斌：《社会转型期扩大公民政治参与的必要性分析》，《社会科学》2011年第1期。
⑦ 常睿：《关于我国公民政治参与现状的研究》，《天津市财贸管理干部学院学报》2011年第1期。

法上滞后、实施上虚置、保障上乏力等问题。① 还有学者认为我国公民政治参与的发展中存在着传统封建文化、公民社会不健全、公民参与成本高和动力机制不完善等阻碍政治现代化的因素。② 另外，李见顺认为公民的政治参与仍然面临诸多限制性因素：公民的知识障碍与政治冷漠、行政人员的否定态度、公民参与的制度障碍等。③

如何有效地推进公民政治参与，学者们也提出了各自的见解。如有的学者认为，不断强化公民政治参与，加快推进政治民主化进程，要改革现有体制的弊端，引导公民积极有序的进行政治参与；要加强学校公民教育，提高公民政治参与的意识与能力；要提高大众传媒的信息普及水平，完善政治参与信息的传播。④ 有的学者认为应通过融汇公民教育与思想政治教育，营造参与型政治文化氛围，建立非政府组织和民间组织以及政府切实提高公众参与公共政策的回应水平等途径来增强公民政治参与意识，以期达到推动民主政治发展进程的目的。⑤ 也有的学者认为必须合理界定民主政治进程中公民参与的限度，加强公民参与教育，重新培训行政人员，不断完善公民参与机制，从而提高公民参与的效能。⑥ 其他学者均从各自理解提出了解决的方法和建议。

2011年对政治现代性的反思是在原有研究基础上进一步推进的，应该说取得了一定的成果，如对公共意识问题的关注就是一大突破，对中国公民政治参与的研究也提出了许多切实可行的措施和方案，有利于当代中国政治民主的推进。但是，研究中还需进一步关注相关问题：一是应更多地从哲学的高度对相关问题进行学术定位。就拿公共性问题来

---

① 王凌燕：《公民行政参与的困境与出路》，《学术界》2011年第5期。
② 田昭、谭羽婵：《我国政治现代化过程中的公民参与障碍及对策研究》，《理论导刊》2011年第6期。
③ 李见顺：《现代民主政治进程中的公民政治参与的效能、限度及对策分析》，《湖北行政学院学报》2011年第6期。
④ 常睿：《关于我国公民政治参与现状的研究》，《天津市财贸管理干部学院学报》2011年第1期。
⑤ 刘焕明、时伟：《以公民参与为基础推动民主政治发展》，《学术交流》2011年第1期。
⑥ 李见顺：《现代民主政治进程中的公民政治参与的效能、限度及对策分析》，《湖北行政学院学报》2011年第6期。

说，公共性在其他领域中的研究相比哲学要繁荣许多，甚至是某些学科的核心概念。这就需要从哲学的高度对公共性问题进行定位，解决公共性问题域内一些最为一般的问题，对公共性问题进行前提性批判。二是以政治哲学的视野、方法、思维方式观照当代中国政治理论与现实问题，促进中国政治领域中的一系列问题的解答。比如学者们研究公共领域、公共意识或者是公民社会等问题，其根本就是指向现实问题的解决。因此，除了从理论上将这些问题进一步厘清之外，重要的是将其作为一种解决问题的视野、方法和思维方式。三是在研究中，应进一步凸显马克思主义政治哲学的独特性、科学性。学者们介绍和研究了不少西方政治哲学理论，如哈贝马斯等。研究中，要注意在研究西方政治哲学理论中，还应将这些理论置于马克思主义理论体系之中，挖掘马克思主义政治哲学理论何以区分并超越其他西方理论，以凸显出马克思主义政治哲学的独特性、科学性。

三、"反思的问题学"研究范式未来走向

任平先生曾指出了在当代中国马克思主义哲学"反思的问题学"研究范式中所针对的客体——"问题"存在的两个偏向。[①] 我们认为，这只是"反思的问题学"研究范式面临困境的一个方面。实际上，对"反思的问题学"研究范式的主体——"研究者"来说，都认为马克思主义应服务于当代中国实践。但他们多停留在反映论和认识论立场，即满足于借助中国马克思主义来认识、解释中国实际问题，即达到对现存事物的正确理解，不可能达到马克思意义上的批判性，而无法过渡到"改变世界"的实践唯物主义的高度。[②] 实际上，相当一部分学者不仅对马克思主义"改造世界"的认识度不够，而且对如何用马克思主义来"改造世界"的路径和方法茫然不知。这是研究者在遵循"反思的问题学"研

[①] 任平：《当代中国马克思主义哲学研究范式的创新与转换》，《哲学研究》2012年第3期，第21页。

[②] 何中华：《马克思哲学研究范式：非此即彼还是互补整合》，《山东社会科学》2008年第11期，第28页。

究范式过程中面临的最大困境。另外,在"反思的问题学"的研究范式中,研究者必须依靠充分的当代中国马克思主义哲学体系,而当代中国马克思主义理论话语体系还未能充分建立。试想,如果没有足够的理论支撑,拿什么去联系实际,反思现实,推进马克思主义研究创新?这是2011年及以往的研究存在的最大问题。

推动当代中国马克思主义哲学创新,决定了"反思的问题学"研究范式未来发展应着重解决的几个问题。一是要建构中国马克思主义哲学研究的学术话语体系。当代中国马克思主义哲学研究不仅要面向中国现实,认识中国和改造中国,还要走向世界,特别是要对当代世界马克思主义哲学研究作出自己的贡献,必须建构自己的学术话语体系,使自己的对象与问题、观点与方法、概念框架、表达方式等都具有鲜明的中国作风、中国气派。只有在这一学术话语体系下,才能真正构建起反思中国时代问题的研究范式。二是"反思的问题学"研究范式要求当代中国马克思主义哲学研究勇于对时代主题积极发言,以理论的方式对当代中国人与社会发展的重大现实问题进行学理把握、方向指引和观念指导,使之成为革新时代所不可或缺的精神变量和策略考虑,并能够"提出关于人类永恒问题的或人类当下问题的中国方案,使我们的哲学思考成为参加讨论各种重要问题的必须被考虑的思路"。[①] 三是"反思的问题学"研究范式还要求当代中国马克思主义哲学应当在与中国的历史文化传统与当代中国思想解放和观念变革的现实境遇的比较和融会贯通中,来阐释和创新马克思主义的中国意义。特别是要深刻认识和把握马克思主义基本理论与中国特色社会主义理论及其实践的传承和发展关系。[②] 四是"反思的问题学"研究范式要求当代中国马克思主义哲学应更多地借助于社会科学,也就是说,作为科学的批判的方法论,当代中国马克思主义哲学只有经过社会科学的中介,才能完整、准确地把握到时代精神。反之,就不能找到走向

[①] 朱荣英:《"多元诉求"抑或"普遍中生长"?——当代马克思主义哲学研究范式与路径选择问题透析》,《周口师范学院学报》2011年第1期,第108页。

[②] 蒋楼:《马克思主义研究的三重意识及其范式内涵》,《南都学坛(人文社会科学学报)》2011年第6期,第101页。

现实、走向实践的现实道路，从而提出并解答真正的中国问题。五是在推进当代马克思主义哲学创新时，"反思的问题学"研究范式应该与其他的研究范式互补整合。因为在马克思主义哲学研究领域，不同范式各有长短利弊，任何一种范式都存在不足，其合理性是有限度，因而需要它们相互之间互补整合。

（作者系苏州科技学院公管学院教授、博士）

马克思主义哲学中国化范式研究的进展与趋势

吴昕炜

20世纪90年代,中国学者在驳斥当时流行的马克思主义"过时论"以及"马克思主义哲学中国化是封建主义化"等种种谬论的过程中,系统地研究了马克思主义学说从传入中国到创立毛泽东思想的历史,从而开辟出中国马克思主义哲学研究的一个新领域,拉开了马克思主义哲学中国化研究的序幕。20多年来,马克思主义哲学中国化研究大致经历了三个发展阶段:第一个阶段是20世纪90年代至2000年。这一阶段的马克思主义哲学中国化研究主要围绕马克思主义哲学与中国传统文化的关系展开,集中探讨了马克思主义哲学与中国传统文化中的优秀哲学思想传统、与中国古代哲学中的唯物主义和辩证法传统的结合问题;第二个阶段是2000年至2008年。在这一阶段,中国改革开放的步伐不断加快,物质文明、精神文明和政治文明建设持续推进,马克思主义哲学中国化研究也逐步与中国的现代化进程相联系,着重反思中国社会的现代化问题;第三个阶段是2008年至今,马克思主义哲学中国化研究在对改革开放30年思想变革的总结中实现了研究重心从事实描述到理论剖析的转变。在这一阶段,马克思主义哲学中国化成为了中国马克思主义哲学研究的最重要领域,不仅相关学术会议日益增多,而且成果也比较突出。从学术会议方面来看,2008年,中国社会科学杂志社和武汉大学马克思主义哲学学科点共同主办的第八届马克思哲学论坛即明确地将主题定位为"马克思主义哲学中国化与当代中国哲学建设"。2010年,中国辩证唯物主义研究会、中央党校和黑龙江省委宣传部等单位共同主办了

"马克思主义哲学中国化、时代化、大众化"理论研讨会。2011年，时逢中国共产党建党90周年，学术界以此为契机，举办了多场与马克思主义哲学中国化相关的学术会议，例如中央编译局、光明日报社和北京大学等单位联合主办第八届全国马克思主义论坛"马克思主义中国化与中国共产党90年"，讨论了马克思主义哲学的中国化、时代化、大众化问题；中国马克思主义哲学史学会2011年年会"中国共产党90年与马克思主义哲学创新"，对马克思主义和马克思主义哲学中国化的进程、经验与规律进行了专题探讨；江苏师范大学举办了当代中国马克思哲学高峰论坛，围绕中国马克思哲学理论创新的路径与形态展开了讨论。在学术成果方面，与马克思主义哲学中国化相关的成果呈现出加速增长的态势。仅从2011年的统计情况来看，这方面的成果除了在学术期刊杂志发表的数量可观的理论文章外，还有相当多的学术论著，例如陶德麟、何萍主编，北京师范大学出版社出版的《马克思主义哲学中国化的理论与历史研究》；孙麾、汪信砚主编，社会科学文献出版社出版的《马克思主义哲学中国化与当代中国哲学建设》；李景源主编，江苏人民出版社出版的《21世纪的马克思主义哲学创新：马克思主义哲学中国化与中国化马克思主义哲学》；林默彪著，社会科学文献出版社出版的《诠释与反思：马克思主义哲学的中国化》；包心鉴等著，人民出版社出版的《马克思主义中国化的基本规律与当代走向》；王刚著，人民出版社出版的《马克思主义中国化的起源语境研究：20世纪30年代前马克思主义在中国的传播及中国化》；师吉金著，吉林大学出版社出版的《常研常新：马克思主义中国化札记》；谭培文著，人民出版社出版的《马克思主义人学中国化研究》等。如果说，马克思主义哲学中国化研究的第一个阶段和第二个阶段分别是与中国马克思主义哲学发展的历史和现实相联系的，那么，马克思主义哲学中国化研究的第三个阶段则是与中国马克思主义哲学发展的前景相联系，代表了中国马克思主义哲学发展的未来方向。本文拟结合这一阶段马克思主义哲学中国化研究的最新成果，呈现和分析马克思主义哲学中国化研究的进展与趋势，力图为进一步繁荣和推进这一研究作出贡献。

一、关于马克思主义哲学中国化理论前提的研究

马克思主义哲学中国化作为整个马克思主义中国化的有机组成部分，是一个不断前进的历史过程，这是客观的历史事实。然而，近年来，有些论者却从不同角度否认这一事实，不承认马克思主义哲学中国化的合法性。因此，从学理上说明并论证这一问题，就成为了当前马克思主义哲学中国化研究的一项前提工作。阐明马克思主义哲学中国化的理论前提，学术界主要对马克思主义哲学中国化的可能性、检验标准和研究视角等三个方面的问题作了回应。

首先是回答了马克思主义哲学中国化的可能性问题。一些论者否定马克思主义哲学中国化的可能性，其理由归结起来大致有三条：一是中国人理解的马克思主义哲学不是"真正的"马克思主义哲学；二是中国人要想理解"真正的"马克思主义哲学几乎不可能；三是即使中国人理解了"真正的"马克思主义哲学，要想使它中国化也几乎不可能。针对上述理由，陶德麟指出，这些论者所说的"真正的"马克思主义哲学仅仅只是马克思本人撰写的论著中表述的哲学，并不包括恩格斯以及他们的后继者的论著中表述的哲学。在这些论者眼中，中国的马克思主义哲学只不过是苏联马克思主义哲学的翻版，根本不是马克思主义哲学。这些说法在事实上和学理上都错误的。毫无疑问，马克思是马克思主义哲学的创始人和奠基人。但是，马克思主义哲学并不是一成不变的教条，它必然要随着时代的变化和实践的发展而发展，马克思的合作者和后继者的成果也是马克思主义哲学。不断发展的马克思主义哲学是不同时代、不同民族的马克思主义者共同创造的精神财富。中国的马克思主义哲学绝不是马克思主义哲学一般原理的简单移植，更不是苏联教科书的简单照抄，而是中国的马克思主义者把马克思主义哲学的根本原理与中国的特殊实际结合起来，独立探索创造出来的哲学。这种哲学同时也是中国传统哲学在现代的发展，也就是现代的中国哲学。[①] 汪信砚认为，

[①] 陶德麟、何萍主编：《马克思主义哲学中国化的理论与历史研究》，北京：北京师范大学出版社，2011年版。

马克思主义哲学的特点并不在于其特定的内容和形式，而在于其精神实质，在于其区别于其他哲学的立场、观点和方法。根据时代和历史条件的变化，促进马克思主义哲学的内容和形式的不断更新，是马克思主义哲学的本质要求，也是马克思主义哲学发展的应有之义。没有内容和形式的不断更新，马克思主义哲学就会变成僵死的教条。马克思主义哲学中国化就是要以中国的形式和内容来体现马克思主义哲学的精神实质，从而创造一种既是中国的又是马克思主义哲学的"中国的马克思主义哲学"。这种创造不是一蹴而就的事情，但这不能说明马克思主义哲学中国化是根本不可能的，而只能说明这是一个长期而艰巨的历史过程。①与之相类似，徐梦秋也认为马克思主义哲学中国化是可能的，但需要作层次和内容上的区分：一部分可以实现中国化，例如马克思主义哲学基本原理的表达形式，运用马克思主义的基本原理深入研究中国国情并获得关于中国国情的客观认识以及在客观认识中国国情基础上形成解决中国问题的路线、方针、政策等；另一部分则是不能实现的，例如"中国化"的马克思主义基本原理等。②

其次是阐明了马克思主义哲学中国化成功与否的检验标准。对这一问题的争论，主要集中在文本标准和实践标准的区别上。这种争论和分歧并不是现在才发生的，而是贯穿于马克思主义哲学中国化各个历史阶段，是必须予以澄清的重大原则问题。陶德麟从对历史经验的回顾和分析中具体地指出，无论是从中国的民主革命阶段来看，还是从社会主义建设阶段来看，马克思主义哲学中国化的概念都不是从书本研究中产生，而是从中国革命和建设的具体实践中产生的。这个概念提出的历史背景和条件就决定了它的性质和内容，决定了它是一个标志实践目的、实践过程和实践结果的概念，同时也就逻辑地蕴含了它的检验方式和检验标准。检验马克思主义哲学中国化的成败得失，不能像版本学、校勘学、考据学、训诂学一类问题那样以文本是否符合为标准，而只能以实践的结果与实践方案的预期目的是否符合为标

---

① 汪信砚：《"马克思主义哲学中国化"辨误》，《哲学研究》2008年第10期。
② 徐梦秋、张爱华：《马克思主义中国化的可能、现实与限度》，《马克思主义与现实》2009年第1期。

准,这就是实践标准。① 安启念把这种分歧看做是马克思主义哲学中国化中的两种对立的思想路向,认为"从实践需要看理论"与"从理论原则看实践"是截然不同的,它们的对立贯穿马克思主义哲学中国化的整个历史之中。马克思主义哲学中国化的一切成功经验,都是贯彻"从实践需要看理论"思想路向的结果。马克思主义哲学中国化的"化",指的就是其基本原理与中国实际以及一切有用思想资源在实践方案的制定中结合在一起,化作成功的实践方案。②

第三是阐明了马克思主义哲学中国化研究的视角和视野。改革开放以来,我们的马克思主义哲学中国化研究在很多领域取得了丰硕的成果,例如,马克思主义哲学中国化的内涵、历史、特点、经验、规律和路径研究,马克思主义哲学中国化重要代表人物研究,毛泽东、邓小平哲学思想研究,中国特色社会主义理论体系研究,等等。这些成果无疑包含了丰富的思想内容,但是,它们绝大多数都只是在中国系统中考察马克思主义哲学中国化,即,把马克思主义哲学中国化看做一个单纯的马克思主义哲学的输入过程,而不能把马克思主义哲学中国化置于世界范围内,在一个无限开放的系统中揭示其发展的规律性。为了克服这一不足,学术界提出必须要扩展马克思主义哲学中国化研究的视角和视野。对此,何萍明确指出,马克思主义哲学中国化研究要求确立起两个视野:一个是马克思主义哲学中国化研究的"中国视野",一个是马克思主义哲学中国化研究的"世界视野"。"中国视野"是从中国现代化的实际过程和中国思想史的发展考察马克思主义哲学中国化,其研究的问题是围绕马克思主义哲学与中国现实之间的关系展开的;"世界视野"是从世界马克思主义哲学的发展考察马克思主义哲学中国化,其研究的问题是围绕中国马克思主义哲学形态的研究展开的。前者旨在解决中国发展的现实问题,后者旨在解决马克思主义哲学自身的理论问题。这两个方面的研究对于中国马克思主义哲学的发展具有同等重要的意义,缺

---

① 陶德麟、何萍主编:《马克思主义哲学中国化的理论与历史研究》,北京:北京师范大学出版社,2011年版。
② 安启念:《从实践需要看理论还是从理论原则看实践——马克思主义中国化中的两种思想路向》,《武汉大学学报》(人文科学版)2009年第4期。

一不可。没有前者，中国马克思主义哲学的发展就失去了活水源头，没有后者，中国马克思主义哲学在面对现实时，就缺乏足够的理论解释力度。①衣俊卿也认为，拓宽研究视野是新时期马克思主义哲学中国化研究的一项重要任务。马克思主义中国化研究要把"中国向度"和"世界向度"紧密结合在一起。"中国向度"是指把马克思主义基本原理同中国的实际相结合，用以指导中国的实践，并获得理论上的创新成果，其基本特征是把马克思主义的基本原理或"普遍真理"（主要是马克思恩格斯以及列宁的思想）当做给定的前提，着眼于中国发展问题的解决和中国特色的马克思主义理论形态的表述，主要表现为一个马克思主义"由外向内"的单向输入的向度。"世界向度"是指要在全球化语境和世界视野中审视马克思主义同中国实际的结合问题，并强调中国经验的开放价值和中国形态的马克思主义理论在世界马克思主义研究中的话语权，呈现为中国问题与全球问题、中国文化与世界文化、中国马克思主义研究和世界马克思主义研究的"双向互动"的向度。②俞吾金用"马克思主义哲学的中国化"和"中国马克思主义哲学的国际化"来说明这一问题，认为，在前一个研究领域中，人们一般注重的是中国的特殊性，而在后一个研究领域中，人们一般注重的则是国外马克思主义理论的普遍性。只有把这两个研究领域综合成一个研究领域，我们才有可能深化对马克思主义哲学中国化和中国马克思主义哲学国际化这两个主题的认识。与此同时，在当代中国社会追求现代性这一普遍性价值的实现时，也必须充分兼顾到当代中国社会和实践的特殊性，而这种特殊性尤其表现在传统的亚细亚生产方式、近代以来中国社会的历史错位和启蒙的缺失上。只有立足于当代中国社会和实践的特殊性，努力在特殊性和普遍性之间建立必要的张力，才能创造性地推动马克思主义普遍真理的发展。③

---

① 何萍：《马克思主义哲学中国化研究的世界视野》，《学术月刊》2003年第11期。
② 衣俊卿：《探索马克思主义中国化研究的一个新向度》，《哲学研究》2008年第12期。
③ 俞吾金：《马克思主义的中国化和中国马克思主义的国际化》，《现代哲学》2009年第1期。

二、关于马克思主义哲学中国化历史进程的研究

马克思主义哲学中国化历史进程的研究一直是马克思主义哲学中国化研究的重要方面。考察历史发展，总结成果经验，对推动马克思主义哲学中国化的前进具有十分重大的意义。近年来，学术界对马克思主义哲学中国化历史进程的若干阶段，特别是改革开放以来的历史进程进行了更为细致的划界和研究，在继续加强毛泽东、邓小平哲学研究的基础上对马克思主义哲学中国化早期代表人物的思想给予了更多的关注，同时也从多个方面对马克思主义哲学中国化的未来发展问题进行了探索和思考。

中国马克思主义哲学的自我反思和批判是从改革开放开始的，因此，改革开放的实践发展史也可以说就是马克思主义哲学中国化的理论探索史，它的突出表现就是中国特色社会主义理论体系。学术界对这一段历史进程进行了多角度的考察和分析。例如，韩庆祥将改革开放以来马克思主义哲学中国化的过程具体地梳理为四个时期，即动员参与期、表达诉求期、整合凝聚期、深水攻坚期。这四个时期形成的理论基础与理论成果分别是以实践为基础的认识论与邓小平理论、唯物史观与"三个代表"重要思想、唯物辩证法与科学发展观、政治哲学与科学的公共权力观。① 丁俊萍把马克思主义哲学中国化的发展历程与中国共产党的理论创造联系起来考察，认为改革开放以来马克思主义哲学中国化取得的成绩离不开中国共产党的理论创新和实践探索，呈现出五个方面的基本特点：一是以中国特色社会主义为主题，二是以当代中国发展为主旨，三是以改革开放为主线，四是以党的自身建设为关键，五是以解放思想为先导和前提。② 吴波认为，要用整体性的视野来认识和把握中国特色社会主义理论体系中的三个重要组成部分：邓小平理论是中国特色

---

① 详细论述可参见韩庆祥：《面向"中国问题"的马克思主义哲学》，武汉：武汉大学出版社，2010年版。
② 丁俊萍：《改革开放以来中国共产党理论创新和实践探索的若干特点》，《武汉大学学报》（哲学社会科学版）2008年第6期。

社会主义理论体系的基础性组成部分,"三个代表"重要思想在中国特色社会主义理论体系中具有承上启下的意义,科学发展观体现为中国特色社会主义理论体系的最新理论成果。① 邹诗鹏认为,要从现代性在中国的生成与建构角度看马克思主义中国化的历史进程。马克思主义中国化的理论任务就是要求确立以建设为核心观念、以促进人与社会的全面发展为主旨的马克思主义理论话语系统,构造一套符合全球化时代要求、有利于中华民族复兴及长治久安并具有自检与防御机制及能力的开放性的社会、政治与文化体系。②

在马克思主义哲学中国化历史进程的代表人物研究领域,学术界一方面继续深入推进毛泽东、邓小平等领袖人物的哲学思想研究,另一方面将视野扩展到马克思主义哲学中国化的早期代表人物,对其思想开展了广泛而深入的研究,给以往的研究增添了新的内容。在毛泽东、邓小平哲学研究方面,学术界更注重于把他们的思想置于哲学史和思想史的大背景中进行精细的考察和精深的解读。例如,在毛泽东哲学研究领域,李维武对毛泽东的"实践论"进行了再解读,认为它既有与作为外来哲学的马克思主义哲学密切联系的一面,更有把马克思主义哲学由外来哲学转化为中国哲学的一面。这两个方面是与自19世纪末以来马克思主义哲学的发展相联系的:一个方面,马克思主义哲学越出西欧演变为世界性哲学,把自己的批判精神和实践精神带给了非西方民族,唤起了东方前近代民族的觉醒;另一个方面,马克思主义哲学又在这一过程中与不同民族的文化传统、革命实践相结合,融入到不同民族国家的思想世界之中。研究毛泽东"实践论"的中国性格,应当对这两个方面作历史的辩证的把握,而不能用其一面去遮蔽另一面。③ 李佑新把毛泽东的"实事求是"命题与湘学传统联系起来,认为,在湘学传统中,由于其强烈的经世务实精神,"实事求是"成为一种注重现实实际的学风,对青年毛泽东的文化性格产生了深远影响。正是这种文化性格使得毛泽

---

① 吴波:《马克思主义中国化的历程、启示与未来》,《江苏大学学报》(社会科学版)2011年第4期。
② 邹诗鹏:《马克思主义中国化与中国现代性的建构》,《中国社会科学》2005年第1期。
③ 李维武:《毛泽东"实践论"的中国性格》,《中国社会科学》2007年第4期。

东在接受了马克思主义之后,注重将马克思主义与中国实际结合起来,并独具卓识地提出和阐释了"实事求是"这一马克思主义中国化的最为重要的命题。① 在马克思主义哲学中国化早期代表人物的思想研究中,学术界加强了对李大钊、陈独秀、瞿秋白、蔡和森等人思想的研究,注重阐发其思想对后世的影响。例如,何萍通过对瞿秋白的重新阅读,论证了瞿秋白不仅是第一个在中国传播苏俄马克思主义的人,也是中国马克思主义哲学的创始人:他以苏俄马克思主义哲学为重要思想资源,以中国的现代化为主题,创造了辩证唯物主义的中国形式、中国内容和中国原则,鲜明地体现了中国马克思主义哲学的特色。这一特色经过李达和毛泽东的改造和发展而凝炼成中国的马克思主义哲学传统,而瞿秋白所阐发的辩证唯物主义理论也成为马克思主义哲学中国化中的重要一环。②

在深入研究和总结马克思主义哲学中国化历史进程的基础上,学术界对马克思主义哲学中国化的未来发展进行了勾画,强调马克思主义哲学中国化要立足国情,力求创新,推动时代化、大众化。例如,任平把马克思主义哲学中国化放在出场学视域中加以考察,将马克思主义哲学中国化的出场路径归结为一体两翼的创新,一体指的是一切从自己的实际出发以自己的创新实践作为马克思主义哲学中国化的现实基础;两翼指的是立足于自己的实践解读马克思主义哲学文本的意义,积极展开与一切时代思想的对话,推进民主建设。③ 王南湜区分了马克思主义哲学中国化的现实性和理想性两个层面,认为,马克思主义哲学中国化包含指导"做事"的方法论和指导做人的"人生观",在民族生存处于危机状态的第一阶段,追求现实性成功的方法论的中国化自然处于主导地位,而现实生存问题得到基本解决以后,我们就要更加重视最求价值理

---

① 李佑新、陈龙:《毛泽东的实事求是与湘学的经世务实传统》,《湘潭大学学报》(哲学社会科学版) 2008 年第 1 期。

② 何萍:《马克思主义哲学中国化:传播与创新——重读瞿秋白》,《马克思主义与现实》2009 年第 1 期。

③ 任平:《马克思主义中国化的出场路径——重读〈实践论〉》,《哲学动态》2008 年第 7 期。关于这一视角的详细论述可参见任平:《创新时代的哲学探索——出场学视域中的马克思主义哲学》,北京:北京师范大学出版社,2009 年版。

想实现的人生观方面的中国化。① 周凡认为，要成功地实现马克思主义哲学的中国化，就必须审视与明辨马克思主义哲学中国化中的主体建构、意识形态、中国文化特质以及内在结构等问题。只有对这些关系进行认真地剖析与反思，我们才能更有效地避免把马克思主义哲学中国化简单化、庸俗化甚至是歪曲化的倾向。② 在"推动马克思主义中国化、时代化、大众化"的研究方面，学者们通过考察中国共产党早期报刊在马克思主义大众化中的角色、中国马克思主义者对马克思主义大众化事业的贡献，阐明了马克思主义哲学的大众化并不仅仅意味着对已有的马克思主义哲学原理作通俗的表述，不是与中国化、时代化无关的附带工作，而是与中国化、时代化不可分割的理论创新活动。从这个意义上说，党的十七大报告和十七届四中全会提出的"推动马克思主义中国化、时代化、大众化"为马克思主义哲学中国化研究开辟了一个新的领域。③

三、关于马克思主义哲学中国化理论资源的研究

马克思主义哲学中国化植根于中国具体的革命和建设实践，不仅具有坚实的实践基础，同时还具有丰富的理论资源。这些理论资源既包括国内思想资源，也包括国外思想资源，对于我们从学理上深刻理解马克思主义哲学中国化是十分重要的。近年来，学术界在长时段、大空间中展开了对这两方面思想资源的开掘和反思，从而在一定程度上揭示出马克思主义哲学中国化的理论品格和发展的内在机制。

首先，从国内思想资源来看，马克思主义哲学的中国化与中国哲学传统密不可分，两者的关系受到学术界进一步关注。早在1938年10月中国共产党六届六中全会上所作的《论新阶段》的政治报告中，毛泽东

---

① 王南湜：《马克思主义哲学中国化：从现实性到理想性》，《毛泽东邓小平理论研究》2008年第1期。

② 周凡：《关于马克思主义中国化的哲学反思》，《江海学刊》2010年第2期。

③ 陶德麟、何萍主编：《马克思主义哲学中国化的理论与历史研究》，北京：北京师范大学出版社，2011年版。

就对这两者的关系有过经典的说明:"今天的中国是历史的中国的一个发展;我们是马克思主义的历史主义者,我们不应当割断历史。从孔夫子到孙中山,我们应当给以总结,承继这一份珍贵的遗产。这对于指导当前的伟大的运动,是有重要的帮助的。"① 在这里,毛泽东明确提出了要把马克思主义与中国哲学传统和思想结合起来作为马克思主义哲学中国化的一项重要内容。如今,学术界已经对这一结合的重要意义不持疑问,并把毛泽东哲学思想和邓小平哲学思想视为这一结合的典范。例如,张新指出,毛泽东和邓小平在马克思主义哲学中国化的过程中,根据中国革命和建设实践的需要,在马克思主义哲学的指导下对中国传统文化特别是中国哲学传统进行了广泛深入的研究,并将其中的思想精华批判性地吸收到马克思主义哲学思想体系之中,因此他们的哲学思想中随处可以看到中国传统文化和哲学的影响。正是中国传统文化和哲学传统赋予了毛泽东哲学思想和邓小平哲学思想鲜明的中国特性。② 然而,如果进一步思考,这里还存在一个被遮蔽的问题,即,如何来理解中国哲学传统? 对此,李维武把中国哲学的传统作了古代传统与现代传统的区分,指出,马克思主义哲学与中国哲学传统的结合,应当并且必须包括两方面的内容:一方面是马克思主义哲学与中国哲学古代传统建立联系,另一方面则是马克思主义哲学参与建构中国哲学现代传统。马克思主义哲学能进入到中国哲学传统中去,成为中国哲学的有机组成部分,正是这两个方面共同作用的结果。只有当马克思主义哲学与中国哲学有了共同的传统后,马克思主义哲学中国化才能真正实现。③ 杨耕认为,马克思主义哲学中国化本质上是一种现代化的哲学运动,因为马克思主义哲学与中国传统哲学不同,它是现代工业文明的产物,它的精神指向是现代而不是传统。既然如此,从马克思主义哲学与中国传统文化和哲学相结合的角度看,马克思主义哲学中国化并不意味着让马克思主义哲

---

① 《毛泽东选集》第2卷,北京:人民出版社,1991年版,第534页。
② 张新:《马克思主义哲学中国化及其与中国传统哲学的关系》,《思想理论教育导刊》2001年第2期。
③ 李维武:《马克思主义哲学中国化与中国哲学的两种传统》,《江汉论坛》2008年第11期。

学去迎合中国的传统文化和哲学,或者用中国传统文化和哲学来"化"马克思主义哲学,而是意味着用马克思主义哲学来分析、批判中国传统文化和哲学,并对之进行创造性转换,使之融入到马克思主义哲学的体系之中。① 在对中国哲学传统的继承问题上,许全兴认为马克思主义哲学中国化要把中国优秀传统文化继承下来并发扬广大,其表现就是马克思主义哲学与中国传统文化相结合。这一过程的实质就是立足当代中国和世界的现实,运用马克思主义的方法对中国的历史文化进行总结和概括,以有利于对革命和建设实践的指导,并进一步丰富和发展马克思主义。在进行马克思主义哲学与中国传统文化相结合时,我们也要警惕中国传统文化中消极因素的渗入。②

其次,从国外思想资源来看,马克思主义哲学的中国化既受到苏俄马克思主义哲学的影响,又受到西方马克思主义哲学的影响,学术界主要从两对关系的视角对此加以探讨:一是中国马克思主义哲学与马克思主义哲学教科书体系的关系,二是中国马克思主义哲学与西方马克思主义哲学的关系。

就第一对关系而言,马克思主义哲学教科书体系对马克思主义哲学中国化产生的作用不容忽视。马克思主义哲学教科书体系是20世纪20—30年代苏俄马克思主义哲学家的理论创造。以20世纪80年代为界,在此之前,中国马克思主义哲学家们受到这一体系的强烈影响,而在此之后,则展开了对这一体系的反思。从学习和接受的角度这一方面来看,我们需要回答:中国马克思主义究竟从马克思主义哲学教科书体系中学到了什么?对此,何萍指出,马克思主义哲学教科书体系给中国带来的是方法而不是结论。中国的马克思主义哲学家们并不是简单地接受这个体系,而是以此为方法,联系中国的现代化问题,展开了中国马克思主义哲学的创造。这一点在中国马克思主义哲学的本体论、历史观和政治哲学之中都有体现。所以,我们不能把中国马克思主义哲学等同于马克思主义哲学的教科书体系,更不能把中国的马克思主

---

① 杨耕:《当前马克思主义哲学研究中的三个重大议题》,《中国社会科学》2007年第5期。

② 许全兴:《马克思主义与中国传统文化相结合四题》,《理论动态》2008年第30期。

哲学与苏俄的马克思主义哲学混为一谈,而应该把马克思主义哲学在中国的传播与再创造区别开来。① 从开展反思的这一方面来看,中国马克思主义哲学研究中的创新意识的确产生于对传统马克思主义哲学教科书体系的反思。这种反思使研究者认识到,以往通行的传统马克思主义哲学教科书体系存在严重问题,必须对马克思主义哲学中的各种问题进行新的探索。一些论者据此认为马克思主义哲学教科书体系一无是处,并热衷于对教科书的批判。汪信砚将这种现象称为"教科书批判情结",指出,哲学教科书批判情结的态度是非历史的,它不仅给我国马克思主义哲学教学带来了一些坏的影响,而且不利于我国马克思主义哲学的创新。② 陈食霖认为,评价苏联哲学教科书体系,必须坚持历史主义的态度,应立足于马克思主义哲学发展史和马克思主义哲学中国化的视角来评价,既要认识到它的历史局限性,也要承认它在马克思主义哲学发展史上特别是在马克思主义哲学中国化进程中发挥的积极作用。在新的历史时期,中国马克思主义者必须超越苏联哲学教科书体系,建立中国特色的马克思主义哲学解释体系。③ 在如何建立中国马克思主义哲学解释体系方面,学术界也进行了相关理论探索,例如,袁贵仁、杨耕和吴向东从马克思主义哲学教科书的历史流变研究入手,考察了苏联、南斯拉夫和民主德国、中国的不同时期具有代表性的马克思主义哲学教科书,提出了马克思主义哲学中国化必须构建有时代精神、中国元素和民族形式的中国马克思主义哲学教学体系的思想。④

就第二对关系而言,马克思主义哲学中国化研究的西方马克思主义哲学资源日益受到学界重视。与对待马克思主义哲学教科书体系的态度相对应,中国马克思主义哲学对待西方马克思主义哲学的态度也经历了

---

① 何萍:《新世纪马克思主义哲学中国化研究的两个基本问题》,《江苏社会科学》2011年第5期。
② 汪信砚:《当前我国马克思主义哲学研究的三个误区》,《哲学研究》2005年第4期。
③ 陈食霖:《苏联哲学教科书与马克思主义哲学中国化》,《山东社会科学》2011年第6期。
④ 袁贵仁、杨耕、吴向东主编:《马克思主义哲学教学体系:历史与现状》,北京:北京师范大学出版社,2011年版。

一个变化的过程。在20世纪80年代之前，中国马克思主义哲学排斥西方马克思主义哲学，将西方马克思主义哲学视为马克思主义哲学的异端，在20世纪80年代之后，随着中国由计划经济转向市场经济，社会结构、生产结构及人们的生活方式发生了巨大变化，与之相应地，为了解决这一变化所带来的文化和意识形态批判问题，中国马克思主义哲学转而更多地接受西方马克思主义哲学，从西方马克思主义哲学中吸取丰富的建构民主政治和文化意识形态批判的思想资源。不仅是卢卡奇、葛兰西和科尔施的思想受到中国学术界重视，分析的马克思主义哲学、生态学马克思主义哲学以及后马克思主义哲学家们也都相继进入了中国学术界的研究视野。随着马克思主义哲学资源的更新，学术界开始提出要结合西方马克思主义哲学推进马克思主义中国化研究。例如，李佃来认为，这方面的视角应该更开阔一些，可以通过对比分析西方马克思主义与中国马克思主义两种马克思主义传统产生的历史和文化背景以及理论形态的异质性，探索马克思主义中国化理论生成的独特性；可以分析西方马克思主义与中国马克思主义未来研究的共同问题域与不同关注点；可以用西方马克思主义思想特别是其合理因素来审视马克思主义中国化；可以从西方马克思主义中提取类似现代性理论的问题式嫁接到马克思主义中国化中。① 在具体问题的研究方面，学术界也有相关思考。例如，王晓升结合意识形态问题，提出了强化马克思主义在社会主义意识形态中主导地位的四个策略：在意识形态建设中，我们不仅要关注意识形态领域中的思想斗争，而且要致力于把意识形态转换为物质生产方式和人们的生活方式；不仅要同虚假意识进行坚决斗争，而且要努力使意识形态成为"理性话语"；不仅要注重意识形态的阶级性，而且要吸纳不同社会思潮的积极因素；不仅要重视国家意识形态的建设，而且要使国家意识形态成为大众意识形态。②

---

① 李佃来：《结合西方马克思主义推进马克思主义中国化研究》，《光明日报》（理论周刊）2007年5月22日。
② 王晓升：《强化马克思主义在社会主义意识形态中主导地位的几个策略问题》，《毛泽东邓小平理论研究》2008年第6期。

四、关于马克思主义哲学中国化与当代中国哲学建设的研究

马克思主义哲学中国化的最终目的,在于用马克思主义哲学引领中国走出传统,走进现代化,走向世界。为了实现这一目标,近年来,学术界已经突破了平面化地研究马克思主义哲学中国化的思维框架,开始自觉地将这一论题提升到当代中国哲学建设的层面加以探讨。这一工作的亮点大致体现在以下三个方面。

第一是重新思考马克思主义哲学与中国哲学的关系。改革开放以来,马克思主义哲学中国化研究中一个突出的问题就是往往局限于马克思主义哲学史的视域内,只考察中国马克思主义哲学自身的发展及其内容,最多涉及马克思主义哲学与20世纪中国其他哲学思潮之间的论争,而很少关注马克思主义哲学与20世纪中国思想界的多方面联系,很少探讨马克思主义哲学与中国其他哲学思潮之间的互动、交流与融合,很少把马克思主义哲学中国化作为20世纪中国哲学发展史的一个重要方面来研究。这种狭窄的研究视域带来的一个后果就是人为地在中国哲学和马克思主义哲学之间,以至于西方哲学之间树立起一道屏障,阻碍了人们对中国马克思主义哲学历史和理论的深入研究。近年来,学术界对这一局限进行了反思,提出了对马克思主义哲学与中国哲学之间关系的新见解。例如,李维武认为,马克思主义哲学在过去一个世纪里经过中国化的历程,已经融入了中国思想界,已经成为了中国哲学的一个有机组成部分。① 李景源也认为,马克思主义哲学中国化与中国传统哲学近代演进表现为同一个过程,在这个过程中,由金岳霖的《论道》、冯友兰的《新理学》等发展出的"思想改造论思潮"对马克思主义哲学的中国化起到了一定程度的影响。中国化的马克思主义哲学与中国近现代哲

---

① 李维武:《从20世纪中国哲学的视域看马克思主义哲学中国化》,《学术月刊》2003年第11期。

学是相比较而存在、相斗争而发展的。① 上述把中国马克思主义哲学与中国哲学联系起来看的观点已经逐渐为学术界所普遍接受。在此基础上，学术界进一步提出以马克思主义哲学来推动中国哲学的发展与创新。例如，任平指出，当代中国马克思主义哲学研究可概括为八种类型：马克思主义哲学教科书改革研究范式、马克思主义哲学史研究范式、马克思主义文本文献学研究范式、马克思主义中国化研究范式、马克思主义对话研究范式、马克思主义反思的问题学研究范式、马克思主义哲学领域创新研究范式、马克思主义出场学研究范式。他认为，这些研究范式的创新将推动和引领未来中国哲学各学派成长与发展。②

第二是凸显马克思主义经典著作编译和研究工作对马克思主义哲学中国化的意义。马克思主义经典著作的编译是马克思主义哲学中国化过程中的一项基础性工作。在我国学术界，大多数学者是通过阅读已经译为中文的外文文献来把握马克思主义哲学理论的。因此，准确可靠的翻译文本就是马克思主义哲学中国化的前提。以往，学术界对经典著作的翻译工作并不十分清楚，对其在马克思主义哲学中国化过程中的意义也没有深刻的认识。2011年，中央编译局召开资深翻译家表彰大会，通过媒体的宣传报道，一辈子只聚精会神埋头干一件事的一群人——马克思主义经典著作编译群体终于从幕后走到前台。③ 现在，学术界已经了解：他们的工作使中国马克思主义经典著作编译事业取得了举世瞩目的成就，先后翻译出版了《马克思恩格斯全集》中文第一版50卷；《列宁全集》中文第一版39卷、《列宁全集》中文第二版60卷；《斯大林全集》13卷；《马列主义文库》中文版21种；《马克思恩格斯文集》10卷、《列宁专题文集》5卷；《马克思恩格斯选集》第一、二版各4卷；《列宁选集》第一、二、三版各4卷，等等。中国已经成为世界上翻译出版马克思主义经典著作最多、最全的国家。全面、系统、完整、可靠的马

---

① 李景源主编：《21世纪的马克思主义哲学创新：马克思主义哲学中国化与中国化马克思主义哲学》，南京：江苏人民出版社，2011年版。
② 于桂凤、冯建华：《"中国马克思哲学高峰论坛（2011）"综述》，《哲学动态》2012年第2期。
③ 薄洁萍：《一群人、一辈子、一件事——记奋战在马克思主义中国化第一线的中共中央编译局优秀翻译家群体》，《光明日报》2011年6月26日。

克思主义经典著作编译作品为马克思主义哲学中国化提供了坚实的文本依托，为马克思主义哲学的理论创新提供了源源不断的思想资源、理论基础、源头活水。马克思主义经典著作编译工作对马克思主义哲学中国化的重大意义，衣俊卿认为，在于能够有效防止那种对马克思主义的教条主义或实用主义的态度，真正把马克思主义的真理同中国的具体实践有机地结合起来，解决中国实际问题。这具体表现为三点：一是保证理论立场的坚定和理论基础的牢固，二是推动理论研究不断走向深入和全面，三是有助于理论传播和宣传教育的广泛深入。① 最近，《马克思恩格斯文集》10卷本和《列宁专题文集》5卷本的出版受到学术界的特别关注。顾海良指出，《马克思恩格斯文集》10卷本的出版，既是党中央实施马克思主义理论研究和建设工程的重要成果，也是自20世纪90年代《马克思恩格斯选集》中文第二版出版以来，我国学术界对马克思恩格斯著作研究的标志性成果，必将对马克思主义中国化的新历程产生重大影响。他认为，正是在对马克思主义经典著作的重新研究中，我们对六个方面的结合有了新的体会和新的进展：一是马克思主义基本原理与时代变化、经济社会关系发展之间的关系；二是马克思主义基本原理的普遍适用性与国别特色性之间的关系；三是关于资本主义发展的阶段性变化与历史性趋势之间的关系；四是关于资本主义社会基本原理中社会制度的特殊规定与社会化大生产一般规定之间的关系；五是马克思主义对未来社会的科学预测与社会主义现实发展之间的关系；六是马克思主义的根本方法与具体方法之间的关系。②

第三是重视专业哲学家对马克思主义哲学中国化的贡献。这里的专业哲学家包括三种类别：一是以李达、艾思奇为代表的专业马克思主义哲学家，二是以张岱年、冯契等为代表的当代哲学家，三是以黄枬森（即黄楠森）、陈先达、陶德麟等为代表的活跃在中国大学校园的马克思主义哲学家。

研究以李达、艾思奇为代表的专业马克思主义哲学家，从某种意义

---

① 衣俊卿：《马克思主义中国化的源头活水》，《中国社会科学报》2011年6月30日。
② 顾海良：《马克思恩格斯经典著作与马克思主义中国化的新进程》，《理论视野》2011年第6期。

上说,是对以往中国马克思主义哲学发展史上缺失环节的一种弥补。20世纪90年代以前,中国马克思主义哲学发展史实际上被归结为党的领袖人物的思想史,而专业马克思主义哲学家的思想没有得到应有的重视,也没有被纳入到马克思主义哲学中国化研究的核心范围之中。应该说,这种局面的形成是有其历史原因的。从马克思主义哲学的创立来看,马克思、恩格斯,还有包括恩格斯指导建立的第二国际的马克思主义理论家同时都是无产阶级革命和工人运动的领袖。19世纪的马克思主义哲学正是通过这些无产阶级和工人运动领袖们的理论和实践活动而获得广泛传播。在这种历史条件下,以领袖思想来叙述马克思主义哲学史是合理的,但是,进入20世纪以后,随着马克思主义哲学的世界传播和社会主义革命在苏联、中国的相继成功,情况就发生了变化:专业马克思主义哲学家出现了,马克思主义哲学的理论发展不再仅仅是无产阶级革命领袖的事业,而同时成为信仰马克思主义的知识分子的事业。马克思主义哲学正是在无产阶级革命领袖和专业马克思主义哲学家的推动下,获得了发展的不竭动力。因此,我们如果不对这些专业马克思主义哲学家的思想成就进行研究,就无法对马克思主义哲学中国化有一个清晰全面的了解。[①] 基于这一认识,学术界开始对这些哲学家的思想加以关注。例如,在李达哲学思想研究方面,汪信砚把马克思主义哲学中国化分为"狭义的马克思主义哲学中国化"和"广义的马克思主义哲学中国化"两种类型。"狭义的马克思主义哲学中国化"就是把马克思主义哲学从形式到内容都变成中国的东西,也就是创造出像毛泽东哲学那样的中国形态的马克思主义哲学。与此不同,"广义的马克思主义哲学中国化"则是一种马克思主义哲学的研究范式,是指以把马克思主义哲学与中国的具体实际相结合、创造并不断发展中国化的马克思主义哲学,作为马克思主义哲学研究的中心任务、理论目标、基本信念和评价标准。他认为,李达虽然没有创造出像毛泽东哲学那样的中国形态的马克思主义哲学,但他却是广义的马克思主义哲学中国化的一位杰出代表,

---

[①] 关于中国专业马克思主义哲学家的详细研究可参见陶德麟、何萍主编:《马克思主义哲学中国化的理论与历史研究》,北京:北京师范大学出版社,2011年版。

并由此也为狭义的马克思主义哲学中国化、为毛泽东哲学的理论创造作出了重要贡献。① 在艾思奇哲学思想研究方面，王伟光总结了艾思奇对马克思主义哲学中国化的贡献：一是毕生献身马克思主义中国化事业，提出了马克思主义哲学"中国化"的概念；二是开马克思主义哲学中国化通俗读物先河，倾其心血从事马克思主义哲学中国化普及工作；三是主编马克思主义哲学中国化教科书，积极探索中国化的马克思主义哲学表述体系；四是端正对待马克思主义哲学中国化的学风，以科学的精神创新发展中国化的马克思主义哲学。②

研究以张岱年、冯契等为代表的当代哲学家，还有以黄枬森、陈先达、陶德麟等为代表的活跃在中国大学校园的马克思主义哲学家，主要是为建构当代中国马克思主义哲学提供经验和借鉴。2011 年，张岱年与马克思主义哲学中国化的研究获得较大推动：河北师范大学成立了张申府张岱年研究中心并举办了"张申府张岱年与马克思主义中国化"学术研讨会，会上，研究者提出了要对他们的理论探索加以关注，因为这一探索奠定了马克思主义中国化的经典范式——"延安经验"的理论基础，这对中国当代意识形态建设具有重要启示。同时，研究者也强调，只有从张岱年提出建立的"中国文化的新统"出发，马克思主义哲学才能在中国获得民族文化身份认同。③ 关于冯契与马克思主义哲学中国化的研究，新世纪之初即有学者提出要关注冯契对重构马克思主义哲学体系的探索，近期，这一学术倾向已逐渐开始成为学术界一种普遍性的理论自觉。④ 关于黄枬森、陈先达、陶德麟等马克思主义哲学家的研究是从这三位马克思主义哲学家高龄华诞的文化庆典而引出的。2010 年，学术界在回顾"十一五"以来马克思主义哲学研究的成就与问题并展望"十二五"哲学学科发展规划的同时，迎来了黄枬森先生九十华诞和陈

---

① 汪信砚：《李达开创的学术传统及其意义》，《哲学研究》2010 年第 11 期。
② 王伟光：《艾思奇对马克思主义哲学中国化的突出贡献》，《哲学研究》2008 年第 7 期。
③ 杜运辉：《张申府张岱年研究中心成立暨"张申府张岱年与马克思主义中国化"学术研讨会综述》，《哲学动态》2011 年第 9 期。
④ 关于冯契与马克思主义哲学中国化的研究可参见何萍、李维武：《马克思主义中国化探论》，北京：人民出版社，2002 版；王向清：《冯契与马克思主义哲学中国化》，湘潭：湘潭大学出版社，2008 年版。

先达先生、陶德麟先生八十华诞的文化庆典。① 北京大学、中国人民大学和武汉大学分别举办了学术研讨会,学者们不仅回忆了三位著名马克思主义哲学家学术生活细节,而且高度评价了他们的学术成就,形成了研究和构建当代中国马克思主义哲学的重要文本。这些文本对于今后研究马克思主义哲学中国化的历程,推动马克思主义哲学中国化、时代化、大众化都具有重要的意义和价值。学术界对三位先生学术思想的研究也从另一个侧面证明,马克思主义哲学中国化作为一种理论,不是某种过时的哲学,也不是毛泽东的个人哲学,而是属于中国马克思主义者群体的哲学,是中国几代马克思主义者共同创造的思想财富。在这些创造者中,从大学校园中发展起来的马克思主义哲学家已经形成了自己独特的风格和传统,成为推动改革开放以及马克思主义哲学中国化的中坚。马克思主义哲学中国化就是在这样广大的群体中创造出来的。

马克思主义哲学中国化研究的上述状况表明,马克思主义哲学中国化研究的领域虽然形成得晚,但是研究的进展很快。这种进展不仅体现在研究成果的增长和数量的累积上,更重要的还是体现在研究视域的拓展和研究范式的更新上。而拓展中国马克思主义哲学的研究视域、更新中国马克思主义哲学的研究范式、提升中国马克思主义哲学的创新能力,正是马克思主义哲学中国化研究的历史使命。从这个意义上说,马克思主义哲学中国化研究还有更多的工作要去做。这些工作就是要让马克思主义哲学走进当代中国的寻常百姓家,促进中国人建立马克思主义哲学意识,把中国马克思主义从经验层面提高到理论层面,进而推动中国文明和文化的现代化。

(作者系武汉大学哲学学院讲师、博士)

---

① 郝立新、臧峰宇:《马克思主义哲学的中国风格——2010年三位马克思主义哲学家高龄华诞纪念话语》,《高校理论战线》2011年第4期。

马克思主义"出场学范式"研究综述

张天勇

我国著名学者任平教授首创和系统阐发的马克思主义出场学研究范式，是马克思主义研究方法论自觉的一次创新，是创新时代马克思主义走进当代的路径、模式，这一范式迅速崛起并产生了丰硕的成果，影响日甚，已成为引领马克思主义创新发展的一面旗帜。

一、回顾：出场学范式出场过程、结构和成果

任何一个自觉的研究范式的酝酿和生成都植根于她的时代，植根于她所处的理论系统中，同样，马克思主义出场学研究范式也正是创新时代对创新探索的自觉和马克思主义研究方法论的自觉的结果。

（一）出场学范式的出场语境

1. 中国改革开放的伟大实践和创新时代的来临是出场学研究范式提出的时代语境

实践提出问题，哲学反思问题并给出形而上的方向指引，这是理论发生发展所遵循的问答逻辑。中国30年改革开放的伟大实践，深刻改变了中国社会的发展层级、系统结构和精神样态，一系列诸如和谐社会建设、新现代化道路、新型城市化道路、社会公平正义、文化强国、生态文明等重大的时代问题、时代课题在实践中布展，呼唤着哲学的关照。特别是创新型国家的提出，使创新成为时代精神最显著的标识。作

为时代精神的马克思主义哲学将以何面目回应这些重大课题，成为马克思主义学者的时代责任。

2. 对原有研究范式的反思是出场学出场的理论语境

直面深刻的社会实践是马克思主义研究的优良学术品格，面对中国社会的深刻实践，马克思主义哲学研究迅速作出回应。哲学教科书改革是20世纪80年代起步最早、成效最为显著的研究范式，该范式在系统地传播马克思主义哲学的新观点、新见解、新运用方面起到了不可替代的历史作用，直到今天仍然是马克思主义哲学研究的一个重要范式。但是这一范式的缺陷也非常鲜明：易于"非历史"地对待各个不同历史时期产生的马克思主义经典文本和思想，易于造成对"原理"的讲话理解，此外其"原理体系+事例"的叙述方式也不断遭人诟病。

针对教科书研究范式的缺陷，文本文献学研究范式兴起，这一范式是为了从历史发生的角度看待马克思主义经典文本思想的发展，主张"回到马克思的学者"批判以往教科书的"非法（非历史）"引用文本的方法，主张从历史发生的角度从文本学与文献学范式去重新解读马克思的文本，进而重新理解马克思哲学的本真意义。[①] 这一范式正如这一范式的提出者所言：为了今天的理论创新必须"首先廓清理论的地平线"，以时代的视野去重新理解马克思哲学思想的原初语境。在其视野中，马克思的文本不是"现成在手"而是尚需"重新上手"和"重新打开"；对马克思哲学原初语境的分析是一种渐次展开的"历史现象学"。这一阐释范式借助于当代解释学方法，取得了许多有重要价值的成果。但是，"回到马克思"的原初语境不可能仅仅通过回到马克思的文本考订与解读、仅仅通过文本学文献学研究来达到。正如任平教授指出的："马克思的文本思想形态对出场语境与出场路径具有深度的依赖性，因而是历史的出场形态。要科学深刻理解马克思文本思想，必须要穿越文本，深入其背后去把握历史语境、出场路径与文本形态的关

---

① 参见张一兵：《回到马克思》，南京：江苏人民出版社，1999年版。

联。"① 也就是说把握马克思文本思想的原初意义，仅仅回到文本还是不够的，要回到文本产生的语境。

回到文本本身更需要一种时代的视野，而这种视野来源于当代实践和当代对话，以此衍生出马克思主义研究中的另一主要范式——"对话范式"。本着"马克思是我们同时代人"和"让马克思走入当代"的基本判断和根本定位，这一范式认为：通过与当代西方马克思主义等一系列思想的对话，马克思主义的时代性与在场性才能够彰显。事实上，马克思主义从来没有离开人类文明大道。对话既是打磨马克思主义思想之锋的砺石，更是马克思主义批判地汲取一切优秀思想成果实现与时俱进的重要路径，正因此，对话范式成为马克思主义当代研究的重要范式之一。但是，对话不能仅仅限于文本层面、理论层面的对话，而是需要历史的底板、时代的基础和实践的尺度。离开的这些基础的对话就会变成抽象法则的较量，也就失去了时代真理的标准。

抓住时代问题，以"问题反思"为中心的"问题反思学"的研究范式主要涉及两个基本层面的相互关系：一是"问题中的哲学"，就是将时代实践问题转换为哲学问题，即实践问题的哲学抽象；二是"哲学中的问题"，也就是考察哲学的问题意识，看哲学如何反映、把握时代问题，并在哲学中加以解答，即实践问题的哲学解答。两者的结合，实际上就是时代实践与哲学与时俱进的关系，本质上就是如何从（变迁的）历史语境出发去看待问题与哲学的关系。该范式抓住了哲学的时代性、问题性，但该范式同样需要从时代的重大实践即理论产生的语境才能作出深刻的哲学反思。

克服教科书范式"非历史"的缺陷，需要从马克思主义理论产生的语境，即历史的出场语境出发系统地梳理。文本文献学研究范式只有深入到思想/文本发生的历史语境才能更科学地把握文本的"原初"意义，对话的范式离开了历史的底板、时代的基础和实践的尺度也就失去了真理的尺度，反思问题学的问题则是时代实践的提升，离开时代实践大道的问题本身也就失去了时代的意义，这一切范式的缺陷都昭示着出场学的出场。

---

① 任平：《论马克思主义哲学研究的出场学视域》，《中国社会科学》2008 年第 4 期。

(二) 出场学范式发生发展历程

出场学研究范式的提出和阐发，是任平教授自身研究的逻辑布展，是在探讨马克思主义当代化，在交往实践唯物主义建构过程中，方法论自觉的结果，是马克思主义形态学研究方法论反思的结果。

出场学研究范式是任平教授自身研究的逻辑延展。其理论研究主要分为三个相互连接又不断深化的阶段：第一个阶段，20世纪80年代至90年代初，为提出、建构阶段，该阶段以"悄悄的革命开始"，以《广义认识论原理》（江苏人民出版社1992年版）为标志。该著作的特点是从认识论角度对马克思主义交往实践观进行反思，它开创了中国马克思哲学交往实践研究方向，为交往实践唯物主义这一马克思主义当代出场形态的建构打开了入口。第二个阶段，90年代后期，为哲学、文化对话阶段，代表作是《交往实践与主体际》（苏州大学出版社1999年版）。该著作的特点是，它实现了交往实践观与当代西方哲学及中国哲学的全面对话，意义在于提出、建构了"交往实践唯物主义"，这一理论在随后的著作《走向交往实践的唯物主义——马克思交往实践观的历史视域与当代意义》（人民出版社2003年版）、《交往实践哲学》（云南人民出版社2003年版）中进一步丰富和发展。第三个阶段，开创出场学研究视域，以《当代视野中的马克思》（江苏人民出版社2003年版）为标志，该著作以交往实践为中心视域，对全球化进程中的诸多重大问题进行深度反思。① 正是在这个反思中开创了出场学的独特视域。出场学研究范式从提出到系统阐发，大致经历了三个阶段。

第一个阶段：自发阶段。20世纪80年代到2001年是交往实践哲学和交往实践唯物主义建构过程。该阶段，任平教授主要从事马克思主义哲学的当代形态研究，以其独特的视野建构了交往实践哲学和交往实践的唯物主义。形态的建构虽然立足于马克思主义产生的原初语境、马克思主义发展的当代底板之上，也与中西哲学进行了深刻和广泛的对话，隐藏着后来

---

① 参见孟思源：《马克思哲学"出场学"研究的开新之作——评〈当代视野中的马克思〉》，《江海学刊》2004年第1期。

意义上的"出场学"研究范式，但由于这个阶段的主要任务是反思建构马克思主义哲学的当代形态，并没有自觉系统的反思研究范式问题。

第二个阶段：提出和建构阶段（2002—2008）。该阶段自2002年《资本全球化与马克思——马克思哲学的出场语境与本真意义》一文提出"出场语境"到2008年《论马克思主义"出场学"的两个循环》一文"出场学循环"的建构。

2002年发表的《资本全球化与马克思——马克思哲学的出场语境与本真意义》一文中，任教授指出"我有充分的理由认为：马克思的世界观、特别是其历史观正是对资本全球化时代本性、规律及其后效应的科学反思。对资本全球化及其后效应问题的关注，成为马克思创立自己新世界观关注的基点，成为马克思主义哲学发生发展的基本语境。马克思的哲学，无论是具有生命活力的基本价值理念，即对全球化一般本质、结构和发展趋势的理论反思方面，还是必须加以发展的成分，即受旧全球化时代制约而存在着严格的边界条件制约的方面，都源于它对资本全球化的批判性反思。"① 此文中明确使用"出场语境"一词，并指出"资本全球化"是马克思哲学的"出场语境"。这一点在2004年发表的《论马克思主义的当代出场路径》（《哲学研究》2004年第10期）中得到了强化，"马克思思想出场的前提就是资本全球化时代。马克思所要改变的'旧世界'，正是资本全球化的世界。对资本全球化的批判性反思，造就了马克思，使马克思的新世界观和全部理论出场"。②

2003年出版的《当代视野中的马克思》是马克思哲学"出场学"研究的开新之作。该著作全面呈现了出场学范式的结构、路径："两条主线、四大板块"、"一体两翼"的出场路径和出场形态。两条主线："从当年马克思到当代马克思"（哲学主线）、"从当年语境到当代语境"（历史主线）；四大板块："当年语境到当代语境的转换"、"当年马克思到当代马克思的转换"、"当年语境与当年马克思"和"当代语境和当代马克思"。"一体两翼"出场路径：新全球化时代的马克思主义哲学出场

---

① 任平：《资本全球化与马克思——马克思哲学的出场语境与本真意义》，《哲学研究》2002年第12期。

② 任平：《论马克思主义的当代出场路径》，《哲学研究》2004年第10期。

形态，马克思经典思想，西方前沿思想。新全球化时代马克思主义哲学的出场形态：交往实践的唯物主义。可以说《当代视野中的马克思》是出场学范式的理论体现，全面呈现出了出场学范式的结构。该书指出资本全球化是马克思哲学的历史出场语境，没有资本全球化也就没有马克思哲学。资本全球化相对于后现代来说，是旧全球化。后现代的本质是新全球化，新全球化以旧全球化为基础，是旧全球化的继续；但与旧全球化不同，新全球化的生产方式以知识文明为基础，旧全球化则以工业文明为基础，新全球化在产业轴心、社会结构、社会矛盾表现、思维方式等方面都具有了不同于旧全球化的特点。[①] 新旧全球化的连续性、同质性，是马克思哲学具有当下出场可能的社会存在论依据；新旧全球化的差异性、断裂性，是马克思哲学开放性、发展性的社会存在论基础。总之，社会存在（出场语境）本身的连续性与断裂性的统一，是马克思哲学既有本质精神统一性，又有具体形态多样性的根本原因，是坚持马克思哲学与发展马克思哲学相统一的根本原因；只有以社会存在论为基础，具体认识马克思哲学出场语境的历史性与时代性的辩证统一，才有可能构建马克思主义哲学的当代形态。

在2005年发表的《论马克思主义的出场形态》一文中，论证了"出场语境"、"出场路径"和"出场形态"的关系："我们不能将在特定的出场语境和出场路径中形成的文本结构奉为永恒经典。我们不仅需要深刻地解读文本意义、把握文本理论结构，更重要的是要深度考察文本赖以出场的历史语境和路径。文本意义、文本理论形态实际上只不过是出场形态，是受出场语境和出场路径决定的。"[②] 在《论空间生产与马克思主义的出场路径》（《江海学刊》2007 年第 2 期）、《论马克思主义研究视域的统一性——对马克思主义当代出场路径的反思》（《马克思主义研究》2007 年第 7 期）、《马克思主义中国化的出场路径——重读〈实践论〉》（《哲学动态》2008 年第 7 期）提出并逐步深化了"一体两翼"的出场路径。在《论马克思主义哲学研究的出场学视域》（《中国社会科学》

---

① 参见任平：《当代视野中的马克思》，南京：江苏人民出版社，2008 年版，第 165—178 页。

② 任平：《论马克思主义的出场形态》，《河北学刊》2005 年第 4 期。

2008年第4期）一文中进一步深化了出场语境、出场路径和出场形态之间的关系："出场学"研究视域即探索马克思主义出场问题的哲学范式，该研究范式强调在历史语境、出场路径与出场形态三者关联中系统研究马克思主义哲学创新发展的逻辑，包括历史与哲学两个地平线、四大模块的理解范式。从历史到当代的地平线转换，推动了马克思主义哲学地平线从"当年"到"当代"的发展，从而构成马克思主义哲学创新发展的总体逻辑。

2008年发表的《论马克思主义"出场学"的两个循环》、《走向出场学视域的马克思主义哲学研究：创新路径与未来趋势——任平教授访谈》（《学术月刊》2008年第9期），从出场学循环的本质层面深化了出场语境、出场路径和出场形态的深层关联和出场学的本质，详细回答了出场学范式的产生过程，明晰出场学核心范畴的具体内容以及出场学范式的创新价值。标志着出场学范式建构完成。

第三个阶段：深化阶段（2009—）。对出场与差异，特别是"场域"的研究进一步深化。如何科学看待马克思主义出场的差异性，即如何科学理解因时代、空间、受众的差异而导致马克思主义出场形态的深刻变化，是理解和建构马克思主义当代形态的根本制约维度，理论创新之途表现为走向差异之途，表现为出场与在场、同一与差异的相互缠绕（《出场与差异：对马克思主义时代化、中国化、大众化路径的哲学反思》[《江苏行政学院学报》2010年第4期]）；《走向差异之途的马克思主义出场学视阈》[《社会科学战线》2011年第5期]）。"场域"是指出场者的历史生活的空间。出场学是关于场域研究的学说，指涉历史出场者所处的历史语境与思想符号之间的辩证关系。场域的定义、本质、分类、步骤、研究对象等一系列的体系架构，都是在马克思主义出场学关于历史建构的交往实践视阈中逻辑地展开的（《场域：符号与历史的出场意义》[《天府新论》2012年第3期]）。

（三）出场学研究范式的结构

1. 两条主线、四大模块

出场学研究着眼于把握两条基本线索、四大模块。第一条线索，从马克思思想赖以出场的历史语境变化分析入手。它包括：什么曾经构成当年马克思思想出场的"原初语境"？什么又成为马克思主义当代出场的新语境？从历史语境到当代语境，其间又发生了怎样的变化和具有怎样的"历史间距"？进而这一差异对马克思主义出场形态提出了怎样的要求？对此，我们已经看到，历史语境的变化构成两大模块：作为"当年马克思思想出场的周围感性世界"的资本全球化，以及成为当代马克思主义出场的历史语境的新全球化时代。第二条线索，就是从"当年"到"当代"马克思主义出场视域、形态、思想、理论的变化。两者之间出现"历史的间距"，就是历史语境、出场路径在马克思主义出场视域上的变化。"当年"与"当代"马克思主义构成的两大模块，与历史语境变化的两大模块的相互对应性，就成为"与时俱进"的出场学视域。正是在这一经纬线上，无论是"原版马克思"还是"当代马克思主义"，都是历史时代的产物，都不应当被重新僵化地理解。①

2. 核心范畴

（1）出场

"出场"一词源于"舞台"表演艺术，但是这一舞台不是一般剧院的台场，而是人类历史的宏大舞台。相对于这一舞台，人既是剧作者，又是剧中人。历史选择何种思想与行动为主角出场来主演人类历史剧，是至关重要的。"出场"与"退场"对应，也不等于"在场"。"出场"也不同于"在场"。一切教条主义则倾向于将马克思主义视为一种超越时空、永恒不变的"现成在场形态"，一劳永逸地僵化体系。但是，马克思主义从来就不是一种所谓"在场的形而上学"，从来就坚决反对将思想变成教条。马克思主义是随着时代发展和空间语境转换而不断重新出场的。出场是对现成在场状态的超越，永远是与时俱进地创新，永远是对出场路径、出场方式与出场形态的时代选择。② 出场是思想理论随

---

① 参见任平：《走向出场学视域的马克思主义哲学研究：创新路径与未来趋势》，《学术月刊》2008年第9期。

② 参见任平：《走向出场学视域的马克思主义哲学研究：创新路径与未来趋势》，《学术月刊》2008年第9期。

着时代的发展不断变为在场的过程、行动和谋划。

（2）出场语境

出场语境是指思想发生学基础，也即当时的社会实践状态。马克思主义出场学语境指的是构成当年马克思思想的发生学基础，也即马克思主义产生的社会实践状态（原初语境），以及当下社会实践状态（当下语境）。出场语境不仅是文本意义的结构，而且首先是一种"改变世界"的实践所构成的历史结构或历史时代，也即马克思思想赖以出场的现实基础。由此，对出场语境的分析，也是对马克思主义出场条件的考察，是对从当年到当代历史条件演变的分析。这里的语境类似于伽达默尔视野里的处境，"处境这一概念的特征正在于：……我们总是处于这种处境中，我们总是发现自己已经处于某个处境里，因而要想阐明这种处境。"① 尽管这一阐明是不可能彻底完成的，对于马克思主义出场语境的追问应当包括下列问题：是什么曾经构成当年马克思思想出场的历史语境或"原初语境"，是什么又成为马克思主义当代出场的新语境或"当代语境"？从历史语境到当代语境，其间又发生了怎样的转换和又具有怎样的"历史间距"？这一语境的差异对马克思主义出场形态产生了怎样的影响？这一追问本身就是马克思主义的出场语境考察。

（3）出场路径

出场路径顾名思义指的就是马克思主义在出场语境的基础上的出场方式或者出场方法。任平教授认为，马克思主义出场路径是"一体两翼"的创新格局。所谓"一体"，就是对重大时代问题的实践反思，这是马克思主义出场的基本路径，什么问题出场，什么问题不出场，先出场还是后出场，隆重出场还是作为配角出场首先是由其所处的时代实践决定的，是对时代实践重大问题的反思，不是"纯"理论的无病呻吟。所谓"两翼"，即对马克思主义经典文本的重新解读及与各种时代思潮的对话。"一体"就是"改变世界"的实践路径。如果说，当年马克思"改变世界"主要在于摧毁一个旧世界，那么今天更需要在中国建设一个新世界。中国革命、建设、改革和发展的实践不断创造出"中国经

---

① 伽达默尔：《真理与方法》，洪汉鼎译，上海：上海译文出版社，1999年版，第387页，

验",进而创造出马克思主义中国化的理论体系。① 马克思主义的出场路径就是立足于时代重大实践问题(把实践问题上升为哲学问题),同时积极开展与马克思主义经典思想和各种时代思潮的对话,围绕"一体"布局"两翼",通过"两翼"实现"一体"。

(4) 出场形态

出场形态是指思想、理论在出场语境和出场路径中展现出来的理论形态。在出场学看来,马克思文本意义、文本形态、理论形态是出场语境和出场路径的理论表现。无论我们是追问马克思思想的以往形态(原初形态)还是当代形态,都不能脱离具体的历史语境(出场语境)。文本的意义结构只是那一(出场)语境、(出场)路径中的相对历史形态,而不是超越出场语境和路径的无条件、一劳永逸、一成不变的。我们对文本的解读、对文本意义结构的理解,也不能舍弃语境和路径来孤立地加以研究。随着语境和路径的历史变化,马克思主义的出场形态也会发生变化。

(5) 出场学循环

"出场"与"差异"是出场学研究范式中的两个核心要素,两者之间存在着两个对应的阐释循环:"出场"与"在场"的循环;"同一"与"差异"的循环。

"出场"与"在场"之间存在着内在的循环。首先,"出场"是为了"在场"。"在场"的想象与愿景推动着"出场者"的"出场"。"在世之梦"既成为"出场"的目的,又是"出场"的动力。因此,要理解"出场",必须要理解出场"所为"的目的,即"可能的在场"本身。在场的可能性引导、推动、召唤着出场者的出场,使出场变成一个朝向在场转变的谋划行动。其次,出场是生产,在场是结果,两者是相互规定、关联阐明的,共同构成一个相对完整的出场学结构。"出场"与"在场"也相互对立。出场与在场相互对立、相互否定,彼此都是任何一方不能脱离的"他者"。"出场"与"在场"的循环也是哲学自我反思之镜。一切形而上学之梦幻就是企求过去、现在、将来一劳永逸地

---

① 参见任平:《走向出场学视域的马克思主义哲学研究:创新路径与未来趋势》,《学术月刊》2008年第9期。

"永恒在场",但总是不断地被解构而重新出场。(在场的)同一与(出场的)差异是相互循环的。在场的同一形成了存在状态的持续性与稳定性,形成了差异的出场赖以行动的前提条件。差异对同一的否定,是一个"间接性范畴",必须首先理解在场的同一,才能深刻理解出场的差异本身。反之亦然,要理解、选择和设计在场的同一,必须要深刻理解出场带来的差异,在差异中坚守同一,在否定中保持肯定,在多元化中守护一元,这是在场的阐释逻辑与行动逻辑。同一与差异,不仅相互区别,相互对应,而且相互循环。两个循环成为"出场"辩证法的核心。理解了出场学循环,就真正理解了马克思主义的创新机制。历史地出场与在场、同一与差异的循环构成了马克思主义与时俱进的创新机制。①

(四) 马克思主义出场学范式的主要成果

1. 在《中国社会科学》、《哲学研究》等杂志上发表了如上所述的一系列研究论文,推进了马克思主义的当代化研究。

2. 出版了出场学系列著作(人民出版社2008年):《规则论——研究视阈与核心问题》(陈忠)、《幽灵学方法批判》(岳梁)、《社会符号化:马克思主义视阈中的鲍德里亚后期思想研究》(张天勇)、《跨越风险社会——风险社会的历史唯物主义研究》(庄友刚)、《"空间生产":从马克思到当代》(孙江)。这些著作立足当代社会的重大问题,在与马克思经典思想和与四方社会前沿思想对话的基础上,探讨了马克思一系列思想的当代出场形态。

3. 《创新时代的哲学探索——出场学视域中的马克思主义哲学》(任平,北京师范大学出版社2009年版)全方位展示了出场学视域的马克思主义哲学的当代形态。

二、马克思主义出场学研究范式(2011)

2011年马克思主义出场学研究范式呈现两个特点:建构深化和应用拓展。

---

① 任平:《论马克思主义"出场学"的两个循环》,《学术月刊》2008年第9期。

（一）建构深化

建构深化体现在以下几个领域：对以往出场学研究的主要问题进行了系统总结；深化了"场域"研究；对马克思出场语境——差异性社会的深化研究。

1. 系统凝练"出场学问题"的反思领域①

任平教授在《走向差异之途的马克思主义出场学视域》一文中，系统凝练了近来出场学问题领域集中反思的五大问题。

第一，对出场学出场语境的自反性深思。任教授指出：在更深的意义上，以出场学视域反思马克思主义首先基于时代的挑战。以往把马克思主义当做教条对待，思想本身似乎就成为唯一在场，或者说它就是自己在场的充足根据。而苏东剧变，使马克思主义当代性和在场性受到严重挑战，马克思主义遭遇当代退场的危险。思想在场的逻辑不能自恰，被思想遮蔽的背后的真正根据——历史才会显现。穿透思想出场的背后，直接面对历史，我们才会重新发现历史与思想的真实关系。马克思曾经在《德意志意识形态》中批判当时的德意志意识形态时尖锐指出的"他们从来没有提出思想与历史的关系问题"又再一次凸显在当代人面前。无论是新自由主义者福山"历史的终结"的叫嚣，还是德里达在《马克思的幽灵》中对"马克思遗产"如何"复活"的"幽灵学设计"，都曾经促使我在更深的历史层面上重新思考"当年马克思"与当代实践的关系，探索"马克思主义重新出场"的可能性。毫无疑问，就历史语境而言，资本创新使全球化结构发生了深刻的新旧转换，造就了新的历史图景。一切拒斥历史图景变化的思想家对资本的批判显然低于历史水平，落后于时代；而后马克思主义借口时代变化而企图超越甚至抛弃马克思，重新探索资本批判之路。马克思主义必须要重新准确理解时代和历史图景的变化，进而将当年马克思关于资本批判的本质阐述与对资本

---

① 参见任平：《走向差异之途的马克思主义出场学视域中》，《社会科学战线》2011年第5期。

创新形态的分析结合起来，做出无愧于时代的判断。全球金融危机爆发，使"马克思的幽灵"重新出场甚至被热捧。贯穿这一切事件的一个问题始终是：今日马克思主义，如何与时代同行而于当代在场？我们怎么能够深度地阐释一种关于马克思主义与时俱进的逻辑？根据这一逻辑，我们如何创新地把握一种科学的当代形态？对这一问题的解答，必然召唤马克思主义出场学视域。

第二，对出场学问题的深化探索，必然从"问题中的哲学"走向"哲学中的问题"，提出一系列出场学独有的范畴。任教授指出："出"是摆脱遮蔽状态而现身的行动，"场"是人类宏大历史舞台。让何种思想现身历史，成为在场的时代精神，这是出场学问题。历史才是真正的在场，思想绝不可能脱离历史语境、脱离时代实践而孤寂出场，更不可能一经出场就一劳永逸地永恒在场。思想、理论、认识对于实践、历史、现实有本然的依赖性。马克思的哲学革命的深刻意义就在于摧毁了一切关于思想唯一在场、永恒在场的形而上学教条。思想的出场需要选择历史的场域。"场域"是思想背后的历史，是由实践造就的现实结构。它既是一种历史语境、历史路径的构境，更是出场主体对立场的选择。主体在造就历史中出场，成为历史的构境者；同时历史语境也为主体活动提供现实的地平线。对于主体而言，历史就是现实的出场语境。实践、历史、现实不断变化，出场语境呈现差异化，因此，思想、理论、认识的出场路径、方式和形态也必定存在差异。场域差异造就思想分型。如果我们仍然期望将原初发生于一定时代的思想变成"超历史的一般历史哲学"，把来源于大众实践经验的理论抽象为"无人身的理性"，那么，就可能将发动哲学革命的马克思主义重新僵化为一种形而上学。原初出场的马克思主义，在新的时代、空间、主体条件转换过程中，在新的语境中，必须选择重新出场。

第三，对马克思主义与时俱进逻辑的出场学阐释。历史图景的深刻变化必然造就思想的转换。德里达曾经批判海德格尔把哲学关注的主题限定为"如何在场"。海德格尔追问："为什么在者在而无反而不在？"在幽暗丛林被遮蔽的在的意义需要被重新打开，澄明之光对"在场"的照耀使一切在的意义得以显现。然而，德里达认为这不过是一种"在场的形而上学"。对在场的迷恋导致把在场当做永恒的、无限的东西，因而是形而上学的最后形式。出场不等于在场。如果存在永恒的在场，那么任何差异和创新都不会发生。把在一个时代语境中形成的理论形态僵化为"永恒在场"的"终结真理"，这是一切旧形而上学的根本幻想。马克思主义哲学革命的意义就在于"推翻了一切关于最终的绝对真理和与之相应的绝对的人类状态的观念"，要求理论必须随着时代发展而不断重新选择出场路径与方式，与时俱进地创造新的在场形态。因此，出场就意味着对在场的替代、差异和变化，意味着由于主体、时代和空间差异而导致某种创新。思想一旦出场，就必然发生新旧交替，即"与时俱进"。出场学视域就是在总体上与时俱进地把握马克思主义的研究范式。"与时俱进"是马克思主义的理论品质，内在地贯穿着一种出场学视域，它将人们对"原版"或者"当代"马克思主义的本真意义、思想形态的追问转换为一个"出场学问题"：任何马克思思想形态都不是现成在场、永恒不变的。它本质上是由一定时代语境造就对出场路径深度依赖的出场形态。作为问答逻辑，马克思主义的思想形态会随着历史语境的变化而变化。创新之途就是差异之路。我们不仅要考量"原版"或"当代"的马克思主义形态，更要追问马克思思想出场形态背后的历史语境，将出场形态看做出场语境的时代性结果。

第四，对走向差异之途的马克思主义出场学辩证法的阐释。马克思主义创新出场必然产生"差异"，并由此而出现"出场"与"在场"、"差异"与"同一"循环关系的辩证法。只有不断出场才能秉持在场。只有通向差异之途，才能保持同一本质。"在场"与"出场"、"同一"与"差异"的循环就是出场学的辩证法。"在场"追求"同一"，而"出场"呈现"差异"。因为每一次出场，都是内在地遭遇时空变换，因而使出场语境、出场路径和出场形态都相应发生变化，产生差异。因而，"在场"与"出场"的循环，又转化为"同一"与"差异"的循环。"同一"是在场的本质。因为"在场"维系自己的在场形态的同一、持续、稳定，这些是其存在的必要条件；"差异"是出场的本质。对在场状态的改变、否定与超越，以新的出场取代旧的在场，成为出场行动的根本宗旨。因此，每一次出场都是一种历史重写，一种创新，一种与原初在场的差异性行动。因此，倡导"差异性"使出场学本质上是对一切教条主义的根本否定。然而，出场本质之"差异"也绝不是后现代德里达所说的"碎片"或"撒播"行动，更不是后马克思主义企划的与当年马克思之间的"断裂"。倡导马克思主义通过不断出场而创新，绝不是对当年马克思世界观的脱节，相反，是在新的时空语境中的重写。出场学对差异的描写，其理论旨趣为既反对不顾时代变化而僵化固守同一的教条主义，坚持与时俱进的逻辑，也反对企图超越和抛弃马克思的后马克思主义之维。

第五，对出场学方法论逻辑的阐释。出场学需要人们学会把握两条基本线索、四大模块。

第一条线索，即马克思思想赖以出场的历史语境的时代变化。它包括：构成当年马克思思想出场的"原初语境"和马克思主义当代出场的新语境。我并不反对，而且赞赏"回到马克思"的原初语境的学术努力。但是这一原初语境不能仅仅指文本，而且更是指文本背后的历史。我们当然也不能仅仅停留在原初语境，而需要从历史语境到当代语境，探索资本创新所造就的历史图景的深刻变化，进而探索马克思主义出场形态的相应改变。对此，我们已经看到，历史语境的变化构成两大模块：作为"当年马克思思想出场的周围感性世界"的资本全球化，以及成为当代马克思主义出场的历史语境——新全球化时代。从以工业资本为主导的旧全球化时代向以知识资本和金融资本为主导的新全球化时代的转换，造就了当代马克思主义出场的新场位。在新的语境中不断重新出场，使马克思主义在创新中不断发展，因而也不断发生着出场形态的差异。

第二条线索，就是从"当年"到"当代"马克思主义出场视域、形态、思想、理论的变化。两者之间出现"历史的间距"，就是历史语境、出场路径在马克思主义出场视域上的变化。"当年"与"当代"马克思主义构成的两大模块，与历史语境变化的两大模块的相互对应性，就成为"与时俱进"的出场学视域。正是在这一经纬线上，无论是"原版马克思"还是"当代马克思主义"，都是历史时代的产物，都不应当被重新僵化地理解。因而，"回到"与"走入"就在"与时俱进"基础上达到视域融合和统一。因此，我提出马克思主义出场学视域，旨在探索在差异化时空语境中马克思主义如何不断选择自己恰当的出场路径、出场方式和出场形态，进而与时俱进地把握马克思主义中国化当代形态。

2. 深化"场域"研究①

场域是出场学的一个核心概念，在《走向差异之途的马克思主义出场学视域》（《社会科学战线》2011年第5期）一文中，任平教授从三个方面界定"场域"：第一，场域是思想背后的历史，是由实践造就的现实结构，它既是一种历史语境、历史路径的构境，更是出场主体对立场的选择；第二，场域是主体活动的地平线；第三，场域差异造就思想分型。② 对场域的主体内容和在思想形成中的地位作了深刻剖析。在随后的一篇文章《场域：符号与历史的出场意义》（《天府新论》2012年第3期）中对场域的定义、分类、本质、步骤、研究对象的体系架构做了详细厘定。

其一，场域的定义。任教授认为场域具有三个特点：（1）场域的客观性。场域是历史造就的方位。（2）场域的主观性。场域是价值观念与立场。（3）出场学场域是主观与客观的统一、主体与客体的融合。无论是理论实践场域还是历史实践场域，场域更为注重的都是有关历史的构境。

其二，场域的分类。任教授反对将出场学场域无限细分，无限细分所带来的后果与柏拉图的理念的无限细分的后果一样，将导致无穷倒退的困难。因而借鉴了马克思和阿尔都塞对实践的两种分类法，认为所有的场域都可以归于这两种场域之内：一是符号实践场域，也就是理论、思想的实践场域；二是历史实践场域，也就是真实的现实中的当下性的历史的正在生成的场域，亦可简称为"符号场域"与"历史场域"。

其三，场域的本质。第一，场域的本质在于建构性而不在现成在

---

① 任平：《场域：符号与历史的出场意义》，《天府新论》2012年第3期。
② 任平：《走向差异之途的马克思主义出场学视域》，《社会科学战线》2011年第5期。

场。客体性的场域在于主体出场的空间性和置身性。这一空间性可有两个向度：一是属人性的居所，二是外在于人的由人的实践所造就的置身性空间。主体性的场域则需要考察人的价值投射。实践造就的空间本身对于人的作用就是意义，而意义的有用性就是价值，价值的体系就是文化。场域作为主体性在场就是立场的价值投射。第二，场域不仅是形塑的，而且是建构的。建构则是一种真实的生命律动的存在，是形塑、传播、解码的过程与意义的互动的结果，而不仅是符号化的过程。如果说形塑指向的是过去，那么，建构指向的是未来。实践的特质使人们参与正在生成的运动从而指向未来，过去的流传物中一定包括了客体化与对象化形塑过程，它们历史的传播过程与人们的解码过程才能为建构提供质料，这样才能指向未来。历史建构包括了人们活动的真实舞台的全部内容的结构，场域传播不如说包含历史传承和横向传播两个向度。第三，马克思主义对于场域的敏感性在于差异地出场、断裂地在场和批判地对待一切在场的形而上学。

其四，场域的步骤。出场学场域的步骤是一相互联系的动态过程，其步骤是一个三部曲的动态过程——形塑、传播、解码。三个步骤之间是互动的辩证的并综合起来构成历史建构模型。出场学场域研究步骤超越布迪厄社会学场域之处在于：社会学场域仅仅是隶属于出场学场域的第一个阶段，而对传播与解码没有进行深入地研究以及进行实质性地探索。也就是说，社会学场域在历史的建构方面缺乏论据陈述，而出场学场域则是有关历史的动态的辩证流转的总体过程，是关于历史的建构论证。

其五，场域的研究对象。（1）符号实践的场域——文本、艺术及各种形式的符码，注重文学性，注重指称的形塑、传播与解码；（2）历史实践的场域——历史、社会、现实中的各种形式的交往、关系，也是对意义的形塑、传播与解码的及其整个动态过程的研究；（3）符号文本与历史哲学的交叉场域；（4）研究对象的创新之处——坚持"一体两翼"的研究格局，将解释学的"文本"与历史哲学的"历史"都纳入到出场学场域的研究视野中。

在与解释学、社会学场域比较的基础上，对出场学场域本质、构成、研究对象等深度思考和本质厘定，揭示了出场学之所以是马克思主义哲学当代发展的新方式的奥秘。这也是出场学研究的最新最重要的进展。

3. 马克思主义当代出场语境之一——差异性社会的深化研究①

科学认识社会主义初级阶段的社会性质是当代马克思主义中国化、中国特色社会主义理论发展和建构的基础。差异性社会就是对社会主义初级阶段社会性质的指认，这构成了中国特色社会主义理论出场的重要语境。对差异性社会的深度剖析是对中国特色社会主义理论、当代马克思主义中国化出场语境的建构。

差异性社会是我国现实的社会。综观历史，人类的物质利益关系状况大致可以分为三种类型。第一种，人们的物质利益完全一致、没有差别的同质性社会。原始社会和未来共产主义社会属于这一类型。需要说明的是：这些社会不是没有差异，如原始社会至少存在男女之间自然分工、部落酋长和祭司等职位相对固定的分工；共产主义社会当然是个性自由发展的社会，个性差异是必然的。但是，这些差异是非物质利益上的，在物质利益上，总的来说不存在或不需要存在差异。与同质性社会相对应，实现的是同一性政治。原始社会和共产主义社会都采取社会自治的方式，没有或不需要脱离社会之上的"上层建筑"来管理社会。第二种类型即阶级对抗性社会或阶级冲突型社会。自人类进入阶级社会以来，物质利益关系之间的对抗性矛盾就成为各个社会的主导。在这一类型的社会中，社会分层严重，虽然统治阶级可以采取各种调节方式缓和矛盾，但是却难以从根本上消除对抗的根源。在当代资本主义社会，通过刺激物质生产和加大消费、加大社会保障和福利来缓和阶级冲突，甚至采取某些社会主义公平政策来消除绝对贫困化现象，取得一定的社会和谐效果，但是仍难以从根本上解除根本矛盾。在阶级对抗社会，"对抗性政治"就是经常性的形式。在阶级冲突压力下，尽管民主政治在形

---

① 参见任平：《论差异性社会与中国特色社会主义民主政治的未来》，《马克思主义研究》2010年第5期。

式上异常发达，但是形式的民主与实质的冲突之间的张力只会越来越大。民主，无论采取何种形式，只是处理和协调阶级对抗关系、实现有效统治的政治形式。

第三种类型即差异性社会。社会主义社会特别是中国的社会主义初级阶段，就是典型的差异性社会。其具体特征是：急风暴雨式的大规模阶级斗争和阶级对抗关系已经成为历史。虽然资本依然大量存在，与劳动之间的矛盾仍然具有剥削与被剥削的对抗性一面，但是以公有制为主体、人民当家作主的社会中，大量地表现为非对抗性矛盾。不仅人民成为社会的主体、社会的主人，而且人民内部物质利益关系上的差异、分层和矛盾成为社会矛盾的主体形态。这一矛盾的特质就是：人民在根本利益和长远利益上趋向于一致，而在局部利益和当下利益上存在各种差别和矛盾。在大量资本的逐利作用推动下，社会主义市场经济依然在造成利益的分化，依然存在越来越大的分配和收入的差异，进而造成社会分层，这一存在大量的利益差异与分层的社会结构显然既不同于同质性社会，也不同于对抗性社会。差异性社会是贯穿整个中国特色社会主义建设全过程的社会。

差异性社会的指认构成了中国特色社会主义的出场语境，在此基础上正义建构（《论差异性社会的正义逻辑》，任平，《江海学刊》2011年第2期）、社会建构（《论差异性社会的社会逻辑》，曹典顺，《江海学刊》2011年第2期）、民主建设（《差异性社会和中国民主政治的未来》，任平，《马克思主义研究》2010年第4期；《差异性社会与和谐政治：当代中国政治哲学的基本向度》，王建明，《马克思主义理论与现实》2009年第4期）、文化建构（《论差异性社会的文化矛盾与文化整合》温波，《江海学刊》2011年第2期）等纷纷出场，这一点在"应用拓展"一栏详述。

（二）应用拓展

交往实践唯物主义是作为整体的马克思主义哲学在新全球化语境下的出场形态，对这一形态建构的方法论反思的结果就是出场学研究范式的建构，这一自觉化的研究范式在马克思主义哲学若干子理论系统中的运用构成了子理论系统的出场形态,这既是出场学范式从马克思主义哲学一般理论到个别理论,宏观理论到微观理论的运用,也是出场学范式的再验证和理论创造,推进了马克思主义若干理论的当代化。

1. 差异的正义、分配正义:马克思正义理论的出场研究①

在差异性社会的语境中,马克思正义理论出场形态是什么?任平教授给出的答案是:差异的正义,也即基于差异性社会的正义出场形态。

任平教授认为,作为人类历史上具有独特类型的差异性社会,需要一个适应的、独特的、基本的、用以规范社会的治理原则。这一原则由"公平"和"差异"两者构成,它们既相互对立、相互矛盾,又相互依赖、相互制约、相互统一,缺一不可,可以被概括为"差异的正义"原则,这是主导差异性社会规范的基本原则。

"差异的正义"具有五大特征。

第一,差异本身存在的必然性、合理性。在差异性社会,存在着差异的物质利益分配关系是一个客观事实。评价这一事实的合理性与合法性就成为问题的焦点。

第二,差异的正当性。尽管人们的利益差异存在是贯穿整个中国特色社会主义历史时期的客观必然事件,但并不等于说每一个具体差异都是合理合法的存在。规制差异的重点之一,就是要解决人民群众普遍忧愤的一个重大问题:某些差异来源的不正当、不合法。不法商人靠偷税漏税、坑蒙拐骗发财,犯有"原罪",没有差异来源的正当性;许多公职人员由贪污受贿、巧取豪夺致富,缺乏分配的正义性;许多垄断行业违背公平竞争原则所造成的收益暴利实为分配的不公。

第三,差异的公平性。差异的正义并非不公平,恰好相反,是需要有多层的公平设计。差异的正义不是不要消灭差异,相反,而是要根据全社会物质财富积累的可能条件分层地消灭差异。我们需要在全社会设计和推行一个"基本公平+比例公平"的分配正义结构。在基础层面,应当是"基本公平"。也就是说,在涉及国民待遇方面,比如基本健康

---

① 参见任平:《论差异性社会的正义逻辑》,《江海学刊》2011年第2期。

保障、义务教育、基本医疗卫生等公共产品的全国供给方面,应当率先实现公平配置。要消灭城乡之间、地区之间、不同人群之间在全国公共产品供给方面、在基本公平享有方面的差别,实现享受公共产品服务和权利的均等化。但是,超越这一层次,就是由市场公平交易规则来实现的"比例公平",就应当在制度上和价值尺度上允许和承认准公共产品、地区之间、不同收入者之间通过市场化方式购买不同价格的服务而导致的差异。在相当长的时期内,以市场交易和"俱乐部公共产品"来实现的"比例公平"而导致的差异是不可避免的。

第四,限制差异程度。基尼系数是反映社会收入差异的一个重要指标,没有差异程度限制的正义,其结果必然是差异变成两极分化,进而将差异转变为一种阶层地位的固定划分与深层断裂,进而变成一种对抗性的矛盾。为此,"差异的正义"应当一方面采取福利政策扶持社会弱者,在此,罗尔斯"公平的正义"所主张的差别化原则,即向"最不有利者"倾斜的原则才起作用;另一方面制定一系列经济的和社会的措施如高额累进税等来控差、控高,严格限制两极分化。

第五,差异的历史性。差异性社会不是从来就有也不是一成不变的。差异性社会的形成、发展和演变都是一个历史的产物。在发展中国特色社会主义事业的每一个时期和阶段,由于社会生产力水平、综合国力大小不同,利益差异的程度、范围、结构和状况就会发生变化。我们对待差异的社会规范,应当可以随着情况的变化而变化。在现阶段,差异本身是具有社会活力的条件,是推动和刺激社会生产力发展的动力。但是,不能将一个时期的差异固化,差异必然随着生产力的不断发展而受到调整。一个社会的创造性与活力程度,在于差异度与流动性。活力与差异度、流动性呈正相关,而与固化程度呈负相关。差异大则激励程度相对大,活力显强;反之,差异小则激励程度轻,活力减弱。而差异如果固定化程度高,在不同的利益集团和阶层之间流动的可能性小,那么,不仅活力弱化,而且容易引发社会各个阶级和阶层之间的分裂。反之,虽然差异不大,然而固化程度低且流动性大,则活力增强。不断打破固化的分层界限,是"差异的正义"的基本要求。差异的可变性的最终指向是在物质财富极大丰富的历史条件下消灭差异,最终走向自由个性的社会。

差异的正义是马克思的正义原则基于当代差异性社会这一历史事实（出场语境）基础上的出场形态，是差异性社会的价值原则反映。

2. 环境支持：马克思生态理论的出场研究

在环境友好型社会建设目标的指引下，马克思生态理论研究受到了学界的青睐，生态保护的观念迅速深入人心，究竟应该走什么样的生态之路？任平教授立足中国社会发展的特殊阶段和发展的时代主题，认为应该由消极的生态保护走向积极的环境支持。

任平教授指出，在西方国家或中国西部生态资源相对富余的地区能够实现"封山育林"式的、人与自然环境相对隔离的"环境保护"，以便让生态资源得以自然地恢复，而不至于造成过重的"生态赤字"。但是，在城市密布、人口密集的中国东部沿海地区，这一消极的城市环境保护措施与可持续发展战略则很难同时实施。应从中国人多地少，人与自然紧密相处、作用频繁的特点，转变城市可持续发展的思路与策略，改变单纯消极的"环境保护"为更为积极的"环境优化"基础上的"环境支持"战略。城市应当通过积极改造和治理环境，推广循环经济和提高生态环境品质，营造更加优化的生态圈，不断提高生态环境的服务价值和经济社会发展的支撑价值，不断推进生态资源供给的本土化，减少生态赤字。因此，城市可持续发展理论和策略应当从单纯的人与生态环境相对分离的消极"环境保护"向更积极的、人与环境在相互优化共生共荣作用中达到"生态人"与"环境支持"的战略转变。这应成为中国走向可持续城市化发展路径。① 环境支持理论是马克思生态原则在中国特殊的发展语境（环境友好型、资源节约型社会建设，可持续发展的发展诉求，发展的特殊阶段）中的理论创新。

3. 创新社会管理：马克思社会管理思想的出场研究

马克思恩格斯有非常丰富的社会管理思想，非常重视人民的民主权

---

① 参见任平：《走向可持续城市化的"中国经验"——从"生态足迹"、"生态服务"到"环境支持"》，《苏州大学学报》2006年第1期。

利和民众的利益,提出了实行普选制,使全体人民共同享有管理国家和社会事务的权力;防止国家公职人员由社会公仆变为社会主人;提供健康而有益的工作;建设公共住宅等;建立人民的自治政府,实现人民自主管理等一系列社会管理思想。这些社会管理思想是今天创新社会管理的思想源头。

目前,我国正处于一个关键而复杂的社会转型时期,是一个难得的"黄金发展期",也是一个复杂的"矛盾凸显期"。这一阶段,经济和社会转型的进程中存在不少需要解决的矛盾和问题。马克思恩格斯的社会管理思想对各级政府有其独特的理论价值和实践指导意义。但是,列宁曾经指出:"在马克思主义里绝没有与'宗派主义'相似的东西,它绝不是离开世界文明发展大道而产生的固步自封、僵化不变的学说。"① 各级政府在加强和创新社会管理过程中显然要与时俱进,随着时代环境的变化对马克思恩格斯的社会管理理论有所创新。要树立"以人为本"的社会管理理念,社会管理的着力点是公平正义。创新社会管理是一项重要的时代课题,立足时空转换基础上的马克思主义社会管理思想的当代化无疑是创新社会管理的基本路径和基本方向。

4. 文化强国理论:马克思文化理论出场研究

文化强国理论研究是最近学界的一大热点,从文化强国的概念到新文化发展观等正在全面将展开。新文化发展观的建立一个根本的维度就是推进马克思主义文化发展观的当代化。马克思主义认为,文化是人类认识世界和改造世界的产物,需要从人与自然的关系中研究文化的起源;文化的产生和发展是建立在一定的社会经济基础上的,文化的发展特别是精神文化的发展与经济发展不平衡,要受经济基础制约;但文化又积极地反作用于社会经济,特别是通过不同的途径和方式影响人们的思想和行为,促进或阻碍社会经济的发展,在社会生活中具有重要地位。如何把这些关于文化的基本理念当代化是新文化发展观建立的关键,目前学界正在这一道路上努力推进。

---

① 《列宁选集》第 2 卷,北京:人民出版社,1995 年版,第 441 页。

5. 社会主义核心价值体系：马克思价值思想的出场研究

马克思主义是以"改变世界"的交往实践唯物主义路径出场，有着鲜明的价值立场与价值取向——以人民为本位，为着无产阶级和全人类的解放而奋斗，倡导"为绝大多数人谋利益"的价值规范，秉持着崇高的价值理想——实现每个人自由而全面的发展。马克思主义包含着丰富而深刻的价值观思想，价值观是马克思主义理论极其重要的组成部分。关注并深入研究马克思主义价值观不仅是社会主义核心价值体系建设的应有内容更是其思想源泉。

一是解决当代人的精神危机，重建中华民族精神家园的需要。人既是一种物质性存在，也是一种精神性存在、社会性存在、文化性存在，归根到底是一种主体性存在、价值性存在。人的精神性、社会性特征表明人生活在价值世界中，人的一切活动都要反思和追问其意义/价值何在。人的存在要有价值目标以及核心价值理念的支持，这正是人的"精神家园"，是人存在的意义。

二是克服价值危机的需要。市场经济的发展、工具理性的盛行、物欲主义的横流，使当代社会在物质财富的增长和消费中步入了人文精神的失落、价值目标的迷茫以及价值虚无主义的泥潭，造成了种种社会危机，而其中最为深刻的危机是价值危机。

马克思主义价值观，从唯物辩证的历史实践出发，主要揭示人类社会"应当如何"的价值问题，为人们提供意义坐标与价值导航，在实践中指导人们"应当如何做"。研究马克思主义价值观，掌握马克思主义价值信念、价值思维与方法，从人的现实关怀与终极关怀相统一的价值思维出发，重塑我们的价值理念，这对于拯救日益混乱的价值世界，重建中华民族精神家园意义重大。当今社会，解决人们的价值危机、理想失落与心灵家园丧失感，重建中华民族的精神家园，既要继承并弘扬光大优秀的民族传统价值观，也要吸收和借鉴马克思主义理论中深厚的价值资源与精神养料，特别是要善于学习和运用马克思主义的价值智慧和唯物辩证地应对价值世界的理性批判建构能力。对此，需要我们深入研究和系统发掘马克思主义的价值思想体系，不断提升我们的价值境界与价值创造力。

6. 新现代性：马克思现代性思想出场研究①

现代化是中国发展的主题，中国应该走一条什么样的现代性之路一直是学界关注的重大问题。学界主要有三种声音：其一是主张继续"五四"以来一直倡导的以"工业化"、"市场化"、"科学"、"民主"为标识的韦伯式经典现代性模式。然而，尽管中国还没有完成这些标识，但是作为旧全球化时代的经典现代性模式弊端丛生，在新全球化时代已经被否弃和替代；其二是主张跨越这一模式，直接导入后现代模式（通过后工业社会、知识经济、信息社会抑或创新社会等途径）；其三是倡言以吉登斯、贝克、哈贝马斯和鲍曼等人主张的或"流动的"、"反思的"现代性模式为准绳，走"第二次现代性"道路。任平教授认为如上的三条道路要么无法实现，要么重蹈西方的覆辙，都不可取，科学的考量应该是在中国新现代性建构语境中重新打开马克思现代性视域，把马克思的现代性思想推向当代，建构新现代性。

在新全球化时代，中国处在一种独特历史境遇：在全球后现代氛围中实现现代化的过程，因而获得"新现代性"的新现代化运动。马克思现代性在当代中国的出场路径、转型嫁接对象，不是韦伯的经典现代性，不是后现代，不是"第二次现代性"，而就是马克思现代性视域中的双重向度的真正展开：以超越现代性地平线的后现代向度来引领、改造的现代性，构成新现代性。这一命题包括以下三个要点：其一，由于初级阶段的国情所限，中国现阶段发展的主要目标和基本走向仍然是现代性而不是后现代，这成为当代中国马克思主义"变革世界"的基本层面，也是马克思现代性视域的着力点。其二，中国现代性是属于新全球化时代的一部分。因而这一现代化将既不同于在旧全球化时代韦伯所倡导的经典现代性，也不同于西方发达国家的后现代或者第二次现代性，而是一种在全球后现代时代的现代性。其三，这一现代性必定是与新全球化时代及后现代发生广泛的"挑战—应战"关系的现代性，以马克思

---

① 任平：《马克思的现代性视域与当代中国新现代性建构》，《江苏社会科学》2005 年第 1 期。

的现代性视域中的双重向度为指导,因而是在后现代引导下重建现代性的过程,本质上是一种"新现代性"。

7. 空间正义与新城市化:马克思城市思想出场研究

快速城市化是我国 21 世纪发展最显著特点之一,这一趋势重塑着社会格局、再造着社会结构。在城市化过程中爆发的一系列空间非正义问题让我们不得不反思和矫正城市化道路。有学者指出,城市建设应"重构城市空间,从城市物性空间、社会空间、心理空间的整合性与互动性出发,建构合理的'空间—伦理生态',是建构城市秩序的重要现实路径;以社区、社会组织等为载体,合理推进以意义为纽带的集体行动,是建构城市秩序的重要伦理选择"①。

任平教授早在 2006 年就指出,中国城市化应走一条以空间正义为核心的新城市化道路。所谓空间正义,就是存在于空间生产和空间资源配置领域中的公民空间权益方面的社会公平和公正,它包括对空间资源和空间产品的生产、占有、利用、交换、消费的正义。"空间的正义"是以公众平等的空间权益为本位的正义,是对社会空间占有严重失衡的反拨,是构建和谐、可持续的城市化的基本需要。②

陈忠教授指出:"当代中国城市发展同时地面临均质性与差异性两个难题,协调这种矛盾的一个重要选择是建构一种建设性的差异性正义,特别是一种'流动的差异性正义';不仅要以个体为单位,更要从集体、体制、制度等层面思考城市问题、城市正义;对中国而言,城市与空间正义的推进在很大程度上取决于能否找到合适的建构主体、形成合理有效的集体行动。"③ 应"直面中国城市问题,努力解答中国特色城镇化进程的合理性、合法性、价值性等重大基础性问题,是我国城市哲学的重要建构路径"。④

---

① 陈忠:《城市意义与当代中国城市秩序的伦理建构》,《学习与探索》2011 年第 2 期。
② 参见任平:《空间的正义——当代中国可持续城市化的基本走向》,《城市发展研究》2006 年第 5 期。
③ 陈忠:《空间与城市正义:理论张力和现实可能》,苏州:苏州大学出版社,2012 年第 1 期。
④ 陈忠:《关于城市化的哲学沉思——论城市哲学的建构》,《城市问题》2011 年第 2 期。

中国的新城市化道路仍处在继续探索中，立足中国当代城市化的空间实际，与马克思以及西方社会丰富的城市思想对话，把马克思城市思想实现当代化不仅是城市学研究的中心内容也是新城市化道路建构的必然逻辑。

三、小　结

1. 出场学研究范式强调在历史语境、出场路径与出场形态三者关联中系统研究马克思主义哲学创新发展的逻辑，包括历史与哲学两个地平线、四大模块，而历史地平线的转换，推动了马克思主义哲学地平线从"当年"到"当代"的发展，从而构成马克思主义哲学创新发展的总体逻辑。马克思主义哲学产生的历史地平线呈现出了新旧全球化的大转换，交往实践唯物主义是马克思主义哲学在新全球化语境中出场形态的积极探索。

2. 在出场学看来，马克思主义哲学不是在场的形而上学，不是一经形成而僵化的体系，而是依赖出场语境不断出场的"出场的形而上学"，是永远指向未来的与时俱进不断发展着的理论形态，出场学视域在总体上是与时俱进地把握马克思主义的研究范式，它坚持研究马克思主义哲学形态、文本形态对历史境遇、出场路径的依赖性，坚持任何理论形态都不过是一种依赖历史境遇和出场路径的出场形态，这是出场学根本宗旨。

3. 出场学研究范式是对其他哲学范式的批判吸收和深化。比如，它不仅要求文本解释，而且更要求研究文本背后的历史语境和出场路径。同样，出场学也着力探索马克思主义哲学的当代性价值，因而与现代性研究范式具有研究旨趣上的一致性，但出场学认为马克思的思想始终作为时代精神的精华和文明活的灵魂，并不是其思想的本然性使然，恰好相反，马克思主义哲学出场的时代性来自于历史的魅力，来自于崇尚实践的与时俱进的创新力和反思性。

4. 出场学范式可以合理解释其他哲学范式中存在的主要反常事实，进而超越旧模式的狭隘眼界。文本解释学存在一系列难以克服的困境：怎样评判马克思恩格斯的各种文献和文本样式的意义和价值？怎样看待马克思恩格斯文本意义形态与思想本真意义的关系？如何评价其思想出场的流动性和变动性与文本意义的关系？哪些代表他们的真实思想？标准是什么？等等。出场学认为，对当年马克思思想的出场不能仅满足于文本意义的解释，更不能将文本意义和形态固定化，将之等同于原版的马克思主义哲学；而要深度挖掘文本背后的历史语境，从文本针对的历史问题、其出场路径去探索文本意义的源泉，将文本形态和意义形态看做一种对历史语境和路径具有深刻依赖性的出场形态。历史语境的变迁，始终是文本意义变迁的现实基础。①

5. 出场学比其他哲学范式具有更大预见性和解释力。出场学出场语境和出场路径决定出场形态，从而将马克思文本—思想—意义层面的流动性作为历史语境变化的必然产物，从而为理解提供了指向未来的开放向度。马克思主义哲学永远属于指向未来的时代性思想，因此才具有时代性和强大生命力，才可能不断出场。②

6. 出场学范式更易于产生中国特色、中国气派和中国风格的理论。出场学认为出场语境、出场路径决定出场形态，我们研究和建构马克思主义哲学形态的过程，实际上就是来自西方语境的马克思主义在中国本土再创造、重新出场的过程，马克思主义原处语境到当代语境、西方语境到中国语境的转换是马克思主义当代中国化形态的根据。中国学者在这一范式中洞见的马克思主义必然打上中国特色、中国风格、中国气派。

7. 出场语境的本质规约是出场学范式的关键一环，回到原初语境是理论原初形态生发的根据，走进当代语境是原初理论形态当代化的根据，问题是时代语境都有很多面象，选择哪种面象？如何选择？语境有很多层次，回到何种层次的语境才是更科学的？以"当代人说当代话"为重要标识之一的出场学范式如何把握当下的中国语境？等等这些都是出场学需要继续探索的领域。

（作者系南京信息工程大学公共管理学院副教授）

---

① 参见任平：《论马克思主义哲学研究的出场学视域》，《中国社会科学》2008 年第 4 期。
② 参见任平：《论马克思主义哲学研究的出场学视域》，《中国社会科学》2008 年第 4 期。

作为马克思主义哲学研究范式的部门哲学

于桂凤

改革开放以来，中国马克思主义哲学理论创新的一个突出表现，就是在关注、反思和解答各种重大现实问题的过程中，形成了人学、经济哲学、文化哲学、社会哲学、政治哲学、价值哲学等诸多部门哲学。这些部门哲学对新时期马克思主义哲学研究的繁荣产生了重要影响，是当代中国马克思主义哲学不断发展的重要生长点，也是当代中国马克思主义哲学研究综合创新的一个重要范式。全面梳理部门哲学的兴起与发展，深入分析其基本特征，客观评价其学术价值与理论不足，准确把握其未来走向，对于深层推进当代中国马克思主义哲学的繁荣与发展具有重大理论意义。

一、部门哲学的兴起与发展

作为当代中国马克思主义哲学研究创新的一个重要范式，部门哲学在中国的兴起，从根本上说，既是马克思主义哲学回应中国改革开放和现代化建设需要的客观要求，又是中国马克思主义哲学研究超越传统哲学教科书体系而向生活实践回归的必然结果。

改革开放的伟大实践是中国马克思主义哲学创新的根本动力，也是中国部门哲学兴起的现实基础。20世纪80年代以来，中国的改革开放及其深入发展，使中国社会生活的政治、经济、文化等各个方面发生了根本性的变化，提出了许多艰深而又需要迫切予以解答的新问题。这些新问题是中国在现代化建设过程中无法回避的，并且直接关系到中国现代化建设事业的成败。对现代化问题的反思是改革开放以来中国马克思主义哲学面对的重大现实课题,既包括人与社会的发展问题,又涵盖文化与价值问题;既涉及政治活动中的民主与法治问题,又关联着经济发展中的公平与效率问题;既离开不科学、技术与教育问题,又不能忽视环境与生态问题,等等。由此,人的问题、发展问题、文化问题、价值问题、政治问题、经济问题、生态问题等相互交织构成了中国现代化建设的问题谱系。如何深入社会生活,对这些问题进行精准而又深刻的哲学阐释,成为当代中国马克思主义哲学无法回避的理论任务。

但是,在传统哲学教科书体系一统天下的理论格局中,政治、经济、文化、发展等问题,虽然一直贯穿于中国的马克思主义哲学研究中,但却是以社会生活的"整体"形式被宏观地把握的。另有一些问题,如人、价值、生态问题,并没有进入传统哲学教科书的研究视野。这一传统哲学教科书体系,根本无力回应中国社会发展提出的客观要求,很难解释社会生活诸领域出现的新情况、新问题,导致马克思主义哲学在现实生活中遭遇到了冷遇。学者们认识到,要改变马克思主义哲学的这种境况,就必须变革传统的哲学教科书体系。部门哲学就是在反思、变革哲学教科书体系过程中兴起的。在重新理解马克思主义哲学的基础上重建马克思主义哲学教科书体系,是20世纪80年代中期以来哲学改革的主要目标。从实际的建构结果来看,"由于重构马克思主义哲学体系所面对的最重要的'问题'是'理论资源'贮备不足、'理论困境'捕捉不准、'理论思路'深度不够"[1],由于人们在什么是马克思主义哲学的精神实质、如何建构马克思主义哲学体系、建构一个什么样的马克思主义哲学体系等方面难以达成共识,重构马克思主义哲学教科书体系的各种努力并没有取得预期的效果。但在这个过程中,学者们发现,"要解决哲学体系陈旧与时代发展新要求之间的矛盾,关键还是要从问题入手"[2]。由此,马克思主义哲学研究的"问题意识"开始凸显,

---

[1] 孙正聿等:《当代中国马克思主义哲学专题研究》,长春:吉林人民出版社,2010年版,第9页。
[2] 杨学功:《超越哲学同质性神话——马克思哲学革命的当代解读》,北京:北京大学出版社,2010年版,第267页。

中国在改革开放与现代化建设过程中出现的政治、经济、文化、发展等诸多现实问题，也因此成为马克思主义哲学理论界关注的重点。正是在对这些现实问题的哲学阐释中，部门哲学应运而生并蓬勃发展。

部门哲学的发展大体可以概括为三个阶段。

第一阶段，从20世纪80年代初到90年代中期，随着政治、经济、文化、价值等诸多现实问题正式进入我国哲学讨论的视野，哲学界在探讨哲学应用中提出了创立应用哲学的问题，在应用哲学的分支或狭义应用哲学的名义下，人学、经济哲学、发展哲学、文化哲学、社会哲学、价值哲学、管理哲学、军事哲学、领导哲学、教育哲学、法哲学等部门哲学开始兴起。其中，在人学领域，学术界围绕人学的性质、研究对象与研究方法、马克思主义人学、古今中西人学思想及其比较研究、人的现代化、人的本质、人的价值、人的主体性等问题，展开了较为深入的讨论，并在这个基础上开始探索人学体系的建构；在经济哲学领域，经济哲学的研究性质、对象、方法、基本问题与意义、市场经济与经济哲学、毛泽东经济哲学思想等成为学者们探讨的主要内容，学者们形成了应该建立经济学与哲学的联盟的共识，并为实现这种结合进行了初步的探索与尝试；在文化哲学领域，文化哲学的定位、本质、基本问题、文化哲学的建构、人文精神及其重建等问题成为学者们关注的重点；在政治哲学领域，主要集中于西方政治哲学流派及代表人物的政治哲学思想的研究，同时也有关于中国传统尤其是儒道两家政治哲学思想的研究，对马克思政治哲学的研究相对较少；在社会哲学领域，主要探讨了社会哲学的对象、体系、方法和任务等问题。为了进一步推进社会哲学研究，中国社科院哲学所历史唯物主义研究室提出了推进社会哲学研究的初步设想与计划。初步设想是社会哲学研究大致分两步走：第一步，展开对社会存在、社会认识的系统的、综合的方法论研究；第二步，解决社会科学和人文科学的基础问题。初步计划是开展系列的专题研究，并拟出版一套"社会哲学丛书"[①]；在发展哲学领域，主要围绕发展哲学的研究对象、目标与方法、社会发展及发展观、发展哲学与现代化等问题

[①] 景天魁：《社会哲学研究设想讨论纪要》，《哲学动态》1989年第4期。

展开了讨论;在价值哲学领域,学者们讨论的核心是价值的本质、价值与真理的关系等问题。从这些领域的研究主题、研究成果等来看,这一时期,由于各形态的部门哲学研究刚刚起步,所以不可避免地存在研究深度不够、理论成果精品不多、学科性质不明等诸多局限。

第二阶段,从20世纪90年代中期到本世纪初,部门哲学研究日趋走向繁荣,有的甚至已成为哲学研究中的"热点"和"重点",如人学、文化哲学、政治哲学、价值哲学。从整体上看,这一时期,部门哲学研究重心呈现出由体系建构转向个案研究、专题研究的倾向,如政治哲学领域中对公共性、正义、市民社会等问题的研究(以郭湛、姚大志、王新生等的相关研究成果为代表);经济哲学领域中对货币、资本问题的研究(以张雄、鲁品越主编的《中国经济哲学评论:2004货币哲学专辑》、《中国经济哲学评论:2006资本哲学专辑》为代表);社会哲学领域中的社会转型问题研究(以陈宴清主编的"社会哲学研究丛书"为代表)、社会认识论研究(以欧阳康任总编的"当代人文社会科学哲学丛书"为代表);文化哲学领域中的日常生活哲学研究(以衣俊卿主编的"日常生活批判丛书"为代表);价值哲学领域中的"实践价值"与"人生价值"研究(以李德顺主编的"实践价值丛书"、"人生价值丛书"为代表)、评价论研究(以冯平、马俊峰、陈新汉等的相关著作为代表);人学领域中的人学观念史、思想史研究(以黄枬森任编委会主任的"人学理论与历史丛书"为代表)。

第三阶段,从本世纪初至现在,部门哲学研究进一步繁荣发展,继续向纵深推进。这一时期的一个显著特征是,一些学者清醒地意识到,当代中国社会所面临的问题不同于西方的问题,比其要复杂得多,如果完全不顾这种差异性与复杂性,把西方哲学的研究视域直接"移植"到中国部门哲学的研究中,既不利于中国现实问题的解决,又不利于中国部门哲学的发展。因此,自觉立足于"中国问题"和"中国道路",试图探索并建构具有中国特色的话语体系,成为当下部门哲学的重大理论目标。如以陈晏清、王南湜等为代表的南开大学政治哲学研究团队,通过对近年来中国马克思主义政治哲学的发展趋向、特征、存在的问题等方面的考察,认为"从理想性到现实性"是当代中国马克思主义政治哲学建构之路;① 李鹏程立足于当前我国社会的文化思想态势，认为文化哲学研究者的学术任务之一是对文化哲学形上建构的进一步探索,② 邹广文则通过对文化哲学的历史背景考察，提出了当代文化哲学的建构原则，即时代与超越原则、开放与宽容原则、整体性人文关怀、倡导中性智慧。③ 与之相应，这一时期各部门哲学对"中国问题"与"中国道路"给予了更多的关注，如价值哲学领域，李德顺、马俊峰等对社会主义核心价值体系与价值观等问题的探讨，欧阳康对中国道路及其价值意义的反思，宋惠昌等对中国价值观现状及演变趋势的分析，孙伟平、王伦光等对和谐社会的价值差异与价值追求的研究，张思宁等对转型中国的价值冲突与秩序重建的研究；文化哲学领域，霍桂桓、洪晓楠等对文化软实力的反思，陈先达、衣俊卿、邹广文等对当代中国文化建设与文化自觉等问题的研究，邴正等对当代中国文化矛盾的深入分析；政治哲学领域，阎孟伟等对当代中国政治文明建设问题的深入研究，吴忠民等对当代中国社会转型期公平正义问题的反思，王凤才等对当代中国政治道路历史性转向问题的探讨；经济哲学领域，余源培等对当代中国财富观问题的研究；等等。

经过 20 多年的发展，部门哲学已经成为当代中国马克思主义哲学关注现实、走向实践的重要方式。其中，人学、政治哲学、经济哲学、文化哲学、发展哲学、价值哲学的发展比较快，影响也比较大，不仅形成了稳定的研究队伍，产生了大量的研究成果，而且有的甚至已成为当下中国马克思主义哲学研究中的"前沿"、"主流"或"显学"。除上面提到的一些"丛书"之外，这几个领域的其他代表性著作（不包括译著）主要有：

在人学方面，王锐生等的《论马克思关于人的学说》（1984 年出版），黄楠森等的《人学词典》（1990 年出版）、《人学的足迹》（1999 年出版）、《人学的科学之路》（2011 年出版），郭湛的《人活动的效率》

---

① 陈晏清等：《政治哲学的当代复兴》，北京：中国社会科学出版社，2011 年版，第 9—10 页。
② 李鹏程：《当代文化哲学沉思》（修订版），北京：人民出版社，2008 年版，第 444 页。
③ 邹广文：《当代文化哲学》，北京：人民出版社，2007 年版，第 91—100 页。

(1990年出版)、《主体性哲学——人的存在及其意义（修订版）》（2011年出版），韩庆祥的《马克思主义人学思想发微》（1992年出版）、《马克思人学思想研究》（1996年出版）、《人学——人的问题的当代阐释》（2001年出版）、《马克思的人学理论》（2011年出版），袁贵仁的《人的哲学》（1988年出版）、《马克思的人学思想》（1996年出版）、《对人的哲学理解》（2008年出版），胡海波等的《哲学与人性的观念》（1996年出版）、林剑的《人的自由的哲学思索》（1996年出版），夏甄陶的《人是什么》（2000年出版）、《人：关系 活动 发展》（2011年出版），高清海的《人就是"人"》（2001年出版）、《人的"类生命"与"类哲学"——走向未来的当代哲学精神》（2005年出版），黄克剑的《人韵——一种对马克思的读解》，李大兴的《超越——从思辨人学到实证人学》（2006年出版），沈亚生等的《人学思潮前沿问题探究》（2010年出版），路日亮主编的《以人为本与中国特色社会主义建设》（2011出版），张奎良的《实践人学与以人为本》（2011年出版），陆剑杰的《社会主义与人》（2011年出版）、张一兵的《人的解放》（2011年出版），邹广文的《全球化进程中的人》（2011年出版），张健的《论人的精神世界》（2011年出版），李文成的《人的价值》（2011年出版），欧顺军的《人学概论》（2011年出版），谭培文的《马克思主义人学中国化研究》（2011年出版），陈曙光的《马克思人学革命研究》（2011年出版）、《直面生活本身：马克思人学存在论革命研究》（2012年出版）。

在价值哲学方面，李连科的《世界的意义——价值论》（1985年出版）、《哲学价值论》（1991年出版）、《价值哲学引论》（1999年出版），王克千的《价值之探求——现代西方哲学文化价值观》（1989年出版）、《价值是什么——价值哲学引论》（1992年出版）、李德顺的《价值论——一种主体性的研究》（1987年出版）、《价值新论》（1993年出版）及其主编的《价值学大词典》（1995年出版），王玉樑的《价值哲学》（1989年出版）、《价值哲学新探》（1993年出版）、《21世纪价值哲学：从自发到自觉》（2006年出版），马志政的《哲学价值论纲》（1991年出版），赵馥洁的《中国传统哲学价值论》（1991年出版），袁贵仁的《价值学引论》（1991年出版）、《重构现代性——当代社会主义价值观研究》（2006年出版），江畅的《当代西方价值理论研究》（1992年出版）、《现代西方价值哲学》（2003年出版）、《走向优雅生存：21世纪中国社会价值选择研究》（2004年出版），江畅、戴茂堂的《西方价值观念与当代中国》（1997年出版）、《传统价值观念与当代中国》（2001年出版），门忠民的《价值学概论》（1993年出版），马俊峰的《评价活动论》（1994年出版）、《价值论的视野》（2010年出版），陈新汉的《评价论导论》（1995年出版）、《社会评价论》（1997年出版）、《民众评价论》（2004年出版）、《权威评价论》（2006年出版），汪信砚的《科学价值论》（1995年出版），冯平的《评价论》（1997年出版）及其主编的《现代西方价值哲学经典》（2009年出版），张理海的《社会评价论》（1999年出版），何萍的《生存与评价》（1998年出版），兰久富的《社会转型时期的价值观念》（1999年出版）、《全球化过程中的价值多样性》（2010年出版）、《存在与价值》（2011年出版），孙伟平的《事实与价值》（2000年出版）、《价值论转向——现代哲学的困境与出路》（2008年出版）、《价值哲学方法论》（2008年出版）、《价值差异与社会和谐——全球化与东亚价值观》（2008年出版），叶汝贤的《中国改革的价值选择》（2001年出版），刘永富的《价值哲学的新视野》（2002年出版），邬焜、李建群的《价值哲学问题研究》（2002年出版），王晓升的《价值的冲突——马克思主义的当代价值》（2003年出版），阮青的《价值哲学》（2004年出版），宋惠昌的《人的发现与发展——近代中国价值观的嬗变》（2008年出版），王伦光的《和谐社会的价值追求研究》（2011年出版），岳德常的《价值体系进化论》（2011年出版），张思宁的《转型中国之价值冲突与秩序重建》（2011年出版），宣兆凯等的《中国社会价值观现状及演变趋势》（2011年出版）。

在文化哲学方面，许苏民的《文化哲学》（1990年出版），何萍的《人类认识结构与文化》（1991年出版）、《马克思主义哲学与文化哲学》（2002年出版）、《文化哲学：认识与评价》（2010年出版），邹广文的《文化哲学的当代阐释》（1994年出版）、《人类文化的流变与整合》（1998年出版）、《当代文化哲学》（2007年出版），陈筠泉、刘奔主编的《哲学与文化》（1996年出版）、李鹏程的《当代文化哲学沉思》

（1994年出版），李小娟主编的《文化的反思与重建——跨世纪的文化哲学思考》（2000年出版）、《批判与反思——文化哲学研究十年》（2011年出版），衣俊卿的《文化哲学》（2002年出版）、《现代化与文化阻滞力》（2005年出版）、《现代性焦虑与文化批判》（2007年出版），霍桂桓的《文化哲学论稿》（2007年出版）、《文化哲学论要》（2011年出版），邴正的《马克思主义文化哲学》（2007年出版），陈云胜的《文化哲学的当代发展》（2007年出版），陈树林的《文化哲学的当代视野》（2010年出版），朱大可主编的《文化批评——文化哲学的理论与实践》（2011年出版），司马云杰的《文化价值论：关于文化建构价值意识的学说》、《价值实现论：关于人的文化主体性及其价值实现的研究》、《文化悖论：关于文化价值悖谬及其超越的理论研究》。

在社会哲学和发展哲学方面，徐伟新的《社会动力论》（1988年出版），陈晏清的《当代中国社会哲学》（1990年出版），吴元梁的《社会系统论》（1993年出版），王锐生等的《社会哲学导论》（1994年出版），贾高建的《当代社会形态问题导论》（1994年出版）、《社会发展理论与社会发展战略——建构一种逻辑体系的研究》（2005年出版），丰子义的《现代化的理论基础——马克思现代社会发展理论研究》（1995年出版）、《现代化进程的矛盾与探求》（1999年出版）、《马克思东方社会理论的历史考察和当代意义》（2002年出版）、《发展的反思与探索——马克思社会发展理论的当代阐释》（2006年出版）、《发展的呼唤与回应：哲学视野中的社会发展》（2009年出版），吴晓明等的《马克思主义社会思想史》（1996年出版），陶德麟的《社会稳定论》（1999年出版），高清海的《社会发展哲学——中国现代化的理性思考》（1999年出版），庞元正的《发展理论论纲》（2000年出版）、《当代西方社会发展理论新词典》（2001年出版）、《哲学视野中的发展与创新》（2003年出版）、《当代中国科学发展观》（2004年出版），刘怀玉的《走出历史哲学乌托邦：马克思主义发展观的当代沉思》（2001年出版），王南湜的《社会哲学——现代实践哲学视野中的社会生活》（2002年出版），刘森林的《发展哲学引论》（2000年出版）、《重思发展——马克思发展理论的当代价值》（2003年出版），许俊达的《中国社会主义社会形态论——马克思主义社会形态学说与社会主义初级阶段理论研究》（2006年），叶泽雄的《当代社会发展观导论》（2008年出版），陈新夏的《可持续发展与人的发展》（2009年出版），王晓升的《分裂的社会世界》（2011年出版）。

在政治哲学方面，袁久红的《正义与历史实践——当代西方自由主义正义理论批判》（2002年出版）、《西方马克思主义的政治哲学》（2004年出版），宋惠昌的《政治哲学》（2003年出版），王新生的《市民社会理论》（2003年出版），李佃来的《公共领域与生活世界——哈贝马斯市民社会理论研究》（2006年出版），欧阳英的《走进西方政治哲学——历史、模式与解构》（2006年出版），张凤阳的《政治哲学关键词》（2006年出版），王南湜等的《哲学视野中的社会政治生活》（2007年出版），赵剑英主编的《马克思主义政治哲学：阐释与创新》（2007年出版），姚大志的《何谓正义——当代西方政治哲学研究》（2007年出版）、《当代西方政治哲学》（2011年出版），蒋红的《马克思市民社会理论研究》（2007年出版），韩冬雪的《马克思主义政治哲学诸范畴初探》（2007年出版），周桂钿的《中国传统政治哲学》（2007年出版），张文喜的《历史唯物主义的政治哲学向度》（2008年出版），杨楹等的《政治：一个伦理话题》（2008年出版），任剑涛的《政治哲学讲演录》（2008年出版）、赵汀阳的《坏世界研究：作为第一哲学的政治哲学》（2009年出版）、《每个人的政治》（2010年出版），藏峰宇的《马克思政治哲学引论——以人学为视角的当代解读》（2009年出版），郭湛的《社会公共性研究》（2009年出版），韩水法的《正义的视野：政治哲学与中国社会》（2009年出版），邓正来主编的《复旦政治哲学评论》（第1—3辑）（2010—2011年出版），高宣扬的《当代政治哲学》（2010年出版），李景源、张一兵的《构建和谐社会的政治哲学阐释》（2010年出版），陈晏清等的《政治哲学的当代复兴》（2011年出版），莫雷的《穿越意识形态的幻想——齐泽克意识形态理论研究》（2012年出版），张翠的《民主理论的批判与重建——哈贝马斯政治哲学思想研究》（2011出版），贾中海的《社会价值的分配正义》（2011出版）、欧阳英的《在社会学与政治哲学之间——当代政治哲学研究的新路径》(2011出版)，李琳的《政治哲学视阈中的中产阶层》(2011出版)，黎世光的《政治哲学的现代危机和古代出路——施特劳斯思想研究》(2011出版)。

另外，万俊人主编的"政治哲学丛书"，其中收录了中国学者左高山的《政治暴力批判》(2010年出版)、李惠斌、李义天的《马克思与正义理论》(2010年出版)、张彭松的《乌托邦语境下的现代性反思》(2010)，衣俊卿主编的"微观政治哲学研究丛书"(2011年出版)，包括衣俊卿的《现代性的维度》与《社会历史理论的微观视域》、赵福生的《福柯微观政治哲学研究》、张正明的《年鉴学派史学范式研究》，甘阳、刘小枫主编的"政治哲学文库"，已经出版了王光松的《在"德"、"位"之间》(2010年出版)、张志杨的《西学中的夜行——隐匿在开端中的破裂》(2010年出版)、谭立铸的《柏拉图与政治宇宙论——普罗克洛斯《柏拉图〈蒂迈欧〉疏解卷一研究》(2010年出版)、魏朝勇的《自然与神圣——修昔底德的修辞政治》(2010年出版)、罗晓颖的《马克思与伊壁鸠鲁——马克思〈关于伊壁鸠鲁哲学的笔记〉》和《〈博士论文〉研究》(2010年出版)、梁中和的《灵魂爱上帝——斐奇诺柏拉图神学研究》(2010年出版)、陈壁生的《经学、制度与生活——〈论语〉"父子相隐"章疏证》(2010年出版)、史应勇的《尚书郑王比义发微》(2011年出版)、刘贡南的《道的传承：朱熹对孔子门人言行的诠释》(2011年出版)、黄瑞成的《盲目的洞见——忒瑞西阿斯先知考》(2011年出版)、张文涛的《哲学之诗——柏拉图王制卷十义疏》(2012年出版)、刘玮的《马基雅维利与现代性——施特劳斯政治现实主义与基督教》(2012年出版)，应奇等主编的"当代西方政治哲学读本丛书"(2011年出版)，包括徐向东编的《全球正义》、《实践理性》、《后果主义与义务论》、谭安奎编的《公共理性》、李丽红编的《多元文化主义》、李守利的《友爱与正义：西方古典政治哲学导论》(2011年出版)。

在经济哲学方面，刘修水主编的《经济哲学》(1992年出版)，杜莹、卢祥金主编的《社会主义市场经济哲学》(1993年出版)，曾德盛的《毛泽东经济哲学思想研究》(1993年出版)、陈湘舸的《毛泽东经济哲学与经济思想》（1993 年出版），张雄的《市场经济中的非理性因素》（1995 年出版）、《经济哲学——经济理念与市场智慧》（2000 年出版）、《经济哲学——从历史哲学向经济哲学的跨越》（2002 年出版），陈泽环的《功利·奉献·生态·文化——经济伦理引论》（1999 年出版），马涛的《理性崇拜与缺憾——经济认识论批判》（2000 年出版），余源培等的《寻找新的学苑——经济哲学成为新的学科生长点》（2001 年出版）、《马克思主义经济哲学及其当代意义》（2010 年出版），蔡灿津等的《经济哲学导论》（2001 年出版），刘敬鲁的《经济哲学导论》（2006 年出版），鲁品越的《资本逻辑与当代现实——经济发展观的哲学沉思》（2006 年出版）、《社会主义对资本力量——驾驭与导控》（2008 年出版），叶险明的《"知识经济"的批判》（2007 年出版），陈志生等的《马克思主义哲学视域中的知识经济》（2008 年出版），孙承叔的《资本与社会和谐》（2008 年出版）、《真正的马克思——〈资本论〉三大手稿的当代意义》（2009 年出版），刘荣军的《财富、人与历史：马克思财富理论的哲学意蕴与现实意义》（2011 年出版），毛勒堂的《经济生活世界的意义追问：经济正义与和谐社会的构建》（2011 年出版），张雄、鲁品越主编的《中国经济哲学评论：2011 财富哲学专辑》（2012 年出版）。

二、部门哲学的基本特征

作为一种马克思主义哲学研究范式，部门哲学具有以下三个方面的特征。

第一，领域化与专门化。这是从研究对象上来说的。哲学不是无对象的思想操作，哲学的研究对象受其研究范式的制约与影响。在传统的哲学教科书范式中，哲学被理解为"理论化、系统化的世界观"，而世界观又被定义为"关于整个世界的根本观点和总的看法"。因此，哲学的研究对象是包括自然界、人类社会和人类思维在内的整个世界，探寻世界的本质与发展规律成为世界观哲学的根本理论目标。当哲学以包括自然界、人类社会和人类思维在内的整个世界为研究对象时，哲学的研究内容就合乎逻辑地展现为唯物论、认识论、辩证法、历史观，关于这些内容的研究被称为哲学的基础理论研究。相比之下，部门哲学是以某一特定部门或领域为研究对象，如文化哲学以文化为研究对象，经济哲学以经济为研究对象，政治哲学以政治为研究对象，语言哲学以语言为研究对象。部门哲学在深刻揭示研究特定领域的特殊本质与特殊规律的前提下，进一步深入反思这些领域中的具体的实践课题，如经济哲学对资本与和谐社会问题的研究，文化哲学对当代社会发展的文化选择问题的探讨，发展哲学对当代中国以经济变革为基础的社会整体运动问题的研究，政治哲学对中国政治发展模式问题的思考，价值哲学对社会转型时期的价值冲突问题的研究，技术哲学对现代社会技术异化问题的反思，生态哲学对中国生态文明建设问题的探讨。由此可见，与其他马克思主义哲学研究范式的"宏大叙事"相比，部门哲学使哲学研究的对象更加明确，哲学研究的主题更加具体，从而使哲学对问题的反思更为系统化与微观化。

第二，理论与实践相结合、形而上与形而下相统一。这是从研究层面上说的。相对于侧重概念解析与体系建构的传统哲学教科书，以"应用哲学"面目出场的部门哲学，最终指向对生活实践中出现的重大现实问题的反思。这种反思一般从两个层面展开：一是理论层面的形而上研究，一是实践层面的形而下分析。例如，文化哲学既要研究理论理性层面的文化哲学论题，如文化现象的本质与文化转型的机理，又要探索实践理性层面的文化哲学论题，如中国社会转型期的文化冲突与文化重建。因而，部门哲学具有明显的理论与实践相结合、形而上与形而下相统一的特征。但也要注意到，部门哲学中的形而上研究与一般哲学中的形而上研究不同，它不是直接面向哲学本身抽象地谈论本体论、认识论、方法论问题，而是以各个领域的具体对象为中介间接地研究这些问题，例如，技术哲学关于技术认识论、技术本体论、技术价值论的研究，政治哲学关于政治存在论、政治价值论、政治诠释论的研究。这种间接研究不但没有遮蔽哲学的本体论、认识论、方法论等问题，反而推进了对这些问题的深入理解，并且更为鲜明地彰显了马克思主义哲学的实践本性，这也正是部门哲学优于传统教科书哲学范式、马克思主义哲学史范式、文本文献学研究范式的显著特征。

第三，交叉性、中介性与综合性。这是从研究性质上说的。部门哲学既是一般哲学理论与各种具体学科相联系的桥梁，又是一般哲学理论与具体实践相结合的纽带，因而具有明显的中介性。如经济哲学是介于经济学与哲学之间的中介环节，政治哲学是介于政治学与哲学之间的中介环节。作为一种中介学科，部门哲学具有双重任务，一方面是用哲学来指导具体学科或具体科学，另一方面则是用具体学科或具体科学来丰富和发展哲学，并以这种发展了的哲学去指导改革开放和社会主义现代化建设的实践及其理论研究。这种中介性也意味着部门哲学研究的交叉性与综合性。在中国社会转型时期，社会生活实践中涌现出的新问题和新情况往往带有综合性的特征，不可能在单一哲学范围内得到根本解决，需要各相关学科的合作，这使哲学与经济学、文化学、社会学、政治学等其他学科的联盟成为一种必要。部门哲学不仅是哲学与其他相关学科联盟的产物，而且进一步推进了这种联盟。哲学与其他相关学科的联盟实质上是哲学与具体科学的联盟。把哲学研究与经济学、人类学、历史学、文化学等具体科学研究结合起来，在哲学与具体科学的有机联系中切入社会现实，是马克思开创的极其重要的哲学传统。部门哲学在一定意义上恢复了这一传统。随着部门哲学的繁荣发展，哲学与具体科学的联盟意识不断强化，这在经济哲学中体现得尤为明显。哲学家与经济学家不仅深入研究哲学与经济学的辩证关系，高度评价哲学与经济学联盟的意义，而且自觉探索哲学与经济学联盟的方式，积极倡导哲学工作者与经济学工作者及以企业家为代表的实际工作者的联盟。这种联盟带来了哲学研究方法的多元开启与创新。

三、部门哲学的学术价值与理论不足

部门哲学对于加强哲学与其他学科之间的联盟，推进马克思主义哲学理论创新，探索建构中国化的马克思主义哲学新形态具有重大理论意义。

第一，部门哲学的兴起与发展，在一定意义上，超越了传统教科书

"体系哲学"的局限,拓展了马克思主义哲学研究的学术空间。这可以从三个方面来理解:一是对马克思主义哲学中的一些重要范畴和基本原理做了重新理解,赋予其新的内涵。在 20 世纪 80 年代以来关于实践唯物主义的讨论中,学界开始重新理解马克思主义哲学中的一些重要范畴(如主体、人、实践、文化、社会)与基本原理(如唯物史观的相关原理),这为部门哲学研究提供了重要理论资源。反过来,部门哲学又通过对社会实践中出现的文化、经济、价值等现实问题的探讨,对经济学、文化学、政治学等具体科学的借鉴,深化了对这些范畴的理解,并赋予这些范畴以时代性的内涵。二是将传统哲学教科书不太关注或很难涉足的某一领域的问题课题化,如价值观与价值评价问题、环境与生态危机问题、财富问题、资本与货币问题、公平与正义问题。通过对这些具体的现实问题的深入研究,不断开辟出一些新的问题域,弥补了以往马克思主义哲学研究的空白,为马克思主义哲学研究注入了新内容,尤其拓宽了历史唯物主义的研究领域。三是把部门哲学作为一种研究视角或方法,或者对相关的现实实践问题给予深入分析与阐释,或者对马克思主义哲学相关问题进行深入解读与研究,如何萍从文化哲学的视角去解读马克思主义哲学史,[①] 马俊峰从政治哲学视角对共同体问题的研究,[②] 陈宇宙对马克思经济哲学的人学向度的阐释,[③] 等等。这些研究拓展了马克思主义哲学研究的学术视野,深化了对马克思主义哲学的理解。

第二,部门哲学不仅是对传统哲学教科书体系的突破,更是对传统哲学教科书所代表的解读模式的超越。在以哲学教科书为代表的解读模式中,马克思主义哲学被视为具有最大概括性和解释性的"绝对知识",凭借"绝对知识"的权威,马克思主义哲学可以凌驾于具体科学之上、现实生活之外。这种知识论立场的解读,混淆了马克思主义哲学与实证科学的区别,进而遮蔽了马克思主义哲学的人文性、批判性与实践性。

---

① 何萍:《从文化哲学看马克思主义哲学史》,《人民论坛》2011 年第 17 期。
② 马俊峰:《论马克思政治哲学视野下的共同体》,《广西社会科学》2011 年第 4 期。
③ 陈宇宙:《财富异化及其扬弃:马克思经济哲学的人学向度》,《马克思主义研究》2011 年第 7 期。

部门哲学突破了这种知识论立场的解读模式,在部门哲学中出场的马克思主义哲学,不再是为人们提供现成知识的理论哲学,而是可以改变世界的实践哲学,并且具有多张面孔:既是懂得生活并为现世提供智慧的"生活哲学",又是进入同时代人的灵魂、为劳苦大众提供心灵引导的"人的哲学";既是关注无产阶级解放并成为人民精髓的"政治哲学",[①]又是揭示人类经济活动的本质与规律的"经济哲学";既是反思人类文化本质与文化矛盾的"文化哲学",又是研究人类价值评价与价值观念的"价值哲学";等等。部门哲学对马克思主义哲学的这种多维度解读,既推进了马克思主义哲学相关文本的深度研究,如从经济哲学角度对马克思《1844年经济学哲学手稿》、《资本论》及其手稿的研究,从文化哲学角度对马克思晚年所作的文化人类学笔记的研究,同时又突破了纯文本研究的平面化特征,使马克思主义哲学的当代价值立体化地呈现出来。部门哲学超越传统哲学教科书的解读模式,对马克思主义哲学思想智慧的多维挖掘,也意味着马克思主义哲学的价值不是某种现成地存在于某个地方的非历史的东西,而是一种开放性、生成性的存在。在这个意义上,部门哲学研究打破了以往马克思主义哲学研究中的现成性与同质性神话。

第三,部门哲学开辟出多个研究领域,有利于推进中国传统哲学、西方哲学、马克思主义哲学(以下简称"中西马")的深层对话。"中西马"对话是当代中国马克思主义哲学理论创新的重要路径之一,也是构筑中国化的马克思主义哲学形态的重要前提。"中西马"对话一般从两个层面展开,一是面向哲学自身的对话,表现为古今中外的哲学范畴、哲学观念、哲学思想、哲学方法、哲学范式的对话;二是面向现实问题的对话,即关于全球化、现代性、生态危机、科技异化、文化冲突等重大现实问题的对话。部门哲学中的"中西马"对话虽然也存在概念、方法等层面的对话,但主要围绕政治、经济、文化等现实问题而展开。正是以社会生活中各个领域的"问题"为依托,部门哲学为"中西

[①] 韩庆祥:《回到马克思哲学本性的基地上探寻哲学发展之路》,《哲学动态》2008年第5期。

马"对话得以展开提供了多个具体的平台,从而真正激活并推进了"中西马"之间的深层对话。

第四,部门哲学有助于加强不同学科之间的联盟,尤其是马克思主义哲学与其他学科的对话与交流。不同学科之间的沟通与合作,是促进学术发展的重要动力。加强马克思主义哲学与其他学科之间的对话与交流,是推进马克思主义哲学理论创新的重要基础。在传统哲学教科书体系中,马克思主义哲学与其他学科的关系,更多地表现为利用其他学科取得的新成果去注解、论证原有的马克思主义哲学基本原理的真理性,然后以这些具有真理性的基本原理去裁剪现实。在这种情况下,马克思主义哲学与其他学科基本上处于相互外在的分离状态,严重地影响着马克思主义哲学研究的深入与创新。部门哲学是哲学与其他相关学科相联系的桥梁,其自身的交叉性、中介性、综合性决定了部门哲学的深入发展有助于改变马克思主义哲学与其他学科相脱节的这种状况。立足于社会生活的具体领域,运用马克思主义哲学的立场、观点、方法,批判地吸收、利用经济学、政治学、文化学、人类学等学科的研究成果,并在马克思主义哲学与其他学科的结合中切入现实生活,为现实生活中各种重大问题的彻底解决提供可能的途径,正是部门哲学独具的思想魅力所在。尤其值得一提的是,为了推动人文社会科学领域的跨学科对话与交流,并在不同学科的视域融合中探寻更加富有现实解释力与思想创造性的学术生长点,扎扎实实地推进中国社会科学理论与方法的创新,中国社会科学杂志推出了"当代中国社会科学学术前沿系列对话",目前已经进行了哲学与史学(2007年)、哲学与经济学(2008年)、哲学与政治学(2010年)的对话。这些对话加强、推进了哲学与其他学科之间的交流与合作,既有助于部门哲学的繁荣与发展,促进相关领域学术研究的创新,又有利于当代中国现实问题的有效解决,推动中国学术话语体系的建构。

当然,任何一种研究范式都既有其存在的合理性,同时又会存在着不足。部门哲学存在的理论不足,最突出地表现在以下两点。

第一,无法处理好部门性与整体性的关系。可以从两个层面上来理解:一是就它对社会生活的理解而言,人类现实的社会生活是一个整体,政治、经济、文化等各个方面都交织在一起,但每一种形态的部门哲学关注的并不是社会生活的整体,而是社会生活的某个具体部门或领域,是对某一具体部门或领域进行系统而深入的研究,加上各种形态的部门哲学之间缺少深层对话与交流,因而它对社会生活的理解不可避免地会呈现出"片面的深刻性"。二是就它对马克思主义哲学的理解而言,马克思主义哲学是"一整块钢铁铸成",但每一形态的部门哲学都是从某个特定领域去理解马克思主义哲学,并具有相对的独立性和自主性。这种分门别类的、相对独立的研究虽然深化了对马克思主义哲学某一方面的理解,但由于为特定视角所限,并且各自画地为牢,因而不足以阐释马克思主义哲学的整体内涵。正因为部门哲学缺乏一种宏观的研究,并且彼此缺乏深层对话与交流,所以不利于对社会生活与马克思主义哲学的整体性研究。

第二,难以平衡好学术性与现实性的关系。如何在学术性与现实性之间保持必要的张力,是部门哲学面临的一个难题。如前所述,从理论旨趣来看,以"应用哲学"面目出场的部门哲学具有强烈的现实指向性,而且随着新领域的不断开辟,越来越多的现实问题已被自觉纳入到部门哲学的研究视野。但从其取得的理论成果来看,学术性色彩更为浓厚,而现实性却并不非常突出。从前面所列举的人学、文化哲学等领域中的代表性著作来看,这种学术性与现实性的失衡,不仅体现在那些"导论"、"概论"、"引论"、"论纲"等通论性的著作中,而且也体现在那些探讨"评价"、"货币"、"财富"等问题的专题性研究中。正因为难以平衡好学术性与现实性的关系,使部门哲学研究虽然体现出强烈的问题意识,但却缺乏对现实问题的批判意识或批判性略显薄弱,从而直接影响着部门哲学理论功能的发挥。部门哲学研究所呈现的这个问题,也是当代中国马克思主义哲学研究所面临的主要难题之一。

尽管存在以上理论不足,但在社会问题越来越领域化、复杂化、多样化的背景下,部门哲学仍然具有广阔的发展空间,在今后很长时间内仍将是中国哲学研究中的"主流"和"前沿"。部门哲学是当代马克思主义哲学走向实践、不断创新的重要路径之一,对部门哲学的深入研究必将进一步推动马克思主义哲学的理论创新与发展。时刻关注当代人类的生活实践，努力吸收人类文明发展的最新成果，在学术性与现实性之间保持必要的张力，在哲学与具体科学及各部门哲学之间积极展开深层对话，构建各具"中国特色"的哲学话语体系，将是部门哲学继续前行并赢得未来发展的重要条件。

(作者系江苏师范大学当代中国马克思主义哲学研究范式创新研究中心副教授)

二
专家评论

二

去來今

唯物史观与思想方法

李景源

引 言

2011年5月13日，习近平在中央党校2011年春季学期开学典礼上作了《领导干部要重视学习马克思主义经典著作》的讲话，他强调指出："领导干部学习马克思主义经典著作，尤其要注意学习马克思主义哲学。哲学是人类的智慧之学。在马克思主义三个组成部分中，哲学是基础。掌握马克思主义哲学，是掌握马克思主义完整科学体系的重要前提。领导干部无论从事什么工作，最要紧的是把思想方法搞对头。正因为这样，从马克思列宁主义创造人到毛泽东同志、邓小平同志、江泽民同志和胡锦涛同志，都十分强调学习马克思主义哲学。"马克思主义哲学的实践性使它具有鲜明的方法论特征，中国化的马克思主义最富于创造性的部分就是把它转化为在具体实践中发挥作用的方法论体系。马克思主义方法论与其根本原理、根本立场有着本质的联系。恩格斯多次强调，唯物史观是马克思对人类哲学思想的最大贡献，我们今天就从唯物史观入手，谈谈马克思主义中国化的历程和经验。我想从三个方面来谈。

一、马克思主义哲学中国化的主线是唯物史观的中国化

1. 历史观的变革是近代思想史的主旋律

众所周知，中国近代以来哲学观念的变革，最主要的表现是历史观

的变革。历史决定理论的命运，历史观问题成为讨论的焦点，这是由中国社会的发展进程和历史任务所决定的。近代以来，中国出现了天崩地裂般的社会变动和忘国灭种的残酷现实，救亡图存和追求现代化的客观需求成为哲学观念变革的深层历史依据。马克思主义传入中国的时期，恰恰是中国发生思想变革的时代。当时，"革命"一词成为报纸刊物中最鲜明的字眼。较早提出的是文学革命、诗学革命、文体白话文革命，后来逐渐转入了史学革命。梁启超在论述史学革命的重要性时说，史学之所以成为学术的大宗，是因为它是研究人类社会进化规律的学问。如果史学不革命，中国遂不可救。悠悠万事，唯此为大。

在国运危亡关头，哲学家们总是把究天人之际、通古今之变看做自己的历史责任，力求有所贡献，成一家之学。梁启超号召学子探讨天地万物的大本大原，他身体力行，提出心力说和史学革命的口号。"历史者，叙述人群进化之现象也"，"求其公理公例者也"。"史者何？记述人类社会赓续活动之体现，校其总成绩，求得其因果关系，以为现代一般人活动之资鉴者也。"

五四运动前后，中国社会出现了从"思想改造论"和"精神改造论"的思潮转向"社会改造论"的思潮。"社会改造"成为取代"伦理革命"、"文学革命"的纲领性口号，各种进步社团、进步报刊纷纷举起社会改造的旗帜。陈独秀表示："我敢说最进步的政治，必须把社会问题放在最重要地位，别的都是闲文。"由李大钊、陈独秀、蔡元培支持的少年中国学会，把注重社会改造作为学会共同的目标。

2. 唯物史观的引进是中华民族长期探索和选择的结果

要改朝换代，要改造中国，首先要解决的是历史发展的动力和发展道路问题。随着改造社会现实呼声的出现，历史观问题成为争论的焦点和主题。中国到底向何处去？这是当时的志士仁人挥之不去的大问题。

史学革命本质上是历史观的革命。严复最先喊出民众是天下的主人的口号，认为秦以来历代君主都是窃国大盗，要救国必须鼓民力、开民智、新民德。梁启超进一步提出"民史论"。他指出，西方的史学是"民史"，中国的史学为"君史"，一部中国历史实际上只是二十四姓氏的"家谱"。他认为,"一国强弱废兴,全系于国民",所以提出了"新民说"。1905年,孙中山提出"三民主义"和民生史观,认为民生问题是社会进化的原动力。这些见解不仅预示着价值观念的变化,而且更表征着历史观念的变化。近代中国历史的主题是反帝反封建,如何完成这一历史任务,思想界争论很大。从历史观上看,争论是围绕两个方面展开的。第一个方面,思想动机和思想背后的动因,哪个方面更具有历史意义,既精神的东西与物质利益,哪个更具有历史意义?章太炎、谭嗣同、梁启超提出了心力说,认为精神的东西是历史发展的原动力,并进一步提出宗教救国论、佛教救国论。很显然,这是一种存在论上的观念论,其实质是把主观性作为历史哲学的最高原则,这是支配中国数千年内圣外王传统的变种。这种内在论的思想虽然包含有合理的成分,但它并没有触及社会的根本所在,因而无法解决中国的问题。李大钊运用唯物史观对观念史观进行了批评。他说:"唯物史观就站出来反抗那些历史学家和历史哲学家,把他们多年所推崇为非常重要的外部的社会构造,都列于第二的次序;而那被历史学家蔑视的,对于研究社会生活有莫大的价值。"

第二个方面,以往的历史记载关注的主要是重大政治事件及作为主要角色的英雄人物,占人口大多数的普通民众至多是历史画面的模糊底色,这就涉及历史观变革的第二个问题,即人民群众的历史活动和少数英雄人物的业绩相比,哪方面更具有历史意义?

在寻求历史主体的问题上,知识界也经历了从崇拜英雄豪杰(如梁启超所言"世界者何?豪杰而已矣!舍豪杰则没有世界!")到相信广大民众的思想历程。从梁启超的"民史论"和"新民说"到孙中山的"民生史观"和"三民主义",从蔡元培的"劳工神圣"到李大钊的"群众时代、劳农主义和唯民主义",从陈独秀的"我们所主张的是民众运动的社会改造"到毛泽东把"民众的大联合"看做是改造社会的根本方法,期间贯穿了一条主线,就是从观念史观和圣贤史观到民众史观和群众路线,使历史主体一步步得到澄清。解决了人民群众是决定历史命运的主体问题,便从历史主体的层面勾画出中国思想界从唯心史观向唯物史观的转变。

二、唯物史观是指导中国革命、建设和改革的思想武器

1. 唯物史观与毛泽东哲学思想的贡献

从毛泽东世界观的转变来把握马克思主义哲学中国化的过程和实质是一个重要的切入点。毛泽东世界观的转变实质是历史观的转变，从这里可以得到启示，即历史观问题是世界观的核心部分。毛泽东讲，他在1902年到1908年读了六年孔夫子的书，信奉的就是修齐治平，追求的就是"内圣外王"的人格理想，中国传统文化的精神用四个字概括就是内圣外王之道，就是圣贤救世的理想追求。过去把"内圣外王"之道看做是儒家的伦理思想和人格理想，今天我们应把它上升到历史观层面来认识，"内圣外王"实际上是传统社会占主导形态的历史观，它成为帝王中心、王朝体系、正统观念、英雄史观的核心理念。在寻求历史主体的问题上，从崇拜英雄豪杰到坚信人民大众，是革命实践活动和当时社会的政治腐败教育了他。辛亥革命后，毛泽东认识到，把中华民族的命运绑在所谓英雄和大佬的身上，中国是没有希望的。1918年，毛泽东发起并领导了震动全国的"驱张"运动的失败后，使他认识到"一张敬尧走，百张敬尧来"，单靠请愿和呼声革命是根本不行的。他在给向警予的信中说，"我已看透了，政治界暮气已深，腐败已甚，政治改良一途，可谓绝无希望。吾人唯有不理一切，另辟道路，另造环境一法。"俄国的十月革命，使毛泽东认识到，民众的力量才是决定历史走向的根本动力。所以，他在《民众的大联合》中写到：天下者，我们的天下，国家者，我们的国家。号召民众起来掌握自己的命运。他后来跟斯诺讲，是客观环境逼迫我同周围的人组织共产主义小组，研究马克思主义，获得了认识社会问题的方法论，从此树立了对马克思主义的信仰。1921年1月，毛泽东给蔡和森写信，明确提出"唯物史观是吾党哲学的根据"。《毛泽东选集》的第一篇文章是《中国社会各阶级的分析》，最后一篇文章是《论唯心历史观的破产》，从中可以看出，唯物史观贯穿毛泽东思想的整个体系。毛泽东世界观的转变，是民族文化心理演变的缩影，代

表了中华民族历史观的转变。事实证明，中国近代历史的转折，有赖于历史主体的觉醒，当一个阶级的解放就意味着整个社会的解放时，当人民群众自我觉醒成为历史主体并申明自己是社会的主人时，不合理的社会制度的解体就开始了。

毛泽东对唯物史观的最大贡献是在群众史观方面，毛泽东的群众史观包含两个环节，第一个环节，是从崇拜巨夫伟人到相信人民大众，这点刚才已经讲过。第二个环节，是从平面地、抽象地理解人民大众到具体地、立体地理解人民大众。1956年，他在同外国一个代表团的谈话中说，我们党做农民工作，开头没有成功，因为那时是"从平面看农村，不是立体地看农村，就是说，不懂得用阶级观点看农村。后来掌握了马克思主义，才用阶级观点看农村"。毛泽东历史观的转变，表示他对历史发展动力的看法，其重心已经由社会结构的上层转向下层社会，这一点对于改造中国社会具有重要意义。唯物史观有两个最基本的观点，即生产力观点和群众观点。能否把这两个观点统一起来，是划分真假马克思主义的分水岭。唯物史观的重大贡献，不仅在于揭示了人类社会中生产力与生产关系、经济基础和上层建筑的基本矛盾及其发展规律，而且揭示了人民群众追求自身利益的历史性活动是推动社会基本矛盾相互作用及其解决的主体因素。马克思明确地讲过，以往的历史运动都是少数人的或为少数人谋利益的运动，而无产阶级运动则是大多数人的为大多数人谋利益的运动。事实表明，资产阶级改良派和革命派可以接受马克思关于社会基本矛盾和生产力决定作用的观点，并积极主张搞经济、办工业。但对于劳苦大众在社会历史中的主体地位，他们却难以认同。在民主革命时期，共产党和国民党同时提出了反对封建主义的土地改革的纲领，但国民党是口惠而实不至，只有共产党不但口讲，而且实做。从生产力决定生产关系、经济基础决定上层建筑的原理中还可以得出一个结论，即社会的底层结构决定社会上层结构。坚持唯物史观，必须从改造社会的底层结构，即着眼于解放底层群众，包括工人、农民和小资产阶级为主体的人民大众。正是在这一点上，共产党与国民党产生了分歧，并在实践中才有了不同的社会动员方式和整合方式。实际情况是，国民党实现了对社会上层结构的整合，共产党则实现了对社会下层结构的整合。1927年以后，以蒋介石为首的国民党抛弃了孙中山的联俄联共、扶助农工的政策，他表面上统一了中国，其实他至多实现了对社会上层结构（以大资产阶级和大地主为主）的整合，始终未能够满足社会底层群众生存和发展的要求，因此他并未能实现对当时社会关系结构的整体改造。因为他未能抓住社会改造的枢纽。与此相反，以毛泽东为代表的中国共产党人，始终牢记人民群众是历史的主体和动力的宗旨，明确了中国革命的性质、对象、动力和革命道路等一系列问题。提出民主革命的实质是农民革命，是土地革命。把革命的中心由城市转入农村，从中国社会结构的底层入手，开展了一场轰轰烈烈的改造中国社会关系整体结构的伟大变革。毛泽东以新的历史观为原点，设计了一条符合中国实际的政治路线和方针政策，使群众史观具体化为一整套民主革命的战略和策略。他把群众史观与政治斗争结为一体，以唯物史观为体，以路线、方针、政策为用，走出了一条有中国特色的民主革命道路。

毛泽东终其一生都与圣贤史观、英雄史观进行斗争。1944年1月他致杨绍萱、齐燕铭的信中说："历史是人民创造的，但在旧戏舞台上人民却成了渣滓，由老爷太太少爷小姐们统治着舞台，这种历史的颠倒，现在由你们再颠倒过来，恢复了历史的面目，从此旧剧开了新生面，所以值得庆贺。"针对英雄史观，他提出群众是真正的英雄；他给佳县县委的题辞是"站在最大多数劳动人民的一面。"共产党的路线就是人民的路线。针对圣贤史观，他提出六亿神州尽舜尧。1964年，他写了一首词《贺新郎·读史》，其中写道："五帝三皇神圣事，骗了无涯过客"，"盗跖庄蹻流誉后，更陈王奋起挥黄钺"。不仅再次批判了英雄史观，而且重申了自己的群众史观。即使在"文化大革命"中，他也对林彪、陈伯达鼓吹的"天才史观"给予了无情的批判。邓小平对"两个凡是"的批判，就是对毛泽东思想中最根本的东西实事求是和群众路线的肯定。毛泽东对自己一生中最欣赏的得意之笔就是"群众路线"四个字。

2. 唯物史观是中国改革开放模式的本质

毛泽东和邓小平都讲过，他们并不精通经济，那么他们如何建国，如何治国？就是靠哲学理念。与毛泽东一样，邓小平也是在理论与历史的互动中，建构自己的哲学理论。他曾经说过，中国停滞了，这才迫使我们重新思考。他始终坚持以中国的发展、人类的进步作为自己思考的主题，并在总结历史经验的基础上坚持和发展马克思主义哲学。他所面对的是初级阶段的社会主义，他在充分肯定毛泽东的社会基本矛盾理论的基础上，形成了自己的以人民利益为宗旨的生产力史观。生产力的观点和群众观点，是唯物史观的两个基本观点，他们是内在统一的。两者的一致性集中地体现在马克思的名言上：最强大的一种生产力是革命阶级本身。所以，毛泽东和邓小平是和而不同。

通常总是说，邓小平以大无畏的政治勇气和理论勇气，带领全党实现了政治路线的拨乱反正和思想路线的拨乱反正。这两方面的拨乱反正，其实质是历史观上的拨乱反正。就思想路线的拨乱反正而言，邓小平提出反对"两个凡是"和支持真理标准问题的讨论，都不仅仅是认识论的问题，更是历史观的问题。邓小平在批判"两个凡是"时指出，"一个人讲的每句话都对，一个人绝对正确，没有这回事情。""两个凡是"涉及领袖和群众的关系问题，他认为"这是个重要的理论问题，是个是否坚持历史唯物主义的问题。"邓小平对"两个凡是"的批判引发了真理标准的讨论，目的就是进一步从历史观上批判四人帮鼓吹的"天才论"，批判圣贤史观，用实践标准代替语录标准。

唯物史观不仅是思想路线拨乱反正的哲学依据，也是政治路线拨乱反正的理论依据。要实现政治路线的拨乱反正，实现工作中心的转移，就必须进行艰苦的理论工作。为此，邓小平同志在十一届三中全会前后，用极大的精力关心理论工作，在恢复和发展唯物史观方面做出了重要贡献。

第一，明确提出两个社会发展动力问题，即经济发展是社会发展的动力以及按劳分配是推动经济发展的主体动力问题。1975年，他在主持中央工作期间，针对"四人帮"宣扬的"搞生产就是唯生产力论，就是走资本主义道路"的谬论，他明确提出，中国这么多人口，"把国民经济搞上去是根本任务，批'唯生产力论'谁还敢抓生产？现在把什么都说成是资产阶级法权，多劳多得是应该的嘛，也叫资产阶级法权吗？搞生产究竟应当用什么东西作动力？"

第二，为了进一步批判"四人帮"在生产力问题上的谬论，恢复生产力理论在唯物史观中的核心地位，对"政治"概念赋予新的时代内容，明确提出在经济建设时期，经济就是政治，四个现代化就是最大的政治，因为它符合人民的根本利益。

第三，提出了三种革命及其关系的理论。针对"四人帮"把阶级斗争理论推向极端，宣称阶级斗争是社会主义社会发展的唯一动力的观点，1980年初，邓小平专门论述了阶级革命和生产力革命的关系问题。他说："革命是要搞阶级斗争，但革命不只是搞阶级斗争。生产力方面的革命也是革命，而且是很重要的革命，从历史的发展来讲是最根本的革命。"此后，他多次讲过，改革是中国的第二次革命。邓小平提出的三种革命的理论，是对唯物史观的重大发展，它们在邓小平理论体系中占有核心的地位，是邓小平主张的中国特色的社会主义目标模式的基本理念，是"不断发展社会生产力的社会主义"、"充满生机和活力的社会主义"、"主张和平的社会主义"的哲学基础。这是邓小平留给我们的最宝贵的精神财富。

第四，邓小平以生产力史观为核心，从中国社会主义社会初级阶段的实际出发，对什么是社会主义，怎样建设社会主义给予了科学的回答，形成了邓小平理论。这一理论的形成有一个过程。1974年，毛泽东提出，要让一部分学者研究为什么非洲的社会主义发展不起来？这是最初意识到社会主义出现了问题。1980年，邓小平同志在接见阿尔及利亚、坦桑尼亚等非洲各国代表团时说，你们要研究一下，为什么非洲的社会主义越搞越穷？第三次，邓小平同志和捷克的同志说，中国停滞了，这才促使我们重新思考。思考什么呢？就是什么是社会主义，怎样建设社会主义。邓小平同志说，我们总结建国三十年来的经验教训，不管怎么搞，不管采取什么政策，最根本的一条就是要有利于发展生产力，有利于改善人民的生活。空讲社会主义不行，人民不相信。

"三个代表"重要思想重申了生产力首要地位和人民利益标准，把它作为党的宗旨和执政兴国的总体理念。"三个代表"重要思想把解放思想、实事求是同与时俱进统一起来，从经济、政治、文化三个方面提出了保持党的先进性的核心内容。江泽民同志提出的"三个坚持"：即

"坚持尊重社会发展规律与尊重人民历史主体地位的一致性；坚持为崇高理想奋斗与为最广大人民利益奋斗的一致性；坚持完成党的各项工作与实现人民利益的一致性"。这是对唯物史观的丰富和发展，是保证我们党永远立于不败之地的根本保证。以胡锦涛总书记提出以人为本的科学发展观，立足于对国内外发展经验和教训的科学总结，面向新世纪新阶段党和国家事业发展的全局，明确要求我们把聚精会神搞建设、一心一意谋发展落实到坚持以人为本，实现全面发展、协调发展、可持续发展上来。我们党针对社会发展面临的突出矛盾和问题，在经济建设、政治建设、文化建设三位一体的提法之后，进一步提出"社会建设"的概念。在马克思那里的"社会"或"社会形态"概念在内涵上是一个包括经济、政治和文化的总体性概念，科学发展观提出的"社会建设"是有别于经济、政治、文化的狭义领域，特指社会事业建设和社会保障体系建设，加强社会管理体制的建设和创新，这是党的执政理念和政府的管理观念的一次升华。以人为本的科学发展观是指导当代中国发展的世界观和方法论的集中体现。

从毛泽东的群众史观和群众路线，到邓小平的生产力首要地位和人民利益标准，再到"三个代表"重要思想和以人为本的科学发展观，唯物史观的根本原理贯彻始终。并在中国化的伟大历程中，获得了与时代同步的重大发展，向世界展示了马克思主义的辉煌前景。我们学习马克思主义哲学，要坚持三个还原，即还原历史、还原问题、还原我们党解决中国命运和发展问题的立场、观点和方法，做到这一点，就可以从中学到活的马克思主义的哲学。

三、唯物史观与思想方法

任何被掌握的理论都可以转化为某种方法，哲学则是为其他学科提供前提性、反思性方法的理论，是其他学科的方法论，用严复的话来说，哲学是百学之学、万法之法。那么，怎么理解和掌握马克思主义哲学及其方法呢？毛泽东在谈到如何研究中共党史时说，马克思主义的根本方法，"就是全面的历史的方法"，"就是弄清楚所研究的问题发生的一定的时间和一定的空间,把问题当做一定历史条件下的历史过程去研究"。全面的历史的方法就是考察事物产生的历史条件和历史过程的方法。全面的历史方法可以具体展开为如下方法:

(1) 具体问题具体分析
(2) 真理与价值相统一
(3) 一般与特殊相结合
(4) 理论与实践相统一
(5) 领导与群众相结合

很显然,这些具体方法也就是马克思主义的唯物辩证法,正如恩格斯所言,唯物史观在不同民族国家的应用,只有借助于辩证法才是可能的。在列宁看来,辩证法也就是马克思主义的认识论。所以,它们也是在实践中保证实事求是得以实现的方法。

下面,讲几个典型案例,从历史观角度揭示中国发展进程中的深层逻辑,增强运用唯物史观和处理问题的自觉性。

1. 唯物史观与人生观

俗话说:儒家治世,道教治身,佛家治心。唯物史观既能治世,也能治心。我想以 1923 年关于人生观问题的争论为例加以说明。

1923 年的"科学与人生观"的论战,表面上是两派,实际上是三派。除了直接论战的科学派和玄学派,陈独秀以序言的形式代表唯物史观派参与了论战,提出了"唯物史观的人生哲学"的命题。陈独秀指出:"我们相信只有客观的物质原因可以变动社会,可以解释历史,可以支配人生观,这便是'唯物的历史观'。"① 在这次论战中,以丁文江、胡适为代表的科学派并不曾得着胜利,原因在于他们素来不相信也不肯运用唯物史观。所以,陈独秀希望胡适经过这次辩论之后能百尺竿头更进一步,相信唯物史观为解决人生观的真理。胡适在序言的"附注"中回应陈独秀,不赞成运用唯物史观解释人生观问题,其理由是"独秀说的是一种'历史观',而我们讨论的是'人生观'。人生观是一

---

① 张君劢、丁文江:《科学与人生观》,济南:山东人民出版社,1997 年版,第 7 页。

个人对于宇宙万物和人类的见解；历史观是'解释历史'的一种见解，是一个人对于历史的见解。历史观只是人生观的一部分。"① 言下之意，唯物史观并不能解决人生观问题。针对胡适人为地割裂人生观与历史观的联系，否认唯物史观是一种哲学的见解，陈独秀明确地指出："'唯物的历史观'是我们的根本思想，名为历史观，其实不限于历史"。胡适仅从字面上理解唯物史观，"不承认唯物史观也是一种哲学"，有鉴于此，陈独秀直接把唯物史观的理论称为"唯物史观的哲学"。② 陈独秀号召要依据唯物史观的理论来讨论人生观和价值观，在当时具有重要的学术意义。梁启超和张君劢把第一次世界大战的原因归结为欧洲文化和价值观的破产。陈独秀认为，总结世界大战的教训，不能停留在思想道德层面，要看到它是资本扩张和争夺世界市场的结果。思想和道德（包括价值观念）均属于人们历史活动的思想动机，唯物史观要求人们进一步探求产生这些动机的原因，即客观的社会关系体系，并把物质生产发展状况看做是决定该社会关系体系的根源。离开了物质的即经济的原因，来解释人类历史，结果只能陷入历史唯心论的泥沼。所以，没有唯物史观，很难看清人生观和价值观在人类社会中的地位和作用，也无从把握它们的实质。

自从唯物史观传入中国之后，它就成为人们观察和分析问题的世界观和方法论。胡汉民作为中国较早系统地研究和传播唯物史观的理论家，在1919年到1920年的两年间，先后发表了《唯物史观批评之批评》、《中国哲学史之唯物的研究》、《阶级与道德学说》等文章，应用唯物史观对人生观、伦理道德观念的本质及其变动的社会原因，进行了深刻的分析。"科学与人生观"论争发生后，一时间研究人生观问题形成潮流，但鲜有人运用唯物史观进行思考者，针对"科学与人生观"论战和后来研究中所反映出的问题，胡汉民于1925年底将相关论文结集出版，书名为《唯物史观与伦理之研究》，在当时产生了广泛的社会影响。1937年2月，胡绳出版了他的第一本书《新哲学的人生观》，这本

---

① 张君劢、丁文江：《科学与人生观》，济南：山东人民出版社，1997年版，第26页。
② 张君劢、丁文江：《科学与人生观》，济南：山东人民出版社，1997年版，第29—30页。

书的特点是"用历史唯物主义的观点来谈中国问题"。胡绳在序言中提出,仅仅依靠机械的自然科学观是不能把"玄学的人生观"打败的,要能够真正战败"玄学的人生观",批判地吸收"科学的人生观"的积极成分,必须把它的理论基础建筑在新哲学上面。胡绳在晚年回顾中曾指出:"人生观确实牵涉到历史唯物论。讲人生观,不把历史唯物论放进去不好办,怎么也很难说清楚。"[①]

人生观问题争论的实质是人生观问题要不要唯物史观的指导,个体人生观的实现要以社会为中介,个体理想的自我性与实现途径的社会性的矛盾是人类理想追求中永恒的矛盾。陈独秀提出"唯物史观的人生哲学"正代表了当时共产党人为共产主义而奋斗的人生理想,这种理想体现了人生观与历史观的一致性,夏明翰的"砍头不要紧,只要主义真,杀了夏明翰,还有后来人"的诗句,正是以历史观信仰为核心的人生观写照。

2. 唯物史观与发展观

经验表明,一个国家坚持什么样的发展观,对这个国家的发展会产生重大影响,不同的发展观往往会导致不同的发展结果。唯物史观是发展观的哲学根据。众所周知,唯物主义的历史观是马克思的伟大发现,是科学社会主义的理论基石之一,其经典表达是马克思在《〈政治经济学批判〉序言》中作出的,核心思想是:"无论哪一个社会形态,在它所能容纳的全部生产力发挥出来以前,是决不会灭亡的;而新的更高的生产关系,在它的物质存在条件在旧社会的胎胞里成熟以前,是决不会出现的。"[②] 这是历史唯物主义的一个基本观点,也是马克思本人提出的生产力标准。生产力决定生产关系的科学原理是把握人类社会发展史的钥匙;对一定历史条件下生产力与生产关系矛盾运动的分析,是马克思主义说明该社会政治经济制度产生、发展和变革的根本依据。马克思依据这一根本原理,考察了阶级的产生与消亡同生产力发展的内在关系,

---

[①]《胡绳全书》第7卷,北京:人民出版社,2003年版,第160页。
[②]《马克思恩格斯选集》第2卷,北京:人民出版社,1995年版,第33页。

最终证明了"阶级的存在仅仅同生产发展的一定历史阶段相联系"①。这就从根本上厘清了阶级斗争和阶级革命同生产力的发展在人类历史上的不同地位和作用。事实证明马克思的唯物史观是无产阶级政党从事革命和建设的根本指导思想。

在民主革命时期,毛泽东以唯物史观为指导,正确处理政治、军事与生产力发展的关系,其思路是非常清楚的。1944年3月,毛泽东在谈到马克思主义基本原理时说:"我们搞政治、军事仅仅是为着解放生产力。学过社会科学的同志都懂得这一条,最根本的问题是生产力向上发展的问题。我们搞了多少年政治和军事就是为了这件事。马克思主义社会科学也主要是讲的这件事,讲生产力在历史上是如何发展起来的。"②他在党的七大所作的《论联合政府》的政治报告中,进一步提出了生产力标准:"中国一切政党的政策及其实践在中国人民中所表现的作用的好坏、大小,归根到底,看它对于中国人民的生产力的发展是否有帮助及其帮助之大小,看它是束缚生产力的,还是解放生产力的。"③毛泽东关于唯物史观的这些精辟见解,为他的后继者邓小平等老一代革命家实现工作中心的转移,奠定了思想基础。

20世纪最重大的历史事件,是90年代初社会主义事业在苏联和东欧国家的失败,它从反面证实了邓小平关于长期以来没有搞清楚什么是社会主义、怎样建设社会主义论断的深刻性。与此同时,也为我们加深对于如何建设社会主义问题的认识提供了新的契机。社会主义制度在一些国家建立以后没有能长期保持,问题出在哪里?它成为晚年胡绳反复思考和深入探索的核心问题。胡绳在详尽地考察了马克思关于"两个必然"和关于跨越"卡夫丁峡谷"的论述、列宁关于新经济政策的论述以及毛泽东在《新民主主义论》、《论联合政府》中关于革命胜利后要允许资本主义有一个适度发展的论述后,突出地阐明了马克思关于"生产力继承原理"的重要性。这一原理昭示人们,经济文化落后的国家,想一蹴而就建成社会主义是不可能的;当农业生产

---

① 《马克思恩格斯选集》第4卷,北京:人民出版社,1995年版,第547页。
② 《毛泽东文集》第3卷,北京:人民出版社,1995年版,第109页。
③ 《毛泽东选集》第3卷,北京:人民出版社,1995年版,第107页。

力没有显著提高，工业化正在起步阶段，盲目追求生产关系的拔高，甚至搞"趁穷过渡"进入共产主义，也是办不到的。在资本主义不发达的国家建设社会主义，有一个如何对待资本主义的问题。根据生产力继承原理，落后国家必须取得资本主义的一切肯定成果，才能最终取得社会主义对资本主义的胜利。由此可见，落后国家建设社会主义，既要充分利用资本主义社会所创造的生产力，防止急于消灭资本主义的倾向，又要坚持生产力标准和人民利益标准的统一，防止滑向资本主义。要避免和防止这两种价值取向危害中国的发展，必须把发展观奠定在唯物史观的基础上。

3. 唯物史观与普适价值

普适价值问题是近年来争议颇多的问题之一，理论界对这个问题分歧很大。对这个问题的讨论，真正的马克思主义观点声音很小，好像道理都在西方一边，都在新自由主义一边。

从存在论角度看，个体性、特殊性、普遍性是事物本来具有的属性，人通过思维能力把这些属性从事物中抽象出来，目的是通过个别和一般等范畴来认识事物，属于人的逻辑思维能力。所以，存在论是认识论的基础，普遍和特殊是思维的抽象，在现实生活中，两者是不可分离的，它们共同存在于具体事物当中。从存在论意义上说，一般在个别当中，理在事中，一般和普遍不能独立地存在。

下面，我们来看看西方的普适价值的问题。2010年初，奥巴马在《国家安全战略》中强调，美国的"长期安全与繁荣有赖于对普适价值的坚定支持"。他所谓的普适价值，不过是美国及其盟友（欧洲、日本、澳大利亚等）所主张的价值，例如它们普遍认可和推行的"华盛顿共识"，主要是代表发达资本主义国家及其跨国公司的利益，是资本国际化追求的价值体现。一个时期以来，东方和西方价值观的争论十分激烈。西方发达国家先是攻击亚洲价值观，近年来又攻击中国价值观，所谓中国威胁论、中国崩溃论、中国发展前景不确定论，都是他们根据对中国价值观的理解而作出的判断。"华盛顿共识"与"北京共识"是普适价值问题讨论的热点，有趣的是，以美国为首的西方国家在讨论中采用了双重标准,他们只承认"华盛顿共识"有普遍性,认为"北京共识"没有普遍性。原因是中国的文化和体制具有独特的民族性,其他发展中国家学不了。既然中国的经验有民族性,西方国家的经验没有民族性吗?为什么西方国家的民族性就具有了普适价值的意义了呢?当他们用战争手段在伊拉克、阿富汗、利比亚推行其民主和人权时,恰恰暴露了他们所谓的普适价值正是其大搞殖民主义、军国主义、霸权主义的护身符。他们攻击中国的价值观有民族性,不小心露出了他们自己价值观也有资本主义国家政治特性的狐狸尾巴。

西方新自由主义鼓吹的普适价值在中国掀起了不小的波澜,有人提出要为普遍主义辩护;有人认为"中国化"本身是伪命题;也有人认为坚持中国化的方向,就是坚持特殊主义,拒绝人类文明发展大道。这股新自由主义风气愈刮越大,这表明在当前普及历史唯物主义有紧迫的意义。所谓历史唯物主义,就是从具体历史实践出发的唯物主义,就是从具体历史条件出发研究一定的社会(例如资本主义)发生和发展以及为新社会所代替的特殊规律的唯物主义。抽象的真理是没有的,真理总是具体的。对历史唯物主义的精神实质,列宁有很透彻的把握。他说,马克思主义的绝对要求,是把问题提到一定的历史范围内。毛泽东在延安时期多次指出,马克思主义不是抽象的,具体地分析具体的问题,是马克思主义活的灵魂。邓小平曾多次强调,我们是历史唯物主义者,考虑任何问题都不能离开一定的历史条件。唯物史观既反对抽象地站在普遍主义立场,又反对抽象地站在特殊主义立场,自觉地坚持普遍与特殊具体历史的统一的原则。

近代以来,所有重大争论都是围绕中外关系进行的,中国与西方的关系是百年话题。普遍性和特殊性的关系问题是近代以来中国哲学争论的核心问题。毛泽东在《矛盾论》中指出,矛盾的普遍性和矛盾的特殊性的关系,就是矛盾的共性和个性的关系;这一共性个性、绝对相对的道理,是关于事物矛盾的问题的精髓,不懂得它,就等于抛弃了辩证法。教条主义就是不懂得矛盾的精髓,把事物的共性和个性割裂开来,只看到矛盾的普遍性而忽略矛盾的特殊性,把具体的马克思主义变为抽象的马克思主义。冯友兰遵循新实在论的框架,提出近代以来中国哲学的基本问题是共相（理）和殊相（事）的关系问题，用三个判断来解决共相和殊相的关系，即：理在事上、理在事外、理在事先。在冯友兰那里，理和事是分离的，理和事是一种二元论的存在。在晚年，冯友兰承认自己之所以提出理在事外的观点，其原因是把认识论问题本体论化了。他后来在处理理与事的关系上，由理在事外回到理在事中，由别共殊上升到一般和个别相结合，由主张抽象的普遍回到具体的普遍。冯友兰观点的转变对于后人有着警醒的作用。

（作者系中国社会科学院学部委员，中国社会科学院原哲学研究所所长）

"中国价值观"及其当代意义[*]

欧阳康

当代中国的哲学社会科学创新有很多的领域和视角,最为重要的就是直面当代中国所面临的最紧迫困难与问题,在促进中国社会健康和快速发展的过程中发挥作用,同时实现在思想理论与方法方面的自我变革与发展。当代中国最大的困难与挑战是什么?笔者以为,这就是当代中国现代化进程中的价值碰撞、价值选择与价值建构。人是追求价值与理想的存在物,社会文化系统本质上就是价值系统,社会文化发展的核心是价值变革与价值创造。中华民族在其漫长的历史发展中积累了具有中国特色的价值体系,近代以来,在现代化、全球化的进程中,中国的价值观念和价值体系由于种种原因不断地变革与更新,形成了多样化的复杂格局。时至今日,整合与协调多元化的价值要素,构建科学合理的"中国价值观",并彰显其世界价值,已经成为当代中国最为紧迫的任务,这无疑也是中国哲学社会科学工作者最为重要的使命和任务。

一、从"美国价值观"引出"中国价值观"

就其概念而言,作者对于"中国价值观"的思考直接来源于对"美国价值观"(American Values)和"亚洲价值观"(Asian Values)的关注与思考。"美国价值"或"美国价值观"是美国或美国人的价值理想、

---

[*] 本文为作者2011年9月24日在第五届中国社会科学前沿论坛上的大会发言整理修改而成,为欧阳康所主持的国家教育部重大课题攻关项目"马克思主义与中华民族共有精神家园研究"(课题批准号:教社科司函[2008]185号)的中期成果之一。

价值观念、价值标准的概称,在美国建立发展是历史进程中生成,是美国的立国之本,是美国各项社会制度的根本原则。"自从建国初期开始,美国人就一直为将我们的价值观与我们的其他利益相结合而绞尽脑汁。"① 就其内部功能而言,美国价值观是美国人用于统一美国国民思想观念的价值体系和价值理想。就其对外功能而言,它则是美国人评价国际关系的基本原则和制定对外政策的基本依据。美国前国务卿基辛格曾说:"美国的价值观使美国人自认为有义务向全世界推广这些价值观。"正是如此,历任美国总统总是把自己作为美国价值观的代表甚至化身,在任何重要场合都毫不掩饰地捍卫美国价值观,不遗余力地向全世界推广"美国价值观"。美国总统克林顿、布什等先后到中国的清华大学、北京大学演讲,都以宣传美国价值观作为自己的基本目的和最高原则。现任美国驻华大使华裔美国人骆家辉,把自己作为美国价值观的代表,通过自己的言论和行动在中国宣传美国价值观。

不仅美国是如此,其他国家也无不把各自的价值观作为自己的旗帜而加以宣传,尤其是在国家之间发生利益冲突和价值碰撞时将其作为基本的原则来加以捍卫。20世纪80年代,亚洲一些国家试图以自己的方式发展现代化,经济获得了快速发展,便高高举起了"亚洲价值观"的旗帜。亚洲价值观最早由一些学者提出,新加坡总理李光耀对其加以完善并明确提出。他认为,西方现代化有很多要素,其中的核心要素是市场经济、议会民主、清教伦理,它们构成了西方价值观(Western Values)而亚洲国家的现代化则与之既有所相同,也有所不同。相同的是,亚洲现代化要走市场经济的道路,不同的是,亚洲国家的发展在政治上是中央集权,在思想文化上是儒家伦理,它们构成了亚洲价值观。② 亚洲价值观曾经引起全世界的广泛关注并风行一时,随着东亚金融危机而被人们所质疑并引起深刻反思。

---

① [美]约瑟夫·奈:《美国霸权的困惑——为什么美国不能独断专行》,郑志国等译,北京:世界知识出版社,2002年版,第158页。

② 参见 Ouyang Kang, "Behind the Vary Perceptions of Asian Values"(欧阳康:《在对"亚洲人的价值观"的不同理解的背后》),日本 Information 杂志 2002 年第 4 期发表;David Hitchcock: "Asian Values and the United States: How Much Conflict?" p. 4, The Center for Strategic and International Studies, Washington DC, 1995.

"华盛顿共识（Washington Conscious）"展示了一些西方学者对拉丁美洲国家现代化道路的探寻。一些西方学者于1990年聚会华盛顿，为拉丁美洲国家追赶现代化开出了药方，其核心是思想上自由化，所有制上私有化，经济运行市场化。拉丁美洲一些国家按照华盛顿共识一度也曾获得了快速发展，但进入21世纪后拉丁美洲国家遭遇严重金融危机，也导致华盛顿共识的破产。

从宏观的意义上说，衡量一定的国家与民族是否形成以及成熟程度，一个重要的方面就是看其是否形成了自己的独到而又具有普遍意义的价值体系和价值观。迅速崛起的中国应当旗帜鲜明地建构和张扬"中国价值"或"中国价值观（Chinese Values）"。这既是中国社会当代发展与价值整合的根本要求，也是中国树立外部形象并更好走向世界的价值需要。这无疑也是当代中国哲学社会科学创新的大可用武之地。

二、准确把握中国价值的演进逻辑

从历史的视角看，"中国价值观"的形成是中国社会漫长价值演变过程的结果，是其观念表现和理论提升。研究中国价值观应当对中国价值构架的历史演变过程有一个清晰而又准确的把握，把握其中的内在逻辑性。

历史地看，中国在古代历史上是有自己的核心价值体系的，那就是以儒学为核心、儒释道兼容的价值观念和实践体系。中国古代儒家文化的价值核心可以说是"忠孝仁爱、礼义廉耻"。孔子说，"仁则荣，不仁则辱。"管子说，"礼、义、廉、耻，国之四维。四维不张，国乃灭亡。"仁、义、礼、智、信是儒学的核心，也可以说是中国传统思想道德的价值核心。中国传统价值的优势在于把人与"仁"联系起来，注重对人的整体把握，强调知识与德性、理智与情感、认识与行动、利益与道义、理性与信仰、权利与责任等的统一，主张仁智双彰、美善相成、德才兼备，讲中庸，讲和谐，讲统一，在此基础上探讨天人关系、群己关系、人我关系等外部关系，同时积极探讨知行关系、理欲关系、义利关系等内部关系，寻求真、善、美的有机和谐统一，由此而形成了儒、墨、道、释等各家各派，表现出各种不同的人生理想和人生态度，构成了中国传统文化的基本格局。中国传统思想文化价值为当代中国的文化发展奠定了非常深厚的历史—文化基础，提供了极为宝贵而丰富的思想材料。

近代以来中国传统文化的核心价值不断地受到冲击，处于消解和式微的过程中。1840年鸦片战争以来，西方文明借助于其现代化的"船坚炮利"入侵中国，让中国人民对西方文明产生了严重的抵御心态，其表现是一方面不得不向西方学习，在中国发达地区搞洋务运动，另一方面又提出要"师夷长技以制夷"，企图以自己的现代化来抵御西方的现代化。这一时期的中华民族徘徊在中国价值观与西方价值观之间，处于价值选择的艰难时期。辛亥革命推翻帝制，倡导共和，开启了中国近代革命史的开端，为中华民族的自我更新提供了基本的制度性保障，具有极为重要的历史意义。五四运动喊出了"打倒孔家店"的口号，表明了与中国封建传统文化的决裂态度，主张学习西方的科学与民主，希望把西方文明与价值观念整体性请入中国的殿堂，中国传统价值观受到严肃而又激烈的批评，反传统主义在中国形成一种主导性潮流。在其后的长期的思想文化论战中，西方价值观作为一种积极因素被引入中国，成为中国先进思想家的自觉追求。与之相应，由于国内战争爆发，这种努力既未能持久，也未能真正转变为大众行动。日本帝国主义入侵，使中国国难当头，救亡图存成为民族主题，顾不上搞现代化。新中国成立后经历了对于现代化的狂热与误解，还有"文化大革命"的价值颠覆，使全社会的价值关注点集中于革命与反革命的较量。

改革开放实际上是一种全新的价值体系建构。市场经济对传统价值观的冲击，比以往任何时候都要大。它要求建立一套以个体为单位，以市场为基础，以利益为导向的价值体系，这就不得不冲击到社会生产和社会生活的根基，涉及每一个社会民众，影响着社会的深层价值基础。这些年来，我们在保持公有制的主导地位的同时，允许并鼓励外资、合资、民营和个体资本等在中国发展，由此而造成多种所有制并存的价值格局与利益纷争。我们保持了政府对于宏观经济的积极掌控,又积极建设社会主义市场经济,允许多种交往方式和流通方式并存,由此面临着多种经济运行模式之间的矛盾与冲突,等等。

以上简略回顾表明,当前中国复杂价值状况是一个漫长历史演进过程的结果。这个过程中,既有中国社会久远生成的价值复杂性的传承与继续,也有西方社会复杂价值格局对中国的进入与影响,还有中国快速现代化和全球化的进程中不断产生并多重表现出来的独特性价值新问题。因此我们现在谈核心价值体系建构,必须直接面对现实的价值复杂性状况,面对大众的多元价值理解和价值期盼,才有可能适应和引导大众的价值生活与价值选择。这正是当代中国哲学社会科学创新的对象性基础和现实社会发展前提。

三、正确认识当前中国价值的多元化格局

今天的中国社会内部有着极为复杂的价值要素和价值结构。改革开放以来,在中国社会的快速发展中,我们一直试图把迄今为止的人类文明各种类型的几乎所有积极要素都纳入到中国的发展道路中,由此而产生了与各种思想理论和实践模式的极为复杂而又特殊的内在相关性。但是中国道路又不是其中任何单一理论和单一实践模式的直接的和整体性的照搬,而是对它们的部分移植、借鉴和改造,并力图使之进入中国经济社会文化的新体系和新形态。它们带来了前所未有的矛盾与问题,使中国社会面临着世界上所有的国家迄今为止没有遇到过的最为复杂的困难和最为严峻的挑战。要成功有效地应对这些挑战,就要多维解读当前中国的价值复杂性,提升我们的理论智慧和实践能力。

第一,在传承和发展社会主义理论方面,我国的发展既没有从根本上违背马克思、恩格斯当年所设想的社会主义,而是遵循了其基本的原则,但是也绝不是他们所设想的社会主义的原样再现,而是根据中国的国情加以了调试和改造。我们借鉴了当年苏联东欧社会主义国家的经

验,尤其是学习他们以高度集中的政治和经济力量成功应对帝国主义侵略和严酷的世界大战,并积极建设社会主义的经验,但又通过探索中国特色而离开了苏联东欧的大一统社会主义模式,努力开拓着中国特色社会主义的独立自主发展道路。我国和古巴、朝鲜等社会主义国家一样仍然坚持着社会主义的基本原则,但我国率先通过改革开放而在经济社会文化的很多方面走上了自己的独特的快速发展道路。目前我国与越南在社会主义发展道路上有着最大的相似性,但我们的改革开放先于越南的"革新开放"政策8年,总体上看是我们在前面勇敢探路,积极引领着社会主义的改革开放和发展进程。我们建立了社会主义市场经济,但并没有放任于市场,没有放弃政府对于社会经济发展的宏观调节与控制。所以,在社会主义的理念和实践上,我们既有历史性的传承与扬弃,更有革命性的变革与创新。

第二,从中国的现代化模式来看,1978年以来中国以前所未有的速度加入了世界的现代化进程,并取得了令世界瞩目的成就。但中国的现代化不同于当年西欧式的以资本原始积累和对工人血腥压榨为条件的现代化模式,却借鉴了西方现代化的最根本的要素之一,即市场经济,并由此而使社会经济获得了快速发展。我们在近年的发展中向欧洲和美国等发达国家学习借鉴了很多的东西,但并不是也没有可能把欧洲模式和美国模式搬到中国。"亚洲四小龙"在其现代化的进程中把市场经济与中央集权和儒家伦理结合起来,创造了一种新的现代化模式。同为亚洲国家,我们从"亚洲四小龙"的崛起中确实寻得启示有所借鉴,但从中国的历史和现实出发,尤其是作为一种社会主义,我们与他们的发展道路也有着原则的不同。在经历了1978年前后的东亚金融风暴之后,我们更加清楚地了解了他们的问题与缺失。20世纪的最后十年,拉丁美洲国家按照"华盛顿共识"所主张的现代化道路,搞以"自由化、私有化、市场化"为基本价值导向的新自由主义,一度兴旺,进入21世纪即陷入严重的经济危机,宣告了"华盛顿共识"的破产。有人由此提出了具有特别意味的"北京共识"。我们尽管对此一直保持着低调,但却由此而增加了对于"拉美陷阱"的了解和警戒。

我们既要积极加入现代化全球化,又希望将其在共产党的领导下在社会主义的体制中展开，于是一方面积极改革开放，加速现代化进程，另一方面又积极地掌控发展进程，使之更好地造福于社会和人民。由于现代化和全球化本来就不是由共产党创立和主导的，而是由西方发达国家所创立和主导的，包含着理性化、工业化、市场化、都市化、民主化和法制化等多元价值要素，① 是个非常复杂的价值体系，而共产党要领导中国加入这个进程，并在其中发挥一定的积极作用，所以既必须积极地改变和发展自己，顺应现代化和全球化挑战与需要，又必须根据中国的情况在可能条件下努力改变或引导全球化，这就必然面临非常复杂和尖锐的挑战。

第三，就对传统的继承与超越而言，我们致力于把中国现代化和社会发展与中国优秀历史文化相结合，既有利于使中华优秀传统文化融入现代社会，获得时代性意义，也有利于为中国现代化奠定更加坚实的中华历史文化基础，使其变得更加丰富和多样。我们较好地传承了优良历史文化传统，又要努力走进现代文明的发展前列。

四、科学解读当前中国价值的复杂性特点

当代中国以前所未有的开放心态，通过改革开放和快速发展，积极地向世界各种文明类型学习，将各种有利于社会发展的积极价值因素引入中国，融汇到中国社会发展之中，又不断地引入和创造出许多新的价值元素，使之成为促进中国社会发展的积极力量，从中获得了诸多发展机遇和社会红利。但客观来说，这些要素采自不同的经济政治和社会文化体系，各有其发生作用的背景和支撑条件，有其具体的功能和效用。它们原来各自存在于不同的经济政治和问题体系，彼此之间不发生接触，也不会有矛盾与碰撞。现在都进入到了中国，进入到同一个经济政治和文化体系，但各自仍然有不同的体系性和体制性需要，各有发生作用的场景和方向，彼此之间不一定当然地便能相互匹配和协调，可能会有差异甚至冲突，甚至必然会发生矛盾与冲突。

---

① 参见欧阳康：《现代化的"围城"及其超越》，《求是学刊》2003年第1期。

其一,世界现代化进程中的历时性矛盾在当代中国的共时性并存。

30年来中国社会快速发展走过了西方发达国家近300年的发展历程,取得了巨大的成就,当今的中国社会也以共时态方式汇集了世界现代化历史进程中的诸多历时性矛盾,浓缩了世界上近300年时间进程中积聚的各种矛盾与问题。例如,几百年来西方的自由资本主义原始积累时期所面临的劳工问题和经济危机问题;20世纪初期美国社会在"进步时代"所面临的经济金融秩序和财税体系不健全而带来的社会混乱问题;20世纪50年代东欧社会主义所面临的大一统模式带来的思想和运行机制僵化问题;30年前"亚洲四小龙"兴起又在20世纪90年代末期遭遇严重危机所带来的复杂问题;近十年来拉丁美洲国家作为后发国家追随西方现代化而面临的严重经济危机问题;近三年来美国世界唯一超级大国所发生的严重金融危机及其对于世界经济的广泛和深刻影响;等等。这种种矛盾与问题都以一定的变形的方式存在于中国。

其二,全国GDP总量巨大而人均GDP弱小的巨大反差。而从中国自身的状况来看,30年来中国经济快速增长,中国的GDP总量已经排名世界第二,成为世界第二大经济体。世界已经把中国看做一个经济大国,呼唤着中国的世界责任,但中国的人均GDP却仍然排在世界的第100位左右,是美国人均GDP的十分之一,日本人均GDP的八分之一,中国人仍然不富裕,中国就其人均GDP而言仍然是一个穷国。中国社会内部存在的研究的地区、行业、阶层差异与矛盾,与各种外部矛盾相互激荡,有可能引起新的更大的社会矛盾与问题。

其三,多种类型和性质的社会矛盾并存。在当代中国复杂的社会问题群中,既有传统社会主义的矛盾,也有传统资本主义矛盾;既有现代资本主义的矛盾,也有中国特色社会主义新产生的矛盾;既有传统文化的现代转型的矛盾,也有我们自身不断产生出来的新的矛盾;既有经济发展不足的矛盾,也有经济发展成果如何合理分配的矛盾;既有经济发展的结构、质量与速度等的矛盾,也有政治思想社会文化体系如何适应经济发展需求的矛盾,等等。这多方面的价值矛盾内在交错,互相牵制,其复杂性程度是其他国家并不多见的。

其四,社会价值多元化进程中的主流价值迷失和核心价值弱化。社会价值及其观念的多元化发展既是社会进步的要求,也是社会管理体系挑战,但如果诸多价值元素不能很好地融合为有机的社会价值系统,就有可能出现价值的体系性空缺,尤其是主流价值的迷失和核心价值的削弱,影响大众的价值认同和价值选择,甚至会造成社会的离散与分化。因此,如果说我们过去主要是通过学习借鉴发达国家先进经验而发展了我们自己,则中国已经到了只能自主建设和自立发展的时期。而中国社会的自主发展需要核心价值体系的支撑和引导。整合多元价值和创造核心价值,对于中国的价值变革与社会转型具有极为突出的意义。

五、探讨中国价值观的世界意义

当前中国正处在一个多种价值因素重新整合并构建主流价值和核心价值体系的关键时期,这就要求哲学社会科学工作者特别重视以复杂性的思维来看待复杂的价值现实和价值观念,在多重线索汇聚和多元变化整合的动态过程中更好厘清价值体系建构中的各种复杂问题,处理好各种价值要素之间的关系,以系统性思维更好谋划中国社会的未来发展,在批判与建设的统一中构建起健康合理的社会核心价值体系。

第一,自觉守护"中国利益",合理履行"中国责任"。

近年来世界诸国关于"中国责任"的各种议论来自多种背景与复杂心态,既反映了中国在国际事务中的作用提升与地位强大,也不排除来自对于中国的疑惑与猜忌。30年来中国的快速发展受益于于世界投资和世界市场,发展中的中国当然也应当积极履行自己的世界责任,但与此同时我们也应警惕和辨析来自各方面的过度期盼和不良"忽悠"。在G20峰会和哥本哈根气候峰会上的尖锐对峙和激烈争执,尤其一些国家对于中国的无端指责,尤其是围绕南海和钓鱼岛的领土争端,再次提醒我们应当特别自觉守护全球化背景下"中国利益"和"中国价值"。世界经济一体化并没有取消和削弱国家间的利益分化与价值冲突。西方发达国家无疑仍然是西方价值的守护者和各自国度利益的捍卫者。国家利益仍然是国家交往的根本基础。因此当有人出于种种原因要把中国作为大国和富国而置于冲突的中心和矛盾的漩涡之时,我们应当格外清醒地看到，中国尚处于现代化发展的早期阶段，我们仍然是最大的发展中国家，中国的人均GDP仍然是世界上最为低下的国家之一，中国对于世界的责任应当也只能作为发展中国家来定位才是合理的和可行的，积极履责，量力而行。从某种意义上可以说，继续努力把中国自己的事情办好，这也许就是中国对于世界的最根本责任，也是最为重要和最合理的贡献。

第二，自觉探寻"中国道路"，清醒回应"中国期盼"。

与当前西方世界仍然深陷严峻经济危机相比，中国经济的较快回升与复苏情况显得格外引人注目，于是当前国际学界围绕现代化模式和道路的讨论中出现了"围城中心"的奇妙转移现象：过去是以西方社会作为现代化的中心而探讨发展中国家如何加入现代化的围城的问题，今天则有很多人士对于中国的现代化道路充满了好感和赞誉之辞，提出所谓"北京共识"，宣传"中国模式"，甚至出现了"中美共治"等说法，表达了对于中国道路的复杂期盼。笔者认为，文化与现代化的围城都产生于社会价值的非中立性和多样性，不同的价值主体有不同的价值追求也会有不同的价值评价。应当看到，"现代化围城"的漩涡移到中国尚为时过早，处于世界焦点之中的中国应当对自己在现代化进程中所面临的困难与问题保持高度清醒的头脑，低调奋进，重在建设创新。"中国道路"仍然处于极为艰难的探索与创造过程之中：我们正在搞的社会主义，既不是当年马克思恩格斯设想的社会主义，也不是苏联东欧的统一模式的社会主义，还不是其他一些国家仍然在坚持的传统社会主义，而是中国特色的社会主义；我们在搞的现代化，既不是西方发达国家在过去几百年里成功走过的现代化，也不是近几十年里"亚洲四小龙"所走过的现代化道路，也不同于其他发展中国家正在搞的现代化，而是中国特色的社会主义现代化；我们正在建设的社会主义市场经济，既不同于西方早期的自由主义市场经济，也不同于二战后西方国家加强了政府干预的市场经济，还不同于其他发展中国家的市场经济，而是具有中国特色的社会主义市场经济，等等。

中国特色社会主义现代化的实质与核心，就是要借助于经济全球化和世界多极化的世界格局，借助于新科技革命的技术条件，在保存和发扬中华优秀传统文化的基础上,把社会主义与现代化和市场经济等要素内在结合起来,这是一项前无古人的伟大创造,也是一项充满风险的伟大事业,需要中华民族的共同智慧与努力。我们一方面要以前所未有的开放心态继续向世界各国学习,也要敢于竞争,善于转化,低调奋进,善谋发展,切实走出一条成功的发展道路。

第三,自觉化解"中国难题",恰当彰显"中国信心"。

改革开放30年来中国经济政治和社会文化快速发展,取得了巨大进步,也积累和产生了诸多难题,形成了错综复杂的社会矛盾与难题体系。由于这些复杂局面的存在而产生了对历史的肯定与否定、对现实的认同与排斥,对未来的悲观与乐观等不同态度,形成不同的心态与群落,以各种方式影响到现实的决策与未来发展。尤其是其中的困惑与悲观心态妨碍着民众的政治与社会认同,造成了理想信念的迷失,消解着社会核心价值体系,妨碍着民族的团结与统一,甚至冲击着"中国信心"。在这种意义上,"中国自觉"首先是对于中国面对现实难题的充分认识与科学把握。中国当前所存在的问题是累积性难题,所面临的矛盾是压缩性矛盾。我国在落后农业社会的基础上在一个不长的时间里快速经历了西方发达国家几百年走过的现代化历程,也难免将其几百年间所经历的各种矛盾以压缩的方式汇聚于当今的中国社会。自然经济时期的懒散与低效,资本原始积累时期的贪欲与卑劣,大工业时期的组织与理性,高科技时期的高效与风险,后现代时期的反叛与消解,等等。各个时期的问题与矛盾集中的中国大地,时序交错,空间异构,问题交织互渗,带有很强的悖论性特点,可以被看做当前中国社会所独有的"中国难题"。复杂的问题只能以复杂性的思维来应对和解决,需要复合式的法律法规和政策体系来系统解决,需要超前的战略谋划与系统的可行性运作。

难题交织往往是人类文明革命性发展的重要契机。"中国难题"既是对于中华民族的智慧考验,也是提升民族能力的难得机会。在激荡疾变的世界格局中化解"中国难题",提升"中国自觉",需要政党的努力,需要政府的努力,需要民众的努力。人文社会科学工作者也责无旁贷,应当在应对时代挑战的过程中发挥出自己的应有社会功能。

中国已经成为经济全球化的内在有机组成部分，还将加大与世界各国尤其是发达国家的互动。中国价值构建既是中国社会立足世界民族之林的安身立命之本，也将对世界各国产生非常积极的影响。我们既要有充分的预见性，把握和顺应世界文明发展大道，更加积极吸纳世界所有文明要素之精华，也要善于将其加以改造，使之有机融汇到当代中国社会主义现代化的总体进程中并发挥出更加积极的作用，还要善于利用一切可能的机会宣传和张扬中国价值，并使之与人类利益和世界文明进步内在结合起来，占领世界道德和精神高地，积极地在全世界范围内彰显，为引领世界价值发展做好必要的准备。

（作者系华中科技大学党委副书记、哲学所所长、教授、博士生导师）

三

学术争鸣

三

呼倫木堂

当代中国马克思主义哲学的经验与问题

杨思基

2011 年，马克思主义哲学文本文献学研究仍然受到大家高度关注，这方面研究主要集中在对马克思主义创始人手稿和经典著作的重新解读、思想挖掘方面。这无论是总体性的研究还是对其中重要篇章的研究，我们在尊重经典作家文本思想的客观性、尽量避免理解主观性的基础上，加强了对经典作家不同文本的差异研究和思想逻辑的关联关系研究。但由于掌握外语和缺乏第一手原始资料等原因，我国目前仍然是主要集中在已经翻译出版有中文本的马克思主义经典作家著作上，没有直接参与由西方人主导的新版《马克思恩格斯全集》的编辑，甚至很少有人直接接触并整理研究过马克思恩格斯原始文本的材料，所接触的基本都是经过别人翻译出版和整理介绍的东西，使我们研究成果的客观性、权威性受到严重影响。

一、关于马克思主义创始人总体哲学思想的研究

2011 年出版的马克思主义哲学文本研究专著是李成望的《马克思哲学革命的文本学解读》（中国社会科学出版社 2011 年出版），该书对马克思从写作博士论文到后来的政治经济学研究所留下的一些主要标志性文本进行了解读，通过对这些文本的历史解读，具体地阐述了马克思哲学革命的思想轨迹和复杂历程，并着力诠释马克思哲学的基本精神，彰显其完整视阈和活的灵魂，为马克思哲学走向当代提供有价值的方法论参照。作者认为，马克思哲学革命的深层旨归体现在对西方逻各斯中心

主义传统的自觉消解和超越，最终探索出现实社会关系合理化这一人的自由发展的科学路径。其探索历程则经历了对个体主体性解放的自觉价值呼唤，进而达到基于实践基础的人的社会历史生成范式的确立，最后揭示立足于个体与社会相统一的人的现实解放之路这样三大阶段，由此历史唯物主义才真正成为科学。

2011年发表的马克思主义哲学文本学研究概述、综述方面的文章有：

2011年7月4日光明日报发表了聂锦芳的长篇演讲论文——《重读马克思》，从反省以往的解读模式、填补研究空白、客观把握思想、公正评估价值几方面讲了马克思主义哲学文本文献研究的必要性和意义；从"制约与界域"方面讲了马克思哲学文本研究中要注意的方法，认为研究马克思主义哲学既要尊重马克思本人的文本，又要不局限于马克思某些具体文本，要从马克思思想形成的历史语境、背景和马克思主义哲学一百多年发展的总体思想进程包括马克思本人的所有著作和总体思想状况来进行马克思主义哲学文本研究。《红旗文稿》2011年第13期发表李文阁论文《近年来马克思主义哲学研究中的几个热点问题》，文中第二部分概括介绍了国内外学者对马克思主义创始人经典著作的研究和出版情况。王云鹏的《马克思主义哲学研究中的文本解读法》（《理论界》2011第10期），认为马克思主义哲学文本文献学研究方法在我国的兴起是顺应对苏联教科书反思和马克思主义哲学研究方式转换的要求结合对文本的重新解读而产生的，其目的也是为了适应当代马克思主义实践，建构重新理解的具有中国特色的马克思主义哲学，该文对改革开放后的这一研究作了简要的回顾。

杨思基在《齐鲁学刊》2011年第1期发表的论文——《马克思哲学范式转换的逻辑基础考察——从主观逻辑的立足点转到一切从客观逻辑出发》，对马克思1845年前后实现的逻辑基础转换结合马克思文本进行了考察，认为马克思之前是从抽象思维的抽象理性或抽象观念出发，尔后则转到立足实践从事实和事物发展的客观逻辑出发，由此才实现了哲学的革命和现实化，把传统的抽象观念的世界观理论之思辨哲学变革为关于现实生活世界的世界观理论；他与梅艳玲在《山东社会科学》

2011年第6期发表的《黑格尔哲学思维方式的缺陷与马克思哲学的诞生》，对黑格尔从"抽象到具体"的思辨唯心主义哲学思维方式和研究方法进行了分析批判，概述了马克思通过对黑格尔哲学思维方式和研究方法的批判性颠覆而实现马克思哲学变革的过程，阐述了马克思的实践唯物主义、辩证唯物主义和历史唯物主义哲学思维方式及从具体到抽象再由抽象到具体的研究方法和逻辑方法的统一，以及这一方法与从实践到认识和从认识到实践的实践认识论之联系。

二、关于马克思主义创始人手稿和具体篇章文本、文献的研究

2011年马克思主义哲学文本文献研究主要集中在马克思的《黑格尔法哲学批判》、《1844年经济学哲学手稿》、《哥达纲领批判》、政治经济学伦敦笔记、《资本论》以及马克思和恩格斯合著的《共产党宣言》、恩格斯的《反杜林论》、《路德维希·费尔巴哈和德国古典哲学的终结》等文本以及马克思恩格斯的全集、选集的编译工作介绍方面。

1. 关于《黑格尔法哲学批判》及其《导言》的研究

代建鹏在《〈黑格尔法哲学批判〉的创作主旨与理论视域》（《山西师大学报》社会科学版2011年第5期）中认为，马克思《莱茵报》时期的思想主要是黑格尔主义基础上的理性批判主义，《莱茵报》时期末马克思借助费尔巴哈的黑格尔批判发现了自己思想的困境。在《黑格尔法哲学批判》中，马克思主要通过批判黑格尔的国家观批判了黑格尔的思辨理性，其中政治国家批判与思辨理性批判交叉进行，形成了一幅复杂的思想图景。国内在对这部手稿的长期研究中逐渐形成了两条研究路径：一条是传统的历史唯物主义视野下的研究，另一条是随着现代性研究的兴起而发展起来的政治哲学研究。我们应以青年马克思自身的思想发展史为研究坐标，从创作主旨与理论视域两个方面对《批判》进行探讨。

刘海江在《基于"市民社会"还是"个人"——马克思〈黑格尔

法哲学批判〉中的唯物主义基点辨正》(《理论探讨》2011年第5期)一文中指出,"活动的个人",才是马克思唯物主义思想的基点之所在。在《黑格尔法哲学批判》中,马克思借助"活动的个人"这一原则的确立,一方面克服了黑格尔的理性形而上学思想,另一方面直接超越了费尔巴哈式的人本主义思想,并为其后来从实践的角度展开对个人和社会的研究奠定了基础。"家庭和市民社会决定国家"这一命题的含义及其在历史唯物主义思想中的价值和意义只有在理解这种"个人"的基础上才能得到正确的理解。

张递在《人本实践实证——〈黑格尔法哲学批判〉之本体论的三向度探讨》(《宜宾学院学报》2011年第3期)一文认为,马克思在《黑格尔法哲学批判》的哲学研讨中坚持了人本主义、实践原则、实证精神的哲学态度,人本、实践、实证因而也成为该书之本体论的三个重要向度,表明了马克思一种反本体论论述的非实在论的哲学立场,同时也预示了现代哲学反体系、反概念、关注人之生存与发展的新风向。

张国玉在《从〈黑格尔法哲学批判〉评尼斯坎南官僚制理论》(《理论月刊》2011年第7期)中认为,尼斯坎南关于官僚理性自利的假设和官僚机构自身预算最大化的分析与马克思在《黑格尔法哲学批判》中的观点是一致的;尼斯坎南关于改造官僚制的途径,主要集中在官僚机构和国会内部实行岗位和审议事项的轮换,这部分体现了马克思防止分工固定化的思想,但由于这种轮换并没有扩大到社会层面,没有通过广泛的民主参与和监督实施,因此对官僚机构的控制其效果必定是相对有限的。

安丽霞在《抛弃理念的幻觉:马克思对黑格尔法哲学批判的涵义》(《长春师范学院学报》人文社会科学版2011年第11期)中指出,在黑格尔那里,理性是与现实同一的。这种同一在马克思看来有一种类似宗教的意味,它把人们带入理念的幻觉。正是在这个意义上,马克思对黑格尔的法哲学进行了批判。在马克思看来,哲学的任务应该帮助人们抛弃理念的幻觉。这样人们才会对自己与周围的世界保持清醒,并作为一个有理智的人而行动。这就是马克思对黑格尔法哲学批判的涵义。

朱哲、马晖慧、熊颖敏在《法权的尘世根基——马克思〈黑格尔法哲学批判〉对黑格尔法哲学体系的批判路径》(《湖北社会科学》2011年第3期)中认为,马克思在《黑格尔法哲学批判》中通过对黑格尔法哲学的批判,首先在内容上澄清了法哲学领域中一个至关重要的、根本性的问题,即关于法的客观性及其本质;其次,在方法上消除了黑格尔头足倒置的思辨理性思维方式,马克思借用费尔巴哈的主宾倒置的批判方法,通过对黑格尔唯心主义世界观及其思辨理性思维方式的深刻批判,实现了对黑格尔整个法哲学体系的无意识颠覆,从而使自己的法权思想朝着历史唯物主义的方向迈进了一大步。

唐斌在《从〈黑格尔法哲学批判〉导言看马克思的宗教观》(《福建论坛》社科教育版2011年第6期)中指出,马克思在《〈黑格尔法哲学批判〉导言》中对于宗教有比较详细的表述。可以说马克思的批判起始于宗教批判,但是没有仅仅停留在这样的层面上,而是通过宗教的批判,转向对现实的批判;通过对旧制度的批判,要求建立满足人民幸福的新制度;通过对旧观念体系的批判,要求构建新世界的哲学基础。马克思认为宗教是缺失自我意识的人创造的、虚幻的、彼岸的、自我麻痹的世界观体系,需要在对宗教批判的基础上超越宗教,转向现实世界的批判,从而构建起新世界的哲学基础和全部制度。

张守民在《坚定的立场伟大的转折——重读马克思的〈黑格尔法哲学批判〉导言》(《高校理论战线》2011年第7期)中认为,《〈黑格尔法哲学批判〉导言》是马克思站在无产阶级立场,立足于"当代问题的中心",研究当时德国现状和德国革命"往何处去"取得的初步成果,是标志着马克思由崇尚自由、民主的革命民主主义者和唯心主义者转变为"共产主义的唯物主义者"的重要著作。

何为芳在《制度批判与人的解放的初始链接——马克思〈黑格尔法哲学批判〉导言新诠》(《中南林业科技大学学报》社会科学版2011年第1期)中认为,从现代哲学的视角看,马克思《〈黑格尔法哲学批判〉导言》中具有丰富的制度批判思想。马克思企图通过这种制度批判来实现他的真正的理想和追求,即人的解放。

陈步伟在《赫斯与〈黑格尔法哲学批判〉导言——兼论对马克思主义时代化的启示》(《哲学研究》2011年第4期)中指出,赫斯对马克思在《〈黑格尔法哲学批判〉导言》的思想影响主要表现在德国与法国的比较及哲学现实化思想两个方面。从文本研究角度探讨两者的关系能够为马克思主义时代化带来诸多启示，即马克思主义时代化需要回溯历史、面向思想与现实以及最终能够得到人民的认同。

2. 关于马克思《1844年经济学哲学手稿》的研究

赵家祥在《教学与研究》2011年第7期发表《〈1844年经济学哲学手稿〉和〈神圣家族〉中的生产关系思想》，分析了《手稿》的异化劳动理论中蕴含的生产关系思想，论述了《神圣家族》一书对《手稿》中的生产关系思想的延续和深化，并对列宁关于《神圣家族》中的生产关系思想的评价作了些补充或修正，同时澄清了理论界对《手稿》和《神圣家族》中一些思想的误解。

刘珍英在《哲学动态》2011年第10期发表的《〈1844年经济学哲学手稿〉的辩证逻辑思想及其运用》一文中认为，《1844年经济学哲学手稿》是运用辩证逻辑的典范，正确把握《手稿》中体现的辩证逻辑，有助于深化我们对《资本论》和马克思其他著作中的逻辑的理解。

王竹苗在《马克思主义哲学研究》2011年年刊发表的《从人的生成看马克思所实现的哲学思维方式变革——以〈1844年经济学哲学手稿〉为例》中指出，在《1844年经济学哲学手稿》里，马克思通过对本体论思维方式的批判，以及对于人的自我生成的深入分析，为我们展示了实践思维方式的核心内容。在《手稿》论述"私有财产和共产主义"这一部分里，马克思用很大篇幅论述了实践思维方式的一系列原理。这为我们从哲学思维方式变革这个方面去正确理解马克思所实现的哲学革命具有重要的理论指导意义。实践思维方式对传统本体论思维方式的超越主要是：第一，提倡无神论，反对有神论，对传统的哲学思维方式进行批判；第二，坚持自因论，反对外因论，对两种哲学思维方式进行区分；坚持人的自我生成，强调感性实践活动在人的生成中的重要作用。

黄冬华、韩浩在《世纪桥》2011年第5期发表的《论〈1844年经济学哲学手稿〉在马克思主义哲学形成中的作用——兼论马尔库塞与弗洛姆对〈1844年经济学哲学手稿〉的曲解》中指出,《手稿》呈现出这样的三大特征:第一,马克思坚持人道主义,坚持人的价值,力图通过对资本主义社会的批判来达到建立一个符合人性的理想的社会,这使得他的理论具有人本主义的特征;第二,马克思的理论立足于对古典经济学的严肃批判,力图追寻人类历史发展的钥匙,把理论建立在对资本主义经济事实的实证分析之上;第三,马克思把对人的主体地位的追求,对人的价值的追求,建立在对社会发展的客观规律基础之上。马克思在《手稿》中以劳动概念为中介,提出了劳动对象本身就是一种主体客体化,客体主体化的过程。《手稿》代表了由近代哲学思维向现代哲学思维的转变。马尔库塞和弗洛姆从主体主义、人道主义方面发展了马克思主义哲学,但他们却在根本上偏离了《手稿》所开启的新的思维方式。《手稿》以劳动概念为核心消解了旧哲学的二元对立,为成熟的马克思主义的形成奠定了坚实的思维方法基础。因此,我们可以通过研究《手稿》找到理解马克思主义的钥匙。

萧诗美、刘锦山在《马克思的辩证矛盾概念发微——〈1844年经济学哲学手稿〉解读之二》(《武汉大学学报》人文科学版2011年第4期)一文中指出,马克思创立共产主义学说的哲学基础是唯物辩证法,其中包含着马克思的辩证矛盾概念,辩证矛盾是一种能动的内在的关系,内在关系如何外在化,涉及唯物辩证法如何可能的问题。作为内在关系的辩证矛盾只有通过主客体关系才能正确地客观化和外在化,唯物辩证法所讲的客观的现实的矛盾,只能是主客体的对立同一关系,不可能是不同的客体对象之间的对立统一关系。主客体之间的关系不只是"对立"和"同一"两重性,而是与历史过程相一致的"同一"、"对立"、"对立同一"三重性。在《1844年经济学哲学手稿》之"私有财产和共产主义"一节的开头,马克思区别了两种不同的对立:"无产和有产的对立"、"劳动和资本的对立"。这两种对立不是两个并列的类型,而属于现象和本质两个不同层次。马克思在《1844年经济学哲学手稿》中论述对象性存在物时,深刻揭示了主客体关系的这种辩证性质。

刘秀萍在《马克思是如何通过黑格尔完成思想建构的——以〈1844年经济学哲学手稿〉为例》(《哲学动态》2011年第10期)中指出,黑格尔的"扬弃"是思维发展本身的游戏,而马克思《手稿》中讲的共产主义对私有财产的"扬弃"则是历史真实的现实运动。马克思的"劳动异化论"是受费尔巴哈"宗教异化观"影响而提出的,但同样是使用了"异化"一词,他的观点与费尔巴哈之间却存在着很大差异,绝不仅仅是将"宗教"易为"劳动",这其中黑格尔哲学体系的构成及其各要素之间的过渡和承转尤其是"扬弃"概念给了他很大的启发。刘秀萍在《重新理解马克思对共产主义的"人学"论证——〈巴黎手稿〉思想再辨析》(《哲学研究》2011年第12期)一文中进一步认为,马克思《巴黎手稿》的核心工作过去人们一般认为是阐述异化思想(包括《1844年经济学哲学手稿》中的"劳动异化论"和《穆勒评注》中的"社会关系异化论")。然而,如果仔细研读文本就会发现,马克思论述"私有财产"和"共产主义"问题所占的篇幅其实更大,占全部手稿的三分之二以上。马克思用如此多的篇幅论述这些问题意味着:探究异化、剖析私有制,其目的是为了推导和论证共产主义;而通过这种推导和论证,马克思又进一步阐明了他所理解的共产主义是一种独特的"人学"和"人道主义"。在他看来,私有财产现实的基础和条件中蕴涵着社会变革的价值取向和发展方向;只有从资本主义的所有制关系和社会状况出发,才能找到理解共产主义的合理途径。作为对私有财产积极扬弃的共产主义,其人学内涵也必须从这两个维度去理解。一方面,就哲学基础说,马克思并不像持抽象人性论的唯心主义者那样,认为存在着一种普遍的人的本质,而这个本质又超脱于"独立的个体"。另一方面,马克思又提出,人不仅仅是有着能动性和受动性的直接的自然存在物,而且由于直接呈现出来的自然对象不一定完全是人的对象,直接地存在着的人的感觉也有待于发展成为人的感性、人的对象性,因此,人为了掌握和改造外部世界而进行的有意识和有目的的活动,就成为人自己的形成过程中必不可少的环节。在究竟该如何理解《巴黎手稿》对共产主义的"人学"论证的问题上,"不成熟论"和"正宗论"这两种评论,实际上都误解或遮蔽了马克思的人道主义的真实而全面的内涵。

赵凯荣在《马克思哲学的主体性问题——〈1844年经济学哲学手稿〉研究》(《武汉大学学报》人文科学版2011年第3期)中指出,

《1844年经济学哲学手稿》的发表引发的一系列问题足以震撼马克思哲学研究。对于西方马克思主义和西方马克思学的许多人来说，这似乎意味着，类似苏联和中国那样将马克思哲学理解为一种客观规律的学说被颠覆了：马克思哲学是一种关于人的、内在性的、主体性的人道主义的学说。国内一些学者也在20世纪80年代初提出了构建马克思主义主体性哲学的设想。在这种情况下，也产生了另外一种情况，一些学者努力想协调这一点，希望把马克思哲学理解、解释为一种科学与意识形态、主体性与客观性的统一，以缓解、消解这种冲突。当然，也有类似阿尔都塞那样，坚决主张马克思哲学是一种无主体的哲学，或者如葛兰西那样，将内在性仅仅理解为马克思不得不借用的一个哲学旧范畴、旧概念。

王晓青在《试论〈1844年经济学哲学手稿〉中的双重正义诉求》（《社会主义研究》2011年第2期）中指出，《1844年经济学哲学手稿》是理解马克思正义思想的一部基础性著作，在这部著作中，马克思从劳动中发现了资本主义社会非正义的根源，他通过对"异化劳动"理论和"对象性活动"范畴的阐释，提出了追求社会正义的政治诉求与生态正义的道德诉求双重理论诉求，揭示了共产主义是实现无产阶级正义的必由之路，初步展示了马克思正义思想的基本内容。诚然，青年马克思的正义思想还不可避免地留有费尔巴哈人本主义学说的痕迹。但是，这时的马克思已经改变了资产阶级正义理论的阶级性质，把资产阶级思想家宣扬的虚假正义扭转为追求最大多数人的真正正义，同时将生态纳入到正义领域，形成了科学的、内涵丰富的正义价值观。

戴劲在《论〈巴黎手稿〉中的"社会"概念》（《哲学研究》2011年第9期）一文中认为，理解马克思《1844年经济学哲学手稿》（即《巴黎手稿》）中的"社会"应与他的《穆勒评注》及在《关于费尔巴哈的提纲》中表述的"社会"概念联系起来，马克思的"社会"概念意指建立在人们个性差异基础上的相互补充、相互实现。这与费尔巴哈的"类"概念是有区别的。首先，在马克思那里，人的社会性乃是感性的人的活动的社会性；其次，在马克思那里，人与人的统一关系以扬弃人与人的对立关系为基础。抛开上述两方面差异，马克思《穆勒评注》

中的"共存性"和"社会本质"、"第三手稿"中的"社会"和"社会性",与费尔巴哈的"共同性"、"类"应该说是一致的;而马克思在《巴黎手稿》时期尚未认真对待他与费尔巴哈之间隐含的这种差异,所以他才直接借用了费尔巴哈的"类"概念来表达他的"社会"概念。但正是这种从来就有的差异,构成了理解《巴黎手稿》与《提纲》中那两种不同说法之间的内在一致性的桥梁。

杨思基、张军在《马克思早期社会发展理论——读马克思〈1844年经济学哲学手稿〉》(《湖湘论坛》2011 年第 5 期)中指出,马克思在《1844 年经济学哲学手稿》中批判了资产阶级经济学的狭隘眼界,揭示了工人阶级在资本主义经济条件下所遭受的种种苦难,以劳动异化理论展开了他对资本主义社会的人道价值批判,得出了共产主义革命的理论结论,但马克思在此阐释的是他从费尔巴哈"人的类本质"视角所阐发的社会发展理论,囿于研究视角的旧哲学形而上学思想局限,马克思此时还没有真正形成他科学的哲学思维方式和唯物史观社会发展理论。《巴黎手稿》中关于唯物史观思想萌芽的阐发和对共产主义的论证,仍然是以抽象的劳动、劳动异化以及扬弃异化劳动这样的人本主义异化逻辑展开的,总体上被黑格尔思辨唯心主义的逻辑和费尔巴哈人本主义逻辑所囊裹,很难跳出唯心主义思辨逻辑独成一体并贯彻始终。《巴黎手稿》对英国古典经济学和资本主义雇佣劳动生产方式的批判虽然超出了资产阶级的一些阶级局限,但这些批判更多的是使用了德国古典哲学的道德批判和费尔巴哈的人本主义批判,缺少立足于生产方式内在矛盾和社会基本矛盾分析进而深刻把握历史发展规律的历史唯物主义科学实证批判;《巴黎手稿》对共产主义的论证缺少现实条件和客观必然性的说明,而从抽象的劳动和"类本质"出发则很容易陷入从抽象观念到抽象观念的形而上学思辨哲学,很难说由"自由自觉的劳动类本质"到私有财产、劳动异化最终因扬弃私有财产回归和实现人的"自由类本质"这种共产主义学说与资产阶级道德哲学、人道主义价值哲学及黑格尔的"主体即实体"、"实体即主体的客体化"以及肯定——否定——否定之否定的思辨逻辑有什么实质不同;只有经过《神圣家族》对思辨哲学展开彻底的清算,马克思才会在《关于费尔巴哈的提纲》、《德意志意识形态》、《哲学的贫困》、《共产党宣言》、《法兰西内战》、《哥达纲领批判》和《资本论》等著作中阐述系统而科学的以唯物史观为基础的社会发展理论，使社会主义共产主义学说从空想成为科学。

我们认为，马克思的《巴黎手稿》总的说仍然是一部不成熟的著作，也没有形成科学而系统的马克思主义基本思想理论，其中的核心思想逻辑和哲学思维方式甚至整个哲学信仰是为1845年创建马克思主义哲学的马克思恩格斯作为清算对象而抛弃的，马克思后来在《〈政治经济学批判〉序言》中曾对此作过说明，恩格斯在发表《路德维希·费尔巴哈和德国古典哲学的终结》时说马克思《关于费尔巴哈的提纲》是"包含着新世界观的天才萌芽的第一个文件"。[①] 他们的说法都没有错。科学社会主义或科学共产主义学说不能建立在唯心主义的抽象人道主义道德哲学、价值哲学的诉求基础上，不能建立在脱离现实社会具体历史生产的主体客体化或客体主体化的抽象历史逻辑演绎基础上，只能建立在历史必然性和现实性客观条件基础上，建立在科学革命的唯物史观及工人阶级革命和工人阶级专政这种主客观统一的现实历史条件下才有可能。"西方马克思主义"以马克思《巴黎手稿》的人道主义为核心来理解诠释马克思主义，并以青年马克思在这里不成熟的思想否定后来马克思确立的科学革命的唯物史观以及以此为基础的工人阶级革命和工人阶级专政的科学社会主义学说，以至最终走向"消解、否定和重构"马克思主义的"后现代马克思主义"，这是将工人阶级革命的科学的马克思主义重新退回到资产阶级能够接受而且完全赞成的"资产阶级抽象人道主义的马克思主义"那里去，是不可能成功引导工人阶级人民群众推进共产主义运动和社会主义事业发展胜利的，中国的马克思主义者绝不能重蹈他们的覆辙。

[①] 参见马克思：《〈政治经济学批判〉序言》，《马克思恩格斯选集》第2卷，北京：人民出版社，1995年版，第34页。马克思在那里说，1845年春，他和恩格斯当时"决定共同阐明我们的见解与德国古典哲学的意识形态的见解的对立，实际上是把我们从前的哲学信仰清算一下"。恩格斯在《路德维希·费尔巴哈和德国古典哲学的终结》1888年单行本序言中说《关于费尔巴哈的提纲》是"包含着新世界观的天才萌芽的第一个文件"——参见《马克思恩格斯选集》第4卷，北京：人民出版社，1995年版，第213页。这无疑都是说在1845年之前，马克思和恩格斯还没有形成他们新的哲学世界观理论。

3. 对《关于费尔巴哈的提纲》和《德意志意识形态》的研究

卞绍斌在《从"市民社会"到"人类社会"——〈关于费尔巴哈的提纲〉第10条解读》(《苏州大学学报》2011年第2期)中说,马克思《关于费尔巴哈的提纲》的第10条,试图探寻关系马克思市民社会批判的三个重要问题:一是马克思的市民社会批判与其实践唯物主义变革的关联;二是马克思的市民社会批判与其历史性观念的关系;三是马克思的市民社会批判与其"人类解放"的价值关切。

张青兰在《主体问题的存在论本质——重读〈关于费尔巴哈的提纲〉》(《哲学研究》2011年第8期)中说,作为马克思哲学的诞生地,《关于费尔巴哈的提纲》揭示了主体问题的实践本质,洞穿了"主客体对象性共在"的真相,从而既消除了主体与客体的抽象对立,也消除了唯物与唯心的抽象对立。

孙云龙发表的论文:《〈德意志意识形态〉"费尔巴哈"章生活概念探微》(《复旦学报》社会科学版2011年第5期),依据《德意志意识形态》"费尔巴哈"章的德文本和中译本,着重考察了生活概念在原文中的使用情况和哲学含义。认为生活概念是本文献的理论重心,是构成历史唯物主义的逻辑枢纽。作者选择以生活概念为考察对象,根据最新版《形态》文本,并结合其他早期马克思主义哲学文本,简要梳理了马克思生活概念的发展脉络,分别通过语用、语义和理论功能三重视角,对"费尔巴哈"章进行深入挖掘。希望能够通过文献与义理并举的方式,廓清马克思生活概念的基本含义,指明该术语在历史唯物主义形成过程中的意义和作用,认为生活概念既是理解人类历史的出发点,又是改造社会的价值指向。《德意志意识形态》(后文中简称《形态》),被视为历史唯物主义的第一次完整表述,也是青年马克思思想与其成熟时代之间的分水岭。就目前文献学研究所取得的成果而言,多集中于手稿形成史、文本结构、版本校勘等问题上,鲜有涉及历史唯物主义概念研究和义理疏通方面的探讨。以《形态》研究为例,文献学与义理考察似乎形成了两种泾渭分明的学术范式,之间的呼应和互文关系非常少见。文献学如果仅停留于此种水平的话,那它对马克思哲学研究的贡献将非常有限。相反，如果将文献与义理之间的隔阂打通，互为补充，那必将会开辟出崭新的问题域。作者还通过在《哲学分析》2011年第3期发表的另一篇论文：《生活、需要与生产——〈德意志意识形态〉关键词研究》，对德文原文的"生活"、"需要"、"生产"等概念的含义结合中文《德意志意识形态》相关译名进行了探讨，认为"生活"概念不仅是马克思克服观念论哲学的哲学突破口，还是他将历史研究改造为科学的转折点。正是"生活"概念的发现，使得意识独立性的虚假外衣被彻底揭穿，也为现实的人找到了存在论基础，自此之后唯物史观有别于观念论在直观经验中找到了具体可行的研究对象，让哲学从观念世界回返到现实世界，而其立足点就是现实的人的"生活"，而这个"生活"概念必须被理解为动态的"生活过程"。将生活、需要和生产三个概念关联起来，并对需要概念做深入分析，这是历史唯物主义具有原则高度的创见，也是唯物史观与其他类型历史观之间最重大的差别。

赵家祥在《解析〈德意志意识形态〉中的一个难解之谜——"生产关系"概念与"交往形式"等术语的关系》(《哲学动态》，2011年第4期)中指出，《德意志意识形态》是标志马克思主义哲学基本形成的第一部著作。在这部著作中，第一次系统地阐述了历史唯物主义一系列基本原理，制定了历史唯物主义的科学体系。需要强调的是，《德意志意识形态》一书不仅明确提出了生产关系概念，而且多次使用了这个概念，并且揭示了生产关系的本质，规定了生产关系的内容，阐述了生产力和生产关系之间的矛盾是人类社会的基本矛盾。

张义修在《历史唯物主义方法论视野中的"现实的个人"——对〈德意志意识形态〉小束手稿的文本学解读》(《南京大学学报》哲学·人文科学·社会科学版2011年第6期)指出，在《德意志意识形态》第一卷后期增补、修订的手稿中，即在广松涉称之为"小束手稿"的部分，出现了"现实的个人"概念，这一概念直接牵涉对历史唯物主义基本原则的不同理解：有观点认为历史唯物主义正是从"现实的人"出发，历史是围绕"人"而展开的；亦有学者坚持历史唯物主义是从生产实践出发，并由此超越了人本主义。从文本的原初语境来看，马克思恩格斯关于"现实的个人"的论述，既重申了历史唯物主义的总体分析框架，更自觉而鲜明地将历史唯物主义新世界观指认为一种"方法"，而这一方法正是从现实的生产实践出发的。一句话，"现实的个人"的提出，并非聚焦于"人"本身，而是直接指向新世界观的"方法"问题。当我们再次面对《德意志意识形态》第一章大束手稿的时候，必须清醒意识到：历史唯物主义的真义在于方法。

刘明诗、陈占友在《从人间到天国：马克思哲学的致思路向及其当代意义——重读〈德意志意识形态〉有感》（《武汉大学学报》人文科学版2011年第3期）中说，马克思在《德意志意识形态》中明确指出，"德国哲学从天上降到人间；和它完全相反，这里我们是从人间升到天国。"实际上这就是马克思自己哲学路向选择的公开声明，是对自己的新哲学观和一切传统哲学作了根本性和原则性的划界。这种致思路向的批判所指就是要终结一切形而上学，从现实的人的感性活动出发，确立起哲学革命的实践原则和历史原则。理解马克思哲学的致思路向，有助于准确理解马克思哲学的根本性质，以及更加深刻地理解马克思哲学的当代意义。

郝立忠在《历史唯物主义与唯物主义辩证法的有机统一——论〈德意志意识形态〉的哲学形态定位》（《武汉大学学报》人文科学版2011年第3期）中指出，长期以来，国内学术界在对《德意志意识形态》（以下简称《形态》）哲学地位的认识上存在着一个误区，好像马克思和恩格斯在《形态》中只是创立了"历史唯物主义"，而没有创立"唯物主义辩证法"，甚至认为只有"历史唯物主义"才是马克思和恩格斯创立的新哲学。之所以出现这种现象，其根本原因就在受到传统哲学把"两个对子"作为哲学评价标准的严重影响。如果我们能够从哲学基本问题的当代表现形式——理论和实际的关系问题出发，去追寻哲学形态评价上的更高层次（也是最高层次），我们就会发现：在《形态》中，马克思和恩格斯创立的新哲学已经从根本上超越了传统意义上的"唯物主义"和"辩证法"，将"唯物主义"和"辩证法"上升到认识世界与改造世界关系的高度来认识，实现了"历史唯物主义"和"唯物主义辩证法"的有机统一，而不是在阐述一个纯粹的传统意义上的"历史唯物主义"。要从哲学形态的高度分析《形态》的理论地位，对《形态》进行哲学形态定位，就必须首先弄清楚到底什么是哲学形态，什么是哲学基本形态，哲学形态的层次及其划分标准是什么。所谓哲学形态是指哲学的形式、结构和特征，如哲学研究目的、研究对象、社会功能、思维方式、思维模式和表述形式等。在哲学形态的各种层次之上，还存在着一个最高、最根本的层次——哲学基本形态，其划分标准就是哲学基本问题的现代表现形式——理论与实际的关系问题。缺少了对这个基本形态的准确把握，就很难建立起完整的哲学形态学和科学的哲学评价标准。因此，必须从哲学基本问题的高度入手，在对哲学形态的最高层次进行准确把握的基础上，确立哲学的划分体系和评价标准。所谓哲学基本形态，是由回答哲学基本问题的思维模式、表述形式和理论特征所决定的，具有广泛性和代表性的哲学门类，是哲学形态的最高层次。只有理论与实际、哲学与现实的关系问题，才能从根本上把马克思哲学与其他哲学，如传统形而上学和本体论、现当代西方哲学、西方马克思主义等等区分开来。而我们目前在对马克思哲学本质的简单概括，如辩证唯物主义、历史唯物主义、辩证唯物主义和历史唯物主义、实践唯物主义等等，往往坚持从"物质"、"实践"或"人"的概念出发来推演逻辑体系，就很难说是准确表述了马克思哲学的本质。马克思和恩格斯在《形态》中所要批判的哲学，恰恰是最高层次的哲学形态——哲学基本形态，而不是第二个层次的哲学形态——哲学类型，或者更低层次的哲学形态。在《形态》中，马克思和恩格斯所要建立的是一种在哲学的目的、任务、对象、特征、方法、功能等方面，与以黑格尔为代表的传统形而上学有着根本区别的哲学基本形态。它将"唯物主义"和"辩证法"上升到认识世界与改造世界关系的高度来认识，实现了"历史唯物主义"和"唯物主义辩证法"的有机统一，而不是在阐述一个纯粹的传统意义上的"历史唯物主义"。这种新哲学，我们既可以称其为历史唯物主义，也可以称其为唯物主义辩证法，或是直接称为马克思主义哲学。只要坚持从哲学基本问题和哲学基本形态的高度来解读《形态》，我们就可以发现：《形态》中所坚持的哲学形态，既不是"物质本体论"，也不是"人本体论"或者"实践本体论"，而是一种面向现实、面向最广大人民的根本利益，在认识世界的基础上改造世界的崭新的哲学基本形态。

徐奉臻在《生活的生产：〈德意志意识形态〉中被遮蔽的现代性维度》（《马克思主义研究》2011年第1期）中指出，具有复杂性和多维性的生产理论，由多种形式的生产子系统所构成。在不同的话语体系中，"生活的生产"的归属和内涵互有不同。但"生活的生产"却由于过去被我们所忽略和被误读而处于被消融和被遮蔽的状态中。我们基于《德意志意识形态》还原"生活的生产"的内涵和位相，揭示其现代性意蕴和价值，这既是揭示唯物史观之理论特质的需要，也有助于我们展示马克思主义的整体性和超越时空的生命力。

4. 关于《共产党宣言》、《哥达纲领批判》、《资本论》、《反杜林论》和马克思"伦敦经济学手稿"等著作的研究和编译情况

张荣臣在《中共中央党校学报》2011年第1期发表《〈共产党宣言〉和中国共产党的建设》中指出，《共产党宣言》是马克思主义关于无产阶级政党的纲领性文件，而且是集中论述共产党政党理论的著作，也是马克思、恩格斯所有著作中流传最广、影响最大的著作。它第一次揭示了政党的本质，强调政党就是阶级利益的代表。在新的历史起点上，我们必须坚持《共产党宣言》的基本精神，紧紧围绕"建设一个什么样的党、怎样建设党"这个执政党建设的根本问题，积极探索、与时俱进，不断推进马克思主义中国化，不断丰富和发展马克思主义的建党学说。

陈学明在《吉林大学社会科学学报》2011年第2期发表的《论〈共产党宣言〉在当今中国的意义》一文中指出，中国的社会主义革命离不开《共产党宣言》的照耀，中国的社会主义建设同样离不开《宣言》的指引。目前，我国正处于社会主义现代化建设的关键时刻，之所以出现这样那样的问题，其中一个重要因素就是背离了《宣言》的基本原则。为了推进建设中国特色社会主义的伟大事业，为了真正实现振兴中华民族的宏伟目标，当今急需要做的就是进行《宣言》的启蒙教育。

曾建平、郜志刚在《马克思主义与现实》2011年第6期发表的论文——《追求公正：中国共产党的崇高使命——从〈共产党宣言〉谈起》，认为《共产党宣言》是第一个国际性的共产党党纲，实际上是一

部共产党追求公正的政治宣言书——关于共产党变革资本主义社会不公、实现社会公正的行动纲领。它揭示了社会不公的现象和根源,论证了实现社会公正的基石和有效路径,以及社会公正的调剂原则、主体力量,展望了社会公正的最高表现。

另外,姚颖在《马克思主义与现实》2011 年第 2 期发表文章:《〈共产党宣言〉在俄国十月革命前的翻译与传播》,介绍了《共产党宣言》在俄国十月革命前的翻译与传播情况;高放在《中国人民大学学报》2011 年第 3 期发表《从〈共产党宣言〉到〈中国共产党宣言〉——兼考证〈中国共产党宣言〉的作者和译者》,考证性介绍了《共产党宣言》在中国的翻译和《中国共产党宣言》的写作之复杂情况;杨金海在《党的文献》2011 年第 6 期发表的《马克思主义中国化源头一瞥——从〈共产党宣言〉重要语句的中文翻译说开去》中对《共产党宣言》中文本翻译的一些重要语句、人名、译名的不同翻译和历史演变进行了历史考察,论证了马克思主义中国化的客观依据和方法;郭丽兰在《中共中央党校学报》2011 年第 2 期发表的《朱执信对马克思主义著述的翻译和传播——以〈共产党宣言〉、〈资本论〉为例》,介绍了朱执信对马克思主义经典著作的中文翻译、解读和宣传贡献。

李明桂在《改革与战略》2011 年第 7 期发表的论文:《〈哥达纲领批判〉中马克思社会主义观的中国化诉求》中指出,《哥达纲领批判》充分汲取了《德意志意识形态》、《共产党宣言》、《资本论》等著作中的唯物辩证法、唯物史观、剩余价值学说及巴黎公社实践经验,深刻揭露和批判了拉萨尔机会主义,精辟论述了科学社会主义的重要原理,完成了对未来社会的科学预判,是指导我们进行社会主义建设的科学历史文献。

何中华在《山东科技大学学报》社会科学版 2011 年第 5 期发表的论文:《"平等"问题的历史规定及其超越——重读马克思〈哥达纲领批判〉》中指出,马克思在《哥达纲领批判》中关于"平等"问题所采取的运思方式是"历史地思",马克思总是寻求问题本身赖以成立的人的存在论根源、在历史的超越中把握未来的可能性、致力于解构和颠覆使问题赖以成立的条件本身。在"历史地思"的运思方式中,逻辑的完备性只能被归结为历史的辩证法或实践的辩证法。马克思的《哥达纲领批判》在其最直接的意义上固然是为批评和清算拉萨尔派的观点，以消除这种机会主义思潮对于德国工人运动的消极影响而写的，但是其意义决不止于此，它具有更广泛而深刻的哲学意蕴，特别是在运思方式上提供了范本。马克思在《哥达纲领批判》中坚决反对那种超历史地从而是抽象地谈论"劳动"和"社会"的做法："不应当泛泛地谈论'劳动'和'社会'，而应当在这里清楚地证明，在现今的资本主义社会中怎样最终创造了物质的和其他的条件，使工人能够并且不得不铲除这个历史祸害。"马克思对"平等"问题所作的"历史地思"，同样折射着"巨大的历史感"。马克思在运思方式上最突出的特点就是"历史地思"。通过马克思对于"平等"问题所作的思考，可以发现，这种运思方式具有历史性、超越性、彻底性等特征。

安启念在《马克思唯物史观思想的两个维度——从〈1857—1858年经济学手稿〉谈起》（《中国人民大学学报》2011年第2期）一文中对马克思《1857—1858年经济学手稿》历史唯物主义的经济学研究方法论进行了较深入探讨。他指出，马克思一方面用物质生产力对资本主义社会的各种经济现象做了深刻分析，另一方面又强调这些现象和物质生产力都是在劳动实践的基础上不断发展着的，而且他对资本主义社会的研究包括纵的和横的两个维度，既唯物主义地说明了社会各因素之间的关系，又唯物主义地说明了这些因素的历史发展。《1857—1858年经济学手稿》是《资本论》的最初手稿，在马克思的政治经济学研究中具有重要意义。它不仅在基本思想上，而且在研究方法上都体现了《资本论》乃至马克思全部政治经济学研究的特点。在《1857—1858年经济学手稿》的方法论思想中，马克思也十分重视从历史的角度看问题。结构分析与历史考察都是马克思指导经济学研究的基本方法论原则。《1857—1858年经济学手稿》对资本主义社会所做的政治经济学研究，从方法论来看，首先是把它放在人类社会的历史发展中来把握，强调它的各种经济现象都是历史发展的产物，也只有在历史发展中才能理解；其次才是把它作为既定的存在，研究其中各要素之间的关系，包括社会存在和社会意识的关系。马克思用以指导政治经济学研究的方法论包括"结构"和"历史"两个方面、两个维度。它既注重对某个社会进行横向的、共时性的结构考察,即对其中各个要素相互关系的唯物主义的说明,也注重对这个社会及其众多内在因素的纵向的、历时性的考察。唯物史观不仅要对社会进行唯物主义的"结构"分析,更要揭示这一结构运动发展的机制与规律。真正的唯物史观必须对生产力的发展机制作出唯物主义的解释。两个维度,纵的、历时性的、历史的维度与横的、共时性的、结构的维度,是马克思的唯物史观思想内在固有的。横的、结构的维度揭示了生产力是如何决定经济基础、上层建筑和无比复杂的整个社会的;纵的、历史的维度借助实践概念揭示了生产力从而整个社会是如何不断发展的。它们共同构筑起完整的唯物史观大厦,二者相互补充,缺一不可。

孙乐强在《社会再生产理论的构型与资本主义批判理论的初步建构——经济哲学语境中的〈伦敦笔记〉研究》(《现代哲学》2011 年第 4 期)一文中指认,《伦敦笔记》是马克思第三次经济学研究的原始记录。在这一笔记中,马克思在货币理论、社会再生产理论和资本主义危机理论方面,都取得了重要进展。首先,在货币理论上,马克思已经克服了"通货学派"和"银行学派"的缺陷,形成了自己独特的货币理论。其次,在社会再生产理论上,马克思已经形成了狭义再生产、广义再生产和日常意识再生产三个理论层次的建构,实现了对资本主义社会再生产理论的基本构型。再次,在危机理论上,马克思已经看到了资本主义社会再生产的界限,揭示了资本主义经济危机的内在根源,初步建构了资本主义批判理论。

王一程在《马克思解析抽象概念"生产一般"的方法论启示——读〈政治经济学批判〉导言的体会》(《党建研究》2011 年第 9 期)一文中认为,马克思写于 1857 年 8 月的《〈政治经济学批判〉导言》,是马克思主义政治经济学的重要奠基作。马克思在那里从解析"生产"或"生产一般"这个概念入手,论述了马克思主义政治经济学的研究对象和方法。认为对抽象一般概念需要联系历史和现实,运用辩证唯物主义的历史观和方法论,进行基于事实的科学分析和理解,不可陷入把"一般"作为分析研究问题的前提这一认识误区,不可将不同国家、不同意识形态、不同阶级阶层利益代表人物使用名词相同但实际内容不同的价值理念混为一谈,更不可将西方国家宣传鼓吹的资本主义价值理念体系及其现实的制度安排当做"普世价值"。

姚顺良在《马克思"三大社会形式"理论的原像——析望月清司对〈大纲〉解读的两个"贯穿"和一个拒斥》(《现代哲学》2011年第1期)中认为,日本马克思学者望月清司在其代表作《马克思历史理论的研究》中,以"纯粹培养"(Reinkultur)马克思的方式,通过从《1844年经济学哲学手稿》和《穆勒评注》到1857—1858年《政治经济学批判大纲》的文本解读,对马克思的历史理论作出了自己的独特解释。我们认为,望月对上述诸文本的解读都是偏颇的,有必要逐一加以辨正。望月清司对《政治经济学批判大纲》的解读主要有三个问题:一是所谓"依赖关系"史论,二是所谓"劳动和所有的同一性"逻辑,三是望月对所谓"异化统治论"的拒斥。其实,"依赖关系"并不是人的关系全部,也不是划分不同性质不同社会形态的客观标准,它只是马克思研究人的关系而使用的一个判断性的具有独特性的关系概念,而离开异化概念,我们则不能很好把握人的"依赖关系"本质,也无法说明劳动与财产占有关系的分裂和对立,只有清除望月对这三个问题的曲解,才能真正弄清马克思在该书中提出的"三大社会形式"理论的原像。

赵学清在《〈资本论〉第1卷法文版和德文第4版"生产方式"概念比较研究》(《马克思主义与现实》2011年第6期)一文中认为,对比德文第4版,《资本论》第1卷法文版中"生产方式"是修改较多的一个概念。法文版的修改证明,商品生产是生产方式,是生产的社会形式。协作、工场手工业和工厂制度是生产方式,是生产的技术形式。资本主义生产方式是以资本和雇佣劳动为基础、以生产剩余价值为目的、以工厂制度为手段的商品生产。《资本论》第1卷法文版和德文第4版"生产方式"概念比较研究的理论价值在于,可以更准确地理解《资本论》的研究对象,从而更准确地理解把握《资本论》的基本原理,启示我们更加深入地研究社会主义初级阶段的生产方式。

梅荣政、杨芳在《〈资本论〉对唯物主义历史观的科学论证》(《马克思主义研究》2011年第5期)一文中认为,对唯物主义历史观的科学论证,是马克思的《资本论》对马克思主义哲学作出的重大贡献之一。《资本论》以翔实的资料和罕见的逻辑力量,从"确定的物质事实的领域",科学论证了生产力和生产关系是社会发展的物质力量:人类进入阶级社会以后,一定历史类型的生产关系总要体现为一定的阶级关系。通过阶级和阶级斗争这个中间环节,从经济基础的论证进入上层建筑的论证,证明了上层建筑根源并反作用于物质的经济基础。《资本论》对唯物主义历史观的论证,使之不再是假设,而是科学证明了的原理。

王峰明在《〈资本论〉与历史唯物主义微观基础——以马克思的生产力理论为例》(《马克思主义研究》2011年第11期)指出,在《资本论》及其手稿中,马克思深入价值和剩余价值运动的经济学的层面,对物质生产和生产力的本质规定、具体形式和内在构成以及它们在社会存在和历史发展中的决定性作用,这种决定性与人的能动性之间的关系等重要问题作了详尽阐释,从而使历史唯物主义的框架性宏观结论在微观层面上获得经验事实和实证材料的支撑。要具体地而不是抽象地理解和把握历史唯物主义的核心范畴和基本原理,停留在《德意志意识形态》是不够的。要以《资本论》及其手稿为基础推进历史唯物主义研究,就必须打破学科分割的局面,并切实注重文献学和文本学方面的研究成果。为实现这一目标,笔者以为下列两个条件不可或缺:其一,必须着力打通马克思主义哲学、政治经济学和科学社会主义之间的联系。其二,必须注重对《资本论》及其手稿的文献学和文本学研究。

许光伟在《〈资本论〉第一卷的逻辑:历史发生学》(《当代经济研究》2011年第7期)中指认,《资本论》第1卷的逻辑是实践逻辑,是资本历史发生学提炼生成的资本主义生成和发展的逻辑与原则,所以《资本论》乃资本主义社会有机结构的系统逻辑学。该特殊逻辑旨在统一研究对象和研究方法,高度凸显政治经济学的学科方法论。而这正是当下政治经济学教材的指导性规范。但是,他主张将劳动价值论当做实践逻辑,而不作为教条主义和本本主义中的认识框框。因此,不应局限在文本学,也不应满足于"回到马克思",而应该更多着眼于实践马克思的学说,依据时代条件"发展马克思"。

王文扬在《马克思对资本主义的宗教批判——〈资本论〉的三重拜物教批判》(《现代哲学》2011年第5期)中说,马克思宣告宗教批判已经终结,继而转向政治经济学批判,即转向对现实的批判。马克思在

《资本论》中一以贯之地将宗教批判推进转化为"道成肉身"的"三大拜物教批判",即对商品拜物教、货币拜物教和资本拜物教的批判,由此揭开资本主义及其精神实质的神秘面纱。以宗教批判为线索来解读马克思的《资本论》,一方面可以更深入地理解其资本主义批判的内在结构,另一方面也可以调和其与韦伯对资本主义精神与宗教之关系所作出的批判性反驳。此外,对于研究改革开放视域下中国社会意识变迁之哲学基础亦有一定借鉴意义。

白刚在《作为"三大批判"的〈资本论〉》(《马克思主义哲学研究》2011年年刊)则认为《资本论》绝不仅仅是一部单纯的经济学著作,它作为对资本主义社会"历史之谜"进行解答的"三大批判"是哲学批判、政治经济学批判和空想社会主义批判——所指向的是"对现存的一切进行无情的批判"。马克思的《资本论》真正体现了"三大批判"的统一,实现了哲学、政治经济学和社会主义理论的革命性变革。

仰海峰在《资本逻辑与空间规划——以〈资本论〉第一卷为核心的分析》(《苏州大学学报》2011年第4期)中对《资本论》的资本逻辑与空间规划之间的内在关系进行了探讨。认为马克思揭示的资本逻辑的空间规划不仅体现为劳动空间的重构,而且体现为生活空间与城市空间、国内市场与国际市场的建构。这是与传统社会完全不同的新的社会结构。资本逻辑不仅改变了社会历史的空间样态,使自然变成与人工相关的"第二自然",而且也改变了人们的心理与意识空间。这也表明,第二自然意义上的空间并不是先验的存在,它与资本逻辑同体而生,是资本逻辑的展现境域。

梅荣政、李红军在《〈资本论〉对科学社会主义的科学论证》(《科学社会主义》2011年第4期)中则论证了《资本论》对科学社会主义学说作出了重大贡献:第一,科学社会主义是从剩余价值问题的解决为起点、并以此为中心的;第二,对资产阶级灭亡、无产阶级胜利"两个必然"的科学论证;第三,对无产阶级在整个资本主义制度中的真正地位的科学论证;第四,对工人阶级的历史使命作出的更深入、更完善、更科学的论证。正是《资本论》在这些方面的论证使科学社会主义奠定在历史唯物论和剩余价值学说的理论基础之上,充实了对无产阶级的历史地位、历史作用、历史使命的科学论证，从理论上武装了无产阶级，推动了无产阶级解放的斗争。也正是这样，无产阶级及其政党把《资本论》称之为工人阶级的圣经。

另外，侯且岸在《韧的追求·艰的探索——对侯外庐翻译〈资本论〉的若干思考》（《马克思主义与现实》2011年第4期）介绍了侯外庐从1927年留法始穷近10年之功翻译《资本论》的情况。邰丽华在《试论西方学者对〈资本论〉的"改造"与"超越"》（《中国特色社会主义研究》2011年第5期）一文中介绍了西方主流学者对《资本论》所采取的态度之变化情况，认为这经历了由沉默到长时间大规模全面否定再到企图"改造"和"超越"的三个发展阶段。而"西方马克思主义经济学"在"改造"和"超越"的过程起了主要作用，这其中又包括以下三个阶段：（一）"改造"《资本论》的核心概念；（二）"改造"《资本论》的重要原理；（三）"超越"《资本论》本身。《国外理论动态》2011年第10期发表文章介绍了德国著名马恩著作编辑学家、历史考证版（MEGA）编辑促进协会主席罗尔夫·黑克尔教授在中央编译局举办的2011年第6期马列著作编译论坛上所作题为《〈资本论〉第一卷的诞生及其不同版本》的报告。《马克思主义与现实》杂志在2011年第4期上发表译文，介绍了刘锋等根据新版历史考证版公布的资料对《资本论》第2卷与第3卷中关于劳动价值论的矛盾论述作了释疑。《马克思主义与现实》杂志在2011年第1期发表一组翻译文章，即意大利学者马塞罗·默斯托著，李楠译，闫月梅校：《〈大纲〉（〈政治经济学批判大纲〉）在世界上的传播与接受》；美国学者诺曼·莱文著，李旸译：《阿尔都塞对〈大纲〉的曲解》；英国学者特雷尔·卡弗著，孙寿涛译，闫月梅校：《马克思〈大纲〉中的异化概念》。《马克思主义研究》杂志2011年第1期发表了莫放春的文章：《国外学者对〈资本论〉生态思想的研究》，介绍了施密特、奥康纳、福斯特和岩佐茂等国外学者对《资本论》生态思想的研究情况。《国外理论动态》杂志在2011年第11期发表德国著名马恩著作编辑学家、历史考证版编辑促进协会主席罗尔夫·黑克尔著，沈红文译：《恩格斯编辑〈资本论〉第二卷、第三卷的情况》，该文介绍了罗尔夫·黑克尔教授在2011年6月10日中央编译局马恩列斯著作编译部举办的2011年第7期马列著作编译论坛上所作的报告。这是黑克尔教授的系列讲座"《资本论》的产生、编辑及传播史"的第三讲。黑克尔教授在报告中主要从编辑语言学的角度阐述了恩格斯编辑出版马克思未完成的《资本论》第 2 卷和第 3 卷的艰难过程，介绍了历史考证版相关卷次在重现恩格斯的编辑工作、反映恩格斯的编辑稿和马克思的手稿之间的差异等方面所做的尝试，总结了从恩格斯的编辑工作中得出的几点结论。《马克思主义与现实》杂志在 2011 年第 5 期发表日本学者涩谷正著，盛福刚译：《〈德意志意识形态〉在日本的翻译史》，文章详细介绍了《德意志意识形态》在日本的翻译史，包括梁赞诺夫版、阿多拉茨基版，涉及椚田—森户译本、由利译本、三木译本、唯物论研究会译本，探讨了各版本中手稿的排列顺序以及对被删除字句的处理等编辑核心问题，并评价了广松涉版以及岩波文库补译版在日本《德意志意识形态》研究史中的意义。该杂志同期还发表姜海波论文——《〈德意志意识形态〉中文版编译史述要》，介绍《德意志意识形态》的主要中文译本及其对应的底本是：郭沫若版对应的底本是梁赞诺夫版，1960 年《马克思恩格斯全集》版对应的底本是《马克思恩格斯全集》俄文第 2 版，实则为阿多拉茨基版的正文部分，1995 年《马克思恩格斯选集》版对应的底本是巴加图利亚版，另外中国中文译本的《德意志意识形态》还有 2005 年"汉译广松涉版"和 2008 年"汉译梁赞诺夫版"。《苏州大学学报》（哲学社会科学版）在 2011 年第 5 期发表杨思基文章：《广松涉对商品世界的认识论思考和发生学论证》，介绍评论了日本马克思主义哲学家广松涉通过研究《资本论》的哲学方法论及有关商品的论述而阐述的他对商品世界的思考。

2011 年，中国学者对恩格斯的《反杜林论》也进行了新的研究。梅荣政、姚锡长的《每个觉醒工人必读的书籍——恩格斯〈反杜林论〉对唯物主义历史观的科学论述》分上下两部分在《高校理论战线》2011 年第 4、5 期连载发表，对恩格斯《反杜林论》系统阐述马克思主义三个主要组织部分及其内在联系进行了研究说明，尤其对其中的唯物主义历史观所包含的自然观和历史观、自然科学和研究社会历史问题的历史观的关系进行了挖掘。郝姝媛在《平等是和谐的基石——简释〈反杜林论〉中恩格斯的平等观》（《学理论》2011 年第 2 期）中以恩格斯在

《反杜林论》中对平等的论述为脉络,对恩格斯与卢梭的平等观进行了比较研究,认为恩格斯是通过阐述平等观的产生和发展历史基础上批判杜林唯心主义平等观的,并因此而进一步阐述了无产阶级马克思主义的平等观。何丽野在《恩格斯与黑格尔对辩证法理解的差异——从〈反杜林论〉中的一句删节说起》(《哲学动态》2011 年第 10 期)中就恩格斯与黑格尔对亚里士多德思想截然不同的评价说明了原因,认为这是因为他们对辩证法本身的看法不同:恩格斯认为亚里士多德哲学属于辩证法,黑格尔却认为亚里士多德哲学属于"形而上学"。顾锦屏在《马克思主义与现实》杂志 2011 年第 2 期发表《〈反杜林论〉译文有哪些主要修改?》介绍了中央编译局在编译《马克思恩格斯文集》时对恩格斯《反杜林论》过去中文译本的译校和修改情况。

此外,田改伟在《马克思主义哲学理论的经典之作——读〈路德维希·费尔巴哈和德国古典哲学的终结〉》(《党建研究》2011 年第 4 期)中对恩格斯在《路德维希·费尔巴哈和德国古典哲学的终结》所阐发的马克思主义哲学产生的自然科学前提、社会历史条件以及辩证唯物主义、历史唯物主义原理作了说明。还就恩格斯该书论证的哲学的基本问题、辩证法思想的革命性、唯物辩证的自然观和唯物辩证的历史观的有机统一等问题进行了分析说明。胡刘、祝莉萍在《哲学动态》2011 年第 4 期发表的《马克思晚年笔记的理论旨趣与历史哲学意蕴》,对我国学者关于马克思晚年笔记(主要包括研究世界史的四册"历史学笔记"与研究古代社会史的五本"古代社会史笔记")的研究情况进行了总结评论,他认为目前学界对马克思晚年笔记的旨趣与哲学意蕴的看法大致有四类观点:第一类是研究重心转移论;第二类是人道主义兴趣回归论;第三类是困惑超越论;第四类是唯物史观创新论。这四类观点对激发人们深入研究马克思晚年笔记发挥了重要作用,但却有一个共同的失误:未从马克思的著述是一个"艺术的整体"的高度来解读晚年笔记,以至于未看到其所蕴含的问题意识及其与《资本论》创作的紧密关系,从而仅局限于从具体研究对象以及个别结论来看待其理论旨趣与哲学意蕴。质言之,四种观点都不同程度地误读了马克思的晚年笔记,而且争论的存在也说明问题还有进一步深入研究的必要。

5. 关于马克思恩格斯全集、选集的翻译编辑工作研究

赵玉兰在《MEGA1 编辑出版工程的重要铺垫——梁赞诺夫的前 MEGA1 时期》(《马克思主义与现实》2011 年第 2 期) 中介绍了梁赞诺夫从 1900 年离开俄国、流亡欧洲一直到 1917 年返回俄国近 20 年的时间里的情况，认为梁赞诺夫这时相继主持《东方问题》、《第一国际资料卷》等重大的马克思主义文献编纂工程，也逐渐形成了出版马克思恩格斯全集的构想，并把这一思想具体地阐发在了 1911 年 1 月 1 日提交给德国社会民主党的"维也纳计划"中。这一时期为他后来主持历史考证版（MEGA1）编辑出版工程奠定了重要的基础。如今，当我们集中研究梁赞诺夫的 MEGA1 时期时，更应当追本溯源，加强对梁赞诺夫的前 MEGA1 时期的研究。

《马克思主义与现实》杂志 2011 年第 3 期发表德国学者曼弗雷德·诺伊豪斯著，黄文前、金建译，朱毅校的文章：《〈马克思恩格斯全集〉历史考证版的历史和编辑语言学基础》，对《马克思恩格斯全集》历史考证版如何诞生的历史及在 1989/1990 年世界性变革之后终于确立的编辑原则作了说明。作者还介绍了历史考证版四个部分的内容以及各个部分的编辑和出版情况。该杂志同期还发表德国学者理查德·施佩尔著，李朝晖翻译的《文稿的材料性在学术文本编辑中的认识价值和认识界线——以〈马克思恩格斯全集〉历史考证版为例》，以《马克思恩格斯全集》历史考证版为例，论述了文稿（包括手稿和刊印稿）的材料性对确定文本的写作过程、写作时间、作者等的重要意义，同时指出，对材料性的发掘应该服务于编辑学的主要任务。

德国学者马丁·洪特在《马克思主义与现实》2011 年第 5 期译成中文发表的论文指出，新历史考证版的出版为学术研究提供了文献学基础，学术界应关注 MEGA2 的编辑动向，将其视为必不可少的研究资料。作者还强调，鉴于马克思恩格斯著作一直没有完整出版，对马克思的研究还有待深入挖掘，随着 MEGA2 卷次的不断出版，有望产生重大发现。①

---

① ［德］马丁·洪特：《MEGA2 的进展和关于马克思著作的若干热点讨论》，金建译，《马克思主义与现实》2011 年第 5 期。

2011年，我国马克思主义哲学界对列宁的《唯物主义和经验批判主义》、《国家与革命》和中共中央编译局编译的《列宁专题文集》也有诸多研究论文，但限于篇幅，在此不便赘述。

三、对改革开放后我国马克思主义哲学文本文献学研究范式的简要评论

总的说，南京大学张一兵教授倡导的马克思主义哲学文本文献学研究已经在我国马克思主义哲学界甚至整个马克思主义理论界影响甚远，而且目前已经呈现遍地开花并结出部分丰硕成果的可喜局面。在上述基于文本研究基础上的马克思主义哲学研究已经远远不同于苏联教科书式的马克思主义哲学研究，与"西方马克思主义"和"后现代马克思主义"逐渐摆脱意识形态性质的"马克思主义研究"也有着重大区别，可以说已经初步具有了马克思主义哲学研究的中国特色和实质内容，而且通过"走出去"、"请进来"的办法开展了一些中外学者进行对话的马克思主义哲学国际研讨会，扩大了中国马克思主义哲学研究的国际影响。不过总的说，由于各种原因，我们的声音还比较弱，还没有掌握影响世界的话语权，这其中也有很多经验和问题需要我们进行总结和反思。

值得总结的经验主要有以下几个方面。

首先，马克思主义哲学文本文献研究顺应了我国社会主义建设和改革开放的时代需要。

研究马克思主义哲学，并进行马克思主义经典作家文本文献的研究，主要目的还是为了我们以搞清楚的原本的马克思主义本质精神和科学方法来指导我们中国的社会主义建设和改革开放。过去我们所了解和接触的马克思主义著作主要是从苏联介绍和翻译过来的，而教科书也都是基本上照抄了苏联的哲学教科书，而我们自己对马克思主义创始人的外文原著和手稿则了解甚少，绝大部分人甚至大多都没有真正接触过，这就难免使我们对于马克思主义的理解不自觉地陷于一些以讹传讹的误解或歪解，而且往往以我们对教科书的理解和经验主义体悟来反注马克思主义创始人经典著作，反注我们的马克思主义哲学史研究。而这恰恰

是本末倒置的错误做法，其后果是非常严重的。随着我们对过去社会主义建设过程出现的一些失误进行深刻反思，伴随社会主义改革开放和拨乱反正工作的开展，为澄清一些基本理论是非并纠正一些错误的空想社会主义实践，我们就不能不对过去所理解的"马克思主义"进行认真的"查对和核实"，看我们所理解的马克思主义是不是真正原本的马克思主义，它与马克思主义创始人本人的思想究竟有没有差距，有多大差距。马克思主义哲学文本文献研究正是在这种历史背景和条件下适应我们时代的实践的需要而发端和发展起来的。因此，无论"回到马克思"还是"走进马克思"、"重读马克思"等说法，绝不是教条主义地对待马克思主义创始人的经典著作和各种文本与手稿，而是要按照马克思主义创始人本人的著作及其所表达的思想来理解马克思主义的真精神和理论本质，在这个基础上结合我们的实践和实际坚持与丰富发展马克思主义，以指导我们自己当代历史条件下的实践，坚持马克思主义与我们当代生活实际、与我们实践的紧密结合。不少学者经过这样的马克思主义创始人经典著作的文本文献研究，大都开始意识到原来作为立足实践的马克思主义哲学它本来就是伴随人类社会实践发展的开放的思想体系，而且其哲学思维方式和方法以及其基本理论、基本观点确实也都是哲学从过去传统的思辨哲学真正走向我们当代的现实哲学尤其是科学革命的哲学这一体现哲学历史发展趋势的最为先进的当代哲学。马克思主义哲学的当代性、现实性，与它立足实践与工人阶级、人民大众实践紧密结合，一切为了人民需要的实践性、人民性，彻底地、辩证地、一切从实际出发实事求是地、历史地看问题的唯物主义的科学性，历史性，辩证性，彻底性，唯物论和辩证法、自然观和历史观、理论与实践具体地历史地统一所表现的与时俱进性和逻辑彻底的始终一贯性与工人阶级彻底革命的革命性等等，马克思主义哲学所具有的所有这些本质特征都是有机结合高度统一的。这不能不说是我们马克思主义哲学文本文献研究的一个最大最重要的经验和认识成果。

其次，马克思主义哲学文本文献研究实现了与我们时代问题的结合，而且对我们的实践和党的建设及社会主义建设实践发挥了积极重大的作用。

应当说，马克思主义哲学文本文献学研究开始时相当一段时间，除个别学者以外，有大部分学者对自己的研究与当代时代问题和当下实践的相关性是不太清醒的，他们认为这不过是经院式学院派的纯学术研究，或者说是"马克思学"的纯学术研究。正因此，他们对此种研究方法提出了各种质疑和拷问，批评它是脱离实际、脱离群众、脱离当代问题的本本主义、马克思主义原教旨主义。诚然，直到现在，在这种研究中至今也还不可避免地不同程度存在这种问题，但目前很多人而且有越来越多的人认识到这种批评是过于绝对化和简单化的批评，是不切合该研究范式或方法实际情况的。其实，只要我们对我们当下的历史事实和基本情况与马克思主义创始人对资本主义社会经过深入研究而得出的基本理论结论加以认真的对照，对我们的社会主义实践与马克思主义创始人关于从资本主义社会如何向未来共产主义社会发展过渡的那些科学预言加以对照，我们就会发现，我们时代的各种问题或我们实践中的很多问题，它们在根本上并没有超出马克思主义创始人当时的历史视野，资本主义的历史发展和当下社会主义实践也基本上没有超出马克思主义创始人基于科学研究基础上的预料，尤其是资本主义的本质特征、基本矛盾和历史规律并没有发生实质性、根本性的改变，马克思和恩格斯那些分析认识问题的基本立场、基本方法和基本理论思想及思想原则至今都是完全适用而且是我们科学认识我们时代问题、时代特征并正确认识处理各种矛盾的科学依据。越来越多的马克思主义学者和理论家们正是带着这些时代问题和在实践中所遇到的困惑向马克思主义创始人的著作文本求教和寻找正确答案的，但他们同时也没有把马克思主义创始人的话句句都当做千古不变的真理句句照搬到当下的认识和实践中，而是以马克思主义基本立场、基本方法和基本理论及其观点与现实生活中所遇到的问题相结合、相对照，并用马克思主义的态度和方法来认识处理我们所遇到的各种问题和矛盾，各种困境和困惑，并在不少方面提出了指导我们实践的许多科学的思想见解和方法，为真正认识解决我们的问题和矛盾提供了科学的思想指导，这在我们上述许多马克思主义哲学文本文献研究的成果介绍中就可初见端倪。许多成果不仅大大丰富完善发展了我们对马克思主义基本理论的认识，更好地推进了马克思主义的中国化和大众化，而且解决了原教科书中存在的种种弊端和问题，在社会实践中也发挥了积极良好的效果，对党的马克思主义理论创新以及路线方针政策的逐步完善起到了积极的推动作用。

其三，文本文献研究由点到面，遍地开花结果，培养了马克思主义理论队伍，形成了优良学风。

马克思主义哲学文本文献的研究，使我们在学习研究和正确理解把握马克思主义创始人思想精神的同时，也学习了他们的治学态度、学风和文风以及面向工人阶级人民群众实践的理论宗旨。这不仅有助于我们马克思主义理论水平的提高，而且在全国起到了优良的示范作用，使过去对马克思主义不求甚解，不考虑马克思主义创始人本来文本的真实含义，根据自己主观需要实用主义地对待马克思主义经典著作，断章取义，将马克思主义简单化、庸俗化甚至以讹传讹的现象越来越没有市场；使马克思主义严肃认真对待思想家思想，实事求是理解和评价思想家思想，以马克思主义为思想指导结合我们社会实践有分析有批判地对待各种思潮和思想，以及从实际出发，深入思想家实际和我们生活实际，理论与实践相结合的学风、文风得以发扬和倡导。这不仅有力地推动了我国马克思主义理论队伍的发展壮大，提高了我们理论队伍的理论修养和素质，也大大提高了我们在国际学术界的地位和影响，提高了我们马克思主义理论队伍在国际国内的话语权，有力地推动了马克思主义在中国和全世界的传播。

其四，马克思主义哲学文本文献研究使我们的马克思主义理论研究越来越规范。

多年来，我国马克思主义文本文献研究积极与国外研究马克思主义的学界交流对话，与现实社会问题和群众实践对话，不仅提高了马克思主义的当代性地位，提高了我们的马克思主义理论水平，也规范了我们的马克思主义理论研究，使我们的研究不仅适应时代需要和群众需要，而且有着越来越规范的学术规范和专业规范，这不仅包括着治学路数、治学精神和治学方法的专业规范，而且包括着哲学立场和哲学思维方式、方法、研究对象、研究内容、理论宗旨、理论构架、理论原则、哲学话语以及使用概念、专业术语和理论表述等方面的公度化和规范化。

一句话，也就是要按照马克思主义创始人逐渐规范和成熟的哲学规范来研究马克思主义哲学，并使这种研究与国际上的研究及人民群众的生活方式、思维方式、思维习惯及话语习惯结合起来，使自己的科学研究真正适合国际交流与马克思主义广泛传播的需要，而且要兼具科学化和大众化相结合的特点或特色，兼具马克思主义中国化的特色。同时，我们的研究也只有做到上述这样的研究，我们才能真正拥有马克思主义文本文献研究的一席之地和进行各种对话的话语权。

目前文本文献研究需要反思和改进的问题和缺陷有以下几个方面。

首先，在认识处理马克思主义与当代实践关系问题上存在着割裂二者关系的问题和倾向。

有些学者错误地认为马克思主义创始人不是我们的同时代人，认为他们阐发的马克思主义和科学社会主义不过是最美的"乌托邦空想"和幻想，实际并不适合我们时代需要和实践需要，所以认为关于马克思主义创始人的文本研究具有本本主义、教条主义的倾向，我们今天学习研究马克思主义不必到马克思主义创始人那里去进行历史地研究，而只需要研究我们今天的"马克思主义"或我们自己的"马克思主义"即可。还有的学者甚至认为就是马克思本人也会有不同的思想和思想文本，而至于后人对马克思主义的理解和认识那就更是由于所处时代和社会环境地位的差别影响而有很大差异。所以他们往往无视马克思恩格斯思想演变的历史实际、逻辑转换联系和思想文本成熟程度差异，而把马克思、恩格斯不同的思想文本和从不同角度阐发的思想观点割裂对立起来，往往以自己的偏好，抑或以国外或国内某种"马克思主义思潮"的视角和立场主观主义地抓住一点不及其余地任意诠释马克思主义创始人在特定历史条件、特定环境语境下的某些思想观点，而且主要是把马克思1844年以前当时还没有摆脱资产阶级哲学影响不够成熟完善的思想当做马克思主义的全部和主要思想。其实这恰恰是一种新的本本主义和教条主义，是以自己的本本或他人某种本本、或马克思主义创始人具有特定含义的有局限的本本为本本，而其中以自己的本本为本本的则往往又是犯了狭隘的经验主义和实用主义的错误。

其二，马克思主义哲学文本研究的方法论有待整合、规范和系统。

目前关于马克思哲学文本研究的方法论，仍然存在着不系统、不完整完善甚至不够规范的问题，其公度性和科学性的统一也还有待于进一步完善。另外，有的学者过分强调文本的现实价值和有用性，存在明显的选择性失明，在选择研究文本对象时以主观主义、实用主义态度对待历史文本，有意回避那些对自己不利或者自己不乐意接受的文本对象，这不仅会影响我们对文本本身的完整、准确的把握，也会严重影响我们对马克思主义哲学创始人完整系统规范的科学方法论的理解和把握。研究者在面对文本时，应该充分估计到思想与文本之间的复杂情况，即思想与文本之间并不是完全契合、一一对应的；在文本解读过程中，解读者的角色和身份意识应该有明确的定位，而且为了避免研究受自己的立场、视角和片面性先入之见的影响，应尽量客观全面而系统地阅读和研究各种文本资料，对这些资料进行逻辑的梳理和互文式对照研究，以防止各种主观片面性弊端。

其三，有些学者的文本文献研究中存在过度迷信诠释学，有"意图先行"过度诠释的现象。

西方现代诠释学的方法对于马克思主义哲学文本文献的研究的确有一些可以借鉴的地方和价值，但它的主观唯心主义倾向特征非常明显突出，而且成为西方"后现代马克思主义"所谓超阶级立场地消解否定马克思主义、重构马克思主义的主要理论依据和方法依据，对此我们应该予以高度警惕和清醒。马克思主义文本的阅读理解虽然有读者的选择性和创造性在其中，但这种选择性和创造性绝不能是主观任意的思想再生产和思想构镜。理解马克思主义主要应以马克思的思想和文本为本位来开展文献研究工作，真正把马克思的文本作为一个客观的对象来进行解读和探究，在研究中自觉避免先入为主的评判和感情因素的干扰，只服从理性的原则和客观、公正的结论。我们在文本研究中须知，没有对马克思主义创始人思想文本客观性的尊重和敬畏，没有对马克思主义本来精神实质和灵魂的理解与把握，违背了马克思主义的基本立场和思想方法、思想原则以及由此得出的基本理论观点和结论，任何所谓的发展创新都是离经叛道、违法违规的，是只能越来越远离马克思主义而绝不可能是走进马克思主义的。

其四，目前文本文献研究的总体水平不高，而且参差不齐。

我们的文本研究缺少熟练外语和原始资料的支撑，总体研究水平不高，而且不同研究者主体差异很大，这不仅对马克思主义不同思潮流派思想文本的研究缺少科学分析和有批判地进行比较研究，就是对马克思主义创始人本人的多数重要思想文本也缺少客观全面的深度研究，缺少逻辑地分析、关联关系分析和准确的理论定位，更不用说对马克思主义后继者及不同流派更大量而且歧义纷呈的文本有深入细致的科学研究。这样就很难对这些不同文本进行马克思主义哲学史的客观逻辑论说和符合实际的评价，而且对它们的意识形态属性、学术价值和理论实践意义也很难进行科学准确的理论定位。正因此，在马克思主义各种文本以及非马克思主义思想文本的定性划界上就比较困难，而且不同学者往往说法尖锐对立，各说各的道理，相互之间很难达到交流沟通和共识。

以上问题有待在今后的研究中认真对待和逐步解决。

（作者系苏州大学政治与公共管理学院教授、博士生导师）

理论自觉与范式转换*
——当代中国马克思主义哲学的自我建构

白 刚

自改革开放以来，中国的马克思主义哲学研究和发展总体上经历了从"体系意识"到"问题意识"的转变，①而这一转变大致有四个环节：教科书体系的改革、经典文本的解读、研究方法的自觉和重大问题的探索。与此相对应又有一些标志性的研究成果：如高清海教授主编的《马克思主义哲学基础》（人民出版社 1985 年上册、1987 年下册）、张一兵教授著的《回到马克思——经济学语境中的哲学话语》（江苏人民出版社 1999 年版）、欧阳康教授著的《哲学研究方法论》（武汉大学出版社 1998 年版）和孙正聿教授等著的《当代中国马克思主义哲学专题研究》（吉林人民出版社 2010 年版）等。而这些环节和标志性成果的背后，实际上代表和体现了中国马克思主义哲学研究的理论范式的转变，以及学者们在理论与现实、历史与逻辑的双重诉求中推进和发展马克思主义哲学，对当代中国马克思主义哲学进行自我建构的充分理论自觉。

一、教科书体系的改革

改革开放前，我国通行的"标准"马克思主义哲学原理，是按照苏联的《联共（布）党史简明教程》中第四章第二节"论辩证唯物主义

---

* 此文为教育部"新世纪优秀人才支持计划"（NCET-10-0432）和吉林大学杰出青年基金项目（2011JQA01）的阶段性成果。

① 孙正聿：《从"体系意识"到"问题意识"》，《长白学刊》1994 年第 1 期。

和历史唯物主义"的模式和体系编写的，即所谓的"两个主义（辩证唯物主义和历史唯物主义）四大块（唯物论、辩证法、认识论和历史观）"。其中最具代表性的就是艾思奇主编的《辩证唯物主义历史唯物主义》①，而国内其他的马克思主义哲学原理教材，基本上又都是以此书为"样板"编写的，因此形成了"千书一面"的教科书体系。传统教科书体系也有它的优长之处，它以鲜明的形式突出地表现了与唯心主义和形而上学相对立的唯物主义和辩证法的基本观点，集中地阐明了与唯心史观相对立的历史唯物主义的基本内容和观点，便于人们对经典著作的内容形成一个明确的概念。正是由于它所具有的这一特点，才使它能够存在几十年并发生广泛而深远的影响。但这一体系所表现的主要是计划经济时代人们对马克思主义哲学所达到的认识水平，它并没有充分地反映出马克思主义哲学在研究对象、理论性质上与旧哲学的根本区别，也没有充分地反映出马克思主义哲学在理论观点上变革的实质。② 因此，进入改革开放以后，原理教科书体系已落后于理论和时代发展的需要了。

通过改革开放，我国的经济、政治和社会生活都发生了巨大变化。作为这种重大实践变革的理论表达，马克思主义哲学也必然和正在经历着自身的重大变革。特别是由于旧哲学原理教科书体系的硬性分割，使作为"一块整钢"的马克思主义哲学变成了虽有联系但基本上是相互独立和并列的几个组成部分，致使人们在学习时无法从整体上真正理解和把握马克思主义哲学的精神实质。因此，旧的教科书体系已不适于表现马克思主义哲学的理论内容，体系妨碍内容的丰富和发展已到了非改不可的地步。③ 突破旧教科书体系的束缚、对旧的哲学原理教科书体系进行改革，已是理论与实践双重发展和要求的历史必然。在突破苏联教科书模式，重建马克思主义哲学科学体系的探索中，吉林大学高清海教授主编的《马克思主义哲学基础》，成了"教科书改革时代"突破"两个主义四大块"的"体系意识"的标志性尝试。

---

① 此书由人民出版社 1961 年初版，1962 年修订再版，1978 年第三版。
② 高清海：《哲学体系改革的尝试》，《吉林大学社会科学学报》1986 年第 1 期。
③ 高清海：《马克思主义哲学基础》（上）"序"，北京：人民出版社，1985 年版，第 1 页。

《马克思主义哲学基础》（以下简称《基础》）一书，在马克思实践观的基础上，以列宁明确提出的辩证法、认识论和逻辑学三者是"同一个东西"为基本原则，按照"客体—主体—主客统一"这一认识论模式，对马克思主义哲学原理的理论内容和革命变革进行了大胆的探索。《基础》一书共分四篇（计十二章），除绪论之外，第一篇论述认识的基本矛盾（矛盾篇），第二篇论述客体的本质和规律（客体篇），第三篇论述主体（人）的本质、能力及其根据（主体篇），第四篇论述主体与客体通过实践和认识的发展所达到的统一（统一篇）。每篇都包括一系列的范畴，通过这些范畴阐明各篇内容及其整体关联，力求揭示马克思主义哲学作为全部旧哲学的否定，同时又是人类思想史精华的最高结晶，体现马克思主义哲学的科学性，表现马克思主义哲学随实践而不断发展的强大生命力，从而实现了对马克思主义哲学理论体系和理论性质的新理解。《基础》给人印象最深的地方，无疑是打破了旧教科书体系将辩证唯物主义与历史唯物主义两大块并列的结构方式，而采用了"客体—主体—主体与客体的统一"的结构方式。① 从内容上看，《基础》全书遵循着一个以实践为基础，以主观和客观矛盾为核心，按照主体和客体关系的主线论述主体如何认识、实现、发挥自身的本质力量的理论体系；从性质上看，《基础》是从实践的观点体现辩证法、认识论、逻辑学的统一，把世界观、认识论、方法论统一归结为一种实践哲学。概括来说，《基础》一书是通过抓住和贯彻三个关键原则：即世界观、认识论、方法论三者统一的原则，思维和存在统一的原则和实践的原则，实现了对马克思主义哲学"从本体论理解到认识论理解的转变"。也就是说，《基础》一书是在我国哲学界"认识论大讨论"已取得的成果的基础进行的，所以它的逻辑和体系充满着"主体—客体"关系的认识论痕迹。但它对于突破传统教科书模式对马克思主义哲学的本体化、经验化和实证化理解，却是功不可没。该书问世之后，《人民日报》、《光明日报》、《文汇报》、《北京日报》、《哲学研究》、《哲学动态》等报刊杂志

---

　　① 王南湜：《启蒙及其超越——高清海哲学思考的轨迹与意义》，《天津社会科学》1999年第3期。

纷纷发表评论，可谓好评如潮。认为该书是"我国第一部真正突破30年代传统教科书体系、令人耳目一新的著作"，"开了体系改革的先河"，"为哲学的改革和研究创出了一条新路"。从而成为哲学教科书体系改革的标志性成果，是我国突破苏联模式教科书体系的第一部著作。①但《马克思主义哲学基础》问世的意义并不限于提出一种新体系，更重要的是提出一种理解、发展马克思主义哲学的新观点，以期启发人们继续思考和深入探索。在此意义上，正是《马克思主义哲学基础》一书的出版，拉开了我国马克思主义哲学改革的大幕，为之开了新风并注入了新的活力，从而成为了当代中国马克思主义哲学自我建构的奠基之作。其意义之重大和深远，历久弥显。

在进入"实践唯物主义大讨论"之后，我国哲学界对马克思主义哲学体系的改革和重建的探索，也继续在进行着，但取得重大突破的成果并不多。值得一提的是陈晏清、王南湜、李淑梅合著的《现代唯物主义导引》（南开大学出版社1996年版）和《马克思主义哲学高级教程》（南开大学出版社2001年版）及李秀林等主编的《辩证唯物主义和历史唯物主义原理》②。前者在实践观点的基础上，突出了旧教科书体系缺失的"主体性维度"；后者是一部多次修订不断再版的全国通用的高校文科教材，影响较大。虽然书名一直未改，但从第4版开始无论在体系结构和内容叙述上都作了重大调整，比较彻底地贯彻和体现了"实践唯物主义"的主张。③进入新世纪，由首席专家袁贵仁等教授主持、整合了国内马克思主义哲学研究知名学者参加编写的《马克思主义哲学》（高等教育出版社、人民出版社2009年版），作为"马克思主义理论研究和建设工程重点教材"，该书从形式到内容等各方面都充分吸收了改革开放30多年我国马克思主义哲学研究的新成果，继续在推进和完善着当代中国马克思主义哲学的体系改革。

---

① 参见孙利天：《高清海教授的哲学思想与当代中国哲学的发展》，《社会科学战线》2002年第5期。

② 此书由中国人民大学出版社1982年第1版，1984年第2版，1990年第3版，1995年第4版，2004年第5版。

③ 杨学功：《从真理标准讨论到哲学教科书体系改革》，《中共天津市委党校学报》2010年第1期。

实际上，哲学教科书体系改革的一个关键问题是对马克思主义哲学变革实质的理解。所以，马克思主义哲学体系的改革，目的主要不在于所确立的体系结构本身，而在于通过它突破多年不变的旧有框框，推动人们对马克思主义哲学的理论实质作进一步的思考。① 也就是说，马克思主义哲学的体系改革，决不是为体系而体系，而是让体系服从和服务于内容，以便通过新体系更好地凸显马克思主义哲学的理论内容和革命性变革。以上我国学界对马克思主义哲学原理体系改革进行的探索和尝试，实际上是在通过体系改革和重建，来发展和推进对马克思主义哲学理论性质的深入理解。应该说，正是教科书体系改革迈出了我国马克思主义哲学自我建构的第一步。

二、经典文本的解读

教科书体系改革所涉及问题的实质，是对马克思主义哲学的理论性质和革命变革的理解问题。但对于这一问题的解决，教科书体系改革只是做到了"形式"问题，即以什么样的逻辑体系更能适合和体现马克思主义哲学的理论内容。而就"内容"本身，仍需要"回到马克思"——从对马克思主义哲学经典文本的深入解读中，挖掘和领会马克思主义哲学的理论实质。因此，在教科书体系改革取得一定进展的基础上，国内一些学者合乎逻辑地开始掀起了对马克思主义哲学经典文本的解读热潮。这其中，最具影响和代表性的成果，当属南京大学张一兵教授著的《回到马克思——经济学语境中的哲学话语》。

应该说，《回到马克思》一书是国内第一部依据《马克思恩格斯全集》中文第一版、《马克思恩格斯选集》中文第二版和《马克思恩格斯全集》中文第二版（历史考证版 MEGA2）已出的主要文本，从《1844年经济学哲学手稿》到《资本论》，对马克思哲学的理论真意和发展历程在"经济学语境中"进行了较为系统的解读，实现了在马克思和恩格斯去世之后，第一次"完整地将经济学与哲学研究结合起来考察马克思

---

① 高清海：《哲学体系改革的尝试》，《吉林大学社会科学学报》1986年第1期。

思想发展的全程"①。《回到马克思》对马克思哲学的言说,是在突破了旧教科书的"体系"和"原理"的束缚,离开了前苏联和东欧权威的理论牵引后,对马克思主义哲学最重要的经典文本的一种新的原创性的解读。而该书对马克思哲学思想实质和发展脉络的解读,是通过贯彻和把握马克思哲学思想发展的三个"理论制高点"来完成的:第一个理论制高点,是作者立足于《1844年经济学哲学手稿》而提出的青年马克思的"人学社会现象学";第二个理论制高点,是作者围绕《德意志意识形态》及《布鲁塞尔笔记》、《曼彻斯特笔记》和《致安年柯夫》的书信等阐发的马克思"广义历史唯物主义和历史辩证法的创立过程";第三个理论制高点,也是作者在"对马克思《1857—1858年经济学手稿》几乎殚精竭虑的哲学解读"基础上建构和提出来的、具有"最重要的理论发现"的、最伟大的"历史现象学"。在此,作者真正实现了从"传统哲学解释框架"向"马克思的真实哲学视界"的历史地回归。所以,作者的学术创新在于:首次运用全新的解读方法确认了青年马克思的人本学社会现象学,以及建立在扬弃古典经济学社会唯物主义基础上的广义历史唯物主义科学视域,特别是第一次指认出马克思在最后的经济学科学探索中所创立的历史现象学哲学批判话语。该书在国内第一次真正基于《马克思恩格斯全集》历史考证第2版(MEGA2)摘录笔记和手稿的最新文献,在哲学研究领域首次从马克思经济学研究的完整内在历史语境出发,真实地呈现了马克思哲学话语深层的动态历史原像。②

因为该书"试图在文本学的基础上,通过对马克思经济学研究语境中隐性哲学话语转换的描述,实现一个90年代中国马克思主义研究中应该提出的口号:'回到马克思'"③。所以,该书的出版及其在理论界产生的巨大影响,实为我国马克思主义哲学界的一件"大事",可谓一

---

① 张一兵:《回到马克思——经济学语境中的哲学话语》"序",南京:江苏人民出版社,1999年版,第3页。
② 方觉浅:《也许,举起一面旗帜并不重要》,《哲学研究》2000年第2期。
③ 张一兵:《回到马克思——经济学语境中的哲学话语》"序",南京:江苏人民出版社,1999年版,第8页。

石激起千层浪,赞誉者有之,批评者亦有之。表面上看,争论的焦点在于如何理解"文本学解读"的模式问题,实际上,这里关系到究竟如何理解马克思哲学的"当代性"这一实质问题。所谓"文本",并非仅指特定论著中文字的总和,文本的建构也背负了一个极其复杂的历史语境。任何文本的生成,都必然与作者历史的文化背景和写作背景密切相关,因此,文本所蕴涵的思想不是在其字里行间的显性逻辑中呈线性地自行展开,它需要阅读主体通过自身的解读来历史性地获得。"文本学解读"绝不是"钻故纸堆"、"退回到马克思的原典上去",更不是一种出于"顽强的崇古意识"的"原教旨主义","回到马克思"中的这种"返本"是要摆脱对教条体制合法性的预设,消除现成性的强制,通过解读文本,实现中国人过去所说的"返本开新"。也即通过对马克思哲学文本(特别是 MEGA2)的第一手精心解读,能够科学地全面把握马克思思想发展脉络,从而"真正实现马克思哲学的当代性言说"。① 这正如作者自己所言:我所做的努力也正是力图通过对第一手文本的历史的、具体的解读,摆脱传统哲学解释框架的教条,去掉过去那个特殊时期留下来的"违法建筑",寻找到新的真正来自马克思哲学新视界的理论立点。在这个原初地平的基础上,由此向前走。② 所以,该书提出"回到马克思",绝不是要寻求和凝固化一种"原教旨主义式"的本真教义,而恰恰是要造就一个开放文本的新的期待视野,去丰富和发展马克思主义哲学。"回到马克思"是为了使"马克思走向当代"。因此,《回到马克思》一书在 20 世纪 90 年代末的出版,无疑为马克思主义哲学的"返本开新"提出了一个未必人人都赞成但却极具启示意义的"样板"。③ 所以说,《回到马克思》一书的意义,并不仅在于回答和解决了马克思主义哲学研究中的多少重大问题,而更在于开辟和探索出了一条理解、把握和发展马克思主义哲学的文本学解读道路。正是这条解读道路,使当代中国马克思主义哲学的研究面貌焕然一新了。通过文本学解

---

① 张一兵:《"回到马克思"的原初理论语境》,《中国社会科学》2001 年第 3 期。
② 张一兵:《但开风气不为师——〈回到马克思〉的本真心路历程》,《哲学动态》2001 年第 3 期。
③ 方觉浅:《也许,举起一面旗帜并不重要》,《哲学研究》2000 年第 2 期。

读探索和发展马克思主义哲学，无论赞成还是反对，我们都不能无视这个事实：在当代中国的马克思主义哲学研究中，马克思的哲学思想已经在注重第一手文献精读的文本研究和全新思考语境中被激活和光大了。①在此意义上，《回到马克思》在当代中国马克思主义哲学的自我建构中，具有重要的坐标性意义。

由《回到马克思》所引发的文本解读和文献考证热潮，迅速在国内马克思主义哲学界引起回应，并大大推进了国内马克思主义哲学的研究。如聂锦芳的《批判与建构——〈德意志意识形态〉文本学研究》（人民出版社 2012 年版）和《清理与超越——重读马克思文本的意旨、基础与方法》（北京大学出版社 2005 年版），王东的《马克思学新奠基——马克思哲学新解读的方法论导言》（北京大学出版社 2006 年版），韩立新主编的《新版〈德意志意识形态〉研究》（中国人民大学出版社 2008 年版），张立波的《阅读、书写和历史意识——对马克思的多重表述》（北京大学出版社 2008 年版），孙承叔的《真正的马克思——〈资本论〉三大手稿的当代意义》（人民出版社 2009 年版），魏小萍的《探求马克思——〈德意志意识形态〉原文文本的解读与分析》（人民出版社 2010 年版）等。张一兵教授自己也在《回到马克思》出版十年后，又推出了《回到列宁——关于"哲学笔记"的一种后文本学解读》（江苏人民出版社 2008 年版）。而张一兵教授主编的《马克思哲学的历史原像》（人民出版社 2009 年版），更是科学地面对马克思的理论文本，对之进行深入文本学解读的整体展示。

国内对马克思主义哲学文本的解读，实际上是通过确立可靠的文本起点来保证自己所研究和理解的马克思主义哲学理论内容的科学性、客观性，从而最大限度地降低对马克思主义哲学研究的主观任意性，避免"制造马克思"。仅就学者们的这一理论自觉来说，就充分体现了我国马克思主义研究的进步。对马克思主义本身来说，我们既不能简单说"文本"的马克思主义是真正的马克思主义，也不能简单说"解读"的马克

---

① 张一兵：《回到列宁——关于"哲学笔记"的一种后文本学解读》，南京：江苏人民出版社，2008 年版，第 1 页。

思主义是真正的马克思主义。而只有通过牢牢抓住马克思主义寻求"无产阶级及其解放的条件"这一根本理论旨趣,选取马克思主义的有关经典文本,在文本与现实、历史与逻辑的结合中进行合理解读,这样才能使我们所解读的"马克思"不断地"走进马克思"、"走近群众"。一句话,回到"文本",是为了走向未来。因此,正是通过"文本解读",我国马克思主义哲学的自我建构获得了不断发展的坚实理论根基。

三、研究方法的自觉

在回顾写作《回到马克思》的"心路历程"时,作者特别强调了这样一个问题:面对马克思的大量笔记和手稿等全新的文本群,更主要的因素还在于我们自己解读构架的引导机制。我们只有将原先那个已被假定为"现成在手"的东西放在一边,以"新的方法"重新面对马克思的文本,而不是在一个预设的前提下,用所谓的"原理"来反注马克思的原著,用现成"体系"来构架马克思的思想史。这样,"回到"也就不是一句空话,它首先是"解读方法的重建",而且"这是一个不可或缺的前提"。① 这里涉及国内马克思主义哲学研究不论是进行教科书体系改革还是对马克思主义经典文本解读,都绕不开的一个关键问题——究竟以什么样的"方法"研究、解读和把握马克思主义哲学的理论实质。这实际上表明学者们在马克思主义哲学的研究中,已开始自觉地关注"研究方法"的问题。

实际上,《回到马克思》一书对马克思主义经典文本的解读,已向我们展示了其充分的"历史现象学"方法的自觉。作者指出:在超越古典经济学的意识形态边界的同时,马克思重新创立了在狭义历史唯物主义和社会认识论基础上的历史现象学。马克思这时关心的问题不再是一般广义历史唯物主义的原则,而以狭义历史唯物主义的观点去透视这种颠倒的假象,即如何去掉一层层现象和假象,达到那个真实存在的本质

---

① 张一兵:《但开风气不为师——〈回到马克思〉的本真心路历程》,《哲学动态》2001年第3期。

和规律。这是由于资本主义经济现实的自然性（自在性）中客观发生的多重颠倒和客观异化，这才需要非直观和非现成的批判性历史现象学。① 在这里，作者使用"历史现象学"这一概念的意义场，既不是黑格尔精神现象学所面对的主观现象，也不是费尔巴哈和青年马克思自己原来那种否定现实经济现象的人本主义社会现象学，更不是来自胡塞尔的现代先验现象学，而是源于类似康德以后直至黑格尔所指称的古典意义上的现象学，它是在传统本体论和传统认识论之中生发出来的。当然，马克思从来没有用"历史现象学"来指认自己的理论，这只是作者在黑格尔古典现象学批判语境中的一种借喻：即马克思在经济学研究中确认，面对资本主义经济生活过程，必须经由对多重物化颠倒的商品—市场中介关系的历史性剥离，才有可能达到对事物本质非直接性的批判认知。这种历史性的批判现象学，在很大程度上与列宁所说的"透过现象看本质"是一致的。② 而正是通过这种历史现象学方法的自觉，《回到马克思》努力挣脱了传统哲学框架的限制，为我们进一步呈现了马克思哲学的"历史原像"。

在对马克思主义哲学研究方法这一问题的自觉关注中，武汉大学欧阳康（现为华中科技大学教授）著的《哲学研究方法论》，成为比较有代表性的成果。《哲学研究方法论》从探讨"元哲学问题"入手，回溯哲学思维方式的系统发生和形态演进，从方法论上反思马克思主义哲学的当代发展，探析深化分支哲学研究的基本思路，提出和探寻个性化的哲学研究道路。作者提出，哲学研究方法的科学更新是哲学改革的突破口，主张强化哲学家的主体意识，认为科学的批判精神、超越的前导精神和自由的创造精神是哲学研究中主体精神的基本内容，也是哲学进步的重要主体性条件。在作者看来，哲学作为一种最高层次的反思性学问，具有最高的"个性化特征"。哲学思想的时代创造，正是通过具有时代水平的哲学家而得到实现的。③ 所以作者特别倡导一种"个性化的

---

① 张一兵：《回到马克思——经济学语境中的哲学话语》"序"，南京：江苏人民出版社，1999年版，第7页。
② 张一兵：《"回到马克思"的原初理论语境》，《中国社会科学》2001年第3期。
③ 欧阳康：《哲学研究方法论》，武汉：武汉大学出版社，1998年版，第71页。

哲学研究道路"。而所谓"个性化的哲学研究道路",就是强调哲学既是一门高度抽象的理论化、体系化的学问,又是一种非常现实的个性化、体验化的实践;哲学对普遍的、终极的东西的探索和追求又必须从个人的生活实践和亲身体验出发。① 由此可见,作者突出强调哲学研究方法的探索与建构的重要性,并且更加明确地钟情于"个性化的哲学研究道路"。正如作者所言:自己未曾奢望能对哲学的发展有什么大的作为,唯愿能够探索和实践一条有个性特色的哲学研究道路。一方面要把自己倡导的社会认识论真正建构起来并且不断引向深入;另一方面则是自觉地注意从方法论的视角和思路来提出和回答哲学问题,逐步形成自己的特色和风格。② 在哲学研究方法的"个性化"方面,吉林大学孙正聿教授著的《哲学通论》(辽宁人民出版社 1998 年版),亦是突出的代表。该书在深入反思哲学观的基础上,对马克思主义哲学的理论实质进行了极具个性化的探索和阐释。所以,这种"个性化"的研究方法,已经成了当代中国马克思主义哲学研究的理论自觉。③ 在此意义上,改革开放以来国内马克思主义哲学研究所取得的重大进展,是与学者们逐渐摆脱了传统理论教条和认识框架的束缚,充分张扬和发挥自己的个性化研究风格分不开的。

另外,国内学者对马克思主义哲学的研究还提出两种有影响的方法:一种为"差异分析法",另一种为"以马解马"法。"差异分析法"认为,长期以来对马克思主义哲学的解读,往往看重"本质认同法",也即研究中总是求"大同"、求"大概",缺乏对所研究事物、问题之间的差异的深入考察和具体分析。而"差异分析法"是区别于传统"本质认同法"的一种新的研究视角和研究思维,它没有先入为主的本质认同,而是在区别、比较、分析中揭示和推进所研究对象的不同方面,使其本质在分析比较中逐渐凸现出来,从而推进马克思文本和思想的纵深研究。它主要包括研究对象的差异、研究视角的差异和研究文本的差异

---

① 欧阳康:《哲学研究方法论》,武汉:武汉大学出版社,1998 年版,第 732 页。
② 欧阳康:《哲学研究方法论》,武汉:武汉大学出版社,1998 年版,第 748 页。
③ 参见孙正聿:《哲学研究的理论自觉》,《哲学研究》2011 年第 3 期。

三个方面。①"以马解马"的研究方法也是在对马克思传统的解读模式的总结和反思的基础上提出来的。此种方法认为,在马克思主义创立到今天的160多年里,存在解读马克思的"三大解读模式":第一个50年——19世纪后期"以恩解马",通过恩格斯通俗性、论战性著作来解读马克思;第二个50年——20世纪前期"以苏解马",根据苏联模式的教科书体系框架来解读马克思;第三个50年——20世纪后期"以西解马",依据现当代西方学者的理论来解读马克思。这三大解读模式虽然都产生于一定的历史条件,对理解马克思有一定的历史意义,但它们大都是借助于马克思之外的理论范式与思想棱镜来间接解读马克思,都不可避免地有自己的缺陷。在分析比较这三大解读模式的基础上,提出了一种新的解读模式——"以马解马"②,也即通过回到马克思本身来理解和把握马克思的思想,并在此基础上创建"中国特色马克思学"。

从国内马克思主义哲学研究对方法论的关注和自觉来看,学者们根本上摆脱了传统教科书体系的束缚,既不再用僵化的"原理"或"体系"为模式和标准来宣传、讲授马克思主义哲学,也不再以僵化的"原理"或"体系"为理论框架和解释原则去发展、建构马克思主义哲学,而是更加注重从文本、问题和现实的张力入手,来研究和阐释马克思主义哲学。这实际上体现了学者们更加自觉地"以哲学的工作方式推进马克思主义哲学研究"③,实现了研究方法的充分自觉。而在这种研究方法自觉的背后,实际上体现了一种哲学观的深刻转变。学者们更加注重以新的哲学观为指导,去提出和探索一些重大的理论和现实问题。因此,正是研究方法的自觉,内在地推进了我国马克思主义哲学的发展和自我建构。

---

① 参见俞吾金:《运用差异分析法研究马克思的学说》,《哲学动态》2004年第12期;《差异分析与理论重构——马克思哲学研究中的方法论问题》,《中共浙江省委党校学报》2005年第1期。
② 参见王东:《马克思学新奠基——马克思哲学新解读的方法论导言》,北京:北京大学出版社,2006年版,第182页。
③ 孙正聿:《以哲学的工作方式推进马克思主义哲学研究》,《学术月刊》2007年第5期。

四、重大问题的探索

经过教书体系的改革、经典文本的解读和研究方法的自觉,当代中国的马克思主义哲学研究已经逐步摆脱了传统教科书体系的束缚和西方马克思主义的思维模式和话语模式的制约,开始从"教科书改革哲学"进入了"后教科书哲学"①。而进入"后教科书哲学"之后,我国马克思主义哲学研究的"问题意识"越发凸显,学者们越来越重视"提出和探索马克思主义哲学研究中的重大理论问题"②,越来越关注建设具有中国特色、气派和风格的马克思主义哲学。这其中,孙正聿教授等著的《当代中国马克思主义哲学专题研究》一书,正是以"重大理论问题"为主线而展开的对当代中国马克思主义哲学的"专题研究"。而这一"专题研究",既是当代中国马克思主义哲学研究"问题意识"凸显的集中体现,更是作者们面向本文、面向历史、面向现实和面向自我而对当代中国马克思主义哲学研究中的"重大理论问题"进行深入探索的"理论自觉":"总结和概括当代中国马克思主义哲学研究的历史与逻辑,提出和探索马克思主义哲学研究中的重大理论问题,思考和展望马克思主义哲学研究的趋势与走向,是理论界、学术界的一项重要使命",也是"本书的主旨"。③

《当代中国马克思主义哲学专题研究》作为突破教科书哲学体系之后"问题意识"凸显的标志性发展成果,最为突出的表现就是对当代中国马克思主义哲学研究中一些"重大理论问题"的关注和探讨。该书除了"导论"部分对当代中国马克思主义哲学研究和发展的概况进行了总体梳理和介绍外,分别具体研究和探讨了"马克思主义哲学研究的范式转换"、"马克思主义哲学经典著作研究"、"马克思主义哲学的理论来源研究"、"马克思主义哲学中国化研究"、"马克思主义哲学观研究"、

---

① 孙正聿:《当代中国的哲学历程》,《教学与研究》2001年第8期。
② 孙正聿:《提出和探索马克思主义哲学研究中的重大理论问题》,《中国社会科学》2007年第2期。
③ 孙正聿等:《当代中国马克思主义哲学专题研究》"后记",长春:吉林人民出版社,2010年版,第707页。

"马克思主义世界观研究"、"马克思主义辩证法研究"、"马克思主义历史观研究"、"马克思主义价值观研究"和"马克思主义社会发展理论研究"十个涉及当代中国马克思主义哲学研究和发展的"重大理论问题"。每个问题大体上又可分为三个部分:首先梳理相关论题的研究状况,其次展开相关论题的理论论证,最后展望相关论题的发展趋向。作者对这十个"重大理论问题"的研究和探索:既面向本文,挖掘了中国马克思主义哲学研究的文本依据;又面向历史,深化了中国马克思主义哲学研究的理论资源;更面向现实,拓展了中国马克思主义哲学研究的思想内容;还面向自我,反省了中国马克思主义哲学研究的逻辑进程。《专题》一书对当代中国马克思主义哲学研究的"重大理论问题"探索,可谓全景式地展现了当代中国马克思主义哲学的研究状况,集中体现了当代中国马克思主义哲学的研究成果,在某种意义上代表了当代中国马克思主义哲学研究的时代水平。

20世纪90年代以来,我国马克思主义哲学研究"问题意识"凸显的具体表现,还有领域(部门)哲学研究的兴起。这里所说的领域(部门)哲学不同于通常所说的哲学二级分支学科,是指以某些特定的领域为对象和范围而形成的相对独立的研究部门,诸如自然哲学、社会哲学、历史哲学、文化哲学、人的哲学(人学)、经济哲学、政治哲学、法哲学、道德哲学、宗教哲学、艺术哲学、教育哲学、管理哲学、日常生活哲学,等等。然而这些研究领域不能为某个现行的哲学二级分支学科所垄断,但除自然哲学、宗教哲学、艺术哲学等几个领域外,其他都主要是从事马克思主义哲学研究的学者在开拓和耕耘。20世纪90年代以来领域哲学研究发展迅猛,其中社会哲学、人的哲学(人学)、文化哲学是成果最为突出的几个领域。① 这其中,韩庆祥教授主编的"哲学理论创新丛书"②,对我国领域哲学研究的主要成果作了比较集中的展

---

① 杨学功:《"问题意识"凸显和领域(部门)哲学勃兴》,《中共天津市委党校学报》2010年第2期。

② "哲学理论创新丛书",昆明:云南人民出版社,2002年版。该丛书包括以下9种:《生存哲学》(张曙光著),《人学》(韩庆祥、邹诗鹏著),《社会哲学》(王南湜著),《实践诠释学》(俞吾金著),《文化哲学》(衣俊卿著),《主体性哲学》(郭湛著),《经济哲学》(张雄著),《历史哲学》(韩震、孟鸣岐著),《社会认识论》(欧阳康著)。

示。进入新世纪以来,包括马克思主义政治哲学研究在内的政治哲学得到迅猛发展,大有成为显学之势。

在学者们对当代中国马克思主义哲学研究和发展的"重大理论问题"的提出和探索过程中,最为核心和关键的也是统领全局的一个问题,就是"马克思主义哲学观"的根本转变。这一转变,大致经历了从追问"什么是马克思主义哲学"到追问"什么是哲学",再到以"重新理解的哲学"来"重新理解马克思主义哲学"的演进。具体说:一是以"哲学"本身作为研究的聚焦点,在对"哲学"的理论特性、研究对象、社会功能和历史演进的深入反思中寻求对"哲学"的理解,并由此重新审视和阐释作为"世界观"的马克思主义哲学;二是由对"哲学"的反思而凸显了"反思"范畴,集中地考察和研究哲学自己的特殊的思维方式,以及由哲学的思维方式所构成的"哲学的重大的基本问题"及其历史演进,并由此探索马克思主义哲学在哲学史上所实现的哲学革命及其所开辟的哲学道路;三是由对哲学的"反思"的思维方式的理论自觉而重新理解哲学的批判本性,特别是重新理解马克思所指认的辩证法的"批判的和革命的"本质,以及马克思所提出的辩证法就是"对现存的一切进行无情的批判",并由此去把握和阐释西方马克思主义的批判理论,从而使"批判"成为后教科书哲学的基本范畴;四是在对当代的根本性问题——现代性——的批判反思中,逐步地聚焦于对现代社会的本质性的存在——资本——的批判,从而把自有哲学以来的对"存在"的追问升华为对"现实的历史"——资本——的追问,并因此把马克思所指认的物与物的关系中所掩盖的人与人的关系视为哲学所探究的最为根本的"存在";五是在对"存在"的反思和探究中辨析中国哲学、西方哲学和马克思主义哲学对"存在"的追问,以及在这种追问中所蕴含的思维方式和价值诉求,从而在"对话"中寻求中西马"会通"的根基,重新建构"说中国话"的马克思主义哲学,并努力使马克思主义成为"人民的自觉追求"。①

---

① 孙正聿:《三组基本范畴与三种研究范式——当代中国马克思主义哲学研究的历史与逻辑》,《社会科学战线》2011 年第 3 期。

当代中国马克思主义哲学自我建构的进程表明，改革开放以来，哲学的命运与中国的命运是紧密联系在一起的。"哲学"是民族之魂。哲学标志着一个民族对它自身自觉意识所达到的高度和深度，体现着它的心智发育和成熟的水准。从这一意义说，当代中国马克思主义哲学的"自我建构"，实质就是要创造中华民族的"思想自我"。一个社会和民族要站起来，经济上的实力是必要的基础，然而这并不是关键，关键在于首先要从思想上站立起来，一个在思想上不能站立的民族，哪怕它黄金遍地，也不可能真正成为主宰自己命运的主人。① 当今中国社会正处在现代化建设的关键时期，它内在地要求人们从理性的高度来判断中国社会的历史方位，澄明社会发展的价值前提，反思未来发展的可能道路，也即是说，创建当代中国自己的马克思主义哲学理论，乃是中国人反思自己的生命历程、理解自己的生存境域、寻找自己未来发展道路的内在要求和迫切需要。所以，面向现实及未来发展，中国马克思主义哲学研究面临的主要难题是如何使"说"哲学（外在的、对象化的、旁观式的）变成"做"哲学（内在的、体认式的、上手状态的），② 它的恰当解决，应是中国马克思主义哲学研究逐步走向成熟的前提。也就是说，当代中国马克思主义哲学的自我建构和未来发展，必须有从"不知其不可而为之"到"知其不可而为之"的大无畏的探索和创新精神。

五、理论范式的转换

当代中国的马克思主义哲学研究，从教科书体系的改革到经典文本的解读，再到研究方法的自觉和重大问题的探索的演变，也即从"体系意识"到"问题意识"的转变，实际上深刻体现了一种研究、理解和把握马克思主义哲学"本质"的"理论范式"的转换。对这一范式转换，有学者认为是从"本体论范式"到"认识论范式"再到"人类学范式"

---

① 高清海：《中华民族的未来发展需要有自己的哲学理论》，《吉林大学社会科学学报》2004年第2期。
② 参见何中华：《近年来国内哲学研究状况检讨》，《文史哲》2007年第3期。

的转变，也即从"理论哲学"走向"实践哲学"。① 也有学者认为，新中国成立60年来马克思主义哲学研究出现了六个方面的变化，内含着三个重要的理念转换。六个变化是：由"意识形态化哲学"走向"科学性哲学"，由"相对注重本质与定性思维的哲学"走向"也注重功能与价值的哲学"，由"注重书本理论逻辑的理论哲学"走向"注重现实生活世界逻辑的生活哲学"，由"一元模式哲学"走向"多样个性哲学"，由"注重把传统教科书当教条的教科书哲学"走向"注重从文本解读中挖掘本真精神、基本价值的文本哲学"，由"谈人色变哲学"走向"以人为本哲学"。三个理念是："书本逻辑导向——现实问题导向"、"哲学与政治关系之现代重构"、"哲学与生活世界关系之现代重构"。② 还有学者认为，当代中国马克思主义哲学研究可分为20世纪80年代以前的"教科书哲学"、20世纪80年代的"教科书改革的哲学"和90年代以来的"后教科书哲学"三个基本阶段，其突出标志在于以"物质"、"实践"、"哲学"为核心范畴的三组基本范畴的依次转换。20世纪80年代以前的教科书哲学，是以"物质"为核心范畴，以"规律"为实质内容所构成的哲学体系，其基本范畴是物质、矛盾、反映、社会存在和规律。这组基本范畴构成了被称谓为"辩证唯物主义和历史唯物主义"的教科书哲学。20世纪80年代的教科书改革的哲学，是以"实践"为核心范畴，以"重构"体系为实质内容的哲学，其基本范畴是实践、主体、价值、历史和选择。这组基本范畴构成了被称谓为"实践唯物主义"的马克思主义哲学体系。20世纪90年代以来的后教科书哲学，是以"哲学"为核心范畴，以"对话"或"会通"为主要取向的哲学，其基本范畴是哲学、反思、批判、存在和对话。这组基本范畴表达了双重的理论诉求：一方面是力图在中、西、马的"对话"中"让马克思主义哲学说中国话"，也就是创建具有中国特色、气派和风格的马克思主

---

① 王南湜：《范式转换：从本体论、认识论到人类学——近五十年中国主流哲学的演变及其逻辑》，《南开学报》2000年第6期；《从理论哲学到实践哲学——50多年来中国马克思主义哲学的发展》，《河南大学学报》（社科版）2005年第4期。

② 韩庆祥、张健：《语言分析：新中国60年马克思主义哲学研究的范式转型》，《江海学刊》2009年第5期。

义哲学;一方面是通过这种"对话"凸现马克思主义哲学的哲学革命及其"本真精神",重新"定位"马克思主义哲学。在此基础上,当代中国马克思主义哲学研究的这三个基本阶段,形成了分别以物质、实践、哲学为核心范畴,以物质—规律、实践—选择、哲学—对话为实质内容构成的三种研究范式。① 更有学者从"教科书改革与原理研究范式"的普及与创新、"马克思主义哲学史研究"的历史维度与创新话语、在当代语境中阐发马克思主义哲学时代意义的"与中西思想对话"、以问题为中心的创新反思的"反思的问题学"、开掘本土思想研究的创新范式的"马克思主义中国化"、马克思主义哲学与时俱进的研究逻辑的"出场学"和"多元创新范式的总体图谱"等七个方面系统总结和反思了"当代中国马克思主义哲学研究范式的创新与转换"。②

从以上学者对国内马克思主义哲学研究范式的梳理和阐释中,可以看出当代中国的马克思主义哲学研究,在不断的理论自觉的推进中,已不自觉地实现了研究范式的转换。而当代中国马克思主义哲学研究范式的转换,不仅仅是哲学思维方式和哲学研究方法的转变,更体现了哲学的理论性质、理论形态和人的生活方式的转变。"哲学发展的内在逻辑和人类生活诸领域间的匹配性关联的历史必然性所引导的,这种转变亦是健康的现实生活所要求的。"③ 也就是说,当代中国马克思主义哲学研究范式的转换,实际上就是体现了"哲学理论"与"生活实践"的双重发展与演变。在一定意义上,这一双重发展与演变实际上与中国马克思主义哲学从"辩证唯物主义"范式到"实践唯物主义"范式,再到"历史唯物主义"范式的发展和转变过程是一致的。

在继"教科书哲学改革"和"实践唯物主义"大讨论之后,近些年兴起的对"历史唯物主义"的反思和讨论,重新成为了马克思主义哲学研究的"热点"和"核心",代表着对中国马克思主义哲学理论性质当

---

① 孙正聿:《三组基本范畴与三种研究范式——当代中国马克思主义哲学研究的历史与逻辑》,《社会科学战线》2011年第3期。
② 任平:《当代中国马克思主义哲学研究范式的创新与转换》,《哲学研究》2012年第3期。
③ 王南湜:《范式转换:从本体论、认识论到人类学——近五十年中国主流哲学的演变及其逻辑》,《南开学报》2000年第6期。

代理解的最新理论范式。以历史作为解释原则的"历史唯物主义",不只是凸显了"实践唯物主义"研究范式中作为基本范畴的"历史",而且凸显了"实践唯物主义"研究范式中的核心范畴——"实践"——的"历史性"内涵。在"实践唯物主义"的研究范式中,作为其核心范畴的"实践",主要是被理解和阐释为"感性的人的活动",并由此把人与世界的关系理解和阐释为"人对世界的否定性的统一关系";而在"历史唯物主义"的研究范式中,"实践"则是构成"现实的人及其历史发展"的存在方式,"历史"则不仅是"感性的人的活动"过程,而且是这种活动的"结果"即在"历史中行动的人"所创造的"文明"。作为互释性的"历史"与"文明","历史文明"或"文明历史",结晶着人的历史活动,体现着人与世界的现实关系,规范着人类发展的趋势与未来。"实践唯物主义"的研究范式,以"实践"范畴为逻辑基础和逻辑起点,把"教科书哲学"研究范式中的"关于整个世界的根本观点"的"世界观"变革为"关于人与世界关系"的"世界观",从而以"实践观点的思维方式"重新阐释了马克思主义的世界观。以此为基础,"历史唯物主义"的研究范式则以"历史"为解释原则,把"关于人与世界关系"的世界观理解为以"文明"为实质内容的世界观,即具有"时代内涵"的世界观。因此,"历史唯物主义"的"世界观"的时代性课题集中地体现在:怎样以马克思所"发现"的"人类历史的发展规律"和"资产阶级社会的特殊的运动规律"去观察现实和回答我们时代的重大问题?怎样以中国特色社会主义理论研究"中国问题"、总结"中国经验"、创建"中国模式"?怎样以"说中国话"的理论自觉而实现马克思主义哲学的中国化、时代化和大众化?这种历史唯物主义的世界观,在对时代性问题的哲学反思中,不仅寻求到了马克思主义哲学与中国哲学和西方哲学"对话"的现实基础,而且实现了与"教科书哲学"和"实践唯物主义"两个研究范式的"对接",并在这种"对话"和"对接"中坚持和发展了马克思主义哲学。[1]

---

[1] 孙正聿:《三组基本范畴与三种研究范式——当代中国马克思主义哲学研究的历史与逻辑》,《社会科学战线》2011年第3期。

但是，当代中国马克思主义哲学理论范式的转换，在推动马克思主义哲学研究方式和理论形态转变的同时，也存在一些值得深入思考和解答的重要问题。在西方哲学史上，如果说是柏拉图开创了形而上学即理论哲学范式，而马克思则从根本上开始了对这一范式的反拨的话，那么这一转换是在两千多年的历史中完成的。而在中国，则由于种种原因，这一转换过程被压缩在短短的半个多世纪之中。如此急速的观念变迁，不可避免地是极其粗线条的。这种急速的粗线条转变的结果，便是会留下许多问题需要人们去逐步消化。这些问题大致上可分为两个方面的：一是总体上如何对马克思主义哲学及其思维范式转型的理解问题给出清晰而系统的规定，二是如何在实践哲学范式的视阈中，重构一系列任何一种哲学都不可避免地要给予某种解答的重要问题。[①] 这实际上正体现了国内学者对当代中国马克思主义哲学自我建构的充分理论自觉：中国改革开放和现代化的实践呼唤新的理论范式建构而非仅仅既有理论的诠释，当代中国马克思主义哲学范式转换的历史使命恰恰在于自觉"从诠释走向建构"。[②] 因此，如果我们前面所描述的范式转换说能够成立，那么，在理论与现实、历史与逻辑的双重发展和张力中，对这些问题的解决将会构成中国马克思主义哲学范式转换之深入发展的基本趋向和理论空间。

（作者系吉林大学农学部公共教学中心教授、哲学博士）

---

① 王南湜：《中国马克思主义哲学范式转换研究析论》，《学术研究》2011年第1期。
② 侯才：《从诠释走向建构：理论研究的三种范式和境界》，《哲学动态》2009年第2期。

论我国马克思主义哲学研究的基本样式

刘德中

一、范式还是样式：形式多样、实质没有革命性变化

库恩从科学研究和科学革命的视角提出"范式"和"范式革命"以来，"范式"已经成为一个常用的哲学词汇。马克思主义哲学研究领域范式转换的呼声比较高，据说也已经出现了几大范式。但是，从库恩的本意上来讲，我认为所谓的马克思主义哲学研究范式还谈不上。

库恩认为，常规科学由一个公认的理论决定，这个理论包括研究范例以及研究的技术、方法、信念、标准等，他把这个理论称为范式。科学革命就是新范式取代旧范式，在视野、方法、价值、理论预设等方面突破旧范式。这个概念后来被广泛应用于哲学社会科学各个领域，完全违背库恩关于哲学社会科学没有成熟的、公认的科学范式的观点。我认为，究其原因，并不是哲学社会科学自身发展的需要，而是当代学术生产体制下大家饭碗的需要。为了显示自己没有无所事事，就要人为的创新以营造一派欣欣向荣的景象，而对于是否符合学科发展规律、是否现实提出的真正任务是视若无睹的。"范式"在拉卡托斯所说的"进步的科学研究纲领"的意义上可以推广，但是，进步的标准与新范式形成的标志又成为悬而未决的问题。

哲学研究范式应该指哲学的总体性的活动方式，马克思主义哲学研究并没有表现出这种变化，因此所谓的范式转变是不存在的。但是，马克思主义哲学研究方式也表现出一些形式上的变化，把这种变化叫做样式的变化是更贴切的。变化的根本原因其实在于研究者的学术背景，有

不同优势的研究者研究同样的对象，必然表现出不同的特点。这种特点并不反映学科本身的问题，也没有表现出学科革命性的发展。从马克思主义哲学的功能和使命来说，肯定有许多人认为传统教科书仍然是够用的，教科书改革的许多尝试可能并不如许多探索者自以为的那么意义重大，从实际意义和实践价值来衡量可能也是剃刀要剃掉的。正如有的研究者所说，我们需要反省传统的马克思主义哲学体系，但这种反省并不意味着建构一个新的马克思主义哲学体系，而是在注重体系研究的同时，更要加强问题的研究。我们要问：难道马克思主义哲学已经不能解决时代性问题了吗？答案显然是否定的，认为不能是对马克思主义哲学的理解有问题，正因为马克思主义哲学还能对时代性问题进行科学解答和阐释，所以我们才需要继续深入研究它。我们同意，准确把握、理解和解答时代性问题是马克思主义哲学不断发展、保持强大生命力的决定因素。但是，我们并不认为，只有范式转变了才能完成这个任务，也许不成功的转变是变质，离真理更远。

关于当前马克思主义哲学研究的主要范式，有的学者认为"哲学研究范式由于其复杂性而必然具有多样性，难以简单地加以分类"。（欧阳康：《范式的哲学价值与马克思主义哲学的当代维度》，《学术月刊》2008 年第 5 期）其实，从范式的意义上来说，哲学研究范式是不可能很多的，哲学史上革命性的变化即范式转变当然是屈指可数的。所谓多样性的范式其实就是研究表现出的不同样式。

有学者认为，就哲学界这几年所讨论的问题域来讲主要有"五大哲学范式"：生存论哲学范式、实践哲学范式、文化哲学范式、生活哲学范式、历史哲学范式。（孙亮：《"重新理解马克思"与马克思主义哲学范式转型——对当前马克思主义哲学研究的三点困惑》，《人文杂志》2008 年第 5 期）所谓"实践哲学范式"还是一个难以准确界定的哲学范式。"总的来看，作为学派的实践哲学尚无清晰的图谱。"（孙正聿：《历史的唯物主义与马克思主义的新世界观》，《哲学研究》2007 年第 3 期）这五种哲学范式并不是清晰确定的理论图景，而都是在"西化"的理论资源挖掘中对马克思哲学的重新解读。

任平教授认为，我国马克思主义哲学研究先后呈现出教科书改革与原理创新、马克思主义哲学史研究、文本文献学解读、与中西方思想对话、反思问题学分析、各分支领域（部门）哲学探索、马克思主义中国化研究、马克思主义哲学当代形态理解、出场学等范式。（任平：《当代中国马克思主义哲学研究范式的创新与转换》，《哲学研究》2012年第3期）

我认为，推动马克思主义哲学创新探索所使用的方式、路径和方法论尚不足以构成如此丰富多彩的"范式"。我们可以在范式研究的基础上，大致归纳为几种基本的研究样式，这种归纳主要是梳理出研究的大致脉络，为进一步研究提供一些启示和借鉴。

二、我国马克思主义哲学研究的基本样式

1. 教科书改革与原理研究样式

教科书改革范式始终是我国创新马克思主义哲学研究的主要方式之一，其努力是直接围绕原理研究进行的，所以这个样式我们这样称呼。其实，所有各种样式最终都是要验证或者推进马克思主义哲学基本原理的，这是它们之间的内在联系。这方面的研究同行都是耳熟能详的，就不多说了。有学者认为，目前这些范式都是"假范式"、"伪范式"，而且可能危害更大。他们这些范式是针对"传统教科书"讲的，他们认为对于教科书来讲，他们已经形成理论共识、思维变革的共识，可是他们的理论贡献是十分有限的，"传统教科书"不容虚无化、不容颠覆，解释力依然存在。

2. 马克思主义哲学史与文本文献学研究样式

马哲史研究脱胎于"原著选读"，原著选读目的在于"证明"教科书原理出场有据，注重原理在文本中呈现的高度同一性；而马哲史从一出场就具有鲜明的历史视域，将马克思主义哲学看做是一个历史发展着的思想体系。

历史的视域需要文本文献学考订研究，其论据的支持才是可信和有效的，所以我把马克思主义哲学史与文本文献学研究合起来看做一个样式。

在文本文献学研究中,斯大林的缺失是一个普遍现象。这是很不应该的,是受到西方妖魔化斯大林影响的结果。在马克思主义史和国际共产主义运动史上,斯大林的贡献都是不能抹杀的。只有认真研究斯大林,才能避免重复同样的错误。在这个意义上,研究斯大林的文本文献意义更加重大。

对于何种文本更能够代表马克思主义经典作家原意的问题,我认为只要对文本作出基本著作与参考著作的区分,那就不是什么问题了。基本著作就是一般读者读过之后能够了解马克思主义基本观点的那些著作,不是所有公开出版的著作都是基本著作,在这个范畴是那些对马克思主义传播产生重大影响的著作。手稿、笔记、书信甚至札记是参考著作,有助于我们进一步了解他们的思想历程。关于参考著作的研究越来越多与关于基本著作的研究已经很透彻有关,可以作为学者的兴趣与生计手段,投入许多精力意义不大,这方面的成果再怎么样也改变不了基本著作的结论与人们已经接受的马克思主义基本观点。即使存在一个原版的马克思或者列宁,可能也是人们与现实所不需要的。

3. 中国化与中西哲学对话样式

作为一种研究路径和研究范式的"马克思主义中国化"是在马克思主义中国化的理论创新过程中方法论自觉和反思的产物。中国化既要有中国问题,更要有世界眼光。国内外马克思主义的比较研究始终是中国化研究范式的内在要素。只有深入理解国外马克思主义,才能更完整准确地理解中国化特点。"后中国特色"时代的"中国化"将有不同的含义:马克思主义中国化意味着为世界创造一个以中国道路为蓝本、可资世界借鉴的马克思主义。

差异甚至异质的读者之间关于马克思恩格斯、列宁的文本思想以及文本思想所涉及的时代实践问题需要展开对话。与各种在场的思想展开批判性对话曾经是当年马克思新世界观出场的基本方式之一,也应当合理地成为马克思主义哲学当代出场的路径。"以中解马"、"以西解马"都是为了"化马",所以这些范式可以归为一个样式。

改革开放以来特别是党的十五大以来,马克思主义中国化的进程似乎大大加快，我们中国共产党人的理论创新能力突出表现出来，"邓小平理论"和"三个代表"重要思想相继写进了《中国共产党章程》和《中华人民共和国宪法》。这难免使"一届领导一套理论"的说法有了市场。对此，有学者认为，能够列入党和国家指导思想的基本理论必须经过较长时间的检验，在同一个阶段的不长时间里新理论接二连三地提出来并不是实践自身的需要，隔四五年就修改一次《党章》和《宪法》也影响它们的权威性和稳定性。董德刚认为，为了降低统一思想所需的社会成本，避免我们党和国家指导思想的表述让人一口气说不完的尴尬局面，可以考虑用一句话把我们党和国家的指导思想概括起来即发展着的马克思主义特别是中国特色社会主义理论。①

笔者认为，这个问题确实是不容回避的，董德刚所提出的解决问题的建议也是不无道理的。为了使问题的解决经过充分的酝酿和精心的理论准备，笔者也提出一种思路，抛砖引玉，供方家参考。

笔者认为，"马克思主义中国化"的理论成果可以考虑命名为一个主义，在这个主义的旗帜上，最适合写上的名字是毛泽东，只有毛泽东的画像悬挂在天安门城楼上，这个主义可以叫做毛泽东主义。这样做的主要理由如下。

用人名命名主义是真正的国际惯例，如果我们一直不能推出用中国共产党人自己命名的主义，国内有人就会说，我们中国人为什么要用外国的理论指导自己呢；国外有人还会说，你们中国共产党人的理论创新能力这么强，几年就出一个理论、重要思想什么的，为什么就没有提出一个自己的主义呢。用毛泽东主义概括共产党人的理论创新成果，可以一举两得解决这样的问题。

毛泽东主义是包括毛泽东思想在内、吸收了毛泽东以后的共产党人理论创造的中国共产党集体智慧的结晶。它是开放的，以后共产党人的理论成果都是它的发展和组成部分。我们所处的大时代与毛泽东那个时代的社会主义建设环境并无本质的不同，毛泽东思想中许多有价值的东

---

① 参见董德刚：《谈谈马克思主义中国化最新成果的定位问题》，《科学社会主义》2007年第1期。

西仍然是我们的宝贵财富,我们不能把毛泽东思想当成已完成的、历史性的成果。

今天我们的国际环境与毛泽东时代大为不同了。毛泽东同志之所以只是把自己的理论创造称为毛泽东思想,除了他本人谦虚的因素外,与我们在那个时期在世界社会主义格局中的地位也不无关系。我们是新生的社会主义国家,我们还需要苏联的帮助,我们的实践成绩还是有限的,如果我们那个时候就提出毛泽东主义,对我们的事业显然是不利的。现在,经过苏东剧变,中国成为世界上最大的社会主义国家,经历世界金融危机的考验,中国的发展欣欣向荣,毛泽东思想特别是晚年思想经过实践检验越来越显示出其价值,再加上毛泽东同志作为中国共产党人的杰出代表在世界人民中享有的巨大威望,我们把自己的旗帜确定为毛泽东主义是容易为世界人民所接受的。

我们所说的毛泽东主义与国际上已经存在的毛主义(Maoism)是不同的。毛主义大致相当于我们所说的毛泽东思想,毛泽东主义则是融会吸收了毛泽东思想、邓小平理论、"三个代表"重要思想和科学发展观等成果的理论结晶,它还为将来共产党人的理论创造预留了空间。以后新的理论成果可以先在党的代表大会的政治报告中体现出来,不经过二三十年的完善一般不列入党章。为了表示区别,我们的毛泽东主义可以翻译为 Maozedism 或者 Maozedongism。毛泽东主义是我们在整个社会主义初级阶段的指导思想。社会主义初级阶段是我国与世界资本主义竞争、共处的漫长历史时期。如果只看我国国内情况,在构建成社会主义和谐社会或者达到中等发达国家水平时,社会主义初级阶段就可以算结束了。

4. 出场学与问题学和领域创新样式

出场学直接讲要出场,怎么出场还是要通过某种具体的问题和某个领域的创新,所以这三个范式可以归为一个样式。领域哲学和部门哲学都是具体出场的一种方式,试图把某种部门哲学扩大化的倾向肯定是一种谮妄。例如,"文化哲学范式"主张者就与一般把文化哲学当成部门哲学的研究方式不同,他们把文化作为哲学解释模式,从而试图阐释马克思哲学变革的文化哲学走向,并且分别在发展哲学、交往理论、西方马克思主义、新儒学、后现代主义、价值学、人学等研究领域展开文化哲学研究。这种研究给人的总体印象是把马克思主义哲学窄化了，是一种片面的全面。

"出场学"追问思想出场与历史语境之间的依赖关系，将思想出场的逻辑看做是历史语境重大变化的必然产物。在教科书改革或原理研究中面对"马克思主义哲学的当代形态"问题，对形态赖以出场的历史语境和前提基础加以深刻批判和考察，使我们面对出场学。追问马克思主义哲学史范式思想背后、思想赖以建构的历史基础的或缺也成为出场学反思的对象。当"回到马克思"的解读视域仅仅回归当年马克思的文本文献学层面时，出场学要求穿越文本文献背后而深度解释产生文本的历史本身。当以马克思的名义与西方哲学展开对话而推进理论创新时，出场学召唤历史实践底板以作为评判对话的真理标准。"反思的问题学"、马克思主义中国化、领域创新在关注重大现实问题的哲学解答时，出场学要求将思想出场的逻辑与历史变迁的逻辑关联，将哲学与时代构成一个具有关联场域的解释系统，从中可以清晰地看到马克思主义与时俱进的创新机制。从"出场"角度研究马克思主义在时代和空间的语境中在场的可能性，"出场学"是阐释马克思主义与时俱进机制的哲学范式。

"反思的问题学"范式起源于对破除教条主义的新路径的探索。"反思的问题学"范式以问题为中心展开哲学研究。生活不断提出问题，引导哲学打破教条，重新反思问题、解答问题，不断引导理论创新。问题视域打破以往的范式壁垒，成为引导理论走向时代、走向实际的主要路径。

反思的问题学在解答问题过程中包括哲学但不限于哲学视域，其多学科知识特点使问题解答在转化为"学"的过程中可能大多没有上升到哲学反思的高度。"反思的问题学"研究范式呼唤领域哲学或部门哲学的研究。通过领域创新路径来推进马克思主义哲学研究，成为反思问题学的必然逻辑。

如果中国的马克思主义哲学研究最终能够形成一个范式，我们也无愧于这个时代和世界了，在形成这个范式的过程中，哲学研究表现为以上四大基本样式。展望研究前景，可能不是每个样式的分别推进，而是总体上的融合创新。了解这些样式，无疑是有利于保持学术清醒与思想自觉的。

（作者系中国社科院马克思主义研究院副研究员）

马克思主义实践哲学研究述评

谢永康

在传统西方哲学的语境中,实践哲学与理论哲学相对,通常被理解为研究人类实践、人类行为的哲学领域,包括伦理学、政治哲学、法哲学,等等。理论哲学与实践哲学的区分,主要是研究对象领域的区分。而在马克思主义哲学中,实践概念被突出为首要的概念,客观世界与人类活动之间的界限通过实践而被中介,因此,这个意义上的实践哲学便不同于传统意义上的实践哲学,理论哲学与实践哲学之间的划分,就不再是研究对象的划分,而是思维范式和思维方法的划分。从我国马克思主义哲学研究的发展过程上看,随着对马克思实践概念和实践观点研究的深入,有学者提出,马克思哲学的革命意义和当代意义在于颠覆了西方传统的理论优先的哲学范式,认为理论思维是生活实践的一个构成部分,理论并不能从根本上超出生活,并不能在生活实践之外找到立足点,因而理论理性要从属于实践理性。① 这一观点的提出,在马克思主义哲学研究的内部,本身也是一种范式转型的努力。它不仅包含着实践哲学范式本身的理论论证,更重要的是在这样一个新的解释范式之下,如何重构马克思主义哲学的体系,使其各个基本问题得到重新解释。近年来,马克思主义实践哲学的研究逐步趋于深入和具体,形成了一定的规模。2011年12月10日,由中山大学实践哲学研究中心、中山大学马克思主义哲学与中国现代化研究所联合主办的首届"汉语学界实践哲学

---

① 参见王南湜:《新时期中国马克思主义哲学发展理路之检视》,《天津社会科学》2000年第6期。

论坛"在中山大学召开，论坛以"实践哲学的使命"为主题，围绕着"什么是实践哲学"、"实践哲学和理论哲学是何关系"、"中国的实践哲学向何处去"等相关议题展开研讨。此次论坛的召开，标志着学界马克思主义实践哲学研究者的群体自觉的开始。本文拟对近年来马克思主义实践哲学的研究做一个简要的综述。

一、从实践观点到实践哲学

在外国马克思主义哲学研究的历史上，实践哲学作为一个具有范式意义的概念被使用，是从上世纪90年代开始的。而在此之前，马克思的实践思想仅仅是一个局部的、从属性的部分，仅仅是一种实践观点，还不能称之为实践哲学。改革开放以来，我国马克思主义哲学探索的过程，总体上可以理解为"走出"教科书的过程，同时也可以看做马克思实践概念的重新理解和定位的过程。我们知道，在教科书体系中，实践仅仅是一个认识论概念。"认识是从实践中产生，随着实践的发展而发展，它又转过来为实践服务，并在实践中得到检验和证明。""实践证实真理，揭示错误，人们根据实践的结果修正、补充原来的认识。经过实践证明是正确的认识，还要随着实践的发展而不断完善、丰富和发展。"① 这里的实践活动几乎包括除了认识活动之外的所有活动，但他终究只是作为认识的结果和检验认识的标准。这种实践从属于认识，而这些认识归根结底就是"辩证唯物主义"的世界观，就是从物质性概念出发的一套解释世界的体系。

直到上世纪80年代才出现了对这一体系的反思。这一反思的核心内容正是实践概念的重新理解。首先是随着实践在马克思哲学中的核心地位逐步被认识，它便逐渐突破认识论的范围，成为一个本体论概念。这样，实践概念就具有了与教科书中的物质概念相似的地位，代替了物质成为世界的"本体"。无论人们将实践把握为哪一类活动，它都被认

---

① 艾思奇主编：《辩证唯物主义历史唯物主义》，北京：人民出版社，1978年版，第159、190—191页。

为是人或"主体"的活动。很多论者看来,这种活动能够超越物质与意识的对立,超越唯物主义与唯心主义的对立,并且必须先于这些对立得到考虑。这便是80年代出现的各种形式的实践唯物主义的基本逻辑。

实践唯物主义的兴起实质上就是主体性的兴起,就是"主体性原则"代替了教科书的"客体性原则"。这对于教科书体系而言不能不说是一个巨大的创新和进步,但对于马克思本人的哲学而言,这并不能算是"新"的,反而是马克思所要批判的某种"旧"哲学的翻版。我们知道,马克思在《关于费尔巴哈的提纲》中认为旧唯物主义没有注意到人的主观能动性,而这种能动性却被唯心主义片面地发展了,而对两者的批判和超越就是要将"现实"、"客体"等概念当做实践、当做现实的和感性的活动来理解。① 实践唯物主义看到了实践活动中的主体能动性,但并没有把握到实践的"现实性"和"感性",恰恰是将实践抽象化了。它只是就走到了教科书的反面,由一种"客体性"哲学走向"主体性"哲学。这里的情形与马克思在《关于费尔巴哈的提纲》中表明的旧唯物主义与唯心主义的对立并无二致。

从90年代初开始,随着生活世界话语在我国马克思主义哲学界的兴起,实践作为现实的感性活动的意义逐渐被意识到,回到"现实的生活世界"成为一句响亮的口号。尽管这在很多论者那里往往还只是停留在"口号"上,但其意义却是重大的。它意味着马克思最重要的哲学创新即将被重新发现。这就是超越理论哲学,走向现代实践哲学,就是哲学范式的变革。马克思曾多次批判旧哲学的抽象性,其实这种抽象性的根源乃在于其总试图在生活实践之外寻求一个解释世界的"阿基米德点",总是以一种超越于生活世界的态度来进行理论活动。就这一点而言,古代实体论哲学和近代主体论哲学,旧的唯物主义与唯心主义都是没有区别的,都是理论哲学。马克思的实践概念为克服理论哲学的抽象性提供了可能。马克思说:"人和自然的实在性,即人对人来说作为自然的存在以及自然对人来说作为人的存在已变成实践的,可以通过感觉直观的,所以对于某种异己的存在物,对于凌驾于人和自然之上的存在

---

① 《马克思恩格斯选集》第1卷,北京:人民出版社,1995年版,第54页。

物的问题，即包含着对人和自然的非实在性的问题，在实践上已经成为不可能了。"① 各种"凌驾于人和自然之上的存在物"实质上就是理论哲学构造出来的概念物，理论哲学就是将其作为出发点的。既然这样的超越性视点已"成为不可能"，那么哲学的理论活动就只能内在于生活实践，作为其中的"一种"活动。这样，马克思现代实践哲学的基本立场就已经确立了。②

二、当代实践哲学范式转型的意义

在马克思实践哲学的范式转型意义被意识到，其基本立场被确立之后，如何从逻辑上更加细致地论证这种转型的机制，便成为首要的问题。在这一问题上，存在着不同的论证进路，但无论采取哪种论证进路，都是从西方传统哲学的内在问题出发，表明马克思实践哲学在这些问题上的革命性和划时代意义。

俞吾金教授通过考察马克思实践哲学在形成过程中与德国古典哲学以及其同时代的哲学家之间的关系，来表明马克思实践哲学的革命性。他认为马克思实践哲学的本质特征在于，在理解并阐释任何对象时，始终保持着实践维度的优先性，即把实践作为观察、思索一切自然现象、社会现象和思维现象的基础和出发点。具体而言，在对费尔巴哈以及从前的一切旧唯物主义的批判中，马克思自始至终强调实践维度相对于感性直观的的优先性，而与此相关的则是实践维度相对与整个理论态度的优先性，这样我们才可以理解《关于费尔巴哈的提纲》第十一条的改变世界的要求。在对黑格尔哲学的批判中，马克思实践与逻辑范畴的关系问题主题化，并始终强调实践维度相对于逻辑范畴的优先性。③

徐长福从不同的思维方式以及其相应的形而上学前提来思考这一问

---

① 马克思：《1844年哲学经济学手稿》，北京：人民出版社，1985年版，第88页。
② 关于实践概念与实践哲学的关系，可参阅王南湜、谢永康：《后主体性哲学的视域》，北京：人民大学出版社，2004年版，第一章。
③ 俞吾金：《论实践维度的优先性——马克思实践哲学新探》，《现代哲学》2011年第6期。

题,他提出的"理论与工程思维两种思维方式的僭越与划界"具有重要的意义。他认为,"理论思维可称为内部非价值的逻辑化的思维方式,而工程思维则可称作价值化的非逻辑的思维方式。理论思维的价值功用在于分门别类地发现属性间的必然联系,工程思维的价值功用在于将位于不同联系系统中的属性复合为一个工程整体。前者力求有约束力的客观道理,后者力求有操作性的主观设计;前者服务于后者,后者服务于工程的实施,即实践。"① 而理论思维与工程思维的区分又源于"实体"与"虚体"的区分:实体指一种"实存个体","它具有若干属性但却是一个单元",而虚体则是"通过属性间联系而构成的逻辑性系统"。② 实体与虚体都是一种"体",因此都是不可还原的。我们不难看出,这种区分在西方形而上学的历史上一直在以不同的形式被讨论着,并可以追溯到亚里士多德的普遍与特殊的区分。然而,与在亚里士多德那里不同的是,通过对这种区分的合理化,形而上学的目标被自觉地放弃了,或者说,由于承认两者的不可还原性,"什么东西最实在"这样的问题被自觉地回避掉了。也正是由于这种不可还原性,两种思维方式的划界就成为合理的,从而,以往哲学中的形而上学态度也得到了限制。

在这一框架之中,实践被理解为"工程的实施",其实也就是通常所说的"做",但却具有了一种新的意味:"理论只能把握普遍,实践则运作个别;任何一个实践中的个别都必定关涉众多异质性的理论的普遍,因此,没有任何一种理论的普遍足以单独表达实践中的个别之所是,惟有将这些异质性的普遍统合成一个特定的整体才能回答实践中的个别究竟是什么和应当变成什么。"③ 如果按照这一区分,那么历来被认为是实践的领域也必须被纳入个别性的领域之中,这样普遍与特殊的区分就可转换为理论领域与实践领域的区分,进而导致理论哲学与实践哲学的区分。应该说,这一思路很准确地把握到了形而上学的本质性的矛

---

① 徐长福:《理论思维与工程思维:两种思维方式的僭越与划界》,上海:上海人民出版社,2001年版,第95页。
② 徐长福:《理论思维与工程思维:两种思维方式的僭越与划界》,上海:上海人民出版社,2001年版,第57页。
③ 徐长福:《关于实践问题的两个第11条》,《中山大学学报》2004年第6期,第160页。

盾，并为走出形而上学迈出了关键性的一步。

但这种二分所带来的后果是，从逻辑上说，我们不能合法地在理论世界的东西与实践世界的东西之间建立起一个通道，我们必须把理论中的个别与实践中的个别看做是两个世界中的不可通约的东西。而这样以来，理论如何进入实践，就成了难以理解的事情，进而，理论对于实践有何意义，如何解释近代以来作为理论之典范的自然科学对于我们的实践、我们的生活的巨大改变作用，亦成了一个难以解答的问题。

阎孟伟教授坚持从本体论的角度来梳理马克思实践哲学与西方哲学传统之间的关系，提出马克思的实践哲学实质在于提出了一种实践本体论。这种实践本体论的进路并非停留在 80 年代的实践唯物主义视野内，而是超出以往对本体论概念的理论哲学理解，将实践本体论与实践哲学的范式视为同等程度的范畴。他认为，马克思在 1845 年春所写的《关于费尔巴哈的提纲》中，把实践界定为人的现实的感性活动，从而使实践概念成为马克思实践哲学有别于以往任何哲学的理论出发点，成为一个本体论范畴。在这个意义上，马克思的实践哲学就是一种实践本体论。世界本体的问题是哲学不可回避的问题。西方历史上出现过两大类型的本体论，即自然本体论和思维本体论。立足于实践的本体论原则，马克思从根本上超越了传统哲学中思维本体论和自然本体论的对立，彻底地改变了使哲学理论纠缠于自身矛盾的思维范式，从而确立了新的思维范式。① 何建津教授也提出了类似的观点。他认为实践论是马克思的"基础本体论"：实践是人生成为人的内在依据，自然和社会则应该同时被理解为人的实践活动的条件和结果。②

他们认为，只有从这个本体论前提出发，马克思实践哲学的独特的理论活动方式才可以得到适当的理解。马克思为什么没有像以往的哲学家们所热衷的那样去构建一个形而上的哲学体系，而是把他所创立的新的哲学世界观即历史唯物主义渗透到、贯穿到他对现存资本主义世界的批判中。在此基础上，马克思对资本的统治所导致的现代奴役马克思的

---

① 阎孟伟：《马克思的实践哲学及其理论形态》，《哲学研究》2012 年第 3 期。
② 何建津：《马克思实践哲学的本体论意蕴及其批判意义》，《中共天津市委党校学报》2009 年第 4 期。

实践哲学及其理论形态、制度、人的全面异化和人的实质性自由与平等的丧失等资本主义社会本身所固有的问题，进行了全面的、深刻的分析和批判，并由此探讨无产阶级革命和人类解放的现实途径。这些批判性的著述就是马克思实践哲学所采取的理论形态，它清晰地表现出哲学与世界的相互作用，表现出理论与实践的密切结合，体现出实践哲学"改变世界"的精神特质。①

丁立群教授通过梳理西方实践哲学的不同传统，对马克思的实践哲学进行了重新定位，提出马克思主义的实践哲学是一种人类学实践哲学，是一种新的哲学范式。他认为，由于实践概念的复杂性和多义性，实践哲学存在着不同的思想传统。哲学史有两种实践哲学传统，即道德实践论和技术实践论。这两种实践哲学的分裂，包含着理性自身的分裂，以及人类完整的实践活动的分裂和片面化。马克思主义实践哲学应该超越对人类行为的片面的理解，从实践意识、实践行为和人的存在上完整地理解人类实践活动。所以，马克思主义实践哲学本质上是人类学实践哲学。②

三、实践哲学与历史唯物主义

马克思主义实践哲学的理论存在方式问题，更具体地说，就是实践哲学与历史唯物主义的关系问题，或者说，在实践哲学范式转型的框架之下，如何重新理解马克思的历史唯物主义的问题。王南湜教授指出，近年来，中国马克思主义哲学研究范式正在发生一种深刻的转变。大致上说来，这种转变的核心之点，是从包含实体性哲学范式和主体性哲学范式两种类型的理论哲学回归实践哲学，进而转向回归历史唯物主义。要对马克思的实践哲学做出更加具体的规定，就必须划清马克思与其他现代实践哲学流派之间的界线。近年来马克思主义哲学界关于历史唯物主义的深入讨论，正是力求揭示马克思哲学不同于其他现代哲学之独特性的努力。揭示历史唯物主义之本真意蕴，特别是揭示历史唯物主义之为一种"历史科

---

① 阎孟伟:《马克思的实践哲学及其理论形态》，《哲学研究》2012年第3期。
② 丁立群:《实践哲学：两种对立的传统及其超越》，《马克思主义与现实》2012年第2期。

学"的深刻意蕴,正是阐发马克思实践哲学之独特性的关键所在。①

如果在现代实践哲学的视野下重新理解马克思的唯物主义,那么就不可避免地要碰到改造世界如何可能的问题,也就是通常所说的历史决定论与人的能动作用的关系问题。而从另一方面看,这一问题也就是历史行动如何可能的问题。王南湜教授认为以往的马克思主义哲学阐释都未能说明这一点。从第二国际马克思主义到当今后马克思主义在理论上的每一重大变化,都可以看成是对这一矛盾处理方式的变化。他通过对自第二国际以来几种典型处理方式之得失的分析,试图基于"行动者"与"旁观者"的双重理论视角来探讨一种适当的解决方案。②

而徐长福教授则从另一个角度考虑这个问题,即指出实践哲学与历史唯物主义之间的内在张力:一方面,马克思在哲学家中发出了改变世界的最强音,并号召无产阶级推翻资本主义制度;另一方面,他又认为存在着不以人的意志为转移的客观历史规律,并相信无产阶级的革命实践要由资本主义的物质条件来决定;这两个方面的观点之间存在着互相背离的紧张状态。在马克思的学说付诸实践的过程中,这种张力不断被理论与现实的反差所强化。马克思之后的诸马克思主义流派也一直运思在这种张力之中,了解这种张力及其在西方传统中的背景,有助于我们深化对马克思学说的认识。他认为,我们不应当回避马克思实践哲学与历史唯物主义之间的这种张力。③

改造世界的主张与历史唯物主义之间的张力之所以被如此尖锐地突出出来,其原因在于我们将历史唯物主义理解为一个完整的理论体系,理解为一种纯粹必然性的逻辑关系,从而彻底否定偶然性的地位和作用。许恒兵指出,这一理解的根源恰恰在于西方理论哲学的传统立场。而在传统的马克思主义哲学理解框架中,由于马克思主义哲学从根本上被归向理论哲学的进路,所以同样造成了偶然性范畴无足轻重的地位。

---

① 王南湜:《现今中国马克思主义哲学研究中的三个核心问题——一种基于回归马克思实践哲学范式的考察》,《哲学研究》2012年第3期。

② 王南湜:《改变世界的哲学何以可能(上)——从马克思到后马克思主义》,《学术月刊》2012年第1期。

③ 徐长福:《马克思的实践哲学与唯物史观的张力及其在西方语境中的开显》,《马克思主义与现实》2012年第2期。

实际情形是,马克思哲学从根本上颠覆了传统的"理论哲学",并由此开辟了实践哲学的进路。它为我们重新理解偶然性,从而凸显其在人类历史当中的固有地位和作用提供了新的思路。① 而如果在马克思实践哲学的视野下为历史过程中的偶然性因素重新确立适当的位置,那么就为改造世界的历史行动提供了某种逻辑的可能性,同时也在一定程度上缓解了马克思实践哲学与历史唯物主义之间的张力。当然这还需要我们进一步论证的。

四、马克思实践哲学与现实问题

相对于理论哲学的抽象性而言,现实性和批判性始终被认为是马克思实践哲学的特质。研究者普遍试图通过对这一特质的强调和挖掘,找到理论介入现实的逻辑支持。② 冯周卓教授认为,马克思实践哲学来自人类生活世界,它既要努力解释当代社会具有普遍性的现象,也应帮助人们解决社会生活的伦理和政治实践问题。③ 卞绍斌教授试图挖掘实践哲学本身的规范性内涵,以作为我们解决各种新问题的资源。④ 而王鹤岩教授认为,马克思对近代主体性形而上学、资本主义制度和技术异化的批判同时也是对理性和科学理性的批判。在批判的过程中同时也建立了以人的生存和解放为价值指向的、以社会历史观为基本原则的实践理性。当然,这一实践理性是人在社会历史实践中生成的,并以人的自由存在和生存本质为目的的人的自身的理性。用实践理性规范科学理性,丰富其自然之维和社会之维,实现人与自然、人与社会的和谐共生是马克思理性批判的应有之义。⑤

阎孟伟教授将马克思主义的实践哲学范式转型与"中国问题"关联

---

① 许恒兵:《重新理解"偶然性"——基于马克思实践哲学的进路》,《长白学刊》2011年第4期。
② 贾丽民:《马克思实践哲学的"现实维度"》,《吉林师范大学学报》2012年第3期。
③ 冯周卓:《马克思实践哲学的若干问题辨析》,《马克思主义与现实》2012年第2期。
④ 卞绍斌:《马克思"实践哲学"的社会规范意蕴》,《社会科学研究》2010年第4期。
⑤ 王鹤岩:《马克思实践哲学视阈下理性批判的当代价值探析》,《学术交流》2009年第4期。

起来。他认为,推进马克思实践哲学在中国的发展应当是中国马克思主义哲学研究的重要任务。当今中国正处在经济与社会发展的关键时期。一方面,30 余年市场取向的改革已经取得了令人振奋的辉煌成果,使中国再次以强盛的大国姿态屹立于世界民族之林。它已经能够向世界表明,市场经济作为现代社会的经济形态并不是资本主义社会的"专利品",而是完全可以在社会主义基本制度的前提下建立起来,并完全有可能为实现社会主义社会本身所具有的价值理念提供强大的经济支持。另一方面,市场取向的改革在成功地解决了计划经济体制留给我们的各种困难问题的同时,也衍生出一系列新的甚至更为棘手的社会矛盾和社会问题。马克思主义实践哲学作为一种现实的和批判的理论,理当介入当前中国的现实问题。①

王南湜教授将马克思主义实践哲学与中国问题的关系集中在建构一种当代中国马克思主义政治哲学的努力上,而这一努力又与对市民社会的重新理解紧密相关。自上个世纪 70 年代罗尔斯的《正义论》发表以来,政治哲学在西方世界已成为显学,但令人颇感尴尬的是,尽管政治哲学作为显学受到了空前的关注,但就马克思主义哲学界而言,其对政治哲学的研究到目前为止仍处于一种极其笼统的议论阶段,而缺乏实质性的建树。这其中的根本性原因,恐怕就是未能找到一个有效的基础性理论平台,足以将马克思主义政治哲学建立其上。当代中国的政治哲学的建树要基于当代中国的社会现实,这个现实就是随着市场经济的建立而形成的市民社会。如果能重新阐释马克思的市民社会概念,并为当代中国的政治哲学提供一个坚实的理论平台,那么这将是中国马克思主义研究者的一个重大贡献。②

(作者系南开大学哲学院副教授)

---

① 阎孟伟:《马克思的实践哲学及其理论形态》,《哲学研究》2012 年第 3 期。
② 王南湜:《现今中国马克思主义哲学研究中的三个核心问题——一种基于回归马克思实践哲学范式的考察》,《哲学研究》2012 年第 3 期。

四

国外视点

新现实主义与中国

［美］小约翰·柯布

一、苦涩的真相

当人们在法庭上作证时，发誓要"说出全部真相，且除真相外别无其他"。在我的所有著述中，我也总是尽量说出真相，且除真相外别无其他。显然，我并未成功。我犯过许多错误。可是，我不记得曾故意尝试欺骗。

另一方面，我或者任何其他人，并不曾告诉过"全部真相"。这意味着，我有选择地诉说真相，而且在某种程度上不可避免选择欺骗。因此，最好要坦白承认而非否认所有人类诉说真相的局限性，并思考进行选择的最好方法。

这里我很欣赏佛教关于"方便法门（upaya）"的训导。在演说或写作时，人们根据对象作出相应选择。这里最深切的关心是对该对象有利时所能做的贡献。在极少数情况下，或许确实需要直接的谎言，但那绝对是一个危险的例外。正常而言，我们应告诉真相，从全部真相中选出那些对听众或读者最有价值的部分。当我面对中国人写作时，我的选择将会和面对我的同胞美国人有所不同。

一点不同是，当我面对中国人写作时，我没有告诉关于全球问题严重性的"全部真相"。当然，我也没有告诉过美国人全部真相。但我认为，美国人迫切需要知道的，是关于这个星球上的生命未来的预诊。比起世界上其他人而言，我们美国人对于导致世界陷入如此可怕的境地应负更多的责任。对此，我们要诚实面对，承认过错，并为之深深忏悔。

我不想以同样的语气对中国人写。诚然，中国也有错，但错在跟我们美国跟得太紧、走得太远，以至于变得和我们太像。而且历史上，中国是为了维护其正当的自由、尊严和在世界上的影响而被迫跟美国走上这条路的。如果中国没有被现代化，并得到关于现代化可预想的所有可怕后果，则中国很可能已经部分地或整个地被西方列强所殖民化。即使在今天，中国如果没有持续地进行工业化和军事化，美国的帝国主义野心也可能会威胁到中国。有鉴于此，我无法要求一个由于为我们美国的政策所迫，而采取危及地球上生命的行动的国家为此忏悔。

但是，有选择的"方便法门"是否要求从全部现实中抽走如下事实：美国和中国，以及其他工业国家，正在毁掉这个星球以支持庞大的人口？作为一个美国人的内疚感是否要求我面对中国人演说时忽略真相最可怕的一面？或者，我因此仅仅只是慰籍自己的良心，而以牺牲其他人为代价？我已经决定，忽视实际上是真相中最重要的部分，并不是所需要的"方便法门"。

因此，我将说出我认为是全部真相中最重要的也是最可怕的部分：整个人类已经超出可持续性的极限，正走向不可避免的崩溃。这意味着到本世纪末，地球上的人口数量将大大减少，将会有无边的痛苦和大量的死亡。

分析谁和什么应为此令人震惊的事实负责，或许有一定的价值。但我们不应让自己因此而被从最紧急的问题上分散注意。此时此刻，面对人类"历史"上前所未有的新的危机状况，我们应该在此召唤下做些什么？

一群进步主义环保人士刚刚在克莱蒙（Claremont）[①] 就此问题开了一个会。因而我的记忆还很清晰。大会的主题演讲者是全球变暖领域的思想家和活动家的领军人物，比尔·麦吉本（Bill McKibben）[②]。全球变暖正在加速。即使我们停止使用石油，这当然还未成为现实，气候仍会

[①] 克莱蒙位于美国加利福尼亚州，是美国过程研究中心总部所在地，小约翰·柯布博士为中心创会主任。

[②] 比尔·麦吉本，美国人类生态学者，著名生态主义理论家，他是最早对全球气候变暖提出警示的人之一。

继续恶化,因为变化已经发生。例如,北极的冰能够反射太阳光,但当它融化后,产生的水将吸收来自太阳的热量。同时,冻土的融化也会释放温室气体。这些过程均无法阻止。

真正紧迫的问题不是全球状况是否会恶化,而是已经发生的恶化过程能否在地球变得不适合人类居住之前被制止。这个问题,一旦被理解,其重要性压倒一切。正如麦吉本所提醒的那样,当前为媒体所忽略的最重要的新闻——至少在美国基本如此——是全球变暖对人类的威胁正在加速。

在那次会议上,我对麦吉本几乎把所有关注都放在全球变暖上表示了一点担心。因为,如果这只是唯一的问题,那么将会为寻求高科技解决方案提供正当借口。类似的方案已经被提出,其中的某个或许能成功地制止全球变暖。这些是我们中的"现代主义者"所喜爱的对危机的回应。

有一个这样的建议方案得到了菲律宾皮纳图博(Penatubo)① 火山喷发所得到的结果的支持。火山喷发把约两千万吨的二氧化硫抛向天空,它们把更多的太阳光发射回太空,可将全球变暖的过程迟滞数年。人类完全可以模拟火山喷发,把硫酸喷雾剂喷向天空平流层。在《盖娅消失的面孔》中,詹姆士·洛夫洛克(James Lovelock)建议,尽管会有些负面效果,我们可能不得不这样做以争取足够的时间来进行使地球变得适合人类居住的改变。这个建议的潜在危险是,它可能被视为一个真正需要的改变方案,而不是像洛夫洛克希望的那样,作为争取时间进行根本改变的权宜之计。全球变暖仅仅是我们超过地球容纳生命能力的众多恶果之一,其他的还包括森林、土壤和淡水的减少。如果能认识到这一点,就是对所面临危险的阻击。

显然我们不能指望世界上最强大的政府来解决最紧要的全球变暖问题,更不用提地球透支的问题。即使一个政府愿意领导并开始采取所需的激烈行动,恐怕也会被它的愤怒的民众推翻。美国的情况更差。政府

---

① 皮纳图博火山位于菲律宾吕宋岛,1991年6月15日的爆炸式大喷发是20世纪最大的火山喷发之一,喷出了大量火山灰和火山碎屑流,火山喷发使山峰的高度大约降低了300米。

完全被金融机构和跨国公司所控制,以至于即使得到民众支持的温和行动也无法得以实施。我对中国寄于厚望,但我怀疑中央政府在领导彻底改变方面能走多远。

深思远虑的个人和全力投入的社会组织的回应显得更有希望。这些人正在为新的开始夯实基础。他们并非是在尽力挽救现有的全球化体系。实际上,现有全球化体系越快崩溃,人类得以存活的希望就越大。例如,当今世界金融系统的崩溃可能打开一个全新的、更有希望的世界秩序的大门。大银行家们已经明确地显示了他们整体上的不负责任,和对普通民众命运的冷漠。没有他们,我们的日子会更好。

如果公民活动不能拯救当今的文明,它能做什么呢?它能创建不依赖全球化体系而生存的本地生态社区。这样的社区有不止一种模式。一个可持续的本地社区将和它最直接的栖息地有紧密的关系,不同的地方会有不同的关系。而且,当全球进一步变暖,栖息地的特性也会变化。一条即将干枯的河流旁无法建立一个需要大量水源供给的新社区。在三角洲区域,人们必须考虑目前的淡水将在几年内变咸的可能性。准备好应对这些变化并非易事。

尽管领导力有限,但在向一种新文明的转变中,各级政府能发挥很大作用。今天,在选择支持包括全球金融系统在内的当前体系,还是发展未来人类生存的基础时,选择前者会令他们面临巨大压力。但他们并非总是必须牺牲人类未来以换取当前的稳定。

麦吉本使我们看到,美国总统就面临这样的选择,即正受到来自石油公司的巨大压力,要求修建一条从加拿大阿尔伯塔(Alberta)柏油砂矿到墨西哥湾的石油管道。所运送的石油将贡献于威胁我们未来的那类经济增长。实际上,相比从沙特阿拉伯运来的石油而言,以每加仑计,这些石油和开采它们的过程将对我们造成更大的伤害。石油公司会获得丰厚的回报,人们将能更长久地开车和向房屋供暖。但是如果我们选择这个方向,人类将可能面临灭绝之灾。这要取决于总统的决定。

当然,即使奥巴马总统拒绝修建石油管道,石油公司的力量也足以能够使他的继任批准修建。如果美国公众的基本态度不改变,当石油变得缺乏时,他们会想让领导们去做他们必须做的一切,以提供更多石油。最终，除非普通民众的态度发生深刻转变，对开发柏油砂的抵制将不会变弱。但奥巴马总统的正确选择将会给人类一次机会。或许普通民众会找到其他组织生活的方式，它不要求延续我们目前对石油的依赖。

当各级政府官员理解他们决策的环境时，他们的许多选择就会变得非常困难。但是，他们能做的其他事情并不是那么困难。他们可以营造一种氛围，使得那些理解和关心的民众受到肯定和鼓励。他们可以宣传局势的严重性。他们可以未雨绸缪，以水的供应为例，鼓励人们单个地或集体地准备应付一个困难的未来。他们可以强调新经济和社会关系的价值，并帮助人们认识到单纯物质财富的局限。

但这些也绝非易事。在新社区里所需要的试验不受远方政府的控制。任其不受控制不仅跟人类的根本意愿相反，而且实际上还对公共秩序造成威胁。记住"不入虎穴，焉得虎子"这个道理并非易事，而依此行事更为困难。

二、从全球化到本地化

尽管不可能制订放之四海皆准的行动方案，一些归纳总结可能是有用的。我曾建议，与其强迫本地的活动与受远方控制的系统挂钩，不如发展本地的、相对自足的经济。例如，如果全球金融系统崩溃了，拥有相对自足经济的国家会比依赖全球化体系的国家能更好地满足人民的需求。

在美国，我们既能看到持续现代化的压力，同时也能看到对全球化和现代性集中化潮流的逆动。尽管跨国公司仍在施压，要求更多的"自由贸易"和其他形式的经济全球化，但大多数人民却不支持他们。理想主义者一度曾希望权力能够转移到像联合国这样的国际组织手中，但多数人现在认识到，真正的全球秩序实际上是由布雷顿森林机构直接控制的，而他们已经沦为全球银行金融系统和跨国公司的工具。美国政府在为他们，而非为美国人民服务。随着商业公司对国家政府控制的加紧，人们对公司国家的厌恶也与日俱增。在美国，这种大众对于政府的深刻的疏离感表现为多种形式，如茶党（Tea Party）和占领华尔街（Occupy Wall Street）运动。

那些掌控美国政府的人不会允许任何回到真正民主的企图，人民也很难找到推翻他们的任何办法。但是，金钱对人民的明目张胆地欺压正在把现代性的一个重要特性——爱国主义者感情的主导地位——推向死亡。为了在全球范围获取更大利益，我们的统治者摧毁了本国的经济。他们也已经终结了大家对政府会回应国民需要的期望。因而，他们也已经造就了国家政府是主导机构和最高忠诚的对象的那个时代的终结。

为国家服务已经不再给美国人生活以任何意义。我们的帝国主义战争如今更多地由雇佣兵进行，而非效忠国家的士兵。随着越来越多的美国人深刻地意识到我们国家真正的统治者的注意力仅集中在短期利益上，而不是为了在这个星球上的人类生活的长期利益，这种疏离感只会加深。

甚至抛开它缺乏大众支持这一点，这个新经济秩序仍是脆弱的。它一直依赖于廉价的运输。这使它能够在低工资、低开支的地方生产货物，再运输到其他地方以最高价卖出而获利。运输成本的提高将削弱这些优势。单靠经济因素就会将更多的生产活动拉到销售地附近。

食品生产是一个特别重要的例子。和工业生产一样，它已经被全球化了。大多数美国人吃的大多数食物都是从很远的地方进口的。控制这个系统的跨国公司非常强大，并不断增强。但是，对它们的抵制也与日俱增。

全球变暖的最显著后果就是旱灾、洪水和恶劣天气的增加。这些都会干扰全球食品供应系统。在全球范围内，它们会影响食品价格，有时还非常剧烈。如果恶劣天气在局部发生，把食物运送到需要的人的手中会变得非常困难。越来越多的人们开始提倡抛弃现代全球工业化的食品供应系统，回到在本地生产的模式。食品安全是政府采取此类行动的常用名词。城市耕种和农产品市场正在各地不断涌现。

最近，满足所有人民真正基本的需要被认为是政府的一项基本职能。尽管在这一点上美国政府的表现从来都不够好，但人们已想当然地认为政府应负此责。现在人们已意识到，有时需要由私有慈善机构来弥补政府覆盖不到的地方。可是今天，经济的全球化和财富以及权力的集中已经导致饥饿和无家可归者的增长。与此同时，富人们一方面在运用他们的权力获得减税,另一方面极力增大使他们财富增加的投资。相应地,各级政府缺乏他们曾经拥有的为人民服务的资源。因为大多数服务都是在州一级提供的,州政府无法满足这些需要的现象变得越来越明显。对教会和其他私人机构提供相应需求的要求不断增长,已超过了他们所能回应的能力。

各州政府的一个主要职能是提供教育。但是现在他们可用于此的钱越来越少。越来越多的人对公立教育不满,私立教育越来越受欢迎。这个转变当然将加固且增大贫富差距的鸿沟。但我在这里想把它作为政府职能退化的一个迹象提出来。人们不得不自己照料自己,他们所能做的不可避免地大多数发生在本地层面。

我已经描述了美国的这些发展趋势,因为我对自己的国家认识最深。我认为类似的情况也正在欧洲发生。在非洲和拉丁美洲的大部分地区,大公司对农业的控制正对那里的人们带来比在富裕国家更为严重的后果。例如,因为干旱导致俄罗斯小麦价格的上涨(加上市场上的投机行为)已在那里带来大范围的痛苦。政府已经失灵。

世界才刚刚开始感受全球变暖的威力。我们必须有更坏的打算。在一个更稳定环境中和更廉价运输上的产生的全球化系统正磨损到危险的边沿。它将会崩溃。那些已经把自己紧缚于全球化系统中的国家将遭受巨大的痛苦。建构生态的或可持续的社会的希望将会是在本地和基层。

三、可持续的本地社区

一个概括性的说法是,在即将到来的大灾难中,相对自足的本地社区存活的几率更大。自然灾害和现代化政治经济结构上的张力会给那些依赖远方资源的社会带来严重的问题。第一个教训是,通过鼓励发展本地自足的而非持续全球化的经济,各国政府将会最好地服务本国人民乃至整个人类。这样的政策和项目的方向性调整本身就代表着一个巨大的转变。

关于这样的方向改变的建议令人不禁反问本地自足到底意味着什么。一种可能性当然是回到前现代时期。但是,还有更好的选择。并无必要放弃现代化已经取得的所有好处。或许在过去,本土自足就意味着接受较差的医疗条件和教育质量以及与世隔绝，但未来却无须如此。现代化所发展出来的技术已能把整个世界带入每个村落。我们要的是一个后现代的而非前现代的本地主义。生活在一个后现代村庄里，可以享受到最新的科学医疗发展。而最先进的教育也可以在自己家里或是一个本地学校里获得。

当然，我希望按这种本地方法学习到的不会是简单的现代性思维。后现代医学包括被现代医学抛弃的古老智慧。它对健康的心理和身体密不可分性有深刻的理解。它知道饮食和其他个人生活习惯比科学的化学干预要重要得多。它认为医药的作用是支持身体自我治疗的能力，而非取而代之。

取代现代教育的理想的后现代教育绝对是以人为本的，但是作为其中心的人也是处于社群之中的人，其目标是养成服务社群的人。它将鼓励好奇心，进而回应人们的真问题。它将吸引人们进入新的理解，并鼓励他们的独立思考。

更困难的任务是发展本地经济。电子联接无法把食物摆上餐桌，也不能遮风挡雨。对农业而言，保持传统耕种方式会证明比现代化或工业化的农业要好得多。农民们已经养活他们自己和邻近的城市居民达数千年。我们未来也应该朝那种局面发展。

但在这里，我们同样需要一个后现代的而非前现代的未来。在过去几十年，尽管许多研究也走错了方向，但关于农业生产我们已经学到了不少东西。我们了解到，虽然传统农业对土地的损害没有现代农业技术那么大，实际上它们在根本上都是不可持续的。在不受干扰的情况下，大自然要花上千年来形成土壤，农耕却很轻易地将其蚀耗。它所导致的表层土的流失，就其因透支而不可避免地走向崩溃这一点来讲，可与全球变暖的危害相提并论。

现时一个真正有创造性的农业技术进展是由韦斯·杰克逊（Wes Jackson）[①] 和他的土地研究所开发的。杰克逊看到大自然是利用多年生

[①] 韦斯·杰克逊，美国著名生态农业家、遗传学家和土地专家，美国堪萨斯萨莱纳土地学院创院院长，多年来一致倡导可持续农业，潜心研究粮食作物的多年生品种。

植物混养来形成表层土壤的。当人们取代以年作物后，对土壤的侵蚀就开始了。但是，我们无法再回到曾经的渔猎社会。世界人口的增长已经依赖于由年作物所带来的食物如谷物的增长。

我们无法放弃人工谷物生产。我们需要的是和年生谷物一样多产的多年生谷物。土地研究所已经发现这样的谷物。此类改变需要现代世界所能提供的资源。现在政府可以聚集所需的资源以推动此变化。他们可以帮助农民采用后现代农业技术。如无这样的资助，后现代农业将无从谈起。

还有一些密耕技术，在小块土地上能比前现代农业技术产出更多的谷物，且更加生态环保。同样，政府可以支持此类研究，支持农民发展后现代农业技术。政府还可以在水资源方面规划未来。它可以和农民一起发展用水更少的耕作方法和作物。如果想要大量人口生存下去，这将是必需的。

在一个自足的后现代文化中，小农场主的角色将会至关重要。如果现代社会所生产的各类工业品大大减少，人们仍然可以活下去。但是，如果没有粮食，人们必死无疑。食品生产理应成为最受尊重的劳动。它应该取得相应的回报。政府的食品安全政策不应集中于保证能从远方生产和进口食物的能力，而应集中于如何能在更糟的情况下提高本地自足的食品生产。而且，目标应定在培养主要吃本地食物的习惯上，并减少对肉类的消费，以降低对生产本地食品的压力。

建筑应该使用可持续本地材料，应尽量就近取材，少用木料。当建造整个村子或城市时，应采用保罗·索拉里（Paolo Soleri）① 的生态建筑。关于此类贡献于后现代文明的建筑我们已经有很多知识了。

类似的原则适用于后现代能源生产。在一个趋于崩溃的全球化社会里，能源安全依赖于本地生产。当然，各地的能源生产方法各不相同。但在大多数地方，都可以多利用太阳能和风能。还有，楼房甚至整个城市的不同建筑方法可以极大地降低对能源的需求。在运输上，本地经济远比卷入全球化体系的经济消耗更少的能源。对于本地交通，自行车应

---

① 保罗·索莱里，意大利裔美籍建筑师，被誉为"世界生态建筑之父"。

比发动机车优先考虑。简言之，政府政策应引导对能源需求的减少，支持在本地生产所需的各种用品。

在工业领域，焦点也应该集中于在本地生产生活用品。当然，对大城市和小村庄来说这有不同含义。他们对工业产品的需求不同，生产能力也不同。而且，我们可以希望农村产出的农业产品和邻近城市产出的工业产品之间的交换源源不断地进行。

本地经济并不怎么依赖那些已经为世界制造了很多麻烦的大金融机构。它们可以经受住全球金融系统的崩溃的冲击而不倒。极端情况下，它们可以不用钱币而靠以货易货来生存。可是如果我们理解金钱的本质，本地社区会创造适合自己的商品交换媒介。这样的社会现在就有。但是因为几乎所有社会如今都紧紧绑定全球化体系之上，本地货币只能扮演一个次要的角色。但当全球系统崩溃时，它们可以变得非常重要。在一个发育完全的本地经济中，本地货币能取代所有其他货币。本地社区可以完全摆脱远方金融中心的控制。

四、本地经济和经济理论

总体上，我的上述观点是，许多本地社区可以在很大程度上获得所需的自足。他们变得越自足，现有系统的崩溃所带来的痛苦就会越少。理解这样的自足的价值并采取行动实现之，完全可以不涉及任何经济理论。

但是，在目前全球化的背景下，提倡本地经济的想法直接与主流经济理论的政策主张背道而驰。因为经济"专家们"都是主流经济理论培养出来的，他们把市场的扩大作为改善所有经济的正确方向，连国界的重要性也被尽可能地降低。

他们所建议的政策把所有本地经济都裹入单一的全球化经济之中。那是主流经济理论的理想。可是，实际结果跟理想经济学家的设想颇有不同。现在这个全球化经济体系越来越为金融部门所控制，进而又为一小撮互相关联的银行所控制。经济学家们倾向于把这些金融机构和工业公司同样对待，可实际上二者有本质不同。金融机构制造的货币跟工厂生产的产品非常不同，它们在社会上充当不同角色。遗憾的是，我们的经济"专家们"对金融和金钱是如何产生的知之甚少。

长期以来，金融机构在人类事务上一直扮演不相称的角色，但在近几十年来它们对政府和工业界的影响不断增大。这样的经济与理论推崇的真正的"自由市场"相去甚远。"专家们"受教的经济理论对于理解受跨国银行控制的经济并无帮助。主流的经济理论基本上把政府描述为对"自由市场"的威胁，而今天的实际情况恰恰是金融对市场的控制从而削弱了自由市场。

不从主流经济理论而从其他地方寻求指导的一个原因是，主流经济理论对当今全球化经济体系中最重要的部分缺乏关注。但是，它还有更深层的弱点，即它基于下述公认的假设：生产的增长是件好事。实际上它相信，经济理论就是要指导政府和公司如何获得生产的增长。人们已经看到，经济的工业化带来商品生产的大幅度增长。经济学家们用理论解释这如何发生，并成为能鉴别和澄清促进工业增长的政策和过程的专家。那些接受这个目标的人有充足的理由求教于经济学家。他们当然会抑制本地化经济。

可以理解的是，那些已加入经济学家圈子的人也把推广这个目标当做他们社会角色的一部分。可是，在这一点上，他们并不是什么专家。他们并无特别的资格能令其反思对一个社会而言合适的目标是什么。除了对那些从他们推崇的增长方式中明显获利的人们，经济学关于"增长就是所要目标"的论证并没有什么说服力。即使可以假设经济"增长"就是根本需要，我们仍然可以质疑经济学家们是否真正理解并能很好地测量之。例如，对经济增长的渴望是否意味着市场活动越多就越好？标准的经济量度认为确实如此。

但这是否意味着如果雇人替自己做家务，或者下馆子而非在家吃饭，人们总是可以从中获益？或许雇人做家务能使夫妇两人都工作赚钱。这里的假设是两人多赚的钱大于雇人的花销，从而总收益即总收入增加。但是，常识告诉我们，应该从总收入增量中减去佣人的工资。在这个家庭中或许是照此计算的，但在宏观统计中，却是把夫妇的工资总额和佣人的工资加在一起。如果这是通常理解的计算方法，这显然夸大了实际的增长。

再来看另一个例子。如果一个本来安全的社区突然犯罪增加，人们就要买锁、安装防盗装置。如果还有纵火犯罪，又要配消防设备、买财产保险。当然这会带来市场活动的增加，但认为这种增加也是我们想要的未免欠妥。

经济学家们当然了解这些问题，有人也已开始把它们考虑在内。有人研究了家务劳动的价值，并把它计入经济增长之中。已经有所谓的"防御型开支"，它可以被从实际经济增长中扣除。但是总的来讲，用于判断政策和历史进程成功与否的数字对这些建议做法考虑甚少。如果"家务劳动"和"防御型开支"在经济活动中只是微不足道的因素，关注它们或许是太过"学术"了。但当我们深入反思，会看到它们实际上不容忽视。

很多经济的"增长"都是工业化的结果。通过安排每个工人从事简单的重复劳动，再通过用化石燃料驱动的机器取代人力，工人们就变得更"多产"。也就是说，比起手工生产如手工制鞋，可以在更短时间内生产同样数量的产品。这样的"增长"是所追求的真正意义上的增长。可是，即便在这里，也有些本应被扣除的经济开支实际被错误地计入了。

设想一名小镇鞋匠在无法与工厂制鞋竞争时，他搬到城里，到一个鞋厂工作。他因此而变得更加多产，但生活开支也增加了。城里的房租比小镇贵很多。这虽然增加了经济学家们计算的经济增长，但却并不意味着鞋匠的实际居住状况一定有所改善。事实上，人越多的地方房租越贵，他的居住状况很有可能还比不上从前。如果他搬到郊区，可以以较低房租享受到更大私人空间，但交通费又会增加。

如此一来，我便为哪些数据能进入统计计算而犯难了。如果主要是从定性来看"增长"，问题实际上变得异常复杂。或许跟鞋匠作为一个城市工厂里的工人相比，他在小镇上更有社会地位，更多地参与社区活动。他几乎肯定地更享受作为一个小镇鞋匠的工作，而非一个城市产业工人的工作。国家经济政策应当漠然无视这样的损失吗？

还有另外一些考量。在考虑如何计算个体的经济福利时，我们不仅会考虑他所购买的商品或服务，还会考虑他未来的持续购买力。如果他的储蓄正迅速减少，这会影响我们对其经济富裕程度的评估。但是此类考量在标准经济量度指标中并无体现。许多国家靠出卖石油、森林、土地赚钱。他们对商品和服务的购买力显然是不可持续的。但他们的国民生产总值（GDP）并不因此而受丝毫影响。当问到世界经济状况如何时，我们得到的答案是市场活动增加了多少，但为增加这些市场活动而消耗掉的淡水、木材或矿石却无人关心。

我自己对于这些问题的反思驱使我跟其他人特别是我的儿子克里夫（Cliff）合作，设计了一个可持续经济福利指数。它有许多限制，尚未包括我认为的某些更重要的东西。但它清晰地显示出，经济学家们所度量的增长并不导致人们实际经济福利的提高。

起初，经济学家们基于"他们所度量的增长能令人们受益"这一点发展出关于经济增长的科学。现在可以明确看到，有些增长能令人受益，有些则不能。因此，或许有必要发展一个不同的研究如何改善真正人们经济福利的学科。

五、生态经济学

其他人提出了一个更激进的方案。他们令人信服地建议，经济活动的目标应该是人类的总体福利。经济理论不应再把经济福利置于其它福利之上。问题是：经济怎样才能贡献于人们的整体福利？不丹已经采纳了这个主意，跟其它政策一样，经济政策应以它为人们的幸福感的贡献多少来衡量。它应追求国民幸福总值（Gross National Happiness，GNH），而非国民生产总值（Gross Domestic Product，GDP）。

马克·安尼尔斯基（Mark Anielski）[①] 在《幸福的经济》一书中指出，对那些承认从经济"增长"到幸福增加的转移的优先度的国家，这一转移能给国家指出许多现实的方向。当然，那些已经完全接受现存经济理论的国家即使考虑这样的变化也有很大困难。但可能的是让更多政

---

① 马克·安尼尔斯基，加拿大著名幸福经济学家，安尼尔斯基管理股份有限公司总裁，中国政府绿色 GDP 政策顾问，《幸福经济学》一书作者。

府采用一个不同的目标,并开始教育国民来帮助制订趋向这一目标的政策。然后,当与当今风格的专业经济学家相对更窄的目标相关时,也可以就某些特别的事情咨询他们。

即使是人类幸福度这一目标也可能有很大的局限性。这要放在我们日趋衰败的文明的极端个人主义和人类中心主义的背景下来理解。因为不像现代西方人那样,这些态度并不符合不丹人民的特征,所以这一目标的局限性对不丹并不重要。但如果要在其他国家推行幸福度的目标,我们应该意识到它有可能简单地再次确认个人主义和人类中心主义。可能更好的说法是以人类社群及其生态环境的可持续福利为目标。

将焦点从个人转移到社群有其自身的问题,但这可以通过展开解释社群这个概念来解决。尽管社群绝非是个体的简单集合体,但是离开组成它的个体,社群也无法存在。社群的福利即在其成员的福利之中。但这福利来自各成员间的关系,以及他们作为一个整体对社区的参与。没有哪个社区可以理解为其成员的简单累加。同样,参与社区活动也不是任何个体成员的全部。同等甚至更重要的是,社群的福利将贡献于个体的福利,个体的福利也会促进社群的福利。当我们将个体理解为"社群中之个人(persons-in-community)"时,就会看到使个人受益的一个主要途径就是令其所处的社群受益。

以社群的福利为目标常常会导致与那些遵循个人主义假设的主流经济理论相悖的政策。这些个人主义的政策通常会为提高个人的总产出而牺牲社群。如果人类的福利实际上主要是消费和拥有,这或许还有几分道理。但是,如果人际关系是我们福利的中心,则那些政策根本上是有害的。

当把环境的福利引入我们的目标之中,会得到相似的情况。一旦理解到个人和人类社群的福利与他们身处其中的自然环境的福利密不可分,我们就会看到,对个人福利影响最大的政策往往是那些改善环境条件的政策。当我们看重可持续性,则比起增加一小部分人的奢侈消费来说,减缓和制止全球变暖对人类福利的贡献要大得多。

我们可以将此理论问题再推进一步。到目前为止,我所讲的都没有直接拒绝在现代性中占统治地位的人类中心主义。我只是简单指出人类福利与自然环境的福利密不可分,因而,为了人类的真正福利,必须考虑自然环境的福利。接下来的问题是,这是否是我们关心自然环境福利的唯一原因。

换一种方式发问,我们是否应该考虑其它动物甚至其它生物自身的价值,而非仅从它们对人类的贡献出发?现代思想家,包括现代经济学家,都回答说"不"。一些后现代思想家,包括怀特海在内,则回答说"是"。人类和其它动物固然不同,但每个动物都有其自身的内在价值。我们的目标应该是增加整体价值,而不仅仅是人类的价值。

生态经济学至少要研究经济如何贡献于整个世界的福利。这可以基于人们的福利如何受其他人的福利所影响的假设。怀特海进一步认为要为其它生物自身目而关心它们,这在很多时候不会影响整个系统。但在某些时候,这会变得非常重要。和人类中心主义者不同,一个怀海特主义者有时会提倡为了其它生物而牺牲人类的部分利益。

或许更重要的是,相信存在一个融万物于一体的经验可以支持我们的如下直觉:即使我们对众多物种不甚了解,仍然可以承认保存其多样性存在是有价值的。对物种多样性的价值的论证所用的往往是人类中心的形式,但这样的论证走不了多远。如果承认一个融万物于一体的经验,我们可以自然地承认物种的多样性能使该经验更丰富多彩。

六、怎么办?

我意识到各级政府承受着极大压力,要把他们的辖区越来越全面地融入到全球经济之中,以获得在那框架内的成功。这压力要求保持全球经济运作良好,甚至进一步扩大。我的观点是,这是徒劳无益的努力。它越成功,就越快毁掉自己,连带亿万人民的福祉乃至生命。我为建设一个后现代世界而发出的呐喊,在一个现代社会中,可能显得非常的不切实际。

问题是,通常认为的"现实主义"夸大了当前体系的重要性。那些自认为是"现实主义者"的人,通常看不到"事情就是如此"这一论述的极度虚弱性。他们可能会认为"别无选择"。他们呼吁对一个无法存活、已经破碎的"现实"进行调整。一种更深刻的"现实主义"是认识到未来会带来什么和为之要进行的准备。

但是我意识到，在一个不断恶化的环境中保持现实感是一件复杂的事。在决定自己能做什么时，人们必须识别当前现实运作的机制。即使知道它正在死去，人们必须在那趋死的环境中运作，仿佛它就是现实一样。可是，人们承认创造一种新的生态文明的重要性，这本身就会造成很大的不同，即便现有的结构内也有一些灵活性，有时是可能给出空间甚至是鼓励来进行试验的。新文明所需的某些特性可以被当做是对当前文明的有用延伸而加以提倡。最真正的"现实主义"是要找到这样一条道路：既能建构一个新文明，又能为那些想要保留甚至发展传统的人所接受。

（郭海鹏译）

（作者系美国克莱蒙研究生大学终身教授，美国过程研究中心主任、怀特海过程哲学的第三代传人，世界著名后现代思想家、生态经济学家、过程哲学家）

后现代科学、后现代马克思主义和后现代文明：怎样避免西方的现代性错误

[美] 菲利普·克莱顿

我有幸被邀请就"建设性后现代主义和中国"这一主题进行发言。中国是世界上最大的和最复杂的国家之一。它拥有世界上不间断的最古老文明。（相反，我来自新大陆上非常年轻的国家。）并且，中国的变化速度非常之快。每个月，中国都会启动一个影响成千上万人的新的重大项目。

正是中国这种难以置信的变化速度给了我今天站在你们面前的勇气。中国所面临的挑战极其复杂，但是中国领导人有足够的智慧在世界范围内找出应对办法。对于中国来说，我不能说什么是最好的，但是我可以描述西方已经做错的。我很乐意看到中国领导人能够避免西方的这些错误。

一、建设性后现代主义和科学

我很荣幸代表加州洛杉矶克莱蒙林肯大学。这是一所年轻的学校，它一直都践行"建设性后现代主义"的价值观念。西方现代主义哲学强调分解研究高于整体研究、个体高于社会、分析高于综合、价值中立研究高于包含人类价值尺度的研究。西方的许多大学就是建立在这样的价值观念之上的。然而，作为一个后现代的大学，我们追求用整体性方法去做教育。在课堂和项目中，我们寻求事实和价值、个人和社会、分析和综合，传统和创新之间的平衡。我们的使命是训练领导者能造就一种

对所有人都有利和全局性的全球合作关系。

科学方法是在许多方面都简化的方法。最有力的科学用简单的规则、原始的条件、数学关系解释复杂的现象。我重视科学的这些力量；它们造就了一些人类有史以来达到的最引人注目的成就。在我看来，解构后现代主义并不适合认识科学知识的独特性。例如，法国解构主义哲学家似乎把自然科学知识和社会科学知识等同看待。但是他们忽视了科学和文学、哲学和宗教研究的不同。

建设性后现代主义没有改变我们科学研究的方法。卓越的科学在世界的每一个国家都是卓越的，这种评价标准无疑是国际性的。但是后现代主义并不要求我们对人类怎样将科学研究和人类经历的其他方面联系起来作出不同的思考。它要求我们在科学工作和其他人类活动的重要领域之间建立一种和谐的关系。正如我将讨论的合作关系，它对于中国的成功是必不可少的。事实上，人类今天所面临的最重要的任务是平衡技术和人类可持续文明之间的关系。

二、现代主义之后的科学

在现代，尤其在西方，知识和价值是被放在对立面的。现代主义者认为"事实"和"价值"之间的区别是不可逾越的。现代哲学家强调价值是人类臆想的或者仅仅是生产方式的一种副产品。他们说，科学研究世界就意味着排除了所有的价值。在过去，教育者认为对科学家和工程师在知识上和他们学科领域内的基本技能的训练已经足够。他们宣称如果科学家能够做好他们的工作，社会就会获益。

但在后现代世界，我们已经认识到自身研究技术的不足。有时科学家将对知识的追求放在对普世价值追求之上，人类在这一进程中受到了伤害。我在斯坦福大学和后来在哈佛大学的工作过程中都遇到了一些不能进行团队合作的科学家。这些个体的科学家希望能够独立，他们之间相互争斗。这给大的研究组织造成了许多问题。因为团队的利益必须高于个体的利益。这样的事在西方的研究机构经常发生。当一个科学家只为自己着想的时候，他更容易做出不道德事情，他会歪曲数据或者在没有检验结果的情况下就将结论迅速公布。

新的事实与价值的结合是必要的。我来举一个例子,几年前我邀请了诺贝尔生物化学获奖者皮特·多赫特(Peter Doherty),来举办一个有关气候变化的全球论坛。多赫特博士总结了气候变化的科学证据。当他发言完毕后,走近观众群中的宗教领袖,并请求得到他们的帮助。多赫特博士说,我不是一个信奉宗教的人士,但是我知道宗教比世界上任何力量都能更深层次地唤起人们帮助我们推广这个信息。之后,请使用宗教的力量来使得全世界你的追随者做出真实的改变。

这些话语蕴含着大智慧。如果人们要面对全球气候变暖的科学证据的话,他所寻找的结合形式是非常关键的。对比而言,科学与宗教之间的对立使得人类无法完全地回应这一变化。正如美国的伟大总统亚伯拉罕·林肯曾经所说,一栋分开对立的房屋是不能矗立的。如果因为科学家与宗教人士持续对立的话,我们就不能建设和谐社会。

只有当人类寻找到一个科学研究与文明深层次的交汇之处,我们才可以达成建设性的解决方案。后现代科学家、哲学家和古老的中国文化应建立起合作关系。但是这意味着伟大的科学家必须在大学接受两种教育:一种是科学与技术的教育;另一种是宗教的教育。

想想以下三个例子。

科学告诉我们生物数量的减少如何使得生态系统减弱。但这仍旧需要宗教与美学的训练才能使我们领略到大自然的内在的美丽以及更深刻地懂得我们身边的世界。

医药科学可以演奏我们的生命。但是只有古老中国的文化传统——孔子、老子、墨子——可以帮助人们明白生命的品质。宗教传统对于评判一个人好坏与否提出了非常有价值的建议,并且可以使得人的生命在最后日子里过得更加充实与人性化。

科学给了我们设计城市、建筑物与道路的伟大工具。但是,要建设一个使得市民幸福的城市则需要智慧。宗教传统对于人们的基本需要有深层次的了解。只有我们懂得了这些社会性需要我们才能建设使得人类繁荣的城市。

三、后现代马克思主义

就拿现代主义思想的例子来说明。许多年来我研究了西方马克思主义及其发源地——欧洲的思想界,马克思所依据的辩证法框架是由之前150年里大多数的德国哲学家(莱辛、康德、费希特、谢林和黑格尔)发展的。但是这些思想家是唯心主义者。"唯心主义"是相对于身体而言更强调心灵、相对于自然而言更强调精神的一门哲学。最终,到1843年,一个名叫路德维希·费尔巴哈的德国哲学家扭转了唯心主义。德国唯心主义者谈论的是上帝,而他谈论的却是人类。当他们再谈论精神或心灵的发展时,他却在谈论它赖以生长的人的身体以及必要条件。当马克思在撰写著名的《关于费尔巴哈的提纲》时,他以同样的观点开始的他的学术生涯。这一新的强调人性的观点使得马克思了解了生产所需的物质条件,经济在社会历史变迁中的作用,与工人和资本家之间的斗争。我们认为这主要归功于他富有洞察力的分析。

但是费尔巴哈和马克思并没有克服他们前辈的现代歧视。他们仅仅从一边转向了另一边而已!在这两个德国人的思想成果中,思想、文化、哲学、宗教被称之为上层建筑,建立在生产力这一物质条件之上。同其他的现代哲学家一样,马克思并没有修复之前形而上学哲学家所丢失的平衡,他仅仅是转向了另一个不平衡。

马克思主义从西欧诞生,传播到东欧以及俄罗斯,最后到中国时已经修正了这个不平衡。在这个过程中,新的马克思主义者也渐渐地从现代模式转向了后现代的模式。举个例子,马克思主义本不适应于俄罗斯的国情,俄罗斯当时还基本是农业社会。因此,列宁与斯大林创造了一个马克思主义适合于当时条件下的形式,该形式适合于俄罗斯人民最根本的需要。但是要改造马克思主义,要让它从文化上适合当时的情况,也就是将现代马克思主义改造成后现代马克思主义。

当中国式马克思主义形成之时,也发生了类似的事件。尽管马克思的很多理论见解都具有建设性意义,但中国领导人很快意识到,西方马克思主义并非完全适用于中国体制。尽管受到来自俄国的压力,中国领导人仍然认为，俄国马克思主义也并非适合中国国情。政治理论家很早就意识到毛泽东思想广泛吸取了中国的哲学思想和文化精髓。中国领导人逐渐意识到文化的重要性，马克思理论走向了后现代化。毛泽东对农村问题的聚焦就是马克思主义中国化的一个显著标志。从后现代的角度来看，自毛泽东逝世以后，中国马克思主义的发展并不是对过去的一种否定，而是对马克思主义哲学与实践的一种自然有机的延伸。在中国，马克思的思想成为"开放的马克思主义"，成为了后现代的。这是一个非常重要的成就。

相比之下，我必须对我国的"现代主义"预想持批判的态度。很多美国人认为你必须独立自主，自力更生。在他们看来，一个人的失败意味着他的不努力。他不应该得到社会的帮助，因为他的失败是自身造成的。这种现代主义哲学被称作"没有安全网的资本主义"。现代主义者认为，自由市场会满足人们的需求。来自政府的无"安全网"社会政策是必要的。

然而这种现代主义的观点是错误的。市场竞争会带来有利因素，同时也会产生不利影响。世界期待中国能够给出一个独特的答案——一种通过社会政策来平衡市场需求的"道家经济"。现代西方社会产生两种相交的哲学观：自由资本和欧洲马克思主义。在21世纪后现代主义社会里，中国领导人能够找到西方国家无法企及的这种平衡吗？

四、培养后现代文明时代的领导人

中国面临很多抉择，这事关中国的前途命运和未来的发展。10年内，中国几乎成为世界第一大经济实体，因此它的决定同样会对整个世界产生重大的影响。中国拥有超过13亿的人口，如果单纯的效仿西方的发展道路，结果势必是毁灭性的。如果追求的只是现代意义的经济增长和发展，那么对中国乃至整个地球的生态将是毁灭的打击。

这就是世界如此关注中国如何做抉择的原因。对中国人来说，诱惑很多。在西方，每个国家都拥有强大的实力和财政保障，人们渴望更加舒适、轻松的享受型生活。因此，能耗和浪费增加，消耗比率激增，成直线式上升。中国作为世界经济强国，诱惑也同样很多。那么，在现代社会，中国会做得比西方更加明智吗？

中国领导人致力于推进中国成为后现代或是"生态"文明国家。中国有可能跳过西方过去两百年间在发展进程中所犯的错误，采用后现代组织发展的原则进行国家建设。目前，世界上没有一个国家能够直接从现代化之前跨越到后现代化时代。如果有这种可能，那只有中国，因为它已经有两千五百多年的中央集权与合作的传统。即便是古代帝王也认为他们是代表上帝来为人民服务的。这样的古代传统被中国人保留至今。

我们该怎么做呢？中国人及领导班子有足够的智慧能够避免西方国家在现代化进程中所犯的这些严重错误吗？作为一名中国观察员，我认为只有你自己丰富明智的经验才能引导你作出决定。

对于普通人来说，当一名计算机程序员或工程师已足够。但对于国家未来的领导人来说，不仅需要学术、商业能力，乃至需要更多的能力。西方伟大的哲学家柏拉图曾经说过，领导者必须是哲学家。哲学一词，在希腊语中是——爱+智慧，意为爱智慧。所以他认为，"让一个爱智慧的人成为统治者。"

那么，我们作为大学中的负责人，该怎样为即将成为哲学家和智者的未来领导人做准备呢？那么我们的毕业生必须首先知道什么是智慧，如何学习什么是智慧？当然这不是来自现代时期西方的世界观！中国未来的领导人将从印度的传统哲学，或许从亚伯拉罕的宗教伦理：犹太教、基督教和伊斯兰教中学习智慧。但主要的智慧源还必须是中国文化、中国经典著作和中国的传统智慧。这些伟大的经验将直接通向建设性后现代主义——如果你未来的领导人都知道中国古代传统智慧并且知道如何将它们应用到当今的世界，那么才能成功。这适用于企业、大学教育、服务业和政府决策部门。

中国学者已经把毛泽东思想的一些观点与科学和技术的需求结合起来了。我认为现在必须要做的事情是把这一结果与中国传统思想相结合，把两者融为一个和谐的整体。一旦成功，在接下来的20年中，中国将是一盏明灯，照亮世界，给所有国家展示什么是后现代主义和生态文明。你有巨大的文化资源可以使用。

社会需要科学和技术来为良好的人类和星球扮演一个仆人的角色。科学和技术可以从传统的宗教世界中学习伦理和价值观。儒家思想、道教、佛教每个教都是适度的，是抵制自私和服务整体利益的。这些传统智慧可以作为科学和技术明智而有灵性的老师。它们可以帮助科学家学会在当代社会中起积极的作用，达到物质与精神的平衡。

五、科学和价值观如何推进后现代文明

如果我们把道家的"和而不同"思想作为后现代文明的模型会发生什么？为了更实用和具体，我把重点放在了中国官方生态文明的概念上。

作为科学家，我们想知道：什么是数据？物体如何工作？他们为什么要以这种方式工作？我们怎样才能基于当前模式和法律来预测未来？因为科学家仔细地收集和分析了从过去到现在的数据，所以科学家能很准确地预测未来的状态。因此，如果我们想知道全球变暖会有什么样的影响，我们可以问相关科学家。他知道地球的大气为什么会变暖。如果一个地区的温室气体持续以目前百万的速率增加，那么他就能够预测未来的温度将会上升多少。（我推荐 www.350.org 这一组织，它能提供全球气候变化的科学数据）。这样科学家就可以确定有多少冰川和极地冰帽会由于温度上升而融化。这样就能够预测全世界的海平面上升多少，并计算出世界上对特定地方产生的影响，例如孟加拉国。没有任何一个国家和地区的人类知识或信仰能接近科学的准确性。这些知识对于人类而言是一个伟大的礼物。

虽然艺术家、伦理学家和宗教的人不能准确地知道我们这个星球的未来，但他们也是有所贡献的；艺术家教我们看到周围美丽的世界；伦理学家帮助我们更加深入的约束了我们价值观层面的行动。宗教给我们提供了智慧，告诉我们人生最重要的是什么，以及如何以不同的方式生活。科学和技术教会我们如何学习，如何做事；在这些其他领域，我们知道什么是有价值的，为什么它是有价值的，应该怎样以这种结果生活。还有很多例子，传统儒家哲学中的"礼"（"正确的行为"），或道

教哲学中的"平衡",或佛教中温柔的教义,或印度传统的玛雅猜想。在西方宗教中,如果人们想要生活的幸福和成功,相信上帝,上帝就会指导人们应该怎么样做。世界上大多数的传统宗教也提供这样的观念,重视自然并且爱护自然。

当科学和道德或宗教通过这种方式相互学习,您可以看到一个美丽的互补出现。当我们想知道事实和预测,我们可以去求助科学。当我们想找到了更深层的动机去听那些事实并且采取适当的行为,我们就得去找各种宗教了。在后现代世界里,那就没必要进行这两种方法之间的争斗了。你不能再有别的选择了,除非那个世界有月亮但没有太阳,或者只有男人但没有女人。

六、结论

我希望西方能教中国如何运用现代科学、技术和经济学来建设生态文明。但是,我必须很遗憾的说,西方国家没能成功地完成这个紧迫的任务。因此它落到西方以外的南半球国家的了,去了印度,特别是中国——学习如何建立一个可持续的后现代文明。因为我的国家未能完成这项紧急任务,我不能作为一个权威,但我会作为一个朋友去的。我给你提供我的大学和日益增长的整个美国的进步思想家资源,来支持你这个重要工作。在建设性后现代主义哲学的指导下,在未来很长一段时间,中国将在这个星球上享有一个伟大的未来和一个领导角色去创建可持续的文明。

(山西大学白如斌译)

(作者系美国克莱蒙林肯大学校长)

五

发展理论

五

李風眠

对文化民族性与时代性关系的新思考

——重新反思20世纪30年代的文化论争

杨学功　张　胜

引　言　问题的提出

20世纪上半叶是中国经历内忧外患的时期：中国传统的政治社会结构开始解体，使得中国人在现实生活中失去了重心和方向；政治层面的危机同时也牵连到更深一层的文化危机，在思想上使国人产生了极大的混乱。一方面，进步的中国知识分子痛恨帝国主义的侵略，不能对传统文化的沦丧坐视不理；另一方面，他们又折服于西方文化，认为这是生存于现实世界的必需。在这种爱恨交织的情结中，知识分子在整理和学习中西文化的过程中形成了不同的文化理念和体系，在探索中国文化出路时走上了不同的道路。

近代以来知识分子对中国文化问题的讨论，几乎总是与对西方文化的讨论和评价密不可分地纠缠在一起，这是不足为奇的。其实，对中国文化的讨论本身就是"自西洋文明输入吾国"，即西方文化这个"他者"促成的。千百年来闭关锁国的中华大帝国，在近代以来突然受到一种异质文化的挑战，并几乎在这种外来文化面前溃不成军。这就不能不使中国知识分子在痛定思痛之余，叩问中国传统文化价值，追问中西文化差异。但是，在中西文化巨大的差异下，巨大的文化财产变成了守住家业的文化包袱，巨大的文化优越感变成了愧对祖宗的文化负罪感。这毋庸置疑是现代化进程中知识分子心理上的巨大障碍，尤其是素有士大夫气质的中国知识分子在自我启蒙道路上的一块暗礁。简言之，知识分子与传统文化之间"剪不断、理不乱"的深层关系，在某种程度上阻碍了近代中国向现代化转型。

一、民族与时代：现代化进程中的交响

30年代文化选择的大讨论虽历时短暂，却激烈复杂。这场文化争论是20年代文化争论的继续和扩大，即从"东方化"引出中国本位的观点，从"西化"引出"现代化"的观点，并在逐步深化对中国发展道路的思想认识过程中，把现代化的基本概念确定为工业化、科学化、合理化和社会化。①"全盘西化"派着眼于文化的时代性，以西方文化为参照系来看待中国传统文化，认为西方文化代表了时代的发展方向，而中国传统文化已经落后于时代。"中国本位文化"派则在强调维护传统文化的基础上有条件地接受西方文化，其立足点是文化的民族性。不可否认，"全盘西化"派的着眼点是文化的时代性，但时代性需以民族性为形式展现出来。换言之，"全盘西化"派援西方文化以重筑中国文化，在"破"与"立"的过程中，力图实现中国文化的重建。"中国本位文化"派则以文化的民族性立足，在维护中国文化民族特性前提下，不断充实对"本位"的阐释，并提出建设"中国本位意识"的观点。在"存"与"废"的过程中，迎头赶上"世界大环中的其他个环"。

"全盘西化"派以时代性为依据展开对文化选择的论述。比如，常燕生就认为，世界上只有古代文明和近世文明，没有东方文明和西方文明的区别；现代的西洋文明的发展并不是基于其民族性的特殊点，"乃人类一般进化必然之阶级"，它是世界的，而非民族的。②陈序经则主张文化只有程度的差异，而没有种类的不同。也就是只承认文化的时代性而否认文化的民族性。③在"全盘西化"派看来，民族可以不同，但现

---

① 罗荣渠：《从西化到现代化——五四以来有关中国的文化趋向和发展道路论争文选》，北京：北京大学出版社，1990年版，第21页。
② 罗荣渠：《从西化到现代化——五四以来有关中国的文化趋向和发展道路论争文选》，北京：北京大学出版社，1990年版，第177页。
③ 罗荣渠：《从西化到现代化——五四以来有关中国的文化趋向和发展道路论争文选》，北京：北京大学出版社，1990年版，第389—390页。

代化只有一个。就现代化的价值目标而言，东西方不能有什么不同，就像不能说东方有东方的时代性，西方有西方的时代性一样，也不能说东西方的现代化有什么相异的价值目标。显然，以时代性为唯一价值尺度的文化发展观是以所谓"普遍历史"为内核的，这种"普遍历史"观预设了一个时间发展序列，即一种历史发展的模式。中国文化要进入这种"普遍历史"，就需要服从这种逻辑。与此不同，"中国本位文化"派以民族性为根基，为最高价值尺度。十位教授之所以提出中国本位文化建设纲领，原因之一便是他们认为中国文化与社会的落后，是由中国民族文化的丧失造成的。在他们看来，在西方文化的冲击下，中国文化特征没有了，甚至中国文化都将消失，因此主张以民族性的中国文化为本位，维护和复兴固有文化。

通过比较，不难发现，以时代性诉求为第一要义的"全盘西化"派，主张以时代性主导文化的选择，进入人类普遍历史的发展模式。这种显性的时代性诉求下包含着一种对文化民族性的隐忧。而以民族性自居的"中国本位文化"派，在固守营垒的同时已经不自觉地进入普遍历史的发展逻辑。这种对民族性执着坚守的背后是走进普遍历史时间序列的担忧。

需要指出的是，无论是"全盘西化"派，还是"中国本位文化"派，他们始终没有放弃中国文化的主体性地位，而是在"谁主导"这个问题上产生分歧，从而选择了不同的发展道路。在这场文化论战中，"全盘西化"派将中国文化建设的最大障碍对准"民族特性"，但显然并不是完全抛弃民族特性，因为这种深藏于人们行为和内心中的文化心理结构并不是想抛就能抛的。正如胡适所讲的"文化惰性"[①]。这一派夸张

---

① 胡适认为，在多种文化冲突中进行自我调整，绝不能采取折中的态度，因为旧文化有一种"惰性"，这种惰性的根子可能在某种固有环境与历史条件下形成的生活习惯，构成为某一文化的"本位"，即使物质生活骤变，思想学术改观，政治制度翻造，那个本位都不会有毁灭的危险。因此，全盘西化的结果自然会有一种折中的倾向。胡适认为，要改造中国，只有努力全盘接受这个新世界的新发明，全盘接受了，旧文化的"惰性"自然会使它成为一个折中调和的中国本位的新文化。笔者认为，拼命走向极端，再让文化的惰性拉回折中调和，这是非常危险的。但在一定的历史条件下，倡导此说还是可以理解的。回眸中华民族百年来经历多次大变革的震荡后仍未能彻底冲掉旧文化的惰性，就知道"文化惰性"说的确有某些可取之处。

的做法恰恰表明了"全盘西化"派不是要抛弃民族特性，而是引"活水"济"死渠"；不是抛弃而是拯救民族特性。"中国本位文化"派的历史地位和现实价值不容否认，但是该派对传统文化和西方文化及其关系的理解不够深刻，选择文化的标准又过于抽象，导致无法具体实施，只得在表面做些文章；同时又有为政治服务的嫌疑，令其备受责难。无需否认，这种纸上谈建设的做法，也同样是基于"中国本位文化"派的"拯救"意识，即希望保存并在可能的情况下扩大本民族文化的"势力范围"。相较"全盘西化"派，这称得上是显性的自我意识，但远不如前者深刻。此外，论证双方对中西文化不同之由来作了历史分析，指出在历史上原非根本异趣，主要集中在工业革命以来西方社会面貌完全改变，故而中西文明之不同是农业经济文明与现代工业文明之不同，这样，讨论中较多的人便把中西文化比较从文化层次扩大到了经济层次。

文化的建设始终建基于一定的文化根基。这一文化根基，一般来讲，便是不同文化各自历经历史发展所积淀下来的传统。更准确说来，是文化传统而非传统文化。在"全盘西化"和"中国本位文化"的论战中，学者们往往混淆了"传统文化"和"文化传统"两个概念；而在80年代的文化讨论中，大多数学者已经注意到二者在涵义上的差异，并对二者加以区分。在他们看来，"传统文化"是已经过去的文化，是一个静态的凝固体，其内容当为历代存在过的种种物质的、制度的和精神的文化实体和文化意识；而"文化传统"则是指"活"在现实中的文化，是一种动态的流向，它产生于该民族的历代生活，成长于该民族重复的实践，形成为该民族的集体意识和集体无意识。① 由此观之，传统文化包含文化传统，即由凝固下来的文化实体和文化意识为形式所呈现出的文化心理结构；文化传统是传统文化的核心，是民族心理结构的一种现时代体现。至于是否是民族精神，那更要看它是否符合时代的需要，为时代所重新熔铸。但无需否认，文化传统贯穿于传统文化之中，是中国人传承至今的心理习惯和思维定势，具有稳定、恒久的特点，也就是中国传统文化精华的源泉。

---

① 邵汉明：《中国文化研究二十年》，北京：人民出版社，2003年版，第471页。

二、中西与古今：传统的视域转换

近代知识分子对中国文化的检查是在外来文化的刺激、冲击下发生的，正因为对本民族文化的反思总是与对外来文化的态度纠缠在一起，近代以来关于文化问题的讨论也就变得异常复杂，甚至往往模糊了事情的本质。这里的关键问题就在于：中国文化和西方文化的地域差异往往被无限突出，从而掩盖了中国文化本身必须从传统文化形态走向现代文化形态这一更为实质、更为根本的古今文化差异的问题。正因为如此，在历来的文化讨论中常常出现一种本末倒置的现象：我们的根本目的本应是检查中国传统文化本身究竟有些什么样的问题，使得中国人在近代大大落伍，从而寻求解决的办法，尽快把中国传统文化形态改造成崭新的中国现代文化形态；中西文化的比较本应是服务于这个根本的目的的，即寻找西方文化能否在这方面为我借鉴之处，特别是考察西方文化是如何由其传统形态走向现代形态，从而促进它们近代的强盛。但是，手段却变成了目的，我们总是不知不觉地用抽象的中国文化——实际上是中国传统文化，与抽象的西方文化——实际上是经过了"知识论转向"以后的近代西方文化，作泛泛比较和笼统区别，从而回避、模糊、转移甚至取消了中国传统文化形态需要转变为中国现代文化形态这个更为实质的问题，从侧面也反映出对西方文化所具有的传统形态与现代形态的区别的忽视。

中西文化固然有很大的区别，研究并指出这种区别是大有裨益的事，但由于过分强调了中国文化，确切地说是中国传统文化的特殊性，这样的中西比较实际上有意无意地渲染、助长甚至论证了一种通常很少明言但却根深蒂固的基本观念或基本态度——尽管中国社会需要从传统的小农经济转向现代的工业生产，中国传统的文化形态却不需要进行根本的改造和彻底的重建。这种普遍的态度或倾向，使得知识分子对中国现代文化形态的探讨始终未被提升到文化讨论的中心位置上来。在这样的态度的"教唆"下，检查中国文化变成了炫耀祖宗遗产，文化比较成了证明中国文化独特性的手段；而西方文化，这个作为"他者"的存在，成为中国文化可以固步不前的根据和理由。就这样，知识分子对文化的讨论往往转了一大圈之后，又回到了老地方原地不动。问题并没有解决，反而被取消了。文化讨论的真正问题和根本任务——中国文化的出路——却反被束之高阁，以致消解于无。

中国传统文化之所谓内倾的、静的、重直觉的、重人文、只求伦常日用的性质，正是近代中国大大落伍在文化上的根本病症；西方所谓的外倾的、动的、重逻辑的、重科技、重理论，无非就是所谓的"科学理性精神"，也就是西方近代强盛在文化上的坚实基础。[1] 那么问题应当是：如此的中国传统文化能否适应中国人现代化的要求？中国的现代化是否也需要培养起一种以"科学理性精神"为整体特征的现代文化系统？如果需要，又如何入手？

冯友兰先生当年也曾追究过，中国人究竟是"为之而不能"还是"能之而不为"。或许这一问题可以用更为直截了当的方式来提出：第一，"有没有"，即中国传统文化是否具有作为总体特征的科学精神；第二，"要不要"，即假设以前没有，今天应对此抱以何种态度；第三，"要怎么"，即如果需要，具体如何着手。笔者认为，弄清"为之而不能"和"能之而不为"固然重要，但是如果根本"不要"，则"能"与"不能"也就无所谓区别；而如果确定"要"，那么"不能"也得"能"，"不为"也得"为"。令人遗憾的是，在文化讨论中，学者们往往是纠缠在第一个问题上，对第二个问题多半是回避的，至于第三个问题则几乎没怎么提过。

在文化讨论中，我们常常有一种先入为主的成见，即总以为那些东西是西方文化特有的，不是中国文化的基本精神；如若中国文化朝此方向去发展，那就是舍本逐末，"全盘西化"了。在这些人看来，对中国人来说，要对世界文化作出贡献，莫过于发掘中国的土特产，这才是民族性、独特性，从而自身也就焕发出世界性。他们所谓的中国人对世界文化的最大贡献莫过于"整理国故"，要是"抄拾欧化"，恰恰是"无世界眼光"、"亦步亦趋"了。所有这些实际上传递出这样一种思想，即

---

[1] 甘阳：《古今中西之争》，北京：生活·读书·新知三联书店，2006年版，第39页。

中国传统的文化形态是不必动、不能动,也动不了的。因为在这些人看来,中国人之为中国人,中国文化之为中国文化,全依赖于文化传统。

百年以降的文化讨论中的知识分子总是不愿或不敢正视中国传统文化形态已不适应时代发展这一严峻的事实,翻来覆去地强调中国传统的文化心理、文化结构、文化制度是不必改变的,不可改变的,也改变不了的。根本说来,这一观点是不承认这是古今、新旧的矛盾,而认为是东西、中外的矛盾。

在30年代的文化讨论中,不论是主张西化论者还是主张中国本位论者,都逐步产生一种新认识,即用"现代化"这个新概念来取代"西化"、"中国化"等概念。[①] 有人指出,"若有人愿意拿'现代化'一个名词包括'西化',那当然也可以,不过不要忘记:现代化可以包括西化,西化却不能包括现代化。这并不是斤斤于一个无谓的空洞的名词,这其中包含着许多性质不同的事实。复杂的社会情况是不容许我们笼统的。"[②] "现代化"与"西化"的区分,即时代性与民族性的历史分野,是当时的知识分子在对扮演着"敌人"与"先生"双重角色的西方文化所持有的警惕的自觉。冯友兰先生指出:"从前人常说我们要西洋化,现在人常说我们要近代化或现代化。这并不是专是名词上改变,这表示近来人的一种见解上底改变。这表示,一般人已渐觉得以前所谓西洋文化之所以是优越的,并不是因为它是西洋底,而是因为它是近代底或现代底。我们近百年之所以到处吃亏,并不是因为我们的文化是中国底,而是因为我们的文化是中古底。"[③]

在这一点上,冯先生的看法倒比今日许多学者更为清醒,更为科学。最初,冯先生也是"用地理区域解释文化的差别,就是说,文化差别是东方、西方的差别",但他"后来逐渐认识到这不是一个东西的问题,而是一个古今的问题。一般人所说的东西之分,其实不过是古今之

[①] 罗荣渠:《从西化到现代化——五四以来有关中国的文化趋向和发展道路论争文选》,北京:北京大学出版社,1990年版,第20页。
[②] 罗荣渠:《现代化新论——世界与中国的现代化历程》,北京:北京大学出版社,1993年版,第364页。
[③] 冯友兰:《三松堂全集》(第四卷),郑州:河南人民出版社,2001年版,第205页。

异。……现代的欧洲是封建欧洲的转化和发展,英国是欧洲的延长和发展。欧洲的封建时代,跟过去的中国有很多地方是相同的,或者大同小异。至于一般人所说的西洋文化,实际上是近代文化。所谓西化,应该说是近代化"。①

认识到"西化"即"近代化",不能不说是30年代文化讨论的历史性进步。笔者认为,中西文化的讨论使中国文化逐渐进入"角色",在承认"现代化"的同时,亦带有了一种"普遍历史"的时间逻辑。文化的时代性特征正在被逐渐放大,并赋予更多重要的意义。在这里,冯先生注意到了与文化的民族性相比,文化的时代性更应当放在文化讨论中的首要位置。当然,这并不是说中西文化之间没有地理区域上和民族之间的分别,只是本文认为,只有着眼于突出中国传统文化与中国现代文化之间的差别,才能更好地认识文化的民族性和时代性时间的关系,从而以民族性为主体,以时代性为主导进行本国的文化建设。

三、普遍历史时间序列下的传统

传统问题实际上是文化讨论的核心所在。百年来的中西古今之争,其理论上的争论焦点,几乎都落到了这个问题上。近代以降,五四一代的知识分子,由于将"现代化"与"传统"不恰当地对立起来,以一种全盘否定的"反传统"态度来对待中国文化,客观上切断了中华民族的"文化传统",造成了所谓的文化传统的"断裂"。所以,今日的任务应是努力弥补这种断裂,以"接续"中国文化传统。

以通常的时间性序列来看,"传统"等于"过去"。尤其是那些特别强调传统重要性的论者,他们所说的"传统"无非就是"过去"或过去的东西。也就是说,"传统"只不过是"过去已经存在的东西"——过去的人、过去的事、过去的思想、过去的文化以及过去的一切。因此,所谓的"继承发扬"传统也就只不过是使"过去已经存

---

① 冯友兰:《三松堂全集》(第一卷),郑州:河南人民出版社,2001年版,第218页。

在"的那些东西在现在以致将来发挥积极作用;而所谓的"批判的继承"则成为在"过去已经存在"的东西中挑挑拣拣,取其精华,去其糟粕。

这种把"传统"看成是"过去"的观念,实质上隐含了一种假定,即把传统或更准确地说文化传统,当成了一种绝对的、固定化了的东西。换句话说,但凡"过去"没有的东西就不属于"传统"。例如,前文所讨论的科学理性精神是"过去"中国文化所没有的,因此便不能成为中国文化的传统;即使"现在"可以学习一点,也不足以成为中国文化的正统、核心和精髓,不足以表征中国文化的基本精神,所以也就不能成为中国文化"未来"的发展方向。

把"传统"等同于"过去",在笔者看来,那就必然会以牺牲"现在"为代价,因为这种传统观总是以"过去已经存在的东西"为尺度来衡量现在的文化是否合乎地道的、正统的文化"传统",从而把"现在"放进了"过去"的范畴和框架。以此观之,"未来"似乎也难于幸免。梁漱溟曾经提出的未来的世界必定是中国文化的复兴这一看法虽似高瞻远瞩,但这种以未来的前景来筹划中国文化的做法,正是从"过去"看"未来",而不是从"未来"看"过去"。究其原因,他所谓的"未来",其实早已被"过去"的标准量体裁衣,削减成型,充其量只是"过去"的翻版而已。

这种过去式的思维方式的根本特点,笔者认为,便是严重缺乏现实感,缺乏时代感,缺乏自我意识。这种过去式的思维方式与我们历来的时间观有关。这种时间观,指的是人们习惯把"过去"这一思维当做"时间性"和"历时性"的根基、本质与核心。[①] 因此,但凡提到"文化"、"传统"等这些在时间中和历史中存在的东西,就惯性地到"过去"中寻找。继承"传统",变成了复制"过去"。以这样的时间观和思维方式,"现在"、"未来"实际上已经不复存在,因为它们都"过去化"了。

与那种过去式的时间观和思维方式不同,"传统"应该是流于过去、

[①] 甘阳:《古今中西之争》,北京:生活·读书·新知三联书店,2006年版,第51页。

现在和未来这整个时间性中的一种"过程",而非凝结成的一种"实体"。① 换句话说,传统是尚未被规定的东西,它永远处于制作之中,创造之中,是永远向未来敞开的可能世界。因此,"传统"绝不可能是"过去已经存在的东西",而恰恰是"未来可能出现"的东西。文化传统对于作为现代的存在的我们,并不是一种"过去已经存在的东西"的自然延续,并不仅仅作为"过去"文化心理结构的载体,而是赋予我们一种"过去"所无法承担也承担不了的必然使命,即创造出"过去"所没有的东西,带着时代的印记走向未来。因此,我们不是以"过去"的文化和心理结构为尺度来衡量"现在"的文化和心理结构是否是标准地道的中国的"传统",而是要以"现在"的文化和心理结构与"过去"的有所不同来衡量一种"传统"是否具有生命力和创造力。"过去"的本质寓于"未来"之中,存在于"过去不曾存在的东西"之中,而非"过去已经存在的东西"之中。文化的时代性正体现于此。过去所积淀下来的所谓的民族性在一定意义上正是当时的时代性的片断体现,而文化的时代性则是在与之前民族性的对比中实现的朝向未来的无限可能性。

30年代的文化论战,由于论争双方对文化的时代性和民族性的有机统一缺乏理解,因而各执一端,所争论的问题也就难以解决。无论是中国本位文化派的"存"与"废",还是全盘西化派的"破"与"立",中国现实的思想生活却是沿着折衷的道路在走着,具体地表现为不中不西,半中半西,亦中亦西,甚至是倒中不西。② 这在一定程度上表明传统与现代并非是水火不容的矛盾双方,事实上,传统与现代性是现代化过程中生生不断的"连续体",割弃了传统的现代化是走向虚无的殖民地或半殖民地化,而背向现代化的传统则是画地为牢、自取灭亡的传统。

一般而言,在文化系统中,民族性是形式,时代性是内容。需要首先指出的是,在迈向现代化的过程中,内容与形式不可分,文化的

---

① 甘阳:《古今中西之争》,北京:生活·读书·新知三联书店,2006年版,第53页。
② 罗荣渠:《从西化到现代化——五四以来有关中国的文化趋向和发展道路论争文选》,北京:北京大学出版社,1990年版,第33页。

时代性与民族性缺一不可。缺乏了民族性的文化，似无根之浮萍，少了主体的依靠，难以茁长成长；而缺乏时代性的文化，犹见不到光的向日葵，只能在黑暗中到处寻找自己的方向。文化的主体性和主导性的意义正是在此。再者，内容决定形式，形式为内容服务。超越性的文化并不存在，人们应当从当下时代着眼，寻找被过去遗忘的"可能性"。

结　语　传统——文化与政治中的尴尬身份

真正的传统是已经积淀在人们的行为模式、思想方法、情感态度中的文化心理结构，并且是有待现在和未来填充的。儒家学说的重要性正在于它已不仅仅是一门学说、理论、思想，而是融化浸透在人们的生活和心理中了，成为这一民族心理、国民性格的重要因素。传统是活的现实存在，而不只是某种表层的思想衣装，它不是想扔就扔得掉、想保存就能保存的身外之物。现时代的人，只能从时代着眼，从传统中发现自己、认识自己，并在时代的转换中将自身契合于时代。只有将集优劣于一身、合强弱为一体的传统本身加以多方面的解剖和了解，以一种"清醒的自我觉识"，进行某种转换性的创造，才真正是当务之急。脱离总体历史即成为片面的抽象论证。任何理解者都有理解者本身的历史性因素在内。换句话说，历史离不开历史解释者本身的历史性。在这样的意义上，理解传统亦是理解自身，理解自己也只有通过理解传统而具体实现。

五四新文化运动的巨大功绩在于它从深处震撼了、影响了中国人的文化心理结构。我们今天还应该继承这个震撼。例如，中国人似乎很重视团体，国家、民族常常被置诸首位，但传统道德要求却是"内圣"之学，即强调个人的正心诚意修身齐家。西方似乎把个体的权利、尊严作为基础，但它的道德要求却恰恰看重社会利益和公共法规。中国的"内圣"之学对个人提出的标准是做圣贤的道德最高要求，其普遍可行性甚少。西方对个体提出的则是做一个遵循法律的合格公民的最低要求，其普遍可行性却大得多。单从中西文化形态的这些比较中，不难发现，以人性本善为理论基础的儒家孔孟的伦理主义,已经不能完全适应以契约为特征的近代社会的政法体制。它曲高和寡,难免沦为意识形态的扩音器,从而变得虚伪,成为历史前进的阻力。

从其它非西方后发展国家的现代化来看,传统文化和价值体系,对现代化过程有着特殊的助力。[①] 巨大的现代化的社会变迁的设计者们,往往必须运用传统社会中生成的、大众可以理解和认同的价值符号和语言措辞,才能进行广泛的社会动员。这就需要从过去的文化主题中,做出选择性的强调和强化,利用传统对人心的魅力,来使这种转型更为顺畅。更具体地说,人们深层心理中长期形成的文化定势,一旦接受此类有助于社会协调和凝聚的价值符号的刺激,往往易于在人际关系中,接受这种价值符号指向的指导,从而有助于重建社会转变过程中所需要的社会规范和稳定秩序。以这种态度来看"中国本位文化"派的主张,我们不难发现,这些知识分子的价值回归,正是对激进主义者反传统的简单态度的一种反抗,是一种尝试运用传统价值符号来实现民族自强和现代化的认真努力。另一方面,不难发现,中国传统价值体系与旧的专制结构是如此同构,以致于作为传统价值体系主要代表的中国儒学为实现其维系传统政治系统的功能,又发展到非世俗化的程度。从"存理灭欲"、"重体轻用"、"天人合一"、"厚古薄今",到"道之大原出于天",以至于只有当儒学具有这些准宗教的品格时,它才能胜任支撑国家权威的功能。[②] 传统儒学与旧政体的同构性和非世俗理性化,反过来又使传统价值的回归变成专制主义政治权威的回归。儒学对人心的镇制作用,是以牺牲向世俗理性的转化来实现的;儒学对政治的稳定作用,是以顺从专制权威、煽起思想奴性来实现的。于是,伴随着激进主义升格的反传统主义,是对专制权威的深恶痛绝以及更广泛、更渗透于中国人心态的文化失范。

为防止文化失范而求助于传统,为现代化的政治新生又必须抛弃传

[①] 许纪霖:《智者的尊严:知识分子与近代文化》,上海:学林出版社,1991年版,第3页。

[②] 许纪霖:《智者的尊严:知识分子与近代文化》,上海:学林出版社,1991年版,第5页。

统，这或许就是中国现代化历程中特有的二律背反现象。① 结果是，中国人在自觉的意识层面上对传统的抨击日益猛烈，在深层或不自觉的意识层面上，这种传统对人心的镇制力，以及由此而引起的对权势者的诱惑力又从来没有削弱过；旧政治的复活，又进而激起意识层面的反传统的激进主义，文化失范又更深了一层；如此循环往复。

笔者认为，现代化的本质应当是适应现代世界发展而不断革新。以此观之，成功的现代化不仅应当善于克服传统因素对革新的阻力，还要善于利用传统因素作为革新的助力。历史的解释者自身应该站在现时代的基地上意识到自身的历史性，突破陈旧传统的束缚，搬进来或创造出新的语言、词汇、概念、思维模式、表达方法、怀疑精神和批判态度，来"重估一切价值"。也就是说，中国的知识分子必须在批判中去"接续"传统，在解除"种族中心的困局"② 中去认识世界。中国的现代化运动不只忠于中国的过去，更忠于中国的将来。它在解救中国历史文化的危亡的同时，更将中国的历史文化推向更成熟的境地。在这种意义上，中国的现代化并不是消极地摧毁传统，而是积极地去发掘如何使传统成为获致当代中国目标的发酵剂，即如何使传统发生正面的功能，而不是产生负面的反功能。③

（作者杨学功系北京大学哲学系教授）

---

① 许纪霖：《智者的尊严：知识分子与近代文化》，上海：学林出版社，1991年版，第5页。

② 金耀基：《从传统到现代》，北京：中国人民大学出版社，1999年版，第141页。"种族中心的困局"指的是带有"优越意结"的中国文化在面对汹涌而入的西方文化时，所带有的半分轻蔑、半分钦佩的态度。观之以此态度，任何西方的新思想、新学说，它们都不免遭到"欲迎还拒"的待遇。

③ 金耀基：《中国现代化与知识分子》，台北：台湾书心出版社，1977年版，第8页。

科学发展必须把握的矛盾运动规律

郭祥才

科学发展观作为发展的世界观和方法论，其科学性不仅在于坚持了唯物主义的发展本体论，还在于坚持了发展的辩证法。在发展本体论上，科学发展观就是把发展本体看成是有机的整体，主张发展本体的系统演进，同时又突出了人在发展本体系统演进中的核心地位和主导作用，坚持了唯物辩证法的两点论与重点论的统一；把发展本体的历史演进看成是人与自然、人与社会、社会与自然之间的全方位的、多层面的、由低级向高级的矛盾运动过程。科学发展观不仅坚持了唯物辩证法的全面发展观，而且深刻地揭示了发展过程的诸多矛盾关系，形成了发展辩证法的系统理念。

一、均衡与非均衡的矛盾——发展的协调性规律

在科学发展观看来，全面发展不等于笼统发展，而是强调要正确把握和处理好系统发展的各种矛盾关系，首先就是要正确把握和处理好反映协调发展的均衡与非均衡的矛盾关系。

均衡指的是发展的共性、一致性和无差异性，非均衡指的是发展的个性、不一致性和差异性。发展中的均衡与非均衡矛盾，从根本上说，就是根源于发展的系统性。系统是由若干个要素按照不同的方式所组成的，具有特定结构和功能的有机整体。也就是说，发展着的事物是多样性的统一体，既有个性，又有共性；发展着的事物是动态的、开放的统一体，构成系统要素的地位和作用是不断变化的，也会不断产生新的要

素和新的问题,在发展过程中必然会出现有的好有的差,有的快有的慢,在开放性发展过程中还要与其它系统发生关系,进行交流,原有的协调性也会由于内外的作用而发生变化;发展着的事物是具有多重矛盾关系的统一体,并且总是有一个处于主要地位,起着主导作用的是主要矛盾和矛盾的主要方面,从中规范和影响着次要矛盾和矛盾的次要方面,主次矛盾也存在着协调问题;发展着的事物是具有多方面利益关系的统一体,既有共同利益,也有自己的特殊利益,在利益问题上一致与不一致的矛盾也是客观存在的。因此,只要承认发展具有系统性,就必然承认发展的均衡与非均衡的矛盾关系。

均衡和非均衡虽然都反映了发展所应有的特定属性和要求,但都是片面而极端的。如果事物的发展只是取之于共性,遵循一致性和无差异性的发展原则,那是调动不了人们对发展的积极性的,必然会遏制发展的效率,没有效率的所谓公平只能显得抽象而没有意义,发展是难以维系的。如果事物的发展只是取之于发展的个性,遵循不一致性和差异性的发展原则,虽然在极其短暂的时期里可能会使发展的效率明显增加,但随着发展差距的加剧,公平性的缺失,发展也是难以持续的。人们通常认同的所谓均衡——非均衡——均衡的公式,其适应范围也是极其有限的,在相对复杂的矛盾体系和较长的发展过程中是根本不适应的;任何事物在任何阶段都客观存在着均衡与非均衡的矛盾,也就是说,均衡和非均衡是同时存在的,不是分阶段而存在的,只是在不同的阶段可能均衡突出一点或非均衡突出一点,而根本不存在着一个阶段搞均衡发展,另一个阶段搞非均衡发展。准确地说,均衡与非均衡是统一发展过程中相辅相成的两种属性或两个方面,并不能成为独立的发展方式,否则就会使发展走向片面和极端。在发展过程中既不能太均衡,也不能太不均衡,均衡与非均衡必须保持一个合理的比例关系,均衡到什么程度,非均衡到什么程度,这个结合点就是协调。协调发展是根源于复杂系统的均衡与非均衡的矛盾,是标志均衡与非均衡相统一的一种发展状态和过程;发展的均衡与非均衡矛盾运动的实质就在于协调发展。

协调发展作为科学发展观的一个基本观点,或进行科学发展的基本要求之一，就是强调在发展过程中必须正确处理好均衡与非均衡的关系。均衡与非均衡矛盾运动所反映出来的协调发展要求，这是所有发展必须尊重和遵循的客观规律。协调发展作为发展实践活动必须遵循的客观规律还具有如下重要特性和要求。

第一，协调发展本位是发展。在发展与协调的关系上，必须明确发展是前提，是居本位的，离开了发展，协调就无从谈起，协调也没有任何意义，均衡与非均衡要保持一个合理的比例关系，是相对于发展过程而言的，只有在积极地发展过程中把握和处理好二者的关系，才是科学发展观所指的协调。协调是为发展服务的，它只是规定着发展的方式和途径，通过积极有效的协调来促进发展，其目的还是为了要实现发展，不发展或遏制发展而进行的协调都徒劳而有害的。

第二，协调发展是整体性的发展。在系统发展过程要处理好均衡与非均衡的矛盾关系，使均衡与非均衡保持一个合理的比例状态，不仅仅是为了某一方面的发展，而是为了整体性的发展；发展中的协调是充分调动一切积极因素，聚集一切有益的资源和力量，特别是要倡导以强带弱、以快促慢，先富帮后富，最大限度地使各方面在开放的环境下得以相互促进，共同发展整体提升；而绝不是劫富济贫，搞平均主义。

第三，协调发展是有重点、有轴心的发展。协调发展并不是系统构成要素保持等量齐观的状态，在特定发展过程中有可能个性要突出一点，也有可能共性要突出一点，有可能要更加注重其差异性，也有可能要更加注重其一致性，孰重孰轻必须根据实际情况而定，只要均衡与非均衡保持一个合理的比例关系就可以。在我国现阶段，要坚持以经济建设为中心，实现经济社会的协调发展；以东部地区率先发展，从而带动中西部地区整体发展；以城市化为主导，推进城乡一体化发展。这就是均衡与非均衡合理的比例关系。当然均衡与非均衡的比例关系是有定性与定量之分的，也许从定性上看是合理的，但从定量上看就未必合理了，主次关系也是有限度的，主次关系不成比例，也是不合理的。我们提出要把社会发展提到更突出的地位，加强社会主义新农村建设，促进中西部地区发展，就是要从定量的角度协调好其比例关系，真正体现科学发展。

第四，协调发展是可持续过程中的发展。均衡与非均衡保持在何等程度为合理，不能作静态的判断，以短期行为来取舍，而必须从动态的、以反映发展与再发展相统一的可持续视角来取舍，使系统的整体与部分都能得到持续的发展为准则。

二、发展与再发展的矛盾——发展的可持续规律

科学发展观的科学内涵有着内在的逻辑性，人本核心论所突出的是发展的主体性，而全面协调可持续发展作为三个基本点或基本要求，所强调的是发展的整体性、发展在空间结构上的协调性和在时序进程上的持续性。科学发展观不是简单地吸纳国际社会的可持续发展理念，而是将它融合到科学发展观的科学内涵之中，从而实现发展观的全面提升。所以，要从科学发展观的高度和内在逻辑来理解和阐发可持续发展的理念。

发展不仅具有系统性，发展还具有过程性。发展是过程的集合体，发展的过程性这是发展与再发展矛盾产生的内在根据。事物的发展总是要由现实走向未来，而现实的发展有现实的规定性，未来的发展有未来的规定性；事物的发展必然要经历由量变到质变，由质变到新的量变的质量互变过程；事物的发展必然是从低级走向高级，而低级形态有低级形态的阶段性特征，高级形态有高级形态的阶段性特征；事物的发展要从合理走向不合理，又从不合理走向合理。同时，发展主体不仅有多方面、多层面的需要，而且还有需要与再需要的问题。这些过程性的矛盾关系，意味着发展过程客观上就存在着发展与再发展的矛盾。

发展与再发展的矛盾，可以从两个方面来考察和分析。发展与再发展从静态上看，是相互规定的，现实的发展可以规定未来的再发展，而未来的再发展作为现实发展的必然趋势，也要规定着现实的发展。我们平常讲的立足现实、面向未来就是这个意思。一方面，要根据实现发展的总体状况，来揭示和规定未来特定阶段的发展目标和战略；另一方面，又要根据所揭示和规定的未来发展目标和战略，来谋划现实发展思路和机制。发展与再发展这种静态的相互规定是必要的，但仅仅停留这

个层面是不够的。因为它只是解决现实怎么发展和未来怎么发展的问题,而没有解决现实的发展如何转化为或提升为未来的再发展问题,所以还要进行动态的考察和分析。发展与再发展从动态上看,又是相互作用的,既要以现实的发展去展示未来的再发展,又要以未来再发展的目标和要求来"扬弃"现实的发展。发展是连续的,需要量的积累过程,由低级形态逐步过渡到高级形态,作为高于现实发展形态的未来再发展,必须建立在现实发展基础之上,只有现实发展力量的不断壮大,发展形态的逐步提升,才有可能进入更高形态的再发展阶段;正因为再发展又不是现实发展在时间上的简单延续,而是在更高发展形态上继续发展,所以在以现实发展充分展示再发展的同时,又必须以更高形态的再发展来积极地"扬弃"现实低级形态的发展,使发展不仅不至于中断,而且伴随着发展形态的转型提升得到更好的发展。这种发展与再发展矛盾运动的实质就是可持续发展。可持续发展是根源于发展与再发展的矛盾,是标志发展与再发展相统一的一种状态和过程。

可持续发展作为科学发展观的一个基本观点,或进行科学发展的基本要求之一,就是强调在发展过程中必须正确处理好发展与再发展的关系。发展与在发展矛盾运动所反映出来的可持续发展要求,这是所有发展必须尊重和遵循的客观规律。可持续发展作为发展实践活动必须遵循的客观规律还具有如下重要特性和要求。

第一,持效性。可持续发展既重视实现的发展,也重视未来的再发展,既反对短期行为,也反对空谈主义,最强调的就是反映发展与再发展相统一的持续效应性。第二,优质性。可持续发展并不反对促进量的积累和增长,但要考虑到现实发展与未来再发展的统一,就必须高度重视对新质的培育和壮大,注重对发展结构的不断优化,发展方式创新和提升,使发展不至于中断而更有利于实现转型升级。第三,协调性。可持续发展虽然是从时序和历史进程上来反映发展的科学性,但又是以发展在空间结构上的协调性为前提的。协调发展要着眼于可持续发展,而可持续发展也必须以协调发展为前提,如果在当下人与自然、人与社会、经济与社会、城乡之间、区域之间等,都无法协调难以为继,而可持续发展就成为空谈,所以协调发展与可持续发展是相辅相成的。第四，公平性。在发展问题上，通常讲的比较多的是当代人之间的公平，协调发展从发展伦理的角度看，所反映的主要是体现当代人之间的公平问题，而对代际之间的公平问题在很长的历史时期里并没有引起人们足够的重视，是由于自然资源的紧缺，传统工业化带来了严重的环境问题，不仅严重影响了当代人还影响着后代人的生存与发展，还促使人们关注代际公平的问题。而可持续发展把伦理的问题直接引入到发展当中来，不仅强化了发展的代内公平，更突出了发展的代际公平。

科学发展观积极吸纳国际社会的可持续发展观，成为科学发展观重要的思想内涵，目的是为了顺应时代发展的潮流，积极解决我国发展的可持续问题。可持续发展观自从上个世纪80年代提出来之后，很快就风靡全球，得到国际社会的普遍认同和积极响应，不仅在于以积极的发展观取代了"增长极限论"、"零增长理论"等消极的发展观，更在于可持续发展观反映了当代发展的真实情况，成为全球性的共同价值取向。发达国家之所以选择走可持续发展道路，一是可持续发展是发达国家对传统工业化深刻反思的结果。因为传统工业大量地损耗自然资源，带来的后果非常严重，已影响到发达国家能否继续发展的问题；二是发达国家已经具备了可持续发展的条件，无论是在发展质量上，还是在发展方式上，科技含量都在不断提高。第三，也是至关重要的，是为了防止广大发展中国家继续走非可持续发展道路。如果广大的发展中国家还是沿着发达国家的老路，发达国家的再发展也会受到很大的影响。世界只有一个地球，资源是有限的，不可能提供给后发国家走非可持续发展道路所需的各种资源。发展中国家选择走可持续发展道路，主要基于两个考虑：一是可持续发展是发展中国家与发达国家长期斗争的结果。发达国家是在以牺牲发展中国家利益基础上发展起来的。环境破坏是由发达国家造成的，所以发达国家必须更多地承担解决环境问题的责任。如果不走可持续发展道路，发展中国家还要继续受到发达国家的掠夺。二是由发展中国家要发挥后发优势，赶超发达国家的要求所决定。我国的工业化虽然还没有发展到西方先发国家的程度，但也已渐渐显现负面效应。目前，我国发展与再发展的矛盾问题突出，主要表现为发展的目标宏伟与发展的后劲不足的矛盾。当然，这个后劲不足是相对的，总起来讲就是：人口基数大而人口的总体素质不高，人力资源优势还没有得到应有的发挥；经济快速发展，但生产力总体水平不高，自主创新能力不强，经济发展方式亟待实现根本性转变；物质文明不断增强，而政治、文化、社会、生态文明建设相对滞后；综合国力大为增强，而发展还很不平衡，城乡不平衡，区域不平衡，贫富差距扩大的趋势还没有从根本上加以解决；自然资源缺乏而利用率不高，环境污染严重而治理不得力，生态文明建设亟待强化；对外开放总体格局已经形成，但广度和深度还远远不够。在这样的矛盾当中，固然不选择降低目标，继续走非可持续发展路子，必然是选择可持续发展路子，通过可持续发展来解决这些问题。我们的可持续发展还必须从自己的实际出发，基本原则就是，以保持较快的发展速度为前提，以实现可持续发展为目标，在较快的发展过程当中，较快地实现可持续发展，这就是体现"又好又快"地发展。

三、进步与代价的矛盾——发展的最佳化规律

科学发展观虽然没有将"又好又快"纳入到科学内涵之中，但却明确认为，"又好又快发展是全面落实科学发展观的本质要求"[①]。"又好又快"固然存在着好与快的矛盾关系，但更是一个"有机统一的整体"，它是科学发展所追求的统一目标，是科学发展最佳化的根本标志；也就说，科学发展观倡导"又好又快"，其思想真谛就是要以最小的代价而取得最大的进步。

进步是相对代价而言的，是指由于代价的付出而形成的积极的成果，积极的成果即是对人类有益的成果。代价是对进步的付出以及所形成的负面现象，代价有多情景，从不同的角度可以区分不同的代价来，比如从代价所产生的效能来分析，代价可分成有效代价、无效代价和负代价，从主客体关系来分析，可分为主体性代价与客体性代价，也就是人的代价与物的代价；等等。发展过程中必然会产生进步与代价的矛

---

① 中共中央文献研究室编：《十六大以来重要文献选编》（下），北京：中央文献出版社，2008年版，第806页。

盾，其根源就在于发展的条件性。发展如果不需要相应的条件，那就意味着想怎么发展就怎么发展了，更无需讨论发展的代价问题了。马克思主义辩证发展观或科学发展观最注重的就是发展的条件性。发展不仅是有条件的，而且是互为条件的。其一表现为主体与客体的互为条件，任何存在都是对象性存在，所有发展也都是对象化的发展，都是以相应的对象作为发展的必要条件。人类要发展，要满足自己的需要，就要以牺牲一定的自然资源为代价，同样当自然资源已经紧缺，自然环境已经严重污染，人类也要作出必要的牺牲，使人与自然得以持续。其二表现为主体与主体互为条件，在人类社会的发展长河中，总是一部分人的进步是以另一部分人的代价付出为条件的，反过来也一样。其三表现为遵循规律与价值需要互为条件。人类的发展，既要尊重规律，合乎规律，又要满足需要，实现人的目的性，二者也是相辅相成的，一方面为了尊重规律，使发展更符合规律，就不能随心所欲地追求需求目标，如果以违背规律来换取暂时的满足，就必然为之付出不应该付出的代价，另一方面，当人们以正确的、积极的价值观为导向，以满足合理的需求为目的，就能够更好利用客观规律，从中获得需要的满足。其四表现为目的与手段也是互为条件的。为了达到一定的目的，就要采取一定的手段。但如果不择手段，把手段当目的，就要违背目的。生产是一种手段，发展也是一种手段，但在现实生活中，人们经常会把生产和发展当做一种目的，为生产而生产，为发展而发展，摒弃了实现社会进步和人的全面发展的最终目的，发展的目的与手段也是相辅相成的。

发展进程中的进步与代价是相辅相成的，这里可以从两个方面来看，一是代价对进步的意义，代价能够为进步提供动力支持，甚至开辟道路；发展是有条件的，发展过程中所有进步都是靠代价的付出而取得的；主体的需求固然是进步的基本动因，而主体本质力量并借助于相应的手段所进行的对象化活动才是获得进步的根本动力，代价不仅能够为提供源源不断动力支持，还具有为进步开辟道路的功能，新科技革命的巨大投入促使了生产力的转型升级，先进阶级所进行的不懈革命促使新社会制度的诞生，企业经营濒临破产，由于注入巨资，引进新科学技术，又使企业起死回生，柳暗花明。二是进步对代价的意义，进步能够

"扬弃"代价、补偿代价，主体进行对象化活动本身就是一个"扬弃"的过程，是积极向上的过程，所取得的积极成果，不仅能够使自己的本质力量得以提升，而且使所付出代价从中得到"扬弃"和补偿，新科技革命的巨大投入促使了生产力的转型升级，而生产力的转型升级不仅能够使科技革命已有的付出得到回报，还能够为继续进行科技革命集聚力量，成为新科技革命的强大后盾；先进阶级所进行的不懈革命促使新社会制度的诞生，而新社会制度的建立，使先进阶级和广大人民群众从中获得解放和发展；企业注入巨资，引进新科学技术，又使企业起死回生，柳暗花明，当企业再度辉煌时，这些投入自然能够从中得到回报。进步是一定要付出代价的，但并不是代价付出的越多进步就越大，甚至代价的付出也未必就一定能够取得进步，负的代价也在所难免；进步与代价相辅相成，但并不是完全对等的，对人们来讲，最理想的就是以最小的代价取得最大的进步；也就说，进步与代价矛盾运动的实质就要以最小的代价取得最大的进步。

以最小的代价取得最大的进步，这固然是发展最理想的状态，问题是如何才能以最小的代价来取得最大的进步呢？也就是说，以最小的代价取得最大的进步作为发展的最佳化规律，具有哪些重要特征或基本要求？如果从发展过程论的角度来看，应当把握好如下三大环节。

一是在实践之前要对代价进行科学的预测，发展是有规律的，这是预测发展代价的客观依据，如果发展是没有规律可循的，那么对代价的预测也就无从谈起；发展规律是可以认识的，这是预测发展代价的内在根据，如果发展规律是不可知的，那么发展代价也是不可预测的。对发展代价进行科学预测这是主体能动性的重要体现，也是把握发展规律的必然要求。其实，人们在实践中所进行的建设投资的成本预算、进出口贸易的风险规避、重大战略的可行性论证、体制改革的利弊分析等都是在某种程度上对发展代价的预测。在发展问题上，如果人们能够坚持以科学发展观为指导，借助于既有的经验，充分利用经济、政治、文化、社会、生态以及现代信息技术等手段，对发展实践战略进行科学预测，不仅能够有效避免不应有的代价，而且能够找到以最小代价取得最大进步的正确路径。

二是实践之中要对代价进步有效的控制，科学预测可以事先规避一些风险，减少不必要的付出，也能找到少付代价的捷径，但进入真实的实践之后，情况还会发生意料不到的变化，而且即使事先预测到的代价，还要按照预测的要求在实践中积极加以实施；所以，在实践中进行有效的控制，这是最为重要、最为直接、最能凑效的环节。在实践中要有效地控制代价必须建立相应的代价评判和考核体系，科学的、民主的、合法的管理制度，政界的、公共的、大众的、媒体的监督机制，形成全方位的贯穿全过程的代价控制系统。

三是实践之后要对代价进行积极的补偿，进步与代价的矛盾运动作为相对完整的过程，必须包括实践之后代价补偿这个环节，这个环节既是该过程的结束又是新过程的起点。发展过程中的进步与代价矛盾运动，是统一过程的两个方面，实践过程中代价的付出过程也是代价的补偿过程，伴随的发展进步，代价不仅得到了"扬弃"，也获得了相应的补偿。但是，由于发展的总体目标是要等到整个过程结束之后，才得以实现的，其积极的成果也只有在这个时候才集中体现出来，而且所付出的代价也要在这个时候全面地反映出来，所以，在这个时候进行代价的补偿不仅极为必要，而且是发展成功与否的根本标志。这个补偿是多方面、多层面的，包括对发展主体所付出的回报、发展环境的修复和优化、发展方式和手段的进一步完善，特别是对发展过程所形成负面效应的消解和转化，新的代价机制的建立。

"又好又快"作为贯彻落实科学发展观的本质要求，就是要求我们必须重视当代发展实践高风险、高代价的特征，把敢于负代价与善于负代价辩证地统一起来，以最小的代价而获得最大的进步，实现发展的最佳化。

所谓敢于负代价，就是要进一步解放思想，转变观念，要敢于发展、敢于改革、敢于创新。在当代，发展确实遇到了很多问题，而且发展的风险和代价也越来越大，使得许多人不敢发展，畏惧发展，但是历史的经验告诉我们，发展的问题只有靠发展来解决，不发展是没有出路的。在当代敢于发展不是要盲目地延续传统的发展，而是敢于超越传统的发展，敢于提升文明形态，敢于发展战略性新兴产业，敢于引进世界最新文明成果，在这些方面要敢于付出代价，甚至付出特殊的代价。回顾三十多年的改革历程,我们一方面取得了巨大的成就,另一方面也遇到了前所未有的挑战,为此,有人因满足于已有的成就而丧失改革的锐气,有因畏惧困难而不敢改革,发展是一个过程,改革也是一个过程,如今中国的发展进入了关键期,而改革更是进入了攻坚期,攻坚就是要更加重视改革顶层设计和总体规划。目前,改革已进入重点突破和整体推进的关键时期,随着改革进入攻坚阶段,涉及重大利益关系调整的改革更多地摆在我们面前,现在牵一发而动全身的改革越来越多。改革是加快转变经济发展方式的强大动力,转变发展方式提了多年,一直未能实现,根本原因在体制上。发展方式与利益格局是分不开的,转变发展方式体制改革是绕不过的,所以要下更大决心和勇气全面推进各领域改革。比如进一步改进和完善基本经济制度,切实推进行政治体制和政治管理体制改革,深化金融和财税体制以及资源价格的改革,这些都需要拿出当年改革的勇气来。在当代挑战与机遇并存的情况下,创新就显得更加重要,只有敢于创新的人才能够战胜挑战,赢得机遇,创新也是全方位的,思想观念、科学技术、发展方式、产业体系、社会关系、体制机制都要根据新的发展要求进行创新,这些也需求勇气。

所谓善于付代价,就是要进一步建立和健全代价的预测机制、控制机制和补偿机制。综观整个世界的现代化历史进程不难发现,哪个国家和民族,在哪个历史阶段,重视并建立起相应的代价的预测、控制和补偿机制,其现代化建设的成就大,而所付的代价就要少得多;但无论怎么说,世界现代化由于缺乏相应的代价预测、控制和补偿机制而造成不良后果是不可否认的,自然资源的巨大耗费、环境的严重污染、贫富差距的日益扩大就是不争的事实。我国改革开放以来尽管已经比较注意和重视了对代价的预测、控制和补偿问题,但由于各种原因,在这方面仍然是一个薄弱环节,亟待加以改进和强化。对于代价的预测机制,最为重要的就加强科学发展观的理论武装,切实提高驾驭科学发展的能力和水平。对于代价的控制机制,最重要的就加快促进发展的科学化、民主化和法治化,提高发展的科学化水平;不仅要增强代价的预测性,在实践过程中还增强代价的控制能力,而健全的民主制度、严格的依法治理,必将成为控制代价强有力的两大杠杆。对于代价的补偿机制,在当下最为突出的就是要进一步建立和健全社会保障体系。代价的补偿可以分为自我补偿和社会补偿。从我国目前的实际情况来看，二者相比之下，社会补偿显得更为突出，而建立和健全社会保障体系，对于实现有效的社会补偿必然是不可或缺路径和手段。

四、效率与公平的矛盾——发展的正义性规律

科学发展观所反映的不仅仅是发展的效率问题，而且还要反映发展的公平问题，是主张效率与公平相统一的正义性发展。"以人为本"不仅要"扬弃"传统发展中过于对"物"的依赖性，倡导靠人而发展，充分调动和发挥人们的积极性和创造性，并以此来提高发展的效率，而且强调要让人民共享发展成果，体现发展的公平性；而全面、协调和可持续发展也不只是客体性的规定，同样具有主体性的规定，从主体性角度来看，所主张的就是让大家共同发展、和谐发展和持续发展，这不仅有助于促使提高发展效率，更体现发展的公平性。所以，从发展的世界观和方法论层面上规定和把握效率与公平的关系，倡导发展的正义性，这也是科学发展观的应有之义。

在发展观的视野里，效率是指主体进行对象化活动而形成文明进步的功能性标志。效率所反映的是发展过程中的主体与客体的关系，是主体在一定历史时期推动发展的自主性、积极性、创造性，掌控和配置发展资源，运用发展手段，获取文明进步的集中体现。效率有自我效率与社会效率、短期效率与长远效率、既成效率与在创效率之分。发展既反映着主体与客体的关系，也反映着主体与主体的关系。公平是指不同的主体在统一的发展活动历史进程中，特别是对所形成的文明进步成果享有一视同仁的平等权益。公平是具体的、多样的、有层次性的。如果从发展实践的全过程来看，可以分为起点的公平、过程的公平和结果的公平；从发展实践的内容来看，可以分为经济、政治、文化、社会和生态文明建设的公平；从公平的层次性来看，可以分为法律的公平与伦理的公平等。

在发展过程中之所以会产生效率与公平的矛盾，最根本的原因就在于发展的利益性。人们的一切发展实践活动都是为了满足自己的需要，

都有着鲜明的利益目的性。而且人们的发展实践活动总是在一定利益关系中进行的,在利益关系中发展,在发展过程中调整利益关系。在发展过程中既有个人利益,也有社会利益;既有局部利益,也有整体利益。不同的利益主体不仅有着不同的利益观和利益需求,而且实现利益需求的能力更是存在着很大的差异。为此,由于发展的利益性,使得原本是反映主客体关系的效率问题,就转变为反映主体之间关系的公平问题,这样发展就必然呈现出效率与公平的矛盾。

效率与公平的矛盾运动表现为:一是互为前提。在理论研究中有人把公平看成是目的,把效率看成是手段,也有人把效率看成是目的,而把公平看成是手段;其实目的与手段本来就是相对的,就效率与公平来说,更是如此,还是用互为前提比较确切。效率与公平是统一发展过程所表现出来的反映主体与客体、主体与主体相互关系的两种现象,一方面,当我们说效率是反映主客体关系,是主客体相互作用的结果的时候,就已经认定了效率是以公平为前提的,因为这里的主体并不是单个人的主体而是社会共同体的主体,已经内在地包含着特定的利益关系,而利益关系的公平性必然直接影响反映主体本质力量对象化的效率,所以没有公平的效率是不存在的。另一方面,公平也要以效率为前提,公平所反映的是主体之间的利益关系,而这种利益关系是存在并伴随着主体发展实践活动全过程的,离开了效率抽象的公平那是不存在的。二是互为动力。人类一切文明都源于人类自身的发展实践活动,公平也不例外。人们创造效率的对象化活动是公平关系得以确立和演进的源泉,而效率的提高及其所形成的文明成果,必然从物质上确保了公平需求的实现,按照马克思主义唯物史观或科学发展观来看,如同生产力一样发展的效率也是推动文明进步最活跃、最积极的因素,而公平关系总是相对稳定的,从这个意义上看,效率对公平的推动作用,不仅能够促进公平需求的实现,还能够促进公平关系以及公平理念的变革和提升。当然,效率与公平的促进作用不是单向度的,而是互动式的,效率对公平有促进作用,公平对效率也促进作用,人们创造效率的主动性、积极性以及发展资源的配置利用都不是自发的,是靠激发的,公平的利益关系或制度、体制和机制必将更有效地配置发展资源,更好地调动人们创造效率的主动性和积极性。三是互为约束。任何发展都是有代价的，效率的获得也是有代价的，当一部分人其效率的获得是以破坏公平关系，甚至是以牺牲另一部分人利益为代价的，那么这个时候效率就对公平产生了约束，或者说制约了公平。同样由于公平关系遭到破坏使之失去平衡，这种被破坏了的公平关系必然会对效率起到阻碍作用，还有就是由于社会文明进步了，需要改变原有的公平关系，却没有与时俱进地加以调整或提升，使公平关系呈现滞后性，这样同样会对效率产生制约性。既然发展存在着效率与公平的矛盾关系，那么发展的正义性就不仅仅是效率的问题或公平的问题，而应该是效率与公平的辩证统一。

发展正义性作为人们从事发展实践活动必须遵循的规律，就在于要求人们在发展实践活动的过程中不能把效率与公平割裂开来，既要通过效率的积极创造而体现出公平，又要自觉地建立和健全公平关系促进效率的创造，实现效率与公平的辩证统一。其具体要求可以归结为如下几个原则。一是历史进步原则。发展正义首先是一个历史范畴，效率与公平是具体的历史统一，在这个历史阶段需要效率问题突出一点，而在另一个阶段也许需要公平问题突出一点，就是效率或公平由于本身的复杂性在不同历史阶段上的要求也有不一样。拿公平来说，本身就存在着由低级向高级的演进过程，在不同的历史阶段可能存在着经济方面的公平突出一点，也有可能存在着政治等方面的公平突出一点，有可能存在着法律层面上公平突出一点，也可能存在着伦理层面上的公平突出一点。所以，效率与公平必须是具体的历史统一，根据特定历史条件的现实要求而确定效率与公平的结合点，从而进行制度安排。当然，具体历史统一不是静态的，而是动态的，必须是可持续的，要对反映效率与公平关系的制度与体制进行必要的调整和完善，这就是历史进步原则。二是差异适度原则。效率与公平的具体历史统一，就是充分考虑到发展主体之间在效率上的差异性，有差异地获得相应的利益这也是公平性必然要求，但差异又必须适度。三是双向互利原则。怎样的差异是适度的呢？这就考虑到互利的问题了。整个社会或一定群体效率的提高不仅不能以牺牲整个社会公平或特定群体应有的平等权益为代价，而必须有助于它的稳定、完善和提升。同样，任何公平关系的建立和调整，不仅不能以阻碍整个社会或特定群体效率的实现和提高为代价，而必须有助于它的实现和提高，从而促使效率与公平的良性互动。四是包容共生原则。效率与公平的矛盾，实际上就是发展主体之间的矛盾，发展主体与客体是对象性存在，发展主体之间也是对象性存在，发展的强势群体与弱势群体也是对象性存在，所以在解决效率与公平矛盾关系上，最终还要考虑到强势群体与弱势之间的相互包容，体现伦理关怀，实现共存共生。如果处理效率与公平矛盾关系上能够坚持这四项基本原则，那么就能更好地体现出发展的正义性。

改革开放以来，我们在注重发展的同时，也倡导了发展的正义性，从实际出发，科学地解决效率与公平的矛盾关系，努力把提高效率同促进社会公平有机地统一起来。从反对"平均主义"，打破"大锅饭"，到鼓励一部分地区一部分人通过诚实劳动和合法经营先富起来，提倡先富带动和帮助后富，逐步实现共同富裕。从走出"一大二公"的所有制误区，到坚持以公有制为主体，多种所有制共同发展的原则，以及"两个毫不动摇"；从倡导"效率优先兼顾公平"，到"初次分配注重效率，再分配注重公平"，以及"初次分配和再分配都要处理好效率和公平的关系，再分配更加注重公平"。从开放沿海城市，建立特区，到西部大开发，形成东部率先、西部开发、中部崛起、东北振兴区域协调发展格局。从农村联产承包责任者，到统筹城乡，社会主义新农村建设。从改变"同步发展，同步贫困"的状况，到提倡全面发展、协调发展、统筹发展、和谐发展，共建共享。这些都是我们发展过程中正确处理效率与公平矛盾关系，体现发展正义性的真实写照。纵观我国在解决效率与公平矛盾关系，践行发展正义性的有效探索，至少有如下几点启示。

第一，发展正义性是科学发展的应有之义。科学发展不仅要提高效率，还要促进公平；"以人为本"不仅要提高创造效率的能力，还要保障共享发展成果；效率与公平的辩证统一体同样是全面、协调和可持续发展的内在要求。

第二，必须坚持效率与公平的辩证统一，并遵循相应的基本原则。在改革开放的初期，面对大搞"平均主义的""左"的错误倾向，"同步发展"导致了"同步贫困"的状况，我们倡导有优先发展能力的地区和个人通过合法途径先富裕起来，同时，又强调先富帮后富，逐步实现共同富裕，这就充分体现了效率与公平相统一的历史进步原则。"效率优先兼顾公平"并不能理解为是重效率轻公平，而真正体现的是差异适度原则，就是既要充分考虑到发展主体之间在效率上的差异性，有差异地获得相应的利益，提倡差异性公平，但又不能以牺牲公平为代价，差异必须适度。"平均主义"也不是重公平轻效率，而是既不重视效率，也不重视公平，因为发展主体在创造效率上的差异性是客观存在的，硬要抹杀这种客观事实，不切实际搞绝对的均等化，本身就是不公平的，而正是由于不公平才导致低效率。就是在这样的背景下，我们提出了"效率优先兼顾公平"，着眼于促进生产力发展和社会经济效率的提高，鼓励效率强的优先发展，获得更多的利益回报，这是符合我国社会主义初级阶段公平原则的。当然，随着效率问题逐步解决，生产力的不断发展，特别是贫富差距的扩大，我们又不失时机地对差异度进行调整，更好地体现差异适度原则，到党的十六大就明确指出"初次分配注重效率，再分配注重公平"，党的十六届四中全会提出了要"注重社会公平"，党的十六届五中全会强调"更加注重社会公平"，党的十七大则提出"初次分配和再分配都要处理好效率和公平的关系，再分配更加注重公平。"我们在实践过程中，既考虑到效率对公平的促进作用，也考虑到公平对效率的促进作用，打破"大锅饭"，鼓励一部分地区一部分人先富起来，这里面就内在地蕴含了双向的互动，既纠正原来过于均等的不公，恢复应有的差异性公平，又实现效率的提高；同时，鼓励一部分地区一部分人先富起来，不仅有利于他们自己，也有利于后富者，只有先富才能帮后富，如今所有制之间、区域之间、城乡之间的协调发展，以及全面社会的充分就业和普遍的脱贫致富，就充分地证明了这一点，而且先富帮后富的前景将越来越好，这就遵循了双向互利的原则。改革开发三十多年来，我们在对待和处理效率与公平的矛盾关系，始终不变的就是坚持社会主义的共同富裕，与之相应的我们强调以公有制为主体，多种所有制共同发展，城乡区域统筹发展，以人为本共建共享，构建社会主义和谐社会，这些就是遵循包容共生的原则，充分体现了效率与公平的辩证统一。

第三，效率与公平的矛盾，贯穿于发展的全过程，渗透到发展的各个领域，必须作为发展的系统工程来落实。改革开放以来我们对于效率与公平的矛盾,不仅从实际出发,而且,着眼于社会主义初级阶段的全过程来加以考虑和解决,不仅从分配关系上,而且是从基本制度、各种体制和机制、发展战略和各项政策,以及思想观念上加以解决。

主要参考文献

1. 马克思:《1844年经济学哲学手稿》,北京:人民出版社,2000年版。
2. 马克思、恩格斯:《德意志意识形态》,北京:人民出版社,1961年版。
3. 马克思、恩格斯:《共产党宣言》,北京:人民出版社,1995年版。
4. 马克思:《资本论》,北京:人民出版社,1975年版。
5. 《邓小平文选》(1—3卷),北京:人民出版社,1993年版。
6. 《江泽民文选》,北京:人民出版社,2006年版。
7. 《十六大以来重要文献选编》(上)(中)(下),北京:中央文献出版社,2005年、2006年、2008年版。
8. 《十七大以来重要文献选编》(上)(中),北京:中央文献出版社,2009年、2011年版。
9. 王伟光:《科学发展观的研究与实践》,北京:中共中央党校出版社,2006年出版。
10. 杨信礼:《科学发展观研究》,北京:人民出版社,2007年出版。
11. [法]弗朗索瓦·佩鲁:《新发展观》,北京:华夏出版社,1987年出版。
12. [美]约翰·罗尔斯:《正义论》,北京:中国社会科学出版社,1990年出版。
13. [美]丹尼斯·米都斯:《增长的极限》,长春:吉林人民出版社,1997年出版。
14. 世界环境与发展委员会:《我们共同的未来》,长春:吉林人民出版社,1997年出版。
15. 吉利斯:《发展经济学》,北京:中国人民大学出版社,1998年版。
16. 道格拉斯·凯尔纳:《后现代理论——批判性的质疑》,北京:中央编译出版社,2001年版。
17. 罗宾·科恩:《全球社会学》,北京:社会科学文献出版社,2001年版。

(作者系中共浙江省委党校教授、博士生导师)

中国新现代化论*

陆树成

当代中国的现代化是一种与当代中国具体国情相适应的，在新全球化时代背景下，以知识化改造、引导工业化，以信息化带动工业化的新现代化。中国新现代化是在知识化、信息化、国际化、工业化、市场化的多向互动过程中，不断变革生产方式，进而步入新现代性的历史进程。

一、新全球化时代背景论

中国新现代化必须具有世界眼光，必须以新全球化时代背景为分析探讨的逻辑起点。

"我们正处在一个高度全球化的新时代。与以往相比，今天一个令人瞩目的重大事实是，全球化时代的性质、结构和趋向正在出现重大转折，发生着从'旧全球化时代'向'新全球化时代'的重大转变。"① 在新全球化时代，中国的社会主义现代化建设需要创建一个与新全球化时代相适应的、内生性的、符合中国具体国情的新现代化理论。新现代化理论是指在新全球化时代背景下，关于中国社会主义现代化建设的方法论、模式、路径和目标的理论。这一理论源于对新全球化时代的理

---

* 本文系陆树成主持的国家社科基金项目：《关于构建社会主义和谐社会的几个重大理论问题研究》（项目编号：08BKS019）和2012年教育部人文社会科学重点研究基地重大项目《中国特色城镇化生态伦理研究》（项目批准号：12JJD840008）阶段性研究成果之一。

① 任平：《当代视野中的马克思》，南京：江苏人民出版社，2003年版，第166页。

解,对世界现代化理论的反思;源于对现代化方法论、模式、路径和目标的反思。

知识、知识化、知识化平台、知识经济、知识社会、知识文明等核心话语的出现,标志着新全球化时代的来临。新全球化时代的本质是在知识化平台上实现全球性普遍交往,创建全球性的知识文明。新全球化时代的本质意蕴,不仅是知识化平台概念,而且指认全球性的物质交往、精神交往、语言交往等一切交往形式。在新全球化时代,世界各主权国家、各民族正在或将要从工业化平台跃迁上知识化平台,从社会形态看,将从旧全球化时代的农业社会走向工业社会,转变为新全球化时代的从工业社会走向知识社会。"知识文明——工业文明——农业文明"成为新全球化时代的初期的主要社会结构。从全球来看,新全球化时代的历史发展阶段,农业文明、工业文明、知识文明处于同一时空,而知识文明将逐步占据社会的主导地位。知识、知识化和信息网络化正在或已经成为新全球化时代的核心话语,知识分子正在从社会的边缘走向社会的中心。中国的新现代化正是新全球化时代的产物。新全球化时代与旧全球化时代相比较,其性质、结构和趋向已经或正在出现重大转折,发生着根本性的重大转变。① 新全球化时代的特征渐渐凸显。

其一,新全球化时代的社会形态占主导地位的是知识社会。在新全球化时代,知识社会成为占主导地位的社会形态是历史的必然。中国的新现代化必然是以创建知识经济、知识社会、知识文明为主导的现代化历史进程。

其二,新全球化时代的产业轴心是知识文明。20世纪以来,西方发达国家相继进入了"知识社会",其产业经济基础已经从工业文明转向以信息科技、生命科技、海洋科技、航天科技、新能源科技、新材料科技、环保科技、纳米技术等新科技为轴心的知识文明。以新科技革命推动知识文明的发展成为中国新现代化的核心动力。

其三,新全球化时代的全球基本结构是"知识文明—工业文明"。

---

① 参阅任平:《新全球化时代21世纪马克思主义哲学的走向——再论走向交往实践的唯物主义》,《哲学研究》2000年第12期,第14—21页。

旧全球化时代以工业文明为基础,在全球建立了以"工业文明—农业文明"两极为基础的"中心—边缘"发展格局。知识经济呼唤人的解放,也同时是一种人对自然—生态、"主—客"关系的解放。在新全球化时代,产业结构知识化,劳动者知识化,管理知识化已成为中国新现代性的重要标志。

其四,新全球化时代的内在张力日趋强大。新全球化时代的"全球化"是以跨国公司与多元文化为重点、以后现代主义和后殖民主义为媒介所形成的"一体化"与"多元化"并存格局,两极之间保持很大的张力。在新全球化时代,各主权国家、各民族之间的差异与碰撞显而易见,它们之间既存在着密切的对话与合作,又存在着差异与冲突。一体化与多元化两极间保持着一定的张力。中国的新现代化必然是谋求和平、发展、互利、合作、双赢的现代化历史进程。

其五,新全球化时代的全球化控制方式日趋"文明"。全球互联网、话语生产、知识经济及其文化传播,成为其借助的主要手段。全球冲突将越来越从实体层次向信息文化层次转变。全球制高点、主宰和主导力量,已经从单纯的物质经济因素转为知识化程度。知识对资本和物质劳动、非物质要素对物质要素的控制时代已经来临。因此,一个民族如果偏爱财富增长而没有发达的精神文明和先进知识文化,就必然缺乏当代的核心竞争力。全球竞争也越来越多地向知识、人才和综合国力层次转变。中国的新现代化势必采取优先发展教育和科技的战略,对教育和科技的高投入成为中国新现代化不可或缺的前提和条件。

其六,新全球化时代的全球化思维方式趋向差异、断裂和多元化。新全球化时代的思维方式是后现代的,它在深刻变革旧全球化时代实践结构的同时深刻变革了旧全球主义,造就出一种本质上的后现代的思维方式。它主张多元化而反对单一文明,强调差异政治而否认单一政治观,指认断裂而蔑视同一整体,消解思维等级和中心性而主张"平面化",解构先验的理性和本体意义的决定性、唯一论而推崇全球话语的众声喧哗。差异、断裂、冲突、矛盾越来越经常地成为新全球主义的理论范式,进而成为新全球化时代的思维向度。中国新现代化的历史进程必然是吸收世界一切文明成果的历史进程。

新全球化时代为中国的新现代化提供了从工业化平台跃迁上知识化平台的契机。新全球化时代的本质和特征决定了中国新现代性的走向。中国新现代化的结果是中国新现代化性。中国新现代性必然是在全球普遍交往下各种文明的相互冲撞、融汇的过程中形成，必然是在同一时空中从农业社会走向工业社会、走向知识社会。"知识文明—工业文明—农业文明"将成为中国新现代性的主导社会结构，知识分子和知识工人阶级将从社会的边缘走向社会的中心，成为中国新现代性的核心主体。

二、结构决定功能论

结构与功能从来都是相互作用的，但从主体性出发，结构决定功能的思维判断既合规律性，又具有积极价值。结构决定功能的思维对中国现代化具有方法论指导意义。

无论是自然界还是社会系统，其各项结构是一个整体系统，它所呈现的功能与其自身结构状态是密不可分的。从西方结构功能主义的发展历程看，尽管西方结构功能主义比较强调社会功能的变化必然导致社会结构的变化，然而，片面强调社会功能的变化导致社会结构的变化，必然在一定程度上抹杀了人的主观能动性和创造性。

我国学者王国平教授认为："结构与功能总是呈现一种对应关系，即系统间的某个结构总是相应地承担一定的功能，而系统在运行过程中的某种功能的体现总是对应于一定的结构。但是结构与功能的关系并非如此简单。作为系统的结构及其功能，更多的是一种多向度对应关系。即系统中的某一结构可以具有多种不同的功能，而系统中某一功能可能会映射到不同的结构之中。"① 在自然界，生命体结构与功能的关系，表现为：有什么样的结构就有什么样的功能，结构发生了变化，其功能也必然发生变化。在人类社会，社会功能的变化当然会导致社会结构的变化，并且呈现为社会功能决定社会结构的趋向。这在亚里士多德以及当代的一些政治学学者们的视野中是毋庸置疑的。亚里士多德认为："政

---

① 张铭、严强主编：《政治学方法论》，苏州：苏州大学出版社，2000年版，第197页。

体可以说是一个城邦的职能组织,由以确定最高统治机构和政权的安排,也由以订立城邦及其全体各分子所企求的目的。"① 并指出:"一切政体都有三个要素,作为构成的基础,一个优良的立法家在创制时必须考虑到每一要素,怎样才能适合于其所构成的政体。倘使三个要素(部分)都有良好的组织,整个政体也将是一个健全的机构。各要素的组织如不相同,则由以合成的政体也不相同。三者之一为有关城邦一般公务的议事机能(部分);其二为行政机能部分——行政机能有哪些职司,所主管的是哪些事,以及他们怎样选任,这些问题都须一一论及;其三为审判(司法)机能。"② 这种社会功能决定社会结构的现象已经在社会历史进程中得到了确证。然而,社会功能的变化导致社会结构的变化,仅仅是一种历史的再现和事实描述性的论证。从人的创造性本质出发,主动地、超前性地、科学地改变社会结构必然会更好地发挥出积极的社会功能。这种社会结构与社会功能的相互关系存在于系统整体之中,并有其内在规律。

在生物学科中一个系统,一个器官,并不是由孤立的单一细胞或构件组成的简单系统,而是由多因素、多个细胞、多个器官组成的复合整体。这一生物整体的运行状况如何,并不单纯取决于任何一个单一的要素或器官,而是看多个要素、多个器官、多个系统整合成的整体功能是否存在障碍。而这些障碍,即使在所有系统的要素和器官、系统及其功能完好无损的状态下,也可能发生,其原因在于,系统功能还有一个重要的决定因素,这就是结构。在系统中,相对于功能而言,结构就是工具。也就是说,如果没有特定的结构,把各个要素、器官、系统充分而完整地整合在一起,那么这些零散的要素、器官、系统之功能就无法得到有效的发挥。而整合后的系统功能往往是各个要素或器官、系统的倍数,这就是生物学科中经常使用的一句经典语言:"整体大于部分之和。"效用或功能的剧烈增加,结构发挥着决定性作用。人体各系统之

---

① [古希腊] 亚里士多德:《政治学》,吴寿彭译,北京:商务印书馆,1965年版,第178页。

② [古希腊] 亚里士多德:《政治学》,吴寿彭译,北京:商务印书馆,1965年版,第214—215页。

间、系统内部各器官之间,以至细胞内部各细胞器之间功能的协同性与社会系统内部各部门之间、组织之间,以及国际范围内的国家、民族之间的协同性具有相似的规律性,都体现了结构决定功能的规律。从系统论出发,在结构与功能的关系中,本身就包含着价值与工具关系及这一哲学原理所包含的朴素真理。对包括人体在内的所有系统事件,进行单因素和系统整体功能的对比性考察,就不难得出结论。从生物学出发,任何一个动物,至少具有神经系统、呼吸系统、消化系统、循环系统、运动系统、生殖系统和排泄系统,而神经系统则是把所有这些系统整合在一起的关键系统。经过神经系统的组织、协调和指挥,各个系统的功能才能协调发挥出来。也就是说,只有把这些单元系统的功能,通过神经系统整合在一起,才能使动物区别于植物成为一种可以运动的生物。植物之区别于动物,就在于它缺少了神经系统结构,从而使植物处于空间上相对静止的状态。在这种区别中,最根本的因素是植物结构的相对单一性。人类基因的变异,甚至人为地改造,其基因表达的功能的差异性是科学家们所公认的。这体现了结构决定功能的规律性。

社会同样是一个有机整合的系统——人的共同体系统。在社会发展的不同阶段,整合这一有机整体系统的核心机制不同。在原始的社会系统中,整合社会的核心机制是传统习俗和习惯,而在奴隶制和封建时代,核心机制是社会等级制度和贵族的强制权力,到了资本主义时期,随着商品经济和民主政治的发展,市场机制和民主机制,开始发挥它们的作用。但是无论如何,有这样三种整合力量是任何社会所不可或缺的,这就是政治结构、经济结构和文化结构。由利益到权利和意志,由意志和权利到团体,再由团体到政党,就是由古代政治到现代政党政治的发展。随着民主政治的发展,权力所具有的单方面强制的功能在萎缩,受人民监督与制约的成分在增加。在这种监督与制约机制中,多个政治主体的出现,使政治由过去的单一权力向现代政治的复合权力转变,而这种转变的核心仍然是社会政治结构和权力架构的多元化。在各种权利、利益和观念整合而成的社会中,政治、经济、文化之间本身具有结构性的相互整合关系,而且各种整合因素内部也同样存在着结构性关系。各种社会结构的逐步完善和协调发展,是社会功能发挥至尽可能完美的前提。

在系统论的视阈中，结构与功能之间相互作用、相互依存、密不可分，但其中起决定性作用的是结构。在唯物史观视阈中，一定的社会结构决定一定的社会功能，并且有其内在的规律性。

1. 社会结构时间序列决定社会功能规律

社会结构从宏观上看，主要有政治结构、经济结构、文化结构等。这三大结构只有在时间序列上相协调和统一时，社会历史向前发展的社会功能才能完善地表露出来。马克思主义认为，社会存在决定社会意识，社会意识对社会存在具有反作用，"不是意识决定生活，而是生活决定意识"[①]。然而，这种社会意识如果脱离了当时的具体社会实践、具体社会历史条件，其产生的作用将对社会发展具有破坏性力量。我国解放初期提出的"人民公社化"、"大跃进"等表现的社会意识的过度超前，脱离了当时中国的社会经济状况，因而，必然走向失败。苏联十月革命胜利后，采用"战时共产主义"的经济政策，提出消灭商品、消灭货币、取消自由贸易等理念和政策，导致了其经济社会严重滑坡，列宁不得不及时将"战时共产主义政策"调整为"新经济政策"，提出了以实物税代替余粮收集制的新经济政策；在对资本主义的态度上，从战时共产主义的消灭资本主义，走向新经济政策的利用资本主义发展社会主义。这种社会意识形态结构在时间序列上的调整，促使苏联经济复苏，社会稳定，为新生的社会主义国家政权的巩固奠定了基础。这说明：某些在共产主义社会能实现的具有积极意义的社会意识，在社会主义国家政权刚建立时，并不一定能发挥积极作用，甚至走向事物的反面。这表明，社会的政治意识形态结构、经济结构、文化结构在时间序列上排列不同，其发挥的社会功能也不同。

2. 社会结构空间序列决定社会功能规律

从唯物史观出发，一定的社会经济结构决定着一定的社会政治结构。马克思主义创始人马克思和恩格斯曾经认为，社会主义革命必将在

---

① 《马克思恩格斯文集》第1卷，北京：人民出版社，2009年版，第525页。

资本主义比较发达的几个国家内同时爆发。然而，客观历史事实是，由于政治、经济发展的不平衡规律，导致了资本主义、帝国主义国家之间相互战争，造成了资本主义势力的削弱。因而，当时经济社会发展相对落后的俄国，首先取得了社会主义革命的胜利。这表明，在同一空间中，社会结构的差异性决定了社会功能的发挥。这种社会的空间结构序列决定社会功能的一般规律表明，当今世界社会主义与资本主义在同一时空跨跃上工业化和知识化不同的平台，其所能发挥的社会功能是不尽相同的。以美国为首的西方发达国家已从工业化平台跃迁至知识化平台的同时，中国社会主义现代化建设尚停留在工业化平台，这种空间结构的差异性正是解答了当今中国与美国在经济发展上的差距日益增大现象的根源。一旦中国从工业化平台跃迁至知识化平台，这种差距势必日益缩小，甚至出现中国反超美国。

3. 社会发展总合力小于各分力总和的规律

物理学研究表明，在总体力结构体系中，各分力指向的分散性，导致总合力的递减性。法国农业工程师林格曼曾经设计了一个拉绳实验：把被试者分成一人组、二人组、三人组和八人组，要求各组用尽全力拉绳，同时用灵敏的测力器分别测量其拉力，结果，二人组的拉力只是单独拉绳时二人拉力总和的95%；三人组的拉力只是单独拉绳时三人拉力总和的85%；而八人组的拉力则降到单独拉绳时八人拉力总和的49%。① 从社会科学研究看，社会发展合力的总方向及其大小受当时社会历史条件，尤其是受政治、经济、文化、宗教等各种力量所制约，社会发展的这些动力并不会都指向社会发展合力的总方向，按照物理学原理，各力的综合构成多个平行四边形，多个平行四边形构成决定社会发展合力总方向的一个平行四边形，在这种条件下，社会发展的合力必然小于各分力的总和。恩格斯指出："历史是这样创造的：最终的结果总是从许多单个的意志的相互冲突中产生出来的，而其中每一个意志，又是由于许多特殊的生活条件，才成为它所成为的那样。这样就有无数互

---

① 郭晓东、杨柳青：《1+1为何<2》，《报刊文摘》2002年6月2—4日，第3版。

相交错的力量,有无数个力的平行四边形,由此就产生出一个合力,即历史结果,而这个结果又可以看做一个作为整体的、不自觉地和不自主地起着作用的力量的产物。"① 在社会主义现代化建设过程中,经济的发展是前提条件,甚至是决定性条件,但是政治、文化的发展也是必要的和重要的条件。恩格斯指出:"我们自己创造着我们的历史,但是第一,我们是在十分确定的前提和条件下创造的。其中经济的前提和条件归根到底是决定性的。但是政治等等的前提和条件,甚至那些萦回于人们头脑中的传统,也起着一定的作用,虽然不是决定性的作用。"② 社会历史的进步是政治、经济、文化协调发展的结果。然而,政治、经济、文化相互之间总会存在着一定的矛盾和冲突,这必然会部分地削弱社会历史发展总合力,造成社会发展合力小于各分力总和的结果。

4. 社会发展总合力与各分力发展方向趋向于社会发展总合力的程度成正比的规律

中国社会主义现代化建设是社会主义物质文明、政治文明、精神文明、社会文明、生态文明五大文明协调发展的历史进程,单纯的经济增长是片面的发展观,它所引发的社会问题会影响社会主义物质文明、精神文明、社会文明、生态文明的发展,从而也必然会影响整个社会主义现代化建设的历史进程。从唯物史观出发,任何偏离社会主义方向的政治、经济、文化的发展力量都会降低社会主义发展的总合力。从社会结构内容看,政治结构、经济结构、文化结构各有其相应的功能表达,这种功能表达的差异性决定了其推动社会历史前进的方向及其力量大小,当政治结构表达的功能、经济结构的表达功能、文化结构的表达功能与社会的发展总方向相一致时,其推动历史前进的力量呈上升趋势,反之,当政治结构表达的功能与社会发展总方向不一致时,其推动社会历史前进的力量就小,甚至成为阻碍社会历史前进的力量。经济结构表达的功能、文化结构表达的功能亦然。当政治结构表达的功能、经济结构

---

① 《马克思恩格斯文集》第 10 卷,北京:人民出版社,2009 年版,第 592 页。
② 《马克思恩格斯文集》第 10 卷,北京:人民出版社,2009 年版,第 592 页。

表达的功能、文化结构表达的功能三者之间产生矛盾冲突,则其推动社会历史前进的力量呈下降趋势,甚至引起社会动荡不安,导致社会的倒退。拉美在社会转型过程中出现的社会动荡、倒退现象就是明证。这表明,社会发展的总合力在推动社会历史发展的过程中,与社会发展的各分力密切相关,尤其是与社会发展各分力的发展方向密不可分,并呈现为社会发展总合力与各分力发展方向趋向于社会发展总合力的程度成正比。这已成为社会结构决定社会功能的一般规律。

社会结构决定社会功能的规律性,反映了人的创造性本质。从一定意义讲,人的创造性活动体现了人的本质。马克思在《关于费尔巴哈的提纲》一文中指出:"人的本质不是单个人所固有的抽象物,在其现实性上,它是一切社会关系的总和。"① 而一切社会关系并不是天然存在的,它恰恰正是人类创造性活动的产物。人总是处在一定的人类所创造的社会经济结构和经济关系中,并不断地以自己的创造性活动改变着这种关系。在此意义上讲,人的本质在于人的创造性。

社会结构决定社会功能是社会发展的一般规律。在人的一定的认知结构、认知水平以及一定的社会历史条件下,主动地改变社会结构必然会导致社会功能的变化。当然,在一定的社会历史条件下,社会功能的变化也会导致社会结构的变化,然而这种变化是特殊规律,并且这种变化是一种消极的、适应性的变化。强调社会结构决定社会功能,体现了人的创造性本质,更有利于人们充分发挥主观能动性和创造性,在遵循客观规律的基础上,不断调整、完善社会结构,更好地发挥社会功能,实现跨越式发展。

在新现代化建设进程中,依据社会结构决定社会功能的一般规律,充分发挥人的主观能动性和创造性,不断变革社会结构,使其符合社会发展规律,就必然能充分发挥出其应有的社会功能,加速中国特色社会主义现代化进程。

社会结构决定社会功能论,从生物内在结构与外在功能的相互关系出发,在分析西方结构功能主义发展历程的基础上,扬弃了结构功能主

---

① 《马克思恩格斯文集》第 1 卷,北京:人民出版社,2009 年版,第 501 页。

义对社会结构及其功能的历史再现性的描述性论证,强调了在人的创造性活动基础上的社会结构决定社会功能的理念,认为只要在遵循自然规律和社会发展规律的基础上,不断积极主动地调整、变革当代中国的经济结构、政治结构、文化结构、社会结构、生态结构乃至人的知识结构、技能结构,就能充分发挥好相应的社会功能,真正实现当代中国社会主义现代化建设的跨越式发展。

在自然科学的研究中,结构决定功能的理论,已成为自然科学家的共识。在社会科学的研究中,结构与功能的相互作用也是勿庸置疑的。然而,社会结构决定社会功能还是社会功能决定社会结构众说纷纭,尚无定论。在自然界和社会历史进程中,结构与功能从来都是相互影响、相互作用的。但从根本上来说,结构是起决定性作用的。从一定意义上讲,任何事物的结构都决定着其基本功能的产生和发挥。人类社会也不例外。一定的社会结构决定着一定的社会功能。社会结构决定社会功能是人类社会发展的一般规律。社会结构决定社会功能又有其内在的客观规律,这种规律性主要呈现为社会结构时间序列决定社会功能规律,社会结构空间序列决定社会功能规律,社会发展总合力与各分力发展方向趋向于社会发展总合力的程度成正比的规律,社会发展总合力小于各分力总和的规律,这些规律展现了具体的社会历史条件决定社会的发展过程和发展状态的唯物主义时空历史观,进一步论证了社会主义物质文明、政治文明、精神文明、社会文明、生态文明五大文明必须在时空中协调发展的"全面、协调、可持续发展"的科学发展观。显然,现代化的起点结构及其结构调整不同,其现代化的路径、目标和结果也必然不同。现代化起点结构的分析有助于新现代化的实现。中国的现代化存在着政治、经济、文化、社会乃至人的知识、技能等诸方面的历史不足。在一定意义上,新现代化的历史进程就是不断弥补现代化起点结构不足的过程。从农业社会到工业社会,再到知识社会,"三级两跳"同步走的过程,就是这一跨越式发展的过程。政治结构、经济结构、文化结构、社会结构、生态结构乃至人的知识结构和技能结构的不断创新、调整和重新整合,既是人的全面而自由发展的过程,也是中国新现代化的必由之路。

结构与功能从来都是相互渗透、相互作用的，然而，从根本上说，结构发挥着决定性的作用。这种决定性的作用，为人类创造性地改变结构的活动提供了主体性和对象化的空间。社会结构决定社会功能是自然界中结构决定功能在人类社会发展过程中的进一步展开。结构决定功能论，为当代中国新现代化提供了方法论上的理论依据。它对我们能动地改造客观世界，调整和变革中国的政治结构、经济结构、文化结构、社会结构、生态结构乃至人的知识结构和技能结构，从而更好地发挥相应的功能，具有重大的理论意义和现实意义。

三、新型工业化论

当代中国的现代化既不是传统工业化基础上的经典现代化，也不是知识化基础上的第二次现代化，而是一种从中国具体国情出发，将知识化直接导入工业化的以新型工业化为核心内容的新现代化。

中国的新现代化是在坚持社会主义发展方向的前提下，以知识化改造推动现代化，以信息化带动工业化，在知识化、信息化、工业化、市场化、国际化多向互动中，从工业社会主义平台跃迁上知识社会主义平台，在同一时空中实现"农业社会—工业社会—知识社会""三级两跳"同步走。这一现代化过程，在历时态上呈现为在新型工业化模式上的跨越式发展，在共时态上呈现为知识社会主义不断地对知识资本主义的超越。新型工业化论为当代中国的新现代化提供了实践论上的社会主义现代化建设模式。它展现了中国新现代化的基本道路以及中国新现代化的宏观目标。

新型工业化模式是当代中国新现代化的基本建设模式，它是指在坚持社会主义发展方向的前提下，以知识化改造拉动现代化，以信息化带动工业化，以工业化促进信息化，在知识化、信息化、工业化、国际化、市场化的多向互动过程中，不断变革生产方式，实现中国的健康永续快速发展。在这一过程中，社会主义市场经济体制的构建和完善，是新现代化的基本经济结构，创建社会主义政治文明是新现代化的政治结构，打造社会主义先进文化是新现代化的文化结构，构建社会主义和谐社会是新现代化的社会结构，建设社会主义生态文明是新现代化的生态结构。新现代化经济结构、政治结构、文化结构、社会结构和生态结构的不断调整、改造和创建是中国社会主义现代化建设的基本动力和保障。从工业化走向知识化，从传统工人转向知识工人，进而形成知识工人集团（阶层），孕育着工业社会主义走向知识社会主义，成为新现代化的未来指向。

新型工业化论的核心话语是知识社会主义。知识社会主义是指在知识化平台结构上，以"知识分子是工人阶级的先进部分"为基本理念，坚持社会主义发展方向，以知识化拉动现代化，以信息化带动工业化，从而不断超越知识资本主义的新现代化的社会主义，其基本特征是产业经济结构知识化、劳动者知识化、管理知识化、知识分子核心化。

以知识化改造拉动现代化，以信息化带动工业化，走"新现代化"之路，实现跨越式发展，这是当代中国发展的正确道路，也是建设有中国特色社会主义的必然要求。20世纪80年代开始，发达资本主义国家的产业经济基础随着现代科学技术的迅猛发展，首先出现从工业化模式向知识化模式的新旧更替。这种新型工业化所呈现的从工业化平台向知识化平台的交接更替，主要表现在以下几个方面。

其一，产业结构趋向知识化。现代科技革命的迅猛发展，促使发达资本主义国家的第一、第二产业大大下降，金融、信息和其他第三产业迅速崛起，第三产业在国民经济中的比重已达到2/3左右，高科技产业，尤其是信息产业分别占国民生产总值的1/3和1/6左右。以美国为例，其经济增长约30%来自高新技术产业部门，信息技术产业已成为其最大产业之一。[①] 美国从事农业的人口在总人口中的比例已从20世纪上半叶的8%下降到20世纪末的不足2%，从事工业的人口亦在不断下降，并将从目前的20%再下降至10%以内。但无论是农业，还是工业其岗位的科技含量、知识化的要求大大提高，尤其是工业趋向于信息化和高新技术化。从某种意义上来讲，经过产业结构的调整，美国的工业已成为

---

① 参见《当代资本主义的基本矛盾——一论资本主义发展的历史进程》，《求是》2001年第3期，第13页。

"头脑工业",而其他各国的工业,相对成为"躯体工业"。这正是美国成为世界第一经济强国的重要原因之一。正如江泽民同志所说:"美国自 80 年代以来进行的以信息化为重点的经济结构调整,成为 90 年代美国经济持续增长的重要原因。"①

其二,劳动者的知识化。劳动者知识化是社会生产力发展的必然要求,是产业结构调整的必然结果。发达资本主义国家第三产业的迅速上升,导致蓝领工人减少,白领工人增多;非知识型工人减少,从事信息处理的知识型工人猛增。以美国为例,在数百万新的就业者中,知识型工人要占到总就业者的 90% 左右。② 而这些知识型工人通常都是大学毕业生,并且多数是具有硕士或博士学位者,是掌握当代科学知识和高新技术者。劳动者科技文化水平的提高,有力地推动了社会生产力的大发展。

其三,管理的知识化。知识化的过程,从某种意义上来讲,就是科学化、高新技术化的过程。在知识化平台结构上,发达资本主义国家的高新技术产业部门,尤其是信息技术产业和生物技术产业对经济增长的贡献率愈来愈大。而这些高新技术产业部门的管理领导层,基本上都已经走向或正在走向民主决策和科学决策,"以人为本"的管理理念是这种趋势的典型表现。各种管理手段亦都渗透着高新技术,走向知识化、信息化和网络化。

其四,知识分子成为社会发展的核心力量。知识分子成为全社会地位最高的阶层,在思想观念上,从"知识分子是工人阶级的一部分"转向"知识分子是工人阶级的先进部分",使知识分子从社会的边缘走向中心。

我们把从工业化平台转向知识化平台的资本主义,指称为知识资本主义。20 世纪 80 年代,发达资本主义国家的产业经济基础开始逐步跨上知识化平台,然而,社会主义国家却仍然还都停留在工业化平台上。

---

① 中共中央文献研究室编:《十五大以来重要文献选编》(中),北京:人民出版社,2001 年版,第 1400 页。

② 参见《资本主义的新变化及其本质上的腐朽性——二论资本主义发展的历史进程》,《求是》2001 年第 4 期,第 13 页。

这就不可避免地导致知识资本主义对工业社会主义的打压。在工业化平台上，资本主义经历了由盛而衰的历史转变，然而，当它跨上了知识化平台时，资本主义又出现了新的转机。这时，从经济、科技发展和生活水平等方面来看，发达资本主义国家要比我们这样的发展中社会主义国家高得多。苏联解体、东欧剧变，世界社会主义运动走向低潮，原因是多方面的，但关键在于这些原社会主义国家没有与时代俱进，没有及时从工业化平台跨跃上知识化平台。从某种意义上来讲，20世纪末，社会主义遭受的挫折实际上是工业社会主义模式的衰败。然而，一种新的、建立在知识化平台上，在新全球化时代背景下的知识社会主义，必将重新出现替代当代资本主义的趋势。

知识社会主义是对工业社会主义的继承和发展，是知识资本主义的对立物、扬弃物和替代物。它是新全球化时代的产物，它的产业经济基础主要是以信息科技、生命科技、海洋科技、航天科技、环保科技、新能源科技、新材料科技、纳米技术等新科技为轴心的后工业文明经济体系即知识经济体系，它的轴心原则是后工业文明原则。从历史进程来讲，知识社会主义是从农业社会向工业社会、信息社会（后工业社会）发展，创建后工业文明的历史阶段。从其本质来看，仍然是解放生产力，发展生产力，消灭剥削，消除两极分化，最终达到共同富裕。但是，在解放和发展生产力方面更注重和依赖于科技革命的力量。

知识社会主义的生命力在于与时代俱进。社会主义从工业化平台跨跃上知识化平台是新全球化时代的召唤。在知识化同一平台上，知识社会主义必将重新出现替代当代资本主义的新趋势。这是由社会主义的本质和资本主义固有的不可调和的矛盾所决定的。

新型工业化、知识社会主义、知识化平台的核心话语是科学技术。邓小平同志指出："科学技术的发展和作用是无穷无尽的。"[①] 当今世界，科学技术迅猛发展并向现实生产力快速转化，科学技术愈益成为现代生产力中最活跃的因素和最主要的推动力量。江泽民同志指出："社会主

---

① 江泽民：《论科学技术》，北京：中央文献出版社，2001年版，第20页。

义制度为科学技术的运用和发展,开辟了极其广阔的前景,使科学技术对发展生产力和推动社会进步作用得到更充分的发挥。"① 这正是知识社会主义能够超越知识资本主义的根本原因所在。资本主义一方面依赖"科技革命",使其社会生产力仍然能进一步发展,另一方面,由其生产社会化与生产资料资本主义私人占有之间的矛盾所决定,垄断资本对科技进步的阻碍作用将越来越大,最终将阻碍社会生产力的发展。美国在20世纪50年代就发明了氧气炼钢法,但其各大钢铁公司害怕淘汰过时的平炉会造成巨大损失,便一直扣压此项新技术,直到10年之后才予以采用。1971年,美国发明了一种固态非注入性电子神经刺激器,它不用药物,即可治疗多种疼痛性疾病。发明者自办公司并于1972年开始销售这一新产品,但是不久,约翰逊—约翰逊公司就兼并了这家公司,并禁止这一发明上市,中止所有供货合同。原因就在于约翰逊—约翰逊公司是美国最大的止痛药生产商。如果这一新的发明广泛应用,它的止痛药就会失去很大一部分市场。② 诸如此类为了自身的私利而阻碍社会生产力的事例举不胜举,这决定了知识资本主义终究要被知识社会主义所替代。

邓小平同志在南方谈话中反复重申:中国的发展必须坚持社会主义。他认为:"不坚持社会主义,……只能是死路一条。"③ 并认为,姓"资"还是姓"社","判断的标准应该主要看是否有利于发展社会主义社会的生产力,是否有利于增强社会主义国家的综合国力,是否有利于提高人民的生活水平。"④ 这"三个有利于"的思想,与社会主义本质前后呼应,前提条件都是大力发展生产力,目标都落实在人民的生活水平、共同富裕上。"科学技术是第一生产力。"⑤ 要坚持社会主义,不断体现社会主义的本质,就必须高度重视科学技术的发展和应用,必须开创知识社会主义新路径,走新型工业化之路。

建设有中国特色社会主义,一方面离不开新全球化时代大背景,另

---

① 参见《资本主义的新变化及其本质上的腐朽性——二论资本主义发展的历史进程》,《求是》2001年第4期,第15页。
② 《邓小平文选》第3卷,北京:人民出版社,1993年版,第17页。
③ 《邓小平文选》第3卷,北京:人民出版社,1993年版,第370页。
④ 《邓小平文选》第3卷,北京:人民出版社,1993年版,第370页。
⑤ 《邓小平文选》第3卷,北京:人民出版社,1993年版,第377页。

一方面离不开中国的具体国情。新全球化时代是以知识化、信息化和后工业文明为轴心的,但是中国的社会主义脱胎于半封建半殖民地社会,至今仍处在社会主义初级阶段。从某种角度来看,中国从农业社会向工业社会跃进过程尚没有完成,而世界一些发达国家已经开始从工业社会向知识社会(后工业社会)跃进。从农业社会到工业社会再到知识社会三级两跳,我们第一跳尚没有完成,但第二跳又必须跟上。从一定意义上来讲,中国的发展是在全球后现代氛围中实现现代化的过程,这种氛围迫使我们不得不跨跃上知识化平台。这意味着建设有中国特色社会主义,已经不再仅仅是创建"工业文明——农业文明"结构,而是必须创建"后工业文明——工业文明"结构,向知识社会奋进。这一奋进过程必然是以知识化拉动现代化、以信息化带动工业化的跨跃式发展的历史进程,必然是知识社会主义不断超越知识资本主义的历史进程。

新全球化时代,资本主义与社会主义都已经或将要出现从工业化模式向知识化模式的新旧更替。而这一交换更替的趋势,呈现一种共时交替的模式:即工业社会主义与工业资本主义出现在工业化平台上,呈现共域性存在,进而出现工业社会主义不断超越工业资本主义的趋势。然而,在知识化平台上的知识资本主义的产生,又导致对工业社会主义的反叛和打压,20世纪末,社会主义遭受的挫折实际上是工业社会主义模式的衰败。然而,一种新的、建立在知识化平台上,在新全球化背景下的知识社会主义,必将重新出现替代当代资本主义的新趋势。以知识化拉动现代化,信息化带动工业化,走"新型工业化"之路,实现跨越式发展,这是当代社会主义之路,也是实现新现代化的必然规律。

当西方发达国家已跃迁至知识化平台时,中国社会主义现代化建设尚停留在工业化平台。平台结构的不同,导致了中国与西方发达国家之间的种种差距日益增大。中国的新现代化必须跨越上知识化平台,才有可能追上、超越西方发达国家的发展速度和发展水平。这种知识化平台的跨越,不仅体现在国家宏观管理上,而且体现在每一个劳动者的基本素质中。只有劳动者和管理者都在知识化的引导下,实现人的现代化,才有可能真正实现中国的社会主义现代化。

四、和谐社会论

新现代化的路径和目标是构建社会主义和谐社会。

对社会主义和谐社会的基本理解,学界有一个基本的共识:社会主义和谐社会的提出是基于当前我国社会存在诸多矛盾冲突,处于一个战略机遇与矛盾凸显并存的时期这样一种时代背景,和谐社会构建的核心是研究并解决我国经济、社会发展中出现的问题。据此,对于社会主义和谐社会的基本历史定位就是"构建社会主义和谐社会是解决国内诸多矛盾的必然选择"。简言之,就是当前我国社会存在很多矛盾冲突,不够和谐,所以要构建和谐社会。这是学界关于社会主义和谐社会存在的必要性或者出场路径问题所持的普遍观点,诸如"解决这些问题和矛盾,消除不和谐因素,构建和谐社会,已成社会各个阶层的共同愿望和当务之急"[①]。"构建社会主义和谐社会,就是运用正确的方法不断地化解各种社会矛盾的持续过程"[②]。"解决这些矛盾和问题,只能靠走科学发展的道路,构建社会主义和谐社会"[③]。此类观点较为多见。

这实际上是把社会主义和谐社会定位于解决我国社会诸多矛盾所选择的一种即时策略或对策。

这种对于构建社会主义和谐社会必要性的理解,毫无疑问,是正确的。一定意义上,"和谐"正是与"矛盾"相对而言的概念,社会主义和谐社会的提出确实可以看做是针对当前我国社会诸多矛盾冲突的一种对策。我国当前确实存在诸多矛盾和问题,而社会主义和谐社会的构建就是一个不断解决矛盾冲突,最大限度地增加和谐因素的过程。这一点正是党中央做出构建社会主义和谐社会决策的初衷。《中共中央关于构建社会主义和谐社会若干重大问题的决定》明确指出:"构建社会主义

---

① 葛修路、林慧珍:《关于和谐社会研究的一些思考》,《哲学研究》2006年第8期,第109页。
② 赵曜:《论构建社会主义和谐社会的理论基石》,《马克思主义研究》2007年第1期,第18页。
③ 于越:《构建和谐社会是全球化的最终趋势》,《社会科学战线》2007年第5期,第275页。

和谐社会是一个不断化解社会矛盾的持续过程。我们要……深刻认识我国发展的阶段性特征,科学分析影响社会和谐的矛盾和问题及其产生的原因,更加积极主动地正视矛盾、化解矛盾,最大限度地增加和谐因素,最大限度地减少不和谐因素,不断促进社会和谐。"① 党的十七大报告进一步指出:社会主义和谐社会"是在发展的基础上正确处理各种社会矛盾的历史过程和社会结果"②。

但是,对于社会主义和谐社会的理论探索却不能止步于此。也就是说,把社会主义和谐社会定位于解决我国社会诸多矛盾和问题所选择的一种即时策略或对策,是正确的。但是仅仅止于此,则容易陷入就事论事的狭隘思维,缺乏足够的历史感和理论深度,容易将社会主义和谐社会建设当做一时偶然的存在物。实际上,社会主义和谐社会不但是针对当下社会矛盾的对策,更是社会发展规律的必然表现,是人类社会形态演进的必然结果。社会主义和谐社会的提出与构建具有历史必然性,这是对社会主义和谐社会更为完整、深刻的历史定位。这需要我们以唯物辩证法为理论基础,考察"和谐社会"的哲学内涵,在此基础上,以唯物史观为视阈,在诸种社会形态中所可能出现的社会和谐状态之间的对比中,探究社会主义和谐社会历史必然性的根源。

按照唯物辩证法,矛盾是指辩证矛盾,是反映事物内部相互对立的方面之间又斗争又同一关系的哲学范畴,斗争性和同一性是事物辩证矛盾中既相对立又相互联系、不可分离的两种基本属性。同一性是矛盾双方内在的、不可分割的联系,体现着对立面之间相互吸引、相互结合的趋势。斗争性是指矛盾双方相互排斥、否定的性质,体现着矛盾双方相互分离的趋势,如包含了阶级敌对势力之间在各方面的对抗冲突。两种属性的相互结合、相互作用便构成了辩证矛盾的运动过程。

而日常意义上的矛盾实际上是属于哲学辩证矛盾的一个具体类别,它可以看做是仅仅指涉对抗状态下的辩证矛盾。而人们在以矛盾论来思

---

① 中共中央文献研究室编:《十六大以来重要文献选编》(下),北京:中央文献出版社,2008年版,第650页。

② 中共中央文献研究室编:《十七大以来重要文献选编》(上),北京:中央文献出版社,2009年版,第13页。

考和谐社会时，很多时候并没有真正区分两种意义上的矛盾，于是对于和谐社会的理解就会出现一些模糊不清的言论。比如，我们经常可以看到关于和谐社会的这种观点："有一种观点认为构建社会主义和谐社会的目的是为了消灭矛盾，是为了使我们的社会成为无矛盾的和谐社会。这个意见是天真的，是错误的。矛盾是消灭不了的，……社会主义和谐社会是一种有矛盾但不激化、不尖锐的社会状况。"① 根据唯物辩证法，和谐社会当然不会是无矛盾的社会，实际上任何事物都不会是无矛盾的存在，这种理解是对的，但当说到："矛盾是消灭不了的，原有的矛盾解决了，还会出现新的矛盾"，"社会主义和谐社会是一种有矛盾但不激化、不尖锐的社会状况"时，就是值得商榷的了。既然旧的矛盾被解决了，新的又出来，那么我们到底什么时候才算是达到一个和谐社会？说和谐社会是一种有矛盾但不激化，不尖锐的社会状态，那么如果当公共权力出现一定程度的腐败，但是由于种种原因，社会影响并不大，没有激化干群关系，这种情况是否属于和谐社会应有现象？上述所引说法其实并不为错，只不过很容易引起一些似是而非、模糊不清的理解，这就源于对"究竟该从何种意义上的矛盾概念来言说和谐社会"这一问题的理解是不清晰的。

只有当能够明确矛盾概念的使用意义时，才能真正理解到底什么叫做以矛盾论为基础来看待和谐社会，才能够准确表述和谐以及和谐社会的内涵，而不会纠结于"和谐社会究竟是无矛盾的社会，还是不断解决矛盾的过程"这类模糊不清的语句争论。

和谐，按照矛盾论，并不是矛盾的消解、消除。矛盾是客观世界存在的一种方式，是不可能消解的。和谐所要追求的是矛盾（辩证矛盾）的一定状态，即差异性前提下同一性主导的对立统一关系。比如思维与存在的关系是一对基本矛盾，当我们说解决思维与存在的矛盾的时候，绝不可能是消除其中的一方，而只是说要解决两者的一种不合理关系。

据此可以准确理解和谐社会的基本内涵，当说"和谐社会是一个不

---

① 陈占安：《正视矛盾、化解矛盾与构建社会主义和谐社会》，《马克思主义研究》2007年第1期，第25页。

断解决矛盾的过程"时,主要是指消除对抗性的矛盾状态,在此基础上追求和谐状态即同一性主导的对立统一关系。所以正如马克思对于未来理想社会进行设想时所说的,"它是人和自然界之间、人和人之间的矛盾的真正解决"①,并非意指人与自然的相互消解,而是追求人与自然,人与人之间的一种同一性主导的对立统一关系。它所说的矛盾解决是指对抗性矛盾或者矛盾对抗性状态的解决。另一方面,人类社会是一个诸多要素相互关联、相互作用的有机整体,它"不是坚实的结晶体,而是一个能够变化并且经常处于变化过程中的有机体"②。

黄枬森教授认为:"社会和谐是否只存在于社会主义社会中,不可能存在于非社会主义社会中呢?这个问题应进行深入的研究。"并认为:"和谐与否,能否形成和谐关系,与社会经济制度之间并无固定的关系,尽管不同社会经济制度能够提供不同的构建和谐关系的前提,这些前提会对和谐的程度产生不同的影响。"③ 而陈先达教授则认为:"一个是真正和谐的社会在哪种社会形态下才可能建立,这是属于社会形态问题。""……忽视社会形态的区别,把追求和谐说成是任何社会都可能达到的普世价值,对和谐社会问题采取道德决定论、文化决定论的立场",这是背离唯物史观立场的。④ 这两种观点基本上是在同一种意义的和谐社会概念(哲学抽象意义上)的基础上谈论社会和谐与社会形态的关系。陈先达教授认为社会和谐状态不是普世的,社会主义之前的诸种社会形态中不存在社会和谐状态,而黄枬森教授则认为:诸如经济发达、政治民主、文化繁荣、关系和谐、秩序良好、公平正义"这些属性都具有很高程度的抽象性、普遍性,不仅社会主义社会可以具有这些属性,其他社会形态如资本主义社会也可以在不同程度上具有这些属性"⑤。那么,

---

① 《马克思恩格斯文集》第 1 卷,北京:人民出版社,2009 年版,第 185 页。
② 《马克思恩格斯文集》第 5 卷,北京:人民出版社,2009 年版,第 10、13 页。
③ 黄枬森:《关于科学发展观和构建社会主义和谐社会理论的哲学思考》,《北京大学学报(哲学社会科学版)》2007 年第 5 期,第 8 页。
④ 陈先达:《马克思主义的社会形态理论与和谐社会的构建》,《马克思主义研究》2006年第 9 期,第 4—5 页。
⑤ 黄枬森:《关于科学发展观和构建社会主义和谐社会理论的哲学思考》,《北京大学学报(哲学社会科学版)》2007 年第 5 期,第 8 页。

究竟这些前社会主义的社会形态确实会存在某种程度的和谐呢？还是说社会主义制度之前，即使一个社会存在一定时期、范围的协调稳定，这种和谐状态也是虚假的？

在一定意义上，不断构建社会主义和谐社会的历史进程，就是逐步走向共产主义的历史过程。人类自产生以来始终与各种苦难为伴，诸如自然灾害、物质匮乏、人际的剥削压迫，于是，对于一个相对理想、美好社会的追求是人类的不懈努力。因此，当我们对"和谐"、"和谐社会"思想进行追本溯源时，会发现人类思想史上关于和谐社会有丰富的思想资源。比如中国古代思想中，典型如《礼记·礼运》里描述的大同世界；又如近代康有为在《大同书》中提出要建立一个"人人相亲，人人平等，天下为公"的理想社会。而西方文明中从古希腊开始，有柏拉图的"理想国"构想，至近代则有欧洲空想社会主义者对于理想和谐状态社会的设想。这些历史上关于理想社会的思考与构想成为许多学者在思考社会主义和谐社会问题时所考察与借鉴的思想资源。

当然，也有一些学者质疑，这些思想资源究竟可以在什么意义上有益于现今我们对于社会主义和谐社会的思考？例如中国传统文化中的"中""和"思想实际上是为了维护剥削阶级统治秩序的稳定，柏拉图式的理想国也只是追求奴隶主的民主。这种见解是更为深刻的，但是，他们按照这种观点推论，即使历史上有所谓的"盛世"、"治世"繁荣稳定时期，如中国封建时代的文景之治、开元盛世，又如西方古希腊的雅典城邦式的兴盛，也不能认为是奴隶制或者封建制的和谐社会，包括"当今发达资本主义的生产关系仍有容纳生产力迅速发展的空间，但不能认为发达资本主义社会在20世纪下半叶出现的社会稳定是资本主义的和谐社会"[①]。

在人类历史上，社会主义社会之前的社会形态中出现过的繁荣稳定时期都可以算作是不同程度的社会和谐状态。尤其是20世纪后半叶的西方资本主义已不同于马克思、恩格斯时代的资本主义，其社会阶级结

---

① 陈先达：《马克思主义的社会形态理论与和谐社会的构建》，《马克思主义研究》2006年第9期，第7页。

构、社会运行状态都已发生了很大改变。特别是在欧洲的一些高福利资本主义国家中，资料显示，这些国家的基尼系数大多维持在一个较低水准，① 高水准的福利制度、社会地位与生产条件的改善不同程度弱化了这些国家的工人阶级的阶级意识、斗争意识，对本国的资本主义制度表示一定程度的认同，从而使得这些国家的社会主义运动缺乏坚强、有力、广泛的阶级基础和社会支持。② 这是思考和谐社会时不可回避的一个问题。这表明，即使在一个剥削阶级占统治地位的社会中，在生产水平、物质财富达到一定高度的基础之上，如果统治阶级对被统治阶级进行一定的利益让度，就可以暂时获得被统治阶级对于统治秩序、社会制度的心理认同，从而缓解对抗冲突，社会达到一种相对整体协调有序运行状态，这就可以视为一种和谐状态。

但这绝不是抹杀社会主义和谐社会与其他社会形态和谐状态的区别，恰恰相反，社会主义和谐社会更深层的历史定位就蕴含于它与上述其他社会形态和谐状态的对比中。关于以往诸种社会形态中出现的社会和谐状态，存在两个最根本的问题。

其一，这种和谐状态所根植的社会形态的基本矛盾性质问题。对于如何构建和谐社会，一个基本的问题是，构建和谐社会最基本的条件是什么？除了生产力发展水平因素之外，最重要的就是一个社会能够在多大程度上实现公平正义，这几乎是人类历史上所有思考理想社会问题的伟大思想家与政治家的一个共识。而公平正义问题最核心的就是利益分配、利益关系的平衡问题。马克思、恩格斯通过对资本主义社会等人类以往诸种社会形态的考察，认为人类历史是一部剥削压迫所引发的阶级斗争的历史，而阶级剥削压迫、公正缺失的根源则在于生产资料私有制，引发剥削压迫的私有制是人类有史以来所遭受社会苦难的"原罪"。所以马克思、恩格斯在《共产党宣言》中指出：所有制问题是社会运动

---

① 陈占安主编：《党的十六大以来马克思主义中国化的新进展》，北京：北京大学出版社，2008年版，第306页。
② 靳辉明、罗文东主编：《当代资本主义新论》，成都：四川人民出版社，2005年版，第611页。

的"基本问题","共产党人可以把自己的理论概括为一句话:消灭私有制。"① 生产资料私有制决定了以往诸种社会形态的社会基本矛盾是对抗性质的,也就是说,在这种社会形态中,其阶级之间的利益是根本冲突的,是无法调和的,于是阶级剥削压迫无法避免,社会公正无法真正实现。在此前提下,这些社会形态所可能出现的和谐状态只能寄于个别统治者的开明自觉,或者统治阶级迫于阶级斗争压力所做出的一定程度的利益妥协。因此,以往诸种社会形态中的和谐状态是建立于一个非常不稳固的、偶然性的基础之上,所以它是偶然的,也是短暂的。人类历史已证明,剥削阶级社会中的所谓"盛世"、"治世"大多昙花一现,而阶级的剥削压迫、社会动荡则是历史的常态。

其二,以往诸种社会形态中的和谐状态同时也建立在一种个体发展受到严重压抑和扭曲的异化状态之下,而不是建立在人自由而全面发展的基础之上。在阶级社会中,也只有异化状态下的民众才能够接受剥削阶级一定程度的利益妥协,以表示对社会制度一定程度的心理认同,即使这个社会制度本质上是不公正的。比如,我国历史上某些封建社会的繁荣稳定时期,即使这个社会存在一定程度的腐败、剥削压迫,只要大部分民众能够保障衣食,生活基本平稳,那么大部分社会成员还是可能会对当时社会状态表示一种基本认同。此时,这个社会系统的矛盾总体上呈现同一性主导状态,这确实是一种总体和谐的状态。但是,这种社会和谐,由于是建立在人的严重压抑和扭曲的异化状态之下,只能是一种低级而狭隘的和谐状态。所以,马克思主义经典作家在思考人类历史发展问题时,除了认为人类社会是一个社会形态从低级到高级的演化进程之外,还特别指出,人类的发展还应该是,个体从人的依赖性,到物的依赖性,最后达到人的自由而全面发展阶段的过程。因为以往建立在人的依赖性或者物的依赖性基础之上的和谐社会只能是一种低级而狭隘的和谐状态。只有建立在人的自由而全面发展的基础之上的社会和谐状态才是高级而全面的和谐。

从唯物史观所展现的整个人类历史进程看,相比于共产主义社会,

---

① 《马克思恩格斯文集》第2卷,北京:人民出版社,2009年版,第45页。

现在我国所着力构建的和谐社会仍然是社会主义初级阶段的，具有中国特色的和谐社会，它是"贯穿中国特色社会主义事业全过程的长期历史任务"①，仍是具有相对性（如和谐状态的程度以及建构范围）的一种社会主义社会状态。而一个绝对意义上的真正和谐社会状态的出现，是属于马克思、恩格斯所设想的共产主义社会，社会主义和谐社会是通往共产主义理想社会的一个特定阶段。这一点同样是从社会历史发展高度来把握社会主义和谐社会本质时所必须注意的一个基本特征。

构建社会主义和谐社会既具有历史必然性，又具有现实必要性。历史必然性与现实必要性的统一，正是在中国新现代化过程中规律性和发挥人的主体性力量的统一。

五、中国新现代化指标体系制定原则与目标导向论

中国新现代化指标体系的制定对中国新现代化历史进程具有导航性作用。

中国新现代化指标体系的制定，既要从中国的历史和具体国情出发，又要依据新全球化时代世界现代化的历史进程，借鉴和吸收西方发达国家现代化发展指标体系。从新全球化时代马克思主义发展哲学视阈出发，制定中国新现代化指标体系，其主要原则大致如下。

其一，人的现代化与物的现代化相统一的原则。

马克斯·韦伯的经典现代化理论强调了在现代化过程中经济增长的重要性，突出了物的现代化。然而，单纯地、过度地关注物的现代化必然导致对人本身的忽略。西方工业国家特别是资本主义国家以经典现代化理论为范式，强调物质生活的现代化。这种片面的现代化模式是一种单纯追求经济增长的发展模式。在这种片面追求经济增长的物的现代化理念的指导下必然导致人的工具化倾向，使人成为物的对立面，成为物

---

① 中共中央文献研究室编：《十六大以来重要文献选编》（下），北京：中央文献出版社，2008年版，第650页。

的奴役对象。康德认为，人既是手段更是目的，单纯的物的现代化显然是片面的、具有灾难性的。科学的、真正具有积极意义的现代化必然是人的现代化和物的现代化相统一的现代化。人的现代化和物的现代化相统一的现代化是人的物质生活质量与精神生活质量相统一的现代化。人类是不断追求满足自身需要的理性动物，从美国心理学家马斯洛的需要层次论出发，中国新现代化不仅要追求物质生活质量，而且要追求精神生活质量。新现代化过程所追求的人的全面发展的目标就是要求人的多层次、多种类、合理的需要都能够得到满足。人的现代化和物的现代化相统一的现代化，更深层的意义在于它们两者之间是相互渗透、相互影响、相互促进的。人的现代化包含着人的知识结构、素质结构、认知水平、生产技能的现代化。人的现代化对物的现代化具有巨大的推动作用。物的现代化是人的现代化的物质基础。然而，物的现代化并不必然导致人的现代化。中东阿拉伯国家依靠其丰富的石油资源，短期内就实现了物的基本现代化，但是，其人的现代化，尤其是人的素质结构、知识结构、认知水平都没有实现现代化，所以，其现代化的发展呈现一种畸形的状态，也就不可能成为一种可持续的、全面的、真正意义上的现代化。历史已经证明，合理形态的现代化是人的现代化与物的现代化相统一的现代化。因而，毫无疑问，中国新现代化指标体系的制定，必须遵循人的现代化与物的现代化相统一的原则，必须避免重物不重人的倾向，充分突出人的现代化的各项指标。

其二，知识化与工业化相统一的原则。

当代中国的新现代化是从农业社会走向工业社会同时走向知识社会的历史进程。在这一历史进程中，工业文明、知识文明在同一时空创建何以可能？这种可能性根源于人的创造性本质，根源于新全球化时代各国的普遍交往及其知识化平台的出现。马克思恩格斯在《德意志意识形态》中深刻阐明了"世界历史"的形成和世界的普遍交往性。马克思恩格斯认为："只有随着生产力的这种普遍发展，人们的普遍交往才能建立起来；普遍的交往，一方面，可以产生一切民族中同时都存在着'没有财产的'群众这一现象（普遍竞争），使每一民族都依赖于其他民族的变革；最后，地域性的个人为世界历史性的、经验上普遍的个人所代替。"① "各个相互影响的活动范围在这个发展进程中越是扩大，各民族的原始封闭状态由于日益完善的生产方式、交往以及因交往而自然形成的不同民族之间的分工消灭得越是彻底，历史也就越是成为世界历史。"② 在历史成为世界历史亦即全球化时代的前提下，各国的相互影响越来越深刻和广泛。当年，正是出于世界历史的形成和发展，马克思和恩格斯以实事求是的态度，从对俄国农村公社的具体研究中，得出了落后国家在特定历史条件下不一定要走西欧国家老路的结论，提出了东方社会可以跨越资本主义的"卡夫丁峡谷"③ 直接进入社会主义的著名论断。从1875年开始，恩格斯在批判特卡乔夫时指出，俄国公社虽然正处于解体，但是也不可否认有可能使这一社会形式转变为高级形式（即社会主义形式）。1881年，马克思在《给查苏利奇的信》及其复信的三个底稿中说，俄国农村公社，"它目前处在这样的历史环境中：和它同时并存的资本主义生产在给它提供集体劳动的一切条件。它有可能不通过资本主义制度的卡夫丁峡谷，而享用资本主义制度的一切肯定成果。"④ 在新全球化时代，发达资本主义国家已经跨越上知识化平台，而我国尚停留在工业化平台，从马克思主义基本理论出发，中国的新现代化既不能脱离工业化平台的基础，又不能仅仅停留在工业化平台上，而必须跨越上知识化平台，在历时态和共时态的视阈中，将知识化直接导入工业化，借鉴世界的一切文明成果，弥补中国现代化起点结构的不足，实现中国新现代化的跨越式发展。因而，中国新现代化指标体系的创建，必须遵循知识化与工业化相统一的原则，尤其要高度关注知识化的相关指标体系。

其三，坚持社会主义与吸收资本主义国家文明成果相统一的原则。

---

① 《马克思恩格斯文集》第1卷，北京：人民出版社，2009年版，第538页。
② 《马克思恩格斯文集》第1卷，北京：人民出版社，2009年版，第540—541页。
③ "卡夫丁峡谷"指在公元前321年第二次萨谟奈战争中，萨姆尼特人在古罗马卡夫丁城附近的卡夫丁峡谷打败了罗马军队，并强迫他们负着"牛轭"通过峡谷。这在当时被认为是最大的羞辱。马克思、恩格斯引用这个典故比喻说，俄国等东方国家有可能跨越资本主义制度的"卡夫丁峡谷"，即避开资本主义及其灾难而吸收资本主义创造的文明成果和巨大成就，实现向社会主义过渡。
④ 《马克思恩格斯全集》第19卷，北京：人民出版社，1963年版，第438页。

当代中国的新现代化，是坚持社会主义发展方向的现代化。从马克思主义的基本立场出发，坚持社会主义就必须坚持解放生产力和发展生产力，坚持消灭剥削，消除两极分化，最终达到共同富裕。邓小平同志指出："一个公有制占主体，一个共同富裕，这是我们所必须坚持的社会主义的根本原则。我们就是要坚决执行和实现这些社会主义的原则。从长远说，最终是过渡到共产主义。"① 并认为："社会主义的本质，是解放生产力，发展生产力，消灭剥削，消除两极分化，最终达到共同富裕。"② 达到共同富裕是社会主义的根本目标和任务，解放生产力和发展生产力是最终达到共同富裕的基本前提，它为社会主义创造了基本的物质基础。消灭剥削和消除两极分化是最终达到共同富裕的基本手段和路径。只有当社会生产力发展到相当高的水平，才有可能消灭剥削、消除两极分化。然而，仅仅解放生产力和发展生产力还不是真正的社会主义，只有在生产力水平高度发达的基础上，消灭了剥削、消除了两极分化最终实现了共同富裕，才是真正的社会主义。消灭剥削和消除两极分化从经济制度上来讲，其前提基础和条件是公有制。然而，在社会主义初级阶段，大一统的公有制并不能真正达到解放生产力和发展生产力，只有在公有制为主体多种所有制经济共同发展的条件下，允许国外资本、国内民营资本的投入和发展，才有可能充分地解放生产力和发展生产力，也才有可能逐步消灭剥削、消除两极分化，最终达到共同富裕。

当代中国的新现代化，是吸收世界一切文明成果（包括资本主义国家所创建的文明成果）的现代化。江泽民同志指出："我们在进行社会主义现代化建设的过程中，必须努力继承我们先人创造的优秀文明成果和积极吸收人类全部文明的各种优秀成果，认真学习和借鉴世界各国尤其是西方发达国家的先进科技成果。真正做到把社会主义制度优越性同人类优秀文明成果和先进科技力量结合起来。邓小平同志指出：'科学技术本身是没有阶级性的，资本家拿来为资本主义服务，社会主义国家拿来为社会主义服务。'帝国主义利用先进科学技术推行霸权主义政策，

---

① 《邓小平文选》第3卷，北京：人民出版社，1993年版，第111页。
② 《邓小平文选》第3卷，北京：人民出版社，1993年版，第373页。

剥削和侵略第三世界国家。我们掌握先进的科学技术，是为了促进经济发展和社会全面进步，捍卫国家主权和安全，维护和平，实现最大多数人民的利益。要使我们的国家既具有社会主义的政治优势，又具有当代科学技术的优势，这样我们的经济和社会就会以无比强大的动力向前发展。"[1] 在当今世界，如果单纯从解放生产力和发展生产力这一角度来讲，资本主义社会依靠高新科技的迅猛发展，其生产力发展水平目前远远高于社会主义国家，其社会的物质基础与我国目前的物质基础不能同日而语，而且，在此物质文明基础上所形成的其他文明成果亦相对发达。在这一意义上，资本主义每发展一步也同时在积累着社会主义的因素。中国的新现代化指标体系的构建，既要坚持社会主义，又要善于吸收资本主义国家所创造的一切文明成果。世界各国尤其是西方发达国家的社会知识化、科技高新化、信息网络化以及政治法制化、民主化机制与当代社会主义中国的民本化（以人民为本[2]）机制相结合，作为中国新现代化发展指标体系的相关内涵是中国新现代化的内在要求。因而，制定中国新现代化指标体系必须坚持社会主义与吸收资本主义国家文明成果相统一的原则，既突出社会主义的相关指标体系，又充分借鉴西方社会相关的现代化指标体系。

其四，城市现代化与农村现代化相统一的原则。

中国的新现代化不仅是城市现代化，更迫切的是农村现代化。新现代化指标体系中应该高度关注农村现代化的相关指标，遵循城市现代化与农村现代化相统一的原则。中国是个农业大国，农村幅员辽阔，农民人口众多，13亿人口中农村户籍人口超过9亿，其中近2亿进了城市谋求发展，还有7.5亿左右的人口在农村。[3] 不仅农村人口在中国占大多数，而且农村的现代化进程远比城市落后与缓慢。农业薄弱、农村落后、农民贫穷已成为中国现代化所面临的最严峻的客观现实和重大问

---

[1] 江泽民：《论科学技术》，北京：中央文献出版社，2001年版，第151—152页。

[2] 我党新党章已明确把"三个代表"重要思想作为党的指导思想，而"三个代表"重要思想的出发点和归宿点都是"始终代表中国最广大人民的根本利益"；胡锦涛明确提出了"群众利益无小事"，这些都反映了社会主义中国"以人民为本"的基本理念。

[3] http://www.fmprc.gov.cn/ce/cech/chn/xwss/t237832.htm

题。从一定意义上讲,"三农"问题不解决,中国不可能实现新现代化。当代中国农村在现代化过程中的滞后性表现为整体性落后。其一,农业生产方式落后,生产力水平低下,高新技术的研发和应用严重落后,农民增加收入困难。其二,农民的整体素质相对低下,尤其是农民的知识结构和技能结构落后,人才匮乏相当严重。在我国4.9亿农村劳动力中,具有高中及高中以上文化程度者仅占13%,具有小学及以下文化程度的高达38%,文盲和半文盲者还有7%。① 其三,农村社会保障事业的发展严重滞后,农民上学难、看病难、社会保障难。农村的整体性落后致使城乡发展不平衡,城市居民与农民之间的收入差距持续拉大,农民人均纯收入在1997年至2003年的七年间,平均每年只增长4%。2003年农民人均纯收入2622元,而城镇居民的人均可支配收入则达到了8472元,城乡居民的收入差距为3.23:1,是改革开放以来的差距之最。② 中国的新现代化在以知识化直接导入工业化,加快城市现代化的同时,必须高度注重农村现代化,尤其是注重农民的教育和农业的新技术研究和开发。只有实现农民的现代化,才有可能实现农村的现代化,只有实现了农村现代化,中国才能真正地实现以知识化为主导的新现代化。因此,中国新现代化指标体系的创建,必须坚持城市现代化与农村现代化相统一的原则,尤其要充分考虑农村现代化的相关指标体系。

其五,矛盾冲突与和谐发展相统一的原则。

中国的新现代化,是在现代化起点结构相对不足的基础上,在同一时空中完成从农业社会向工业社会、从工业社会向知识社会跨越的现代化历史进程,这一历史进程是充满矛盾冲突的历史进程,同时又需要社会和谐稳定来保证现代化顺利发展的历史进程。

从西方发达国家的现代化历史进程来看,农业社会到工业社会是一次社会转型,工业社会到知识社会是又一次社会转型。社会转型时期本身是社会各种矛盾冲突相对集中和汇聚时期,中国的新现代化要在同一

---

① 柯炳生:《对建设社会主义新农村的思考与认识》,《红旗文稿》2006年第1期,第3页。

② 《中共中央关于制定国民经济和社会发展第十一个五年规划的建议》辅导读本,北京:人民出版社,2005年版,第96页。

时空完成"农业社会—工业社会—知识社会"三级两跳同步走的历史进程，它所经历的社会转型所导致的各种矛盾冲突必然更加凸显，尤其是全国居民内部收入分配平均状况的差异性趋于增大。基尼系数是国际上用来综合考察居民内部收入分配平均状况的一个重要分析指标。其基本含义是：在全部居民收入中，用于进行不平均分配的那部分收入占总收入的百分比。居民的收入分配越是趋向平均，基尼系数越小；反之，收入分配越是趋向于不平均，基尼系数就越大。联合国有关组织规定：基尼系数若低于0.2表示收入绝对平均；0.2—0.3表示比较平均；0.3—0.4表示相对合理；0.4—0.5表示收据差距较大；0.6以上表示收入差距悬殊。基尼系数国际警戒线标准为0.4。然而，根据世界银行估计，我国的基尼系数1984年为0.3，1995年为0.415。根据联合国开发计划署（UNDP）2005年12月16日在北京发布的《2005年中国人类发展报告》，中国的基尼系数为0.45，占总人口20%的最贫困人口占收入和消费的份额只有4.7%，而占人口20%的最富裕人口占收入和消费的份额高达50%。这表明在这一时间段内，中国的贫富之间的差距在拉大，社会的不稳定因素在增加。如果中国的基尼系数进一步增大，由贫富差距所引发的矛盾冲突必然会阻碍中国的新现代化历史进程。这种矛盾冲突的消解需要我们以创建社会主义和谐社会为路径，逐渐形成"美美与共"的态势，为中国新现代化营造相对稳定和谐的氛围。

中国新现代化进程没有矛盾冲突是不正常的，没有矛盾冲突就不可能有发展。但是，这种矛盾冲突应该是在一定度内的矛盾冲突，超过一定限度，必然导致社会的急剧动荡和倒退。矛盾冲突在一定度内的控制依赖于社会的相对和谐与稳定。

恩格斯认为："矛盾绝不能长期掩饰起来，它们总是以斗争来解决的。"① 矛盾、斗争、和谐，新的矛盾、新的斗争、新的和谐，周而复始，是中国新现代化历史进程的内在机制。中国"三农"问题的解决、强势人群与弱势人群关系问题的解决都贯穿于从矛盾冲突到斗争再到和谐的过程之中。因而，在制定中国新现代化指标体系过程中，必须坚持

---

① 《马克思恩格斯全集》第36卷，北京：人民出版社，1975年版，第359页。

矛盾冲突与和谐发展相统一的原则，尤其是在动态过程在把握中国新现代化指标体系中度的变化，在主动平衡的意识中不断达到相对平衡。

中国新现代化指标体系的制定原则是相互联系、相互作用、相辅相成的。在这些原则的指导下，重新审视和确定中国新现代化指标体系，对实现中国新现代化具有目标导航作用。一是强调了吸收世界一切文明成果，对中国的跨越式发展具有积极的意义。二是突出了知识化平台的先导作用，凸显了人的创造性本质。三是强调了农村现代化的极端重要性，尤其是强调了优先实现农民现代化。四是在张扬人的主体性力量的同时高度重视人与人、人与社会、人与自然的协调发展，体现了可持续发展的科学发展观。五是承认社会矛盾冲突的同时，强调创建社会主义和谐社会，关注社会弱势人群，注重消解不断产生的社会矛盾冲突，努力把社会矛盾冲突控制在一定的度的范围内。

新全球化时代背景论，探索了中国的新现代化与新全球化时代有着内在的必然的联系；结构决定功能论，为新现代化结构调整提供了方法论依据；新型工业化论，为中国新现代化提供了发展路径和建设平台的理论依据；和谐社会论，阐明了构建社会主义和谐社会是历史必然性和现实必要性的统一，为中国新现代化指出了明确的目标；中国新现代化指标体系制定原则与目标导向论，为中国新现代化发展的目标制定提供了比较全面的、辩证的、科学的思维框架，对中国新现代化发展具有明确的导航作用。新全球化时代背景论、结构决定功能论、新型工业化论、和谐社会论、中国新现代化指标体系制定原则与目标导向论这五者是相辅相成、相互作用、相互渗透、密不可分的，五者的逻辑思维对推进当代中国的新现代化具有积极意义。

（作者系苏州大学中国特色城镇化研究中心研究员、马克思主义研究院副院长、教授、哲学博士、博士生导师，中国社会科学院世界社会主义研究中心特邀研究员）

《当代中国马克思主义哲学研究》
编辑部征稿启事

  《当代中国马克思主义哲学研究》是江苏师范大学当代马克思主义哲学范式创新研究中心与中共中央编译局江苏师范大学发展理论研究中心共同主办的学术刊物，以国内著名马克思主义哲学研究专家中央编译局局长衣俊卿教授、江苏师范大学校长任平教授领衔组成学术委员会，每年出版一辑。本刊的办刊主旨是全面介绍、客观评价、深入研究当代中国马克思主义哲学研究的状况及相关热点问题，进一步推动马克思主义哲学的繁荣和发展。

  本刊诚挚欢迎广大马克思主义哲学研究的专家、学者，围绕本刊的主旨给予投稿。稿件一经采用，即付稿酬。投稿内容不限，但对于所投稿件本刊编辑部有删减（非修改）的权利。如不同意修改，请在投稿时注明。因篇幅等原因，对不同意删减的文章一般不予采用。

编辑部地址：江苏省徐州市铜山区上海路101号 江苏师范大学《当代中国马克思主义哲学研究》编辑部

邮编：221116

联系人：冯建华 邮箱：isfjh@jsnu.edu.cn

图书在版编目（CIP）数据

当代中国马克思主义哲学研究（2012）/任平主编.
—北京：中央编译出版社，2012.10
ISBN 978-7-5117-1505-0

Ⅰ.①当…
Ⅱ.①任…
Ⅲ.①马克思主义哲学—研究—中国
Ⅳ.①B0-0

中国版本图书馆 CIP 数据核字（2012）第 220732 号

当代中国马克思主义哲学研究（2012）

出 版 人	刘明清
出版统筹	薛晓源
责任编辑	郑　锦
责任印制	尹　珺
出版发行	中央编译出版社
地　　址	北京市西城区车公庄大街乙 5 号鸿儒大厦 B 座　邮编：100044
电　　话	（010）52612345（总编室）　（010）52612336（编辑室）
	（010）66161011（团购部）　（010）52612332（网络销售）
	（010）66130345（发行部）　（010）66509618（读者服务部）
网　　址	www.cctphome.com
经　　销	全国新华书店
印　　刷	北京瑞哲印刷厂
开　　本	787×1092 毫米　1/16
字　　数	357 千字
印　　张	24.5
版　　次	2012 年 10 月第 1 版第 1 次印刷
定　　价	49.00 元

本社常年法律顾问：北京市吴栾赵阎律师事务所律师　闫　军　梁　勤
凡有印装质量问题，本社负责调换，电话：010-66509618